KB149316

한국어 교원을 위한

한국어학

강현화 · 고성환 · 구본관 · 박동호 · 송원용
이호권 · 이홍식 · 임동훈 · 정승철 · 진제희 지음

KNOU PRESS
한국방송통신대학교출판문화원

한국어 교원을 위한 **한국어학**

초판 1쇄 발행 | 2016년 3월 2일
초판 3쇄 발행 | 2024년 3월 25일

지은이 | 강현화 · 고성환 · 구본관 · 박동호 · 송원용 · 이호권 · 이홍식 · 임동훈 · 정승철 · 진제희
펴낸이 | 류수노
펴낸곳 | (사)한국방송통신대학교출판문화원
주소 서울특별시 종로구 이화장길 54 (03088)
대표전화 1644-1232
팩스 (02) 741-4570
http://press.knou.ac.kr
출판등록 1982. 6. 7. 제1-491호

출판위원장 | 권수열
편집 | 이근호 · 이강용
편집 디자인 | 홍익 m&b
표지 디자인 | 이상선

ISBN 978-89-20-01825-1 93710

값 22,000원

서 문

외국인을 대상으로 한국어를 가르치고자 하는 한국어 교사들을 위한 교재인 『외국어로서의 한국어학』과 『외국어로서의 한국어교육학』을 발간한 지 벌써 십 년이 되었다. 그동안 한국어 교육 분야에서는 여느 분야 못지않게 학술활동이 활발하게 이루어져 많은 논문이 발표되었고, 적지 않은 연구서 및 각종 개론서들이 출간되었으며, 다양한 한국어 교재의 발간도 꾸준하게 이어졌다. 그만큼 『외국어로서의 한국어학』과 『외국어로서의 한국어교육학』의 내용을 보완할 필요성도 커졌다고 할 수 있으며 집필에 참여했던 필자들 역시 보완의 필요성을 제기해 왔다. 이에 따라 최근의 학계의 성과를 충실하게 반영하고 필요한 내용을 추가하여 새로운 책으로 출간하게 되었다.

한국어 교원이 되고자 하는 학생들을 대상으로 기획된 본 교재는 두 권으로 되어 있다. 제1권인 『한국어 교원을 위한 한국어학』은 한국어 교육에 토대가 되는 국어학에 관한 내용들이 중심을 이루지만 일반 언어학에 관한 내용들인 '언어학 개론, 대조언어학, 외국어 습득론'에 관한 내용도 추가하였다. 제2권인 『한국어 교원을 위한 한국어교육학』은 한국어교육에 직접적으로 관련되는 내용들로 구성되어 있다.

각 장별로 집필에 참여하신 분들은 각 주제에 대해 최고의 전문가라 할 수 있다. 필자가 여러 명일수록 원고를 수합하고 체재를 통일하는 과정 등에서 번거로운 점이 적지 않고 시간도 많이 걸리게 되지만 최고의 전문가를 필진으로 모신다면 그만큼 내용은 좋아지게 마련이다. 본 교재는 여러 가지로 바쁜 중에도 기꺼이 집필을 맡아 주신 필자들이 있었기에 시중의 어떤 교재 못지않은 충실하고 훌륭한 교재가 될 것이라고 확신한다.

교재 출간을 앞두고 서문을 쓰면서 많은 분들에게 큰 신세를 졌다는 생각을 하게 된다. 지난 교재에 이어 이번 교재에서도 집필을 맡아 내용 보완과 수정을 해 주신 강현화 선생님, 구본관 선생님, 김선정 선생님, 김은애 선생님, 박동호 선생님, 이미혜 선생님, 이호권 선생님, 이홍식 선생님, 임동훈 선생님, 최은규 선생님, 그리고 이번에 새로 집필에 참여해 주신 김종수 선생님, 송원용 선생님, 정명숙 선생님, 정승철 선생님께 깊은 감사의 말씀을 드리고 싶다. 또한 집필 기간이 길어져서 남모를 속앓이를 했을 한국방송통신대학교 출판문화원의 이근호 선생을 비롯하여 관계자 여러분께도 특별히 고마운 마음을 표하고 싶다.

2016년 2월
집필진을 대표하여
고성환 씀

차 례

제 1 장

언어학 개론

송원용

학습개요

이 장에서는 인간의 언어에 대한 지금까지의 연구 성과를 언어의 정의, 언어의 특성과 기능, 언어학 연구의 역사, 언어학의 하위 부문으로 나누어 간략히 살펴보고자 한다. 첫째 차시에는 "언어란 무엇이고 언어학이란 무엇인가?"라는 질문에 대한 답을 찾아보고, 그러한 관점에서 언어학의 하위 부문을 어떻게 구성할 수 있는지에 대해 먼저 논의한다. 그리고 언어학의 하위 부문 가운데 음운론과 형태론의 주요 내용에 대해 살핀다. 둘째 차시에는 의사소통 도구로서의 언어의 기능과 직접적으로 관련된 문법론, 의미론, 화용론의 주요한 내용을 간략히 검토한다. 문법론은 통사 구조론, 문장 성분론, 문법 범주론을 중심으로 살피고, 의미론은 어휘의 의미와 문장의 의미를 지시설과 개념설이라는 두 관점을 중심으로 기초적 내용을 살핀다. 화용론은 의사소통적 맥락 안에서 문장에 내포된 화자의 의도를 해석하는 원리와 과정을 설명하기 위한 기초적 개념을 중심으로 검토한다.

1. 언어의 정의

언어란 무엇인가? 우리 모두는 언어의 한 종류라고 할 수 있는 한국어를 너무나 자연스럽게 사용한다. 마치 숨을 쉬고 걷는 것처럼 남의 이야기를 듣고 하고 싶은 이야기를 다른 사람에게 할 수 있지만 앞의 물음에 대해 적절하게 대답하는 것은 쉽지 않다. 이 질문에 어떻게 대답할 수 있을까? '언어란 무엇인가?'라는 원론적인 물음에 대한 대답으로 우리가 쉽게 들을 수 있는 것은 "언어는 의사소통의 수단이다."라는 말이다. 이것은 언어 사용의 기능적 측면에 초점을 둔 대답이라고 할 수 있다. 완전히 틀린 대답은 아니지만 그것이 언어를 적확하게 정의했다고 보기는 어렵다. 모든 의사소통 수단이 언어는 아니기 때문이다. 예를 들면 기차역에서 역무원이 깃발을 이용하여 열차를 운전하는 기관사와 의사소통하지만 그 수기 신호를 언어라 부를 수 없는 것과 같은 이치이다.

언어를 어떻게 정의할 것인지에 대해 본격적으로 살피기 위해서 의사소통 수단으로서의 언어가 가지는 몇 가지 특성에 대해서 먼저 살펴보아야 한다. 이를 위해 언어와는 다른 의사소통 수단 하나와 언어를 대비해 보자. 언어와 구분되는 의사소통 수단에는 어떤 것들이 포함될까? 앞에서 언급한 바 있는 역무원의 수기 신호도 분명한 의사소통 수단임에는 틀림이 없지만 언어의 본질적 속성을 드러내기 위해서는 인간의 언어와 가장 유사한 의사소통 수단을 대비의 대상으로 삼는 것이 좋다. 관점에 따라 다양한 대답이 있을 수 있겠지만 우리는 침팬지가 의사소통을 위해 사용하는 수단을 대비의 대상으로 삼기로 하자.[1)]

누구나 한 번쯤은 침팬지들이 의사소통하는 장면을 본 적이 있을 것이다. 동물원에 가서 직접 본 경우도 있을 것이고 동물의 생태를 소재로 한 TV 프로그램을 통해서 본 경우도 있을 것이다. 그러한 침팬지의 의사소통 수단과는 다른 인간 언어의 가장 분명한 특징은 무엇일까? 인간의 언어는 분절성을 가진다는 것이 그러한 대비를 통해서 가장 먼저 확인할 수 있는 특징이다. 분절성이란 쉽게 풀어서 이야기하면 보다 작은 단위로 나누어지는 성질

1) 꿀벌의 팔자 춤이나 돌고래와 침팬지의 의사소통 수단 등을 통칭하여 동물의 언어라고 하는 경우도 있다. 그러나 이들을 언어의 범주에 넣는 것이 꼭 필요한 것인지 확신할 수 없으므로 우리는 동물의 의사소통 수단이라는 명칭을 사용하기로 한다.

이다. 동물들의 의사소통 행위를 연구하는 동물생태학자들의 연구 결과에 따르면 침팬지는 명확히 구분되는 소리로 수십 가지의 의사를 전달한다고 한다. 그러나 그 소리들은 보다 작은 단위로 나눌 수 없는 성질의 소리이다. 이러한 소리를 우리는 음향이라고 부른다. 음향은 더 이상 작은 단위로 나뉘지 않는 소리를 말한다. 반면에 인간의 말소리는 예외 없이 자음과 모음이라는 서로 다른 성질의 보다 작은 소리로 나누어진다. 우리가 전혀 모르는 나라의 말도 천천히 들려주기만 한다면 어떤 소리들의 결합인지 알아낼 수 있다는 사실이 이것을 뒷받침한다. 언어에 따라 그 수효에는 차이가 있을지 몰라도 자음과 모음을 가진다는 사실에는 차이가 없다. 우리는 이러한 소리를 음향과 구분하여 음성이라고 부른다. 우리는 방금 언어의 중요한 특징 한 가지를 발견했다. 언어라는 의사소통 수단의 외적 형식이 비분절적인 음향이 아니라 분절성을 가지는 음성이라는 사실이다.

동물이 인간의 언어를 배울 수 있을까? 그리고 그 반대의 경우는 어떨까? 가능할 것도 같고 불가능할 것도 같고 판단을 내리기가 쉽지 않다. 후자의 질문과 관련해서 우리는 매우 흥미로운 이야기 몇 가지를 이미 알고 있다. 대부분 태어난 지 얼마 되지 않았을 때 버려져서 늑대 등과 같은 포유류들과 함께 생활한 아이들에 대한 것이다. 이 아이들은 먹고 자고 소리 내어 우는 것 등의 활동에서 자신을 키운 동물들과 다르지 않았으며 그들과 의사소통하는 것으로 보고된 바 있다. 결국 인간이 동물의 언어를 습득하는 것은 가능하다고 할 수 있다. 전자의 질문과 관련해서는 몇 가지 흥미로운 실험들이 수행된 바 있다. 대부분의 실험은 인류와 가장 유사한 유전자 구조를 가진 영장류인 원숭이에게 인간의 언어를 가르치는 것과 관련된 것이다. 처음에는 음성 언어를 가르치려고 시도했으나 실패하였는데 해당 연구자는 그 이유를 원숭이의 발음 기관이 음성을 발성하는 데 적합하지 않기 때문으로 파악한 바 있다.[2] 과연 그럴까? 그러면 사람의 말소리를 거의 완벽하게 따라하는 구관조는 인간의 언어를 배웠다고 할 수 있을까? 그렇지 않다. 구관조는 사람들로부터 배운 말소리만을 그대로 흉내 낸 것에 불과하기 때문이다. 다른 말로 하면 구관조는 자기가 배운 말소리의 의미가 무엇인지에 대해서는 전혀 알지 못한다는 것이다. 여기서 우리는 언어의 중요한 특징을

---

2) 음성 언어를 가르치는 것이 불가능하다고 밝혀진 이후에는 수화를 가르치거나 컴퓨터의 자판처럼 생긴 언어판을 이용하여 언어를 가르치려 했으나 그 결과는 모두 실패하였다. 이러한 이유로 최근의 한 언어학자는 인간만이 언어 유전자를 가진 유일한 영장류라고 주장하기도 하였다.

또 한 가지 발견하게 된다. 언어라는 의사소통 수단의 내용이 의미(meaning)라는 것이다. 의미가 무엇인가에 대해서는 다른 자리에서 검토할 기회가 있을 것이므로 자세한 이야기를 하지는 않겠지만 인간 언어의 형식인 음성에 실려 전달되는 내용을 지칭하는 것이라는 점만은 지적해 두고자 한다.

이제 언어가 무엇인가라는 물음에 대한 우리의 대답을 준비해야 하겠다. 지금까지 우리는 크게 두 가지 측면에서 언어의 특징을 살펴보았다. 요약하면 언어의 형식은 음성이며 언어의 내용은 의미라는 것이다. 이제 의사소통 수단이라는 일반적 진술을 좀 더 다듬어 보겠다. '의사소통 수단'은 앞에서 언급한 바와 같이 언어의 기능적 측면에 초점을 둔 표현이다. 그런데 지금까지 우리는 언어의 본질이 무엇인가에 대해 논의해 왔다. 그런 점에서 '의사소통 수단'이라는 표현은 우리의 관심과는 거리가 있어 보인다. 이것을 대체할 수 있는 적절한 용어를 우리는 이미 알고 있다. 그리고 그것은 언어의 본질적 측면을 드러내 주는 용어이다. 모든 '이것'은 형식과 내용을 가진다. 대부분의 사거리에서 발견되는 신호등도 이것이고 수기 신호도 이것이며 수학에서 사용하는 "+, −, ×, ÷" 등도 이것이다. 기호(記號)이다. 그런데 언어는 단순한 기호가 아니라 다양한 기호들이 일정한 관계를 맺고 있는 복잡한 체계이다. 그러므로 우리는 '의사소통 수단' 대신 '기호 체계'를 쓰기로 한다. 이상과 같은 논의를 바탕으로 언어를 적절하게 정의할 수 있으리라 생각한다. 우리는 언어를 다음과 같이 규정하고자 한다.

[1] 언어란 음성을 형식으로 가지고 의미를 내용으로 가지는 기호 체계이다.

이것은 언어에 대한 모든 학술적, 실용적 접근의 출발점이다. 위와 같은 언어의 본질적 속성을 잘 이해해야만 구체적인 논의의 과정에서 혼란을 겪지 않을 것일 뿐 아니라 이후의 논의들에 대해 명확하게 이해하는 바탕이 될 것이기 때문이다.

2. 언어의 특징

이제 언어의 특징에 대해서 보다 자세히 살펴보도록 하겠다. 언어학 연구의 결과물을 개괄적으로 검토하는 자리에서 언어의 다양한 특징에 대해서 먼저 살피는 이유는 여기서 다루게 될 다양한 특징이 다양한 관점에서 여러 가지 연구 방법을 채택하여 진행된 언어학 연구의 구체적 양상과 밀접한 관련을 가지기 때문이다.

1) 자의성

언어의 자의성에 대해서는 여러 차례 들어왔을 것이다. 언어의 자의성을 어떻게 정의할 수 있을까? 언어의 자의성은 언어가 기호 체계로서 가지는 특징이다. 앞에서 언어를 음성이 형식이고 의미가 내용인 기호 체계로 정의하였는데 그러한 정의 내용을 최대한 이용하여 설명한다면 다음과 같이 정의될 수 있을 것이다.

[2] 언어의 자의성이란 언어의 형식으로서의 음성과 내용으로서의 의미의 연결이 필연적인 것이 아니라는 특성이다.

동일한 대상물에 붙여진 이름이 언어에 따라 다르다는 사실이 근거로 제시될 수 있을 것이다. 같은 의미가 한국어에서는 [사람]이라는 음성으로 표현되고 일본어에서는 [히토]로, 영어에서는 [맨]으로 표현되는데 세 음성 사이에는 아무런 유사성도 발견할 수 없다는 점이 언어의 자의성을 설명하는데 사용되어 왔다. 만일 특정 의미가 특정 음성과 필연적인 관계를 맺고 있다면 위에서 살핀 바와 같이 같은 의미가 서로 다른 음성으로 표현될 수 없을 것이기 때문이다.

2) 사회성

언어가 사회성을 가진다는 말이 의미하는 바는 무엇일까? 사회성의 사전적 의미는 "① 사회생활을 하려고 하는 인간의 근본 성질, ② 인격 혹은 성격 분류에 나타나는 특성의 하나로 사회에 적응하는 개인의 소질이나 능력, 대인 관계의 원만성 따위"이다. 위와 같은 뜻풀이 가운데 언어의 사회성과 관련을 가지는 것은 전자이다. 우리는 언어의 사회성을 다음과 같이 정의할 수 있을 것이다.

[3] 언어의 사회성이란 언어가 개인의 창작물이 아니라 사회라고 하는 언어 공동체의 산물이라는 특성이다.

위와 같은 정의는 언어의 발생과 밀접한 관련을 가진다. 언어는 인류가 공동체를 이루고 살아가는 과정에서 발달한 것이다. 자신과 유전적으로 가장 가까운 대상, 즉 씨족 공동체가 가장 작은 규모의 언어 공동체였을 것이다. 그러한 씨족 공동체가 부족이라는 지역 공동체를 구성하는 과정에서 일정한 사회적 약속으로서의 언어가 발생하였을 것으로 보는 것이 일반적 견해이다. 이렇듯 언어는 공동체의 산물이기 때문에 본질적으로 사회적 약속으로서의 속성을 가진다. 예컨대 특정인이 자기는 앞으로 '의자'를 [의자]라고 부르지 않고 [책꽂이]라고 부르겠다고 결정한다고 해도 그것이 언어에 반영되지는 않는다. 언어는 사회적 산물이므로 각 언어 사회의 구성원 대다수의 승인을 받지 않는 한 그러한 변화는 언어에 반영될 수 없기 때문이다.

3) 창조성

언어의 창조성은 앞에서 살핀 바 있는 분절성과 밀접한 관련을 가지는 특징이다. 언어 기호는 앞에서 살핀 바와 같이 의미와 직접적 연관이 없는 수십 개의 음성으로 수백에서 수천의 음절을 구성하고 각 음절은 단독으로 또는 다른 음절과 합하여 수만에서 수십만의 단어(형태소를 포함하여)를 만든다. 그리고 수만에서 수십만의 단어를 이용하면 무한한 수의 문장을 만들 수 있다. 이렇게 언어는 문장을 형태소까지 나누는 1차 분절과 형태소를 의미를 가지지 않는 음절 또는 음소까지 나누는 2차 분절을 허락한다. 이러한 특성을 우리는 이중분절성이라고 부른다. 언어의 이러한 특성은 엄청난 창조성으로 이어진다. 특히 완결된 의사 표현의 단위라고 할 수 있는 문장의 수는 무한하다고 할 수 있다. 이것은 앞에서 살핀 바 있는 침팬지의 의사소통 수단이 보여 주는 경직성과 상반되는 양상이라고 할 수 있다. 이와 같은 언어의 특성을 언어의 창조성이라고 하며, 그 내용은 다음과 같이 요약할 수 있다.

[4] 언어의 창조성은 언어 기호의 이중분절성으로 인해 개별 언어의 음성 및 음절의 수에는 제약이 존재하지만 그 언어의 어휘 수 및 가능한 문장의 숫자에 제약이 없다는 특징이다.

여기서 명심해 두어야 할 부분은 의미를 포함하지 않는 음성 형식(음소와 음절)의 수효에는 제한이 있는 데 반해 의미를 가진 음성 형식(형태소, 단어, 문장)의 수효에는 제약이 없다는 점과 화자들이 문장을 기억하지 않고 필요한 순간마다 새롭게 창조해 낸다는 사실이다.

4) 법칙성

언어의 법칙성은 언어 사용의 모든 측면이 일정한 법칙의 지배를 받는다는 특징이다. 예를 들면 동사 '듣-'의 현재 시제 평서형은 [든는다]라는 음성형으로 실현되는데 그 과정을 잘 살펴보면 국어의 말소리와 관련된 법칙, 즉 중요한 음운 법칙 한 가지를 발견할 수 있다. 그것은 다름이 아니라 폐쇄음 'ㄷ'이 비음 'ㄴ'앞에서 비음으로 바뀐다는 비음화 규칙이다. 이러한 현상은 동일한 음운론적 조건에서는 예외 없이 일어나므로 법칙성의 범주 안에서 다룰 수 있는 것으로 보인다. 또 "나는 책을 읽었다."라는 문장을 잘 살펴보면 그 문장이 표현하려고 하는 사태의 내용을 담은 동사가 문장의 가장 끝에 실현되고, 해당 동사가 표현하는 행위의 주체라고 할 수 있는 주어가 문장의 가장 앞에, 그리고 동일한 행위의 대상이 되는 목적어가 그 둘 사이에 위치한다는 사실을 관찰할 수 있다. 예외가 없는 것은 아니지만 이러한 어순은 국어의 문장 안에서 대체로 지켜지는 법칙으로 볼 수 있을 것이다. "영희가 밥을 먹었다."나 "형이 동생을 때린다."라는 문장에도 그러한 법칙이 적용되어 있음을 확인할 수 있기 때문이다. 기호로서는 자의성을 가지는 언어이지만 사회적 약속으로서의 언어는 일정한 법칙의 지배를 받는 것으로 보아야 한다. 그리고 언어의 다양한 영역에서 발견되는 법칙을 발견하여 기술하고 설명하는 것이 언어학의 중요한 연구 대상이 되어 왔다고 할 수 있다.

5) 역사성

언어의 사회성이 무엇인가를 확인하는 과정에서 모든 언어는 그 기원으로 거슬러 올라가면 그 출발점이 지역 공동체인 부족 사회의 언어라고 할 수 있다고 하였다. 그리고 지구상의 모든 언어가 기원적으로는 하나의 조상어에서 출발했다고 보는 견해가 없지 않지만 우리가 이 자리에서 확인하고자 하는 역사성은 그와 같이 역사 이전의 것으로까지 거슬러 올라가지 않더라도 쉽게 확인할 수 있다. 예컨대 기록으로 남아 있는 국어 자료만을 살펴보더라도 언어가 한 순간도 쉬지 않고 변화하는 생물체와 같다는 사실을 확인할 수 있다. 15세기에 간행된 문헌 자료를 접해 본 사람은 알겠지만 문헌을 통해 발견할 수 있는 그 당시의 국어와 현재 우리가 사용하고 있는 국어가 공통점이 없는 것은 아니지만 사뭇 다르다고 느끼게 될 것이다. 이렇게 언어는 시간의 흐름에 따라 끊임없이 변화해 온 역사의 산물이기도 한다. 우리는 이러한 언어의 특성을 언어의 역사성이라고 부른다. 언어의 역사성은 다양한 측면에서 언어학 연구의 대상이 되어 왔다. 먼저 지구상의 모든 언어가 하나의 조상 언어에서 출발했다는 전제를 가지고 여러 언어들이 보여주는 유사성에 근거하여 언어의 선사를 밝히고 그것을 통해 그 언어들의 친족 관계를 밝히려는 연구도 진행된 바 있다. 우리는 이러한 연구를 역사비교언어학이라 부른다. 또 현재의 예외적 언어 현상의 원인을 역사적 고찰을 통해 확인함으로써 언어의 법칙성을 뒷받침하기도 한다. 예를 들면 현대국어의 동사 '짓-, 잇-'은 활용할 때 어간의 모습이 '짓고, 지어서; 잇고, 이어서'와 같이 불규칙하게 변하는데 그 이유를 중세 문헌을 통해 확인할 수 있다. 불규칙한 활용형인 '지어서, 이어서'의 15세기 소급형이 '지ᅀᅥ서, 이ᅀᅥ서'임을 확인할 수 있기 때문이다. 이것은 현대국어의 'ㅅ'불규칙동사에서 예외 없이 확인되는 양상이다. 우리는 이것을 공시적 법칙성을 보완하는 일종의 역사적 법칙성이라고 부를 수 있을 것이다. 이와 같이 언어의 공시적 양상에서 발견되는 불규칙성은 대체로 언어 변화의 과정에서 확인되는 규칙성의 결과물일 수 있다. 이러한 전제 아래에서 언어 변화의 규칙성을 확인하고 그것을 기술·설명하려는 연구도 매우 활발하게 진행되고 있다. 우리는 이러한 연구를 통시언어학이라고 부를 수 있을 것이다.

6) 보편적 습득 가능성

언어의 보편적 습득 가능성이란 인종의 차이나 신분, 지능의 고하에 관계없이 인간은 누구나 언어를 습득할 수 있다는 특성이다. 언어를 어떻게 정의할 것인가를 논하는 자리에서 우리는 어떤 유인원도 언어를 습득하지 못하였다는 사실을 언급한 바 있다. 그와는 달리 인류는 누구나 자기가 속한 언어 공동체의 언어를 배운다. 불행한 사실이지만 한국에서 한국인 부모에게서 태어난 아이가 외국인 부모에게 입양되어 그곳에서 양육되면 그들은 모두 자신의 양부모가 속한 언어 공동체의 언어를 아무런 어려움 없이 습득한다. 그뿐 아니라 청각 장애인도 자신이 속한 언어 공동체의 언어와 직접적으로 연관된 수화를 배우기도 하고 독순법과 발음 훈련을 통해서 완벽하지는 않지만 일반인과 의사소통할 수 있다. 심지어는 지적 발달이 지체된 아이들도 어휘력을 제외한 언어 사용 능력에는 큰 문제가 없는 경우가 있을 뿐 아니라 오히려 언어 사용 능력이 과잉 발달한 경우도 보고된 바 있다. 이러한 현상이 모두 언어의 보편적 습득 가능성이라는 특징을 뒷받침한다. 이러한 사실에 근거하여 촘스키와 같은 언어학자는 모든 인간은 언어습득장치(language acquisition device: LAD)라는 일종의 보편적 언어 능력을 타고나며 그러한 보편적 언어 능력의 개별 매개 변인이 자신이 속한 언어 공동체의 것으로 조정된다고 주장하면서 모든 인간의 생득적 언어 능력을 표상하고자 하는 보편문법을 추구하고 있다.

3. 언어의 기능

언어는 다양한 기능을 가진다. 앞에서 언급한 바와 같이 언어의 가장 기본적이고 일차적인 기능은 의사소통 기능이다. 그러나 언어는 그러한 차원을 넘어서는 다양한 기능을 가지는 것으로 논의되어 왔다. 이 자리에서는 언어의 부차적이지만 고차원적인 기능에 대해 자세히 살피기로 하겠다.

1) 지식 축적의 기능

고차원적인 언어의 기능 가운데 먼저 살펴야 하는 것은 지식 축적의 기능이라고 할 수 있다. 모종의 공동 작업 과정에서 작업의 효율성을 높이기 위해서는 적절하게 의사소통할 필요가 있었을 것이고 언어는 그러한 목적을 달성하기 위해 발명된 것으로 볼 수 있다. 그러던 것이 수렵 및 채집의 경험이 축적되고 농경 생활이 시작되면서 공동 노동 과정에서의 단순한 의사소통의 수준을 넘어선 축적된 지식의 전달을 위해 사용되기에 이른다. 문자가 없던 시기에는 각 부족별로 나이가 많은 사람이 자신의 부모 세대로부터 물려받은 지식과 자신의 경험을 바탕으로 축적한 지식을 적절한 때에 자신의 자녀 세대에 가르치는 방식으로 지식은 축적되어 갔을 것이다. 그러나 구전(口傳)에 의한 지식 축적은 한계가 있을 수밖에 없다. 이것은 음성 언어의 시간적·공간적 한계와 맞닿아 있는 부분이다. 음성을 녹음하여 보존하고 재생하는 기술이 발달되기 전까지 음성 언어는 음성이 미치는 거리까지만 전달될 뿐 아니라 발화가 이루어지는 당시에만 존재할 수 있었기 때문이다. 그러한 한계 때문에 음성 언어는 지식 축적의 수단으로는 적합하지 않다. 질병이나 천재지변으로 많은 사람이 죽게 되면 오랜 기간 쌓아 온 축적된 지식이 한순간에 사라져 버릴 수 있기 때문이다.

음성 언어의 그러한 한계를 극복하려는 지식 축적의 욕구가 문자 탄생의 중요한 기반이었다고 할 수 있다. 인간의 지식 축적 욕구는 처음에는 그림으로 부분적으로 충족되었을 수 있으나 그것은 만족스러운 것일 수 없었을 것이다. 인류는 그림을 넘어서는 다양한 문자를 만들어 내고 그것으로 후세에 남기고자 하는 삶의 지식을 적어 가기 시작했다. 이집트의 상형문자로부터 중국의 한자, 페니키아의 쐐기문자 그리고 우리의 한글에 이르기까지 많은 문자가 만들어지고 사용되었지만 지금까지 그 독법이 알려져 있거나 사용되고 있는 문자의 수는 십수 개를 넘지 않는 것으로 알려져 있다. 이집트의 상형문자나 메소포타미아 지역의 고대 문자, 일부 아메리카 원주민들의 문자, 아시아의 여러 소수 민족이 사용하던 문자는 이제 더 이상 사용되지 않을 뿐 아니라 그중 일부는 독법조차 잊힌 경우가 많다. 슬픈 일이 아닐 수 없다. 어떻든 언어의 지식 축적 기능은 문자의 발달과 함께 한 단계 진화되었으며 근대 인쇄술의 발달로 또 한 번의 폭발적 성장을 경험하여 현재에 이르렀다.

흥미로운 점은 문자의 출발점은 음성 언어의 시공간적 한계를 극복하기 위해 음성 언어를 시각화하는 것이었지만 문자의 발명과 함께 독자적 양상도 함께 가지기 시작했다는 사실이다. 최근에는 음성 언어에 대비하여 문자 언어라는 용어를 사용하는데 이것은 문자가 음성을 시각화하는 단순한 수단에 머물러 있지 않음을 보여 준다. 우리말만 하더라도 말할 때의 어법과 글을 쓸 때의 문법은 공통점도 있지만 차이점도 상당하다는 사실을 쉽게 확인할 수 있다. 문자 자체에 대한 연구뿐만 아니라 문자로 표현된 언어의 특성도 언어학의 중요한 연구 대상이라고 할 수 있는 것이다.

2) 로만 야콥슨의 언어기능론

로만 야콥슨(Roman Jakobson)이라는 언어학자는 언어의 기능과 관련된 매우 독특한 견해를 드러낸 바 있다. 위에서 살펴본 언어의 기능이 언어 사용의 목적 또는 의도와 직접 관련된 것이었다면 그의 견해는 의사소통 행위가 일어나는 구체적 양상을 확인하고 그러한 양상을 구성하는 개별 요소의 관점에서 언어가 가지는 기능을 확인하고자 하였다. 로만 야콥슨이 제안한 의사소통 모형을 그림으로 나타내면 다음과 같다.

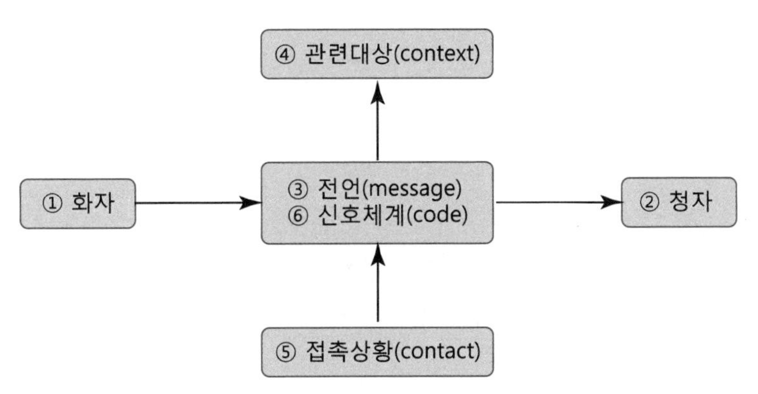

[그림 1-1] 로만 야콥슨의 의사소통 모형

위와 같은 모형에 따르면 의사소통 과정에서 발견되는 요소는 여섯 가지이다. 일반적인 의사소통 상황에서는 위의 여섯 가지 요소들이 항상 함께 작용하지만 경우에 따라서는 여섯 개의 요소가 서로 비중을 달리하기도 한다. 대개의 경우 우리는 어떤 대상에 관하여 말한다. 하늘, 달, 별과 같은 자연을 논할 수도 있고, 사랑, 희망 같은 추상적인 내용을 논의의 대상으로 삼을 수도 있다. 이때의 언어는 그 대상을 지시한다. 아마도 언어가 수행하는 가장 원초적인 기능이라고 할 수 있을 것이다. 이처럼 ④ 관련 대상(context)에 충실했을 때 그것은 단지 언어의 지시적 기능(referential function)을 충족시킨다.

① 화자에 충실한 기능은 정서적 기능(emotive function)이라고 하는데 주로 말하는 사람의 주관을 나타낸다. '무더운, 끔찍한'과 같은 말의 첫음절에 아무리 높은 억양을 넣어도 그 단어가 나타내는 객관적 의미에는 아무런 변화가 없지만 화자의 주관적 정서는 강렬하게 전달될 수 있기 때문이다.

전언(message)에 충실하려는 기능을 시적 기능(poetic function)이라고 한다. 이때에는 표출된 언어 자체가 지니는 독특한 질서에 의해서 그 기능이 나타난다. 한국어에서 '한두 명, 두세 사람, 대여섯 그루, 예닐곱 개' 같은 표현에서 앞에 쓰인 수관형사가 한 음절로 줄어든 것은 같은 성질의 단어를 나열할 때 뒤에 오는 단어보다 앞에 나오는 단어를 보다 짧게 하는 것이 말 자체의 미감을 높이기 때문으로 볼 수 있다. 이와 같이 언어의 미적 가치를 높이려는 시도는 언어의 시적 기능과 밀접한 관련을 가진다.

청자에게 충실한 기능을 명령적 기능(conative function)이라고 한다. 명령은 청자의 행동에 가장 큰 영향을 미친다. 대부분의 명령문에서 쉽게 발견할 수 있는 기능이지만 명령적 기능이 명령문에서만 발견되는 것은 아니다. 일반적으로 독백은 화자 자신을 청자의 위치에 대치시키는 것이지만 독백을 듣는 제삼자가 청자로 있었다면 그 청자가 독백이 나타내는 명령적 기능으로부터 완전히 자유로울 수는 없을 것이다.

접촉 상황에 충실한 기능을 친교적 기능(phatic function)이라고 한다. 아침 저녁으로 만나는 사람끼리 주고받는 가벼운 인사말이 나타내는 실질적 의미는 상당 부분이 경감된다. 그렇기 때문에 "아저씨, 어디 가세요?"라는 인사 물음에 "응"하거나 빙긋이 웃음으로 답례하고 지나칠 수가 있는 것이다.

언어 수행에 필요한 매체는 언어이다. 이 매체, 즉 신호 체계에 충실한 기능을 관어적 기능(meta-lingual function)이라고 한다. 언어 사이의 관계를 맺어 주는 구실을 하는 언어 표현이 그러한 기능에 충실한 언어이다. 사전의 뜻풀이 부분이 이러한 기능이 극대화되어 나타나는 언어 표현이라고 할 수 있다. 새로운 언어나 단어를 습득하는 과정에서 언어의 관어적 기능은 가장 중요한 구실을 한다고 할 수 있다(심재기 외, 『의미론서설』, 1984: 13-14).

이상과 같은 의사소통 모형과 각 요소에 충실한 언어의 기능에 대한 논의는 언어 사용의 다양한 측면과 양상에 대한 이해를 높임으로써 언어학의 하위 부문에 대한 개별적 연구 과정에서 매우 유용하게 사용될 수 있을 것으로 믿는다.

4. 언어 연구의 역사

"많은 학문이 그렇듯 언어학도 그 연원을 그리스에서 찾을 수 있다. 지금까지도 중요한 문법 범주로 사용되고 있는 명사, 동사, 격, 문법적 성 등의 개념이 이미 그리스 시대의 언어 연구에서 확립되었다"(이익섭·채완, 『국어문법론 강의』, 2000: 29). 이 자리에서는 언어 연구의 역사를 시간적 선후 관계와 언어 연구의 방법론에 따라 전통문법, 역사·비교 언어학, 소쉬르와 유럽구조주의 언어학, 미국의 기술구조언어학, 변형생성문법으로 나누어 그 내용을 개괄하기로 한다.

1) 전통문법

전통문법 연구의 전통은 그리스·로마 시대의 문법 연구로부터 출발한다. 잘 알려진 바와 같이 서구 문법의 전통적인 8품사 체계와 시제, 격, 성, 수, 태, 서법과 같은 주요한 문법 범주는 그리스 사람들의 문법 연구를 통해 수립된 것이다. 그러한 전통이 로마와 중세의 라틴어 문법 연구로 이어졌고, 그러한 라틴어 문법 연구의 틀이 서구 유럽 언어들의 문법 연구에도 차용되어 18세기까지 이어져 왔다. 이러한 전통을 우리는 전통문법이라 부른다. 17, 18세기의 전통문법은 규범문법으로서의 성격이 매우 강하다. 전통적으로 이어져 온 문법가들의 견해를 맹목적으로 받아들인다든지 모든 언어의 모태가 라틴어이므로 라틴어의 문법 모델에 맞추어 해당 언어의 문법을 규정하려 하였기 때문이다.

위와는 독립적인 전통문법적 연구의 전통도 존재하였다. 인도의 산스크리트어에 대한 파니니의 문법이 그것이다. 파니니의 문법은 1786년 윌리엄 존스(William Jones)에 의해 발견되고 유럽에 소개된 후에야 주목을 받게 되었다. 그에 따르면 파니니의 문법서는 고대 인도어인 산스크리트어의 모든 활용과 파생, 복합 및 통사 현상을 4,000개의 정확하고 간결한 규칙으로 기술하였다고 한다. 뿐만 아니라 고대 인도에는 파니니의 문법서 이외에도 1,000여 종의 문법서가 출간되었을 만큼 문법 연구가 활발하였다고 전해진다. 안타까운 것은 이들이 인도에서 계속 발전되지 못하였다는 사실이다(이익섭·채완, 2000: 32-33).

2) 역사·비교 언어학

19세기의 주류 언어학은 역사·비교 언어학이다. 역사·비교 언어학은 앞에서 언급한 바 있는 산스크리트어의 발견과 밀접한 연관을 가진다. 18세기 말에 산스크리트어를 발견한 윌리엄 존스는 산스크리트어가 유럽 언어학의 연원이라고 할 수 있는 그리스어나 라틴어보다 완벽한 문법적 구조를 가지고 있으며, 이들 세 언어가 비슷한 점이 너무 많아서 지금은 존재하지 않는 어떤 동일한 기원에서 분화된 언어라고 보지 않고는 그러한 유사성을 설명할 수 없다는 견해를 표명한 바 있는데, 그러한 견해를 발표한 글이 역사·비교 언어학을 촉발하는 계기가 된 것이다.

위와 같은 계기로 출발한 역사·비교 언어학의 목적은 언어 변화 가운데 말소리의 역사적 변화를 설명할 수 있는 역사적 음운 법칙의 발견과 그것의 비교·대조를 통해 언어들 사이의 친족 관계를 확인하는 것이었다. 잘 알려진 바와 같이 어족의 수립이 그러한 작업을 통해 이루어진 것이다. 인도-유럽어족, 우랄-알타이어족, 햄-셈어족, 드라비다어족, 인도-차이나어족, 남도어족 등이 그러한 연구를 통해 수립된 어족들이며 각 언어의 언어적 계통을 밝히는 연구라고 해서 지금은 언어계통론이라고 부른다.

3) 소쉬르와 유럽구조주의 언어학

앞에서 언급한 바와 같이 19세기의 주류 언어학은 역사·비교 언어학이었다. 그런데 20세기에 들어서서는 언어의 역사적인 변화만을 연구하는 연구 태도에 반발하는 새로운 연구 경향이 나타난다. 공시언어학 또는 기술언어학이 그것이다. 여기서는 그 가운데 소쉬르로 대표되는 유럽구조주의 언어학에 대해 간략하게 살펴보기로 하겠다. 소쉬르(F. de Saussure)는 1857년에

태어나서 1913년에 사망하였다. 그런데 그의 언어학 이론을 세상에 널리 알린 『일반언어학강의(*Cours de Linguistique Générale*)』는 1915년에야 제자들에 의해서 출간되었다. 소쉬르는 인간 언어에 대한 자신의 천재적인 통찰력의 결과물을 제자들에게 가르쳤을 뿐 직접 책을 저술하지는 않은 것이다.

구조주의 언어학이라는 새 시대를 연 소쉬르의 『일반언어학강의』(1915)에는 언어의 다양한 양상과 관련된 뛰어난 통찰력을 보여 주는 대립되는 개념의 쌍이 여러 개 발견된다. 먼저 랑그(langue)와 빠롤(parole)의 대립에 대해 확인할 필요가 있다. 랑그는 실제 언어생활에서 발견되는 개인차를 무시하고 추출된 추상화된 언어를 뜻하는 반면, 빠롤은 그러한 추상화된 랑그가 개별 화자를 통해 실현된 언어를 뜻한다. 음악에 견주어 이야기하면 랑그는 추상화된 악보라고 할 수 있고, 빠롤은 그 악보를 바탕으로 한 실제적 연주라고 할 것이다. 소쉬르는 언어학의 연구 대상은 빠롤이 아니라 랑그라고 주장하면서 언어학자가 연구할 것은 개개인의 언어가 아니라 한 언어 사회에서 약속되고 공인된 언어이어야 한다는 견해를 드러낸 바 있다. 이러한 구분은 변형생성문법의 언어 능력(language competence)과 언어 수행(language performance)의 구분과 일정한 관련을 가진다. 언어 능력이 추상화를 전제한다는 점에서 랑그와 닮았고 언어 수행이 언어 능력의 실제적 실현이라는 점에서 빠롤과 닮았다. 변형생성문법이 추상화된 언어 능력을 연구의 대상으로 삼는다는 점도 소쉬르와 견해를 같이하는 부분이다.

공시와 통시의 대립을 설정한 것도 소쉬르 구조주의의 주요한 특징 가운데 하나이다. 공시태와 통시태는 언어학 연구의 대상을 구분하기 위해 도입된 개념이다. 소쉬르의 견해에 따르면 공시태는 일정한 시점에서 관찰되는 언어의 상태이며 통시태는 진화 과정의 언어 현상을 의미한다. 여기서 소쉬르가 강조한 것은 이 두 대상의 경계선을 명확하게 긋기는 어렵지만 그 구분은 절대적이며 양자는 하나로 통합될 수 없는 이율배반성을 가지므로 단일한 학문의 연구 대상이 될 수 없다는 사실이다. 이것은 19세기의 주류 언어학이던 역사·비교 언어학이 통시태라는 언어 현상의 단편만을 연구할 뿐 언어 전체의 구조를 파악하려는 태도가 부족했음을 지적함과 동시에 통시태의 본격적인 연구를 위해서는 공시태의 구조적 연구가 선행되어야 함을 지적하기 위한 논의로 이해하는 것이 좋다고 생각한다.

소쉬르가 역사·비교 언어학이 개별적 음운의 변화 양상만을 추적하는 것을 비판하고 언어의 공시적 구조를 먼저 파악해야 한다는 주장을 했다는 사실은 앞에서 언급한 바 있다. 여기서 우리는 소쉬르 언어학의 주요 개념 가운데 하나인 구조(structure) 또는 체계(system)라는 개념을 만나게 된다. 소쉬르는 모든 언어 요소가 개별적으로 존재하는 것이 아니라 어떤 큰 총체 속에서 서로 유기적인 관계를 맺고 있다고 믿었다. 다양한 요소들이 서로 유기적 관계를 맺고 있는 총체를 구조라는 개념으로 포착하려고 한 것이다. 한편 체계는 상호 연관을 맺고 있는 요소들에서 발견되는 대립 관계의 총체 정도로 정의된다. 구조가 통합적 관점에서의 개념이라면 체계는 분석적 관점의 개념이라고 할 수 있다. 그러므로 구조는 실체를 가지는 어떤 대상과 어울리는 반면 체계는 분석된 결과물로서의 대상들과 어울린다. 예를 들면 '문장의 구조'는 문장의 내부 성분들이 맺고 있는 관계가 표상된 통합체라는 의미로 쉽게 이해가 되지만 '문장의 체계'라는 표현은 어떤 의미인지 쉽게 이해되지 않는다. 언어학에서 문장은 분석 결과물이라기보다는 결합의 결과물인 경우가 많기 때문에 분석된 요소들의 대립적 관계를 가리키는 체계라는 용어와는 잘 어울리지 않기 때문이라고 생각한다. 어떻든 소쉬르는 언어를 구조와 체계라는 개념 틀을 가지고 바라보았고 그것을 통해 이해하려 했다는 사실이 중요하다. 그것이 우리가 소쉬르의 언어학을 구조주의(structuralism)라고 부르는 까닭이기도 한다.

4) 미국의 구조기술문법

소쉬르의 직접적 영향을 받지는 않았지만 소쉬르의 구조주의적 관점이 실제적 언어 연구에 반영된 업적이 미국에서 발표된다. 사피어(E. Sapir)와 블룸필드(L. Bloomfield)는 『언어(*Language*)』라는 같은 제목의 책을 서로 다른 해(사피어, 1921; 블룸필드, 1933)에 출간한다. 촘스키의 변형생성문법이 제안되기 전까지 미국의 언어학 연구를 지배한 구조기술문법의 출발점이다.

구조기술문법은 그 이름에서 알 수 있는 바와 같이 공시태의 순수한 기술을 문법의 목표로 삼는다. 연구 방법론으로는 의미를 분석이나 분류의 기준으로 삼지 않는 발견 과정(discovery procedure)을 중시한다는 점도 특징 가운데 하나이다. 구조기술문법이 공시태의 순수한 기술을 문법의 목표로 삼고 의미를 배제한 발견 과정을 연구 방법으로 삼게 된 데에는 나름의 이유가 있다. 미국의 언어학이 아메리카 원주민의 언어를 분석하는 과정에서 발달하였는데 원주민의 언어들은 당시까지 문자로 기록된 적이 없었기 때문에 역사적 연구 자체가 불가능했고 미지의 언어를 연구의 대상으로 삼았기 때문에 가장 낮은 소리 단위부터 발견하고 그것에 근거하여 차차 큰 단위를 발견해 가는 방식을 채택할 수밖에 없었던 것이다.

이상과 같은 연구 태도 때문에 구조기술문법은 언어의 각 층위를 엄격히 구분할 수 있었다. 앞에서 언급한 발견 과정에 맞추어 작은 단위를 다루는 음성학에서 출발하여 음소론, 형태음소론, 형태론, 통사론 등으로 정밀하게 체계화할 수 있었던 것이다. 19세기까지는 문법학이 곧 언어학이었으나 이상과 같이 층위를 엄격히 분리하려는 구조기술문법의 시대에 와서는 문법이 형태론과 통사론만을 가리키는 좁은 의미를 가지게 되었다는 점도 지적되어야 한다. 또 한 가지 지적해 두어야 하는 점은 구조기술문법 시기의 연구에서는 통사론과 의미론 분야의 연구가 미흡하였다는 사실인데 이것은 객관적 기준에 따른 치밀한 분석을 언어학 연구의 당면 목표로 삼았다는 점 때문인 것으로 생각해 볼 수 있다.

5) 변형생성문법

촘스키의 두 저서 『변형 문법 생성의 이론(*Syntactic Structures*)』(1957)과 『구문론의 양상(*Aspects of the Theory of Syntax*)』(1965)은 기존의 어떤 연구보다도 언어학 연구에 커다란 변혁을 일으켰다. 촘스키는 이전 시대의 언어학이 언어의 겉모습만을 대상으로 한 분석에 그치는 것을 비판하고 무한한 수의 문장을 한정된 어휘를 통해 생성해 내는 화자들의 능력을 한정된 숫자의 규칙으로 표상해 내는 것이 언어학 연구의 목적이라고 주장한 것이다. 그러한 목적을 달성하기 위해 도입한 가장 기본적인 이론적 내용은 심층 구조와 표면 구조의 구분이다. 우리가 귀로 듣거나 입으로 말하는 문장은 표면 구조로서의 문장이며, 그 문장의 의미를 나타내 주는 기저 구조, 즉 심층 구조가 따로 존재한다는 제안이다. 문장의 기저 의미를 담고 있는 심층 구조는 기저 규칙 혹은 구절구조규칙을 통해 형성되며, 우리가 실제로 듣거나 말하게 되는 표면 구조는 그렇게 생성된 심층 구조에 변형 규칙을 적용하여 도출한다는 것이 변형생성문법의 아이디어인 것이다. 이상과 같은 전제에서 출발한 변형생성문법은 철저하게 통사론 중심의 언어학이다. 심층 구조로부터 표면 구조를 도출하는 데 사용되는 변형 규칙의 탐구가 문법 연구의 핵심이 되었기 때문이다.

변형생성문법은 촘스키 이후 여러 학자들에 의해 그 내용이 끊임없이 변화하고 있다. 그러한 변화 가운데 우리가 짚고 넘어가야 할 내용이 하나 있다. 1980년대 이후에 일어난 변화로 이전의 규칙 체계 위주의 문법 이론에서 원리 체계 위주의 문법으로 전환된 것이다. 변형 규칙의 힘을 약화시키려는 각종 제약과 여과 장치에도 불구하고 규칙의 과도한 생성력은 적법하지 않은 표면 구조를 생성해 버리는 문제도 해결이 되지 않았을 뿐 아니라 영어를 대상으로 삼아 설정된 통사 규칙이 다른 언어들에는 잘 적용되지 않을 수 있다는 인식이 그러한 전환을 촉진한 것이다. 한 언어의 문법을 모든 언어에 적용될 수 있는 보편 원리와 각 언어 특유의 매개 변인으로 나누어 이해하는 지배-결속 이론이 제안되었다. 표준 이론에서 심층 구조를 생성하던 구절구조 규칙과 변형을 책임지던 다양한 변형 규칙은 폐기되고 그 자리를 X-바 이론, 의미역 이론, 결속 이론, 지배 이론, 격 이론, 통제 이론, 이동 이론 등 각종의 원리가 차지하게 되었다. 그 이후에도 경제성 이론, 최소 이론 등으로 계속해서 진화를 거듭하고 있지만 그에 대해서는 따로 언급하지 않는 것이 좋을 것이라고 생각한다.

현대 언어학 연구에 대한 변형생성문법의 영향력은 매우 컸다. 기존의 경험론적이고 행동주의적인 언어학 연구 방법론을 논리적이고 심리주의적인 연구 방법론으로 대체함으로써 당시까지만 해도 미개척 분야의 하나였던 통사론이 언어학 연구의 핵심적 부분이 될 수 있도록 하였을 뿐 아니라 음운론, 형태론, 의미론 언어습득 이론, 심리언어학, 전산언어학 등과 같은 통사론 이외의 언어학 연구 분야에서도 변형생성문법의 생성과 변형이라는 아이디어가 도입되어 많은 성과를 얻을 수 있는 기반을 제공한 것이 사실이다.

5. 언어학의 하위 부문

구조기술문법에 대해 검토하는 자리에서 발견 과정의 층위에 따라 음성학, 음소론, 형태음소론, 형태론, 통사론 등으로 언어 연구의 층위가 나뉠 수 있음을 보았다. 그러나 그것은 미지의 언어를 분석하는 과정에서 얻어지는 성과에 따라 나누어진 언어학 연구의 층위 구분이므로 변형생성문법 이후의 언어학 연구가 지향하는 심리주의적 연구 방법론에 근거한 그것과는 차이가 있을 수 있다. 심리주의적 연구 방법 및 절차에 합당한 언어 연구의 하위 층위를 확인하기 위해서는 화자의 발화라는 인지적이고 심리적인 과정의 제 단계를 확인할 필요가 있다고 생각한다. 다음은 발화가 이루어지는 과정을 네 단계의 구분되는 인지 과정으로 나누어 본 것이다.

[그림 1-2] 발화의 여러 단계

모든 발화는 언어로 표현되기 이전의 전언, 즉 뭔가 언어로 표현하고자 하는 의사가 정립되는 것에서 출발한다. 이것을 위의 그림에서는 비언어적 전언 생성이라는 단계로 표시하였다. 다음 단계는 그러한 비언어적 전언을 문법 원리에 맞는 구조로 생성해 내는 단계이다. 위의 그림에서는 그것을 문법적 부호화라는 단계로 표시한다. 이제 문법 구조를 음운 표시 형식으로 생성해 내는 과정이 필요하다. 음운론적 부호화 과정은 문법 구조의 개별 항목으로 도입된 문법 단위 각각의 음운론적 표시가 어절이라는 음운론적 단위로 합쳐지는 과정이다. 이 과정에서 다양한 형태음소적 교체 현상이 일어난다. 마지막으로 음운 표시는 음성 표시 형식으로 실현됨으로써 발화가 완료된다.

실제 발화를 모형화해 놓은 것이기 때문에 편의상 각 단계의 진행이 단계별로 이루어지는 것으로 설명했지만 실제로는 둘 이상의 과정이 동시에 진행될 수도 있을 것으로 보인다. 그러나 그렇다 하더라도 각 단계에서 일어나는 인지 과정은 서로 구분될 수 있는 성질의 것이므로 위와 같은 모형화가 현상을 너무 단순화하는 경향이 없진 않지만 그 나름의 의미는 가질 수 있는 것으로 보인다. 이제 위의 모형과 관련하여 언어학의 하위 부문을 어떻게 설정할 수 있는지 그리고 각 부문의 연구 대상이 무엇인지 간략하게 살펴보자.

1) 음운론

음운론은 말소리의 언어적 기능을 연구한다. 말소리의 언어적 기능을 연구한다는 것은 한 언어 안에서 뜻을 분화시키는 말소리를 가려내고 각각의 기능적 특성을 탐구한다는 것이다. 이것은 음성학이 조음 과정 및 말소리 자체의 음성적 특성을 연구하는 것과 대비되는 음운론의 특징이다. [그림 1-2]를 이용하여 음성학과 대비되는 음운론의 특징을 확인해 보겠다. [그림 1-2]에서는 음성학과 관련되는 적절한 단계를 찾기 어렵다. 음성학은 네 번째 단계의 결과물이라고 할 수 있는 음성의 청각적 특성 또는 개별 소리의 조음 과정에 대한 연구이기 때문이다. 그러므로 음성학은 발화라고 하는 인지 과정에서 자신의 입지를 확보하지 못한다고 할 수 있다.

음운론은 셋째 단계와 넷째 단계 모두와 관련을 가지는 것으로 볼 수 있다. 넷째 단계는 음소와 이음의 관계를 다루는 이음론과 음소의 계열 관계를 다루는 음소체계론, 음소의 통합 관계를 다루는 음소배열론과 관계가 있다. 이 셋을 묶어 순수음운론이라고 부르기도 한다(배주채, 『국어음운론 개설』, 1996: 68). 셋째 단계는 통사 구조 안에 자리 잡고 있는 기저표시(형태음소 표시)로부터 어절의 음소 표시를 생성하는 단어음운론과 어절의 음소 표시로부터 발화의 음소 표시를 생성하는 발화음운론과 관계가 있다. 이 둘을 묶어 형태음운론이라고 부른다. 단어음운론에서는 곡용, 활용, 단어 형성과 같은 형태론적 과정에서 나타나는 음운 현상을 주로 다루고 발화음운론에서는 어절이 기식군(breath group)과 같은 발화 단위를 형성하는 과정에서 나타나는 음운 현상을 다룬다.

2) 형태론

형태론은 전통적으로 단어 형성과 굴절을 그 주요한 연구 대상으로 삼아왔다. 단어 형성에 대한 연구 과정에서 형태소, 어근, 접사 등의 문법 단위를 식별하고 분석하였으며 굴절에 대한 연구 과정에서는 수(數), 성(性), 격(格), 인칭(人稱), 시제(時制), 상(相), 서법(敍法) 등의 문법 범주와 관련된 명사와 동사가 꼴을 바꾸는 현상을 여러 가지 방법으로 기술하고 설명해 왔다.

재미있는 점은 기존의 형태론이 관심을 가지는 언어 현상이 [그림 1-2]의 어느 단계에 해당하는지가 명확하지 않다는 사실이다. 그나마 굴절 현상은 문법 원리에 맞는 구조를 생성하는 두 번째 단계의 끝 부분쯤 어딘가에서 일어나는 것으로 볼 수도 있겠지만 단어 형성 과정은 어디에서도 적절한 자리를 찾기 어렵다. 이것은 새로운 단어를 만드는 과정이 선언어적 개념 구조로부터 문법 구조를 생성하거나 문법 구조로부터 음운 표시를 만드는 과정 또는 음운 표시를 음성 표시로 전환하는 과정처럼 자동적이고 무의식적으로 빈번하게 이루어지는 인지 과정이 아니라 필요할 때만 간헐적으로 일어나는 매우 의식적인 인지 과정이라는 점과 관련지어 설명할 수 있다. [그림 1-2]에 제시된 과정의 각 단계는 모두 발화라는 인지 과제를 수행하는 과정에서 매우 신속하고 자동적으로 일어나는 매우 특화된 인지 과정을 모형화한 것이므로 새로운 단어의 형성이라는 의식적이고 간헐적인 과정을 위한 단계를 두기 어려웠을 뿐이다. 그러므로 단어 형성을 형태론의 주요 연구 과제로 파악하는 입장에는 변화가 없어야 한다.

형태론에 대한 전통적 연구에서는 주목을 받지 못했지만 최근의 형태론 연구에서 관심을 모으고 있는 부분이 있다. 바로 어휘부에 대한 연구이다. 어휘부는 일반적으로 단어 저장소로 인식되어 왔다. 단어 저장소로서의 어휘부가 형태론의 연구 대상의 대상이 되기 시작한 것은 생성형태론이 어휘부 안에 단어형성부를 설정하고 새로운 단어의 형성이 어휘부 안에서 이루어진다는 주장을 하면서부터이다. 그러한 주장에 문제가 없는 것은 아니지만 이때부터 어휘부가 형태론 연구의 주요한 대상이 된 것만은 부인하기 어렵다. 그렇다면 단어 저장소로서의 어휘부는 [그림 1-2]의 어느 단계와 관련을 가질까? 저장된 단어가 필요한 단계는 두 번째 단계라고 할 수 있다. 선언어적 개념을 문법 구조로 전환할 때 해당 개념을 정확히 표현하기 위해서는 적절한 어휘를 찾아내고 해당 어휘의 정보를 문법 구조 안으로 가져오는 과정이 필요하다. 바로 그 지점이 어휘부가 참여하는 부분이다. 그러므로 그러한 과정에서 적절하게 기능하기 위한 어휘 저장소로서의 어휘부 구조와 어휘부 저장 항목의 내적 구조에 대해 연구하는 것도 형태론이 관할해야 할 부분이라고 할 수 있을 것이다.

3) 문법론

문법론은 전통적으로 단어들이 결합하여 구(句)나 문장을 생성하는 원리를 탐구하는 언어학의 하위 부문으로 인식되어 왔다. 변형생성문법의 틀 안에서는 기저 구조의 형성 원리와 표면 구조의 도출 원리를 탐구하는 것으로 환언될 수 있을 것이다. 어떤 관점에서 어떻게 서술하든 이것은 모두 통사 구조론이라는 이름 아래 묶일 수 있다. 구(句) 이상의 문법 단위에 대한 연구라는 것이다. [그림 1-2]의 단계와 관련해서는 두 번째 단계의 가장 본질적인 과정과 밀접하게 연관된다고 볼 수 있다. 표현하려는 뜻과 생각에 적합한 문장 구조를 생성하고 적절한 단어를 선택해서 그 구조에 삽입하는 과정이 본래적 의미의 통사 과정이라고 할 수 있기 때문이다.

문장 성분론도 문법론 연구의 한 영역을 차지한다고 할 수 있다. 문장 성분론은 문장을 구성하는 각 성분이 문장 안에서 수행하는 역할을 중심으로 문법을 기술하는 문법론의 하위 분야이다. 문장의 하위 성분들이 문장 안에서 수행하는 기능 또는 성분들 상호 간에 맺고 있는 관계에 따라 각각의 성분들을 주어, 목적어, 보어, 부사어, 관형어 등으로 분류하고 해당 성분이 가지는 언어학적 특성을 확인하는 경험론적이고 분석적인 연구의 결과물이라고 할 수 있다.

문법 범주론도 문법론 연구의 한 축을 차지한다고 할 수 있다. 문장 전체의 층위에서 드러나는 문법적 기능의 계열(paradigm)이 문법 범주이다. 수(數), 성(性), 격(格)이 명사와 주로 관련을 가지는 문법 범주이며, 시제, 서법, 양태, 동작상, 문장유형, 태(態, voice), 부정법, 청자대우법 등이 동사와 주로 관련을 가지는 문법 범주이다.

4) 의미론

의미론은 의미를 가지는 모든 층위의 언어 단위의 의미를 연구하는 언어학의 하위 부문이다. [그림 1-2]의 단계와 관련해서는 첫 번째 단계인 비언어적 전언 생성과 관련이 깊다고 할 수 있다. 의미론이 주로 연구해 온 것이 단어와 문장이라는 언어 단위와 관련된 언어 선행적 개념의 내용과 구조를 어떻게 표상할 것인지 그리고 각 개념들이 상호 간에 맺는 관계의 양상은 어떤지를 살피는 것과 다르지 않기 때문이다. 지금까지의 의미론 연구는 의미의 의미를 어떻게 규정하는가에 따라 크게 둘로 나뉜다. 실세계와 관련성을 중심으로 언어 기호의 의미를 연구하고자 하는 지시설과 화자들의 머릿속에 존재하는 것으로 간주되는 개념을 중심으로 언어 기호의 의미를 연구하고자 하는 개념설이 그것이다.

의미론적 차원에서 주로 연구되어 온 언어 단위는 단어와 문장이다. 단어와 문장이 가지는 의미의 완결성과 상대적 안정성 때문이다. 단어의 의미에 대해 연구하는 의미론의 하위 부문을 어휘 의미론이라고 하는데, 어휘 의미론 연구는 어휘 의미를 기술하기 위해 의미 자질을 도입하거나, 어휘장 안에서 각 단어의 의미가 좀 더 명확하게 기술될 수 있음을 논의하기도 한다. 한편, 어휘가 의미의 차원에서 상호 간에 맺고 있는 관계를 동음 관계, 대립 관계, 분류와 포섭 관계 등으로 나누어 고찰하기도 한다. 또한 이들 단어가 결합하여 이루어진 문장의 의미는 어떻게 표상되어야 하는가, 그렇게 표상된 문장의 의미들은 상호 간에 어떤 관계를 맺고 있는지를 살피는 것이 문장 의미론이다. 문장의 의미는 해당 문장의 진릿값을 참이 되게 하는 실세계의 사건 혹은 사태로 규정되기도 하고, 화자들의 머릿속에서 구성되는 하나의 사건 구조로 간주되기도 한다. 문장들이 상호 간에 맺고 있는 의미 관계도 어휘 의미에 대한 연구에서와 마찬가지로 동의, 반의, 전제, 함의 등으로 분류될 수 있다.

5) 화용론

화용론은 청자들이 화자의 의도된 의미를 어떻게 알아차리는가를 다루는 학문으로 정의되기도 하고, 사람들이 의사소통할 때 따르는 일반 원칙을 다루는 학문으로 정의되기도 한다. [그림 1-2]의 단계를 넘어서는 언어학 연구라고 할 수 있다. [그림 1-2]는 화자의 발화라는 과정을 미시적으로 분석한 결과이기 때문에 화자와 청자, 상황과 문맥까지 모두 고려하는 화용론은 [그림 1-2]의 단계 바깥에 존재한다고 할 수 있다. 화용론은 의미론이 포착할 수 없는 의미의 양상들을 연구하는 언어학의 하위 분야라고 할 수 있다. 화용론은 프레임, 스크립트, 상호공유지식, 상호인지환경과 같은 다양한 개념들을 도입하여 청자가 어떻게 의사소통적 맥락 안에서 문장에 내포된 화자의 의도를 해석하는지를 설명하고자 하였으며, 화행 이론, 텍스트 언어학, 담화 분석 등으로 그 영역이 확장되면서 문장의 수준을 넘어서는 담화와 텍스트 같은 언어 단위로 언어학 연구의 지평을 넓혔다.

연습문제

1. 언어는 음성을 형식으로 하고 의미를 내용으로 가지는 기호 체계이다. 그러한 언어의 정의와 가장 관련이 깊은 언어의 특징은?
① 자의성 ② 법칙성
③ 역사성 ④ 보편적 습득 가능성

2. 생성문법의 특징이 아닌 것은?
① 통사론 중심 ② 현상 기술 중심
③ 심층 구조에 대한 관심 ④ 보편 문법의 추구

3. 언어학에서 사용하는 주요 개념인 음소와 형태소가 추상적 실체인 이유를 설명하시오.

4. 언표내적 효력 또는 발화수반행위와 직접적으로 관련되는 문장 유형이 아닌 것은?
① 평서문 ② 의문문
③ 명령문 ④ 감탄문

5. "키가 큰 철수의 누나가 아직 오지 않았다."라는 문장이 서로 다른 두 가지 의미로 해석되는 이유를 설명할 수 있는 개념은?
① 구조적 중의성 ② 동사의 결합가
③ 행위 양태 ④ 연쇄 사슬

6. "영희가 어제 명동에서 옷을 샀다."라는 문장이 "영희가 어제 명동에서 산 옷은 값이 쌌다."라는 문장에 대해 가지는 의미 관계는?
① 함의 관계 ② 전제 관계
③ 동의 관계 ④ 반의 관계

풀이

1. [①]. 자의성은 언어의 형식인 음성과 내용인 의미의 연결이 필연적인 것이 아니라는 특성이다. 이러한 특성은 언어가 기호로서 가지는 중요한 특징이라고 할 수 있다.
2. [②]. 생성문법은 언어 현상의 정밀한 기술을 목표로 전개된 기술언어학에 대한 반동으로 눈에 보이는 것 너머에 존재하는 것으로 보이는 통사 규칙을 통해 새로운 문장의 생성을 설명하고자 하였고 그것을 통해 언어 보편적으로 통용되는 문법을 추구하였다.
3. 음소와 형태소는 물리적 실체로 존재하는 어떤 대상이 아니라 경험 가능한 이음과 이형태를 대표하는 것으로 화자들의 머릿속에 존재하는 일종의 표상이기 때문에 추상적 실체라고 할 수 있다.

   한국어의 음소 /k/는 이음 [k]나 [g]로 실세계에 존재한다. 한국어 화자들은 상호 배타적 분포와 음성적 유사성 때문에 두 이음의 음성학적 차이에도 불구하고 하나의 소리로 파악한다. 그러므로 음소 /k/는 화자의 머릿속에 존재하는 추상적 실체인 것이다. 이와 유사하게 한국어 형태소 {값}은 이형태 /값/, /갑/, /갑ㅆ/, /감/으로 실세계에 존재하지만 한국어 화자들은 동일한 의미를 가지는 한 형태소의 서로 다른 실현형으로 인식한다. 한국어 형태소 {값}은 이러한 화자들의 인식을 반영하는 추상적 실체인 것이다.
4. [④]. 언표내적 효력 또는 발화수반행위에는 진술, 질문, 명령, 약속 등이 있으면 해당 언표내적 효력과 관련이 깊은 문장 유형은 평서문, 의문문, 명령문, 약속문이다. 감탄문은 언표내적 효력과 직접적인 관련은 없고, 감탄이라는 정서적 반응이 포함된 평서문의 변이형이라고 할 수 있다.
5. [①]. 위의 문장이 연쇄 사슬 구조를 가진다면 서로 다른 두 가지 뜻으로 해석되는 것을 설명할 수 없다. 위의 문장이 두 가지로 모두 해석될 수 있는 이유는 '[[[키가 큰] 철수]의 누나]'와 같은 구조로 분석되어 '철수가 키가 큰 것'으로 해석될 수도 있고, '[[키가 큰] [철수의 누나]]와 같은 구조로 분석되어 '철수의 누나가 키가 큰 것'으로 해석될 수도 있기 때문이다. 이를 구조적 중의성이라고 한다.
6. [②]. 어떤 문장에 전제된 의미는 해당 문장을 부정해도 부정되지 않지만, 어떤 문장에 함의된 의미는 해당 문장을 부정하면 함께 부정된다. "영희가 어제 명동에서 산 옷은 값이 쌌다."를 부정하더라도 "영희가 어제 명동에서 산 옷은 값이 싸지 않았다."와 같이 "영희가 어제 명동에서 옷을 샀다."라는 의미가 부정되지 않으므로 두 문장의 의미 관계는 전제 관계이다.

참고문헌

강범모(2005), 『언어 : 풀어 쓴 언어학 개론』, 한국문화사.
김진우(2004), 『언어 : 그 이론과 응용』, 탑출판사.
변진경 옮김(2006), 『언어학』(로버트 로렌스 트래스크 지음), 김영사.
유석훈 · 김현진 · 강화진 옮김(2001), 『언어학』(위도우슨 지음), 박이정.
임지룡 옮김(2003), 『언어학개론』(진 에이치슨 지음), 한국문화사.
장소원 · 남윤진 · 이홍식 · 이은경(2002), 『말의 세상 세상의 말』, 월인.

제2장

대조언어학

강현화

학습개요

이 장에서는 대조분석의 개념을 이해하고 언어 교수에서의 대조분석의 효용성을 살펴본다. 아울러 대조분석, 중간언어 이론, 오류분석 이론들에 대해 각각 살펴보고 장단점을 논의해 본다. 또한 영역별로 구체적인 대조의 방법과 절차를 살펴본다.

1. 정의

대조언어학의 개념을 알기 위해 비교언어학, 언어유형론, 대조분석의 개념을 차례로 살펴보자.

먼저 비교언어학(comparative linguistics)은 언어 변화 및 언어 간의 관계를 연구하는 통시적인 분야로 한 언어의 초기 형태와 후기 형태를 비교하고 상이한 언어들을 비교함으로써 특정 언어들의 어원적 상호 관련성을 연구하는 학문이다. 이와 유사한 용어로 언어유형론(typology)이 있는데, 이는 비교언어학과는 달리 언어를 공시적 관점에서 유형으로 분류하는 것을 말한다. 예를 들면 세상의 다양한 언어들을 그 언어가 성조 언어인가 아닌가, 또는 전형적인 통사 구조는 무엇인가 등에 따라 유형별로 구별하여 언어 간의 유사성과 차별성을 고찰하려는 학문이다. 흔히 세계의 언어를 어순에 따라 영어처럼 주어-동사-목적어가 되는 언어인지 한국어처럼 주어-목적어-동사 순으로 되는 언어인지 등을 조사하여 세 가지 유형별 언어로 대별하는 것 등이 그 예이다.

대조언어학은 둘 이상의 언어를 대상으로 하여 공통점과 차이점을 연구하는 학문으로 외국어 교육과 외국어 학습이나 언어 습득 분야에서 활용된다. 대조언어학은 사회언어학, 심리언어학, 인류언어학, 역사언어학 등의 언어학과 교육사회학, 교육심리학의 교육학 분야와도 연계성을 가지는데, 순수 이론적 언어학에서보다는 응용언어학 분야에서 그 중요성이 더욱 증대되고 있다. 대조언어학은 위의 학문들 외에도 기계 번역과도 밀접한 관계를 가진다. 예컨대 외국어를 모국어로 번역할 때의 가장 큰 문제는 표현된 외국어를 그대로 번역하는 것이 아니라 그 속에 담겨 있는 의미, 문장의 구조, 사회문화적 요소를 이해하게 하는 것이다. 따라서 번역의 기초 작업으로서 대조적 방법에 의한 언어 자료의 비교는 필수적이다. 응용언어학으로서 대조언어학이 가지는 가장 큰 효용성은 외국어 교육에의 활용에 있다고 할 수 있다.

언어 교육에서는 '대조분석'이라는 용어로 주로 사용되는데, 대조분석의 결과를 외국어 교육에 이용한다면 교사는 학습자의 모국어가 가지는 모든 언어적 특성, 예를 들면 발음, 어휘 형태, 문장 구조, 의미, 사회문화적 배경 등을 이해한 뒤 학습자에게 외국어를 가르치게 되므로 언어 교수에 큰 도움을 줄 수 있다. 이 이론은 외국어를 배우는 모든 사람들은 이미 자신의 모국어를 말하고 있으므로, 결국 모든 새로운 언어는 모국어라는 필터를 통해서 학습된다고 본다. 따라서 대조분석의 기본 논리에 의하면 외국어 학습 시, 주요한 장애는 모국어의 간섭 현상이 된다. 그러므로 두 언어의 음운, 문법, 어휘, 문화 등의 모든 구조를 사전에 대조분석하여 외국어 학습상의 문제점을 미리 예측하고 그 결과를 학습 지도, 교재 편찬 등에 활용한다면 학습상의 오류는 사전에 예방될 수 있다고 보는 것이다. 실제로 각 언어는 자기 고유의 언어 구조를 가지고 있어서 같은 내용들이 상이한 언어에서는 상이한 여러 표현으로 나타날 수 있다. 보통 학습자의 목표 언어와 모국어의 차이가 크면 클수록 언어 습득상의 어려움은 크다고 가정하며, 학습자는 일반적으로 모국어에 나타나는 현상을 목표 언어에 전이하려는 경향을 보이므로, 이 경우 모국어가 목표 언어 습득에 있어 간섭(방해) 효과를 나타내게 된다고 볼 수 있다. 따라서 대조분석을 통해 이러한 문제점을 미리 예측하고자 하는 것이다.

2. 역사적 배경

언어를 비교하려는 연구는 고대부터 계속 있어 왔는데, 18세기에 이르러 비교언어학에 대한 연구가 본격적으로 이루어졌다. 대조에 관한 학문이 새롭게 관심을 받게 된 것은 세계의 많은 언어들의 상호 비교를 통해 언어의 뿌리를 찾으려는 노력에 인한 것으로 조어를 재구(reconstruction)하기 위함이었다. 19세기 언어학의 주요 관심 분야는 음운론, 음성학이었고, 이 밖에 형태론과 어휘론 등의 연구는 비교적 활발하게 진행되었으나 문장론이나 의미론에는 관심이 적어 비교의 대상으로 삼지 않았다. 당시의 비교언어학 학자들은 언어의 비교를 통해 우열 관계를 평가하려고 하였다.

1950~60년대에 이르러 비교언어학에 이어 대조언어학이라는 학문이 행해졌는데, 이는 구조주의 언어학을 언어 교육에 적용하기 위해 개발되고 실행되었다. 대조 연구는 1960년대에 그 연구의 중요성이 인식되기 시작하여 1970년대에 이르러 그 연구의 열기가 고조되었다. 연구는 주로 음운론 분야에서 활발하게 이루어졌는데, 1980년대에 이르러서는 언어 구조와 문화 구조, 언어 구조와 인간의 의식 구조, 언어 구조와 사회 구조 등의 영역으로

확대되고, 대조 문화 연구, 대조 지역 연구 등으로 확장되는 경향을 보이고 있다.

대조언어학은 제2차 세계대전 이후 세계가 시간적·공간적으로 좁아지면서 필수적으로 나타난 각국의 외국어 교육열과 함께 효과적인 외국어 교육 방법을 개발하기 위한 새로운 방법으로서 관심의 대상이 되었다. 1960년대 이후부터는 거의 모든 언어학회에서 대조언어학 분야를 다루고 있을 정도로 중요시되었으며, 1970년대에 와서는 대조언어학에 대한 학자들의 연구 열기가 한층 고조되어, 유럽 각국 특히 독일, 유고, 루마니아, 헝가리 등과 미국 등에서 많은 학자들의 연구가 이루어졌다.

물론 대조언어학은 최초에 사람들이 기대했던 것만큼의 많은 결과를 도출해 내지는 못했고, 시간이 지나면서 많은 학자들이 비판하기 시작하였으며, 1980년대에 들어서면서 대조언어학에 대한 열기가 약간 식는 듯했다. 외국어 교육을 연구하는 학자들에 의해 시작된 대조분석은 초기에는 이러한 대조분석의 결과가 학습자의 오류를 예측할 수 있는 좋은 도구가 되리라고 기대되었지만, 후행 연구에서 대조분석을 통한 학습상의 난이도 예측이 실제 학습자가 나타내는 난이도와 같지 않으며, '외국어 학습 시 모국어와 유사한 요소는 용이하고, 차이가 있는 요소는 어렵다.'는 대조분석의 입장과 다른 평가 결과가 나타났다. 이로 인해 많은 학자들이 대조분석에 회의를 가지게 된 것이다. 그러나 이러한 문제점은 이후 중간언어 이론이나 오류분석론에 의해 그 문제점이 지적되어 수정·보완되고 있고, 많은 문제점에도 불구하고 대조분석이라는 기본 틀의 효용성은 여전히 존재한다고 하겠다.

앞서 지적했듯이 1980년대 후반부터 대조언어학은 언어 구조와 문화 구조, 언어 구조와 인간의 의식 구조, 언어 구조와 인간의 사회 구조 등의 영역으로 그 연구 영역을 넓혀 감으로써 다시 많은 학자들의 관심을 모으고 있다. 최근에 대조분석이 담화 체계 등의 다른 언어 분야에도 적용되고 있는데, 이를 대조적 담화분석(discourse analysis)이라고 한다.

3. 대조분석 가설

1) 정의

대조분석(contrastive analysis hypothesis: CAH) 연구란 두 개 또는 그 이상의 언어를 언어의 모든 분야에서 체계적이고 일관된 모델을 사용하여 대조하는 것을 말하며, 이는 개별적인 사실들의 대조를 통해 언어 전체를 보려는 구체적인 연구이다. 대조연구에서는 둘 이상의 언어를 대조·비교하는 데에 있어서 언어 간 차이점과 공통점들을 다 포함하여 다루지만 차이점에 더 주안점을 둔다. 대조분석은 언어에 대한 공시태적 연구로 그 대상 영역은 단어의 음운, 형태, 의미, 문장, 문화 영역 등의 연구를 모두 포함한다.

대조분석 가설로는 강한 주장과 약한 주장이 있다. 먼저 강한 주장에 서는 학자로는 초기의 주창자인 라도(Lado, 1957)와 프라이스(Fries, 1945)를 들 수 있다. 이들은 대조분석이 제2언어 학습의 모든 문제점에 대한 예언력을 가지며 모국어와 제2언어의 차이가 제2언어 학습에서 겪는 유일한 어려움이라고 주장한다. 한편 이와는 달리 약한 주장에서 대조분석이란 두 언어 사이의 차이점을 단순히 기록하는 것으로 오류에 대한 예언력은 없지만 오류가 발생했을 때 오류의 원인 규명에 가능한 설명을 할 수 있다고 본다. 와인리히(Weinrich, 1953)나 호겐(Haugen, 1953) 등이 이를 대표하는 학자들이다.

대조언어학자들은 대조분석으로 두 언어 간의 공통점과 차이점을 명백히 알 수 있으므로 긍정적 전이와 부정적 전이를 예측하고 진단할 수 있다고 본다. 학습의 전이는 긍정적 전이, 부정적 전이, 무전이의 세 형태로 나눌 수 있는데, 긍정적 전이인 유용(facilitation)은 두 학습 과업이 같을 때 반응이 나타나며, 부정적 전이인 간섭(interference)은 두 학습이 연관은 있으나 다를 때 일어나고, 무전이는 두 학습이 관련되어 있지 않을 때 간섭이 일어나지 않는 경우를 말한다.

대조분석 가설에서는 학습의 장애 요인이 되는 부정적 전이인 간섭을 더 중시하는데, 간섭의 종류에는 언어 간 간섭과 언어 내 간섭으로 나눌 수 있다. 먼저 언어 간 간섭은 언어 간 범주의 차이와 구조, 규칙, 의미의 차이에 의해 나타난다. 언어 간 간섭은 배제적(preclusive)이거나 침입적(intrusive)인데, 배제적 간섭은 모국어에 없는 요소로 인하여 제2언어 학습 시 방해가 일어나는 것으로, 예를 들면 한국어 화자가 영어를 배울 때 한국어에 없는 관사 사용에 어려움을 겪는 경우를 말하고, 침입적 간섭은 모국어의 어떤 것이 제2언어 학습을 방해하는 것으로, 예를 들면 영어 화자가 영어 어순 때문에 한국어 학습에서 어순의 간섭을 받는 경우를 말한다.

언어 내 간섭은 학습자가 이미 알고 있는 제2언어의 어떤 요소가 영향을 주어 새로 학습할 내용과 동일화 형태로 나타나기도 하는데 이는 양자 간의 불규칙성, 복잡성, 비대칭성에 기인한다. 예를 들면 한국어의 동사 활용에 있어, 학습 초기에 과거형은 어간의 모음이 양성모음이면 '-았-'이 결합되는 것을 규칙으로 학습한 학습자가, 이에 기준을 두어 '가다'의 과거형을 '갔다'가 아닌 '가았다'로 하는 예가 그것이다.

언어 간 간섭과 언어 내 간섭에 대한 기존의 연구를 살펴보면 언어 간 간섭이 언어 내 간섭보다 더 크다는 연구가 대부분인데, 리처드(Richards, 1974)에 의하면 언어 간 오류가 53%, 언어 내적 오류는 31% 정도이다. 이와 관련하여 테일러(Taylor, 1975)와 써(Seah, 1980)는 초급 단계에서 고급 단계로 갈수록 언어 간 오류는 감소하고 언어 내 오류가 점차 증가한다고 지적하는데, 이러한 현상은 전이 이론과 일치하는 것으로서 학습자는 이미 배운 것에 의존하여 새로운 것을 배우기 때문이라고 본다.

그런데, 간섭과 두 언어 간 차이에서는 반비례 관계가 발견된다. 즉 두 언어의 차이가 약간 있을 때 간섭은 오히려 더 커지고 차이가 커질수록 간섭은 줄어들며, 차이가 아주 클 때는 두 언어가 서로 간섭을 일으키지 않고 오히려 간섭이 사라지게 된다. 리(Lee, 1980)도 언어 간 오류의 발생 비율은 대개 두 언어의 구조가 유사할 때 더 높게 발생하며, 구조가 완전히 다른 경우에는 간섭이 줄어들어 오류가 더 적게 발생한다고 지적한 바 있다. 반면에 언어습득에 있어서는 구조가 유사할 때 더 잘 이루어진다는 연구가 있는데, 와일즈(Wilds, 1962)에 따르면 언어교수학적으로 고려할 때 구조적인 간섭 정도와 언어 습득 관계는 반비례한다고 한다. 즉 언어 구조가 비슷하면 간섭이 많이 생기지만 학습은 더 빨리 진행되며, 서로 무관한 언어들의 경우 간섭은 적으나 학습은 더디다고 한다. 예를 들면 일본인 학습자는 구조가 비슷한 한국어를 빨리 배우지만, 고급에 이를수록 더 많은 간섭 현상이 나타날 수 있다는 것이다.

전이 이론에 의하면 제2언어 학습이란 모국어와 제2언어의 모든 같은 요소들이 긍정적 전이를 일으키는 것, 두 언어 간 다른 요소의 방해를 극복하는 것, 모든 제2언어 요소들을 전체의 학습에 통합시키는 것이라고 한다. 대조분석 가설을 지지하는 증거와 간섭의 중요성에 대한 사례들을 볼 때 대조분석은 제2언어를 효율적으로 학습하는 데에 많은 영향을 준다고 하겠다. 그러나 대조분석이 전적으로 학습에 있어서의 모든 어려움을 예측할 수 없으며 제2언어의 언어 내 문제는 다루지 못한다는 한계가 있다. 대조분석은 어떤 것이 어려울 것이라는 데에 대해 미리 식별하여 오류가 발생할 수 있는 형태를 예측한다거나, 오류 자료들을 통해 다양한 전이 규칙을 예측할 수 있을 뿐이다.

2) 대조의 절차

화이트만(Whiteman, 1976)은 대조분석의 절차를 아래의 네 단계로 설명한다.

① 기술: 비교 분석하고자 하는 언어에 대해 기술한다.
② 선택: 대조하기 위한 항목을 설정한다.
③ 대조: A언어의 구조를 B언어의 같은 부분의 구조에 비교한다.
④ 예측: 두 언어 구조의 유사성과 상이성의 대조로 오류 및 난이도를 측정한다.

언어 교육을 위해서는 문어 못지않게 구어의 대조도 필요하지만 구어는 문어에 비해 시간과 비용 면에서 자료 수집상의 많은 어려움이 있으므로 쉬운 일이 아니다. 대조분석 시 반드시 기준 언어를 설정해야 하는데, 분석에 앞서 언어 간 상호 대조 가능성을 염두에 두어야 한다. 보통 기준 언어는 학습자의 모국어가 되며 대비되는 언어는 학습자의 목표 언어가 된다. 하지만 완전한 대조분석을 위해서는 반대의 경우, 즉 학습자의 목표 언어가 기준 언어가 되고 학습자의 모국어가 대조할 언어가 되는 대조분석도 함께 이루어져야 한다. 대조의 결과를 설명하는 메타언어는 분석자의 모국어로 설정하는 것이 보통이며, 대조의 빈칸을 설명하기 위해 기준 언어를 바꾸는 것은 잘못이다. 하지만 실제 대조분석을 수행할 때 해당 자료가 어느 유형에 속하는가를 판단하기 어려운 경우가 많으며 보통 어휘적 대응 관계에서는 분석이 용이하나 음운, 통사, 화용 등 기타 영역에까지 일관성 있는 대조분석을 하기란 쉬운 일이 아니다.

3) 문제점

대조분석가들의 초기의 믿음에도 불구하고 오류에 대한 설명은 대조분석 가설만으로는 충분하지 못함이 드러나고 있다. 대조분석에 반대하는 학자들은 제2언어 학습에서 나타나는 오류에 대해 다음과 같은 문제점을 지적하고 있다.

첫째, 무지가설(ignorance hypothesis)은 뉴마크와 레이벨(Newmark & Reibel, 1968)이 주장한 것으로 대부분의 오류들의 원인은 간섭이 아닌 무지에 있다고 한다.

둘째, 조지(George, 1972)는 언어 간 연상가설(cross-associations hypothesis)을 내세웠는데, 제2언어 학습의 어려움은 제2언어 자체의 잉여성 때문에 언어 간 연상이 되지 않을 때 생긴다고 주장한다.

셋째, 상관계수가설(low correlation)로 트란 치 차우(Tran-Thi-Chau, 1972)에 의해 주장되었는데, 학습자의 제2언어에 대한 어려움의 인식과 대조분석의 예언력 그리고 오류 발생은 서로 낮은 상관계수로 나타나므로 각기 무관하다고 주장한다.

넷째, 창작가설(creative hypothesis)로 크라센(Krashen, 1982)은 학습자는 제2언어 특색에 따라 모국어와는 독립적으로 학습한다고 주장한다. 즉, 여러 언어 환경으로부터 제2언어로 영어를 공부하는 학습자들이 아주 비슷한 오류들을 창의적으로 다룰 수 있다고 주장한다.

4) 대조의 실제

대조언어학은 모든 언어학의 분야인 음성학, 음운론, 형태론, 문장론, 의미론, 어휘론 등을 대상으로 하며 문화 영역도 대상으로 한다.

(1) 음운 대조

보통 학습자들은 모국어에 비해 목표 언어에 대하여 낮은 음성 능력을 갖는다. 이는 리듬, 스트레스, 억양 등에서 다양하게 나타난다. 그러나 목표 언어의 발음의 어려움은 단지 모국어의 발음 때문만은 아니며 목표 언어의 음운규칙에도 영향을 받는다.

개별 언어의 음운의 수는 보통 약 30~40개이고 변이음이 많다. 하지만 음운 체계는 폐쇄 체계이므로 각 언어의 음운 체계의 정리가 용이하다. 개별 언어는 이러한 제한적인 수의 변별적 특징 가운데에서 일부만을 조합하여 음운 체계를 형성하고 있으므로, 음운 대조의 경우 음운 체계 전체를 조망하며 대조할 수 있는 장점이 있다. 먼저 음의 대조분석을 위해서는 각 언어의 음성, 음운 면에 걸친 세분된 기술적 연구를 하지 않으면 안 된다. 대조 대상 언어를 잘 아는 경우도 있으나, 현실적으로는 그렇지 못한 경우가 많으므로 다른 업적을 간접적으로 사용할 수도 있다. 만약 다른 언어학적 업적을 이용할 경우, 어떤 방법론을 사용했는지 하는 점을 확실히 인식할 필요가 있다. 중요한 것은 양방의 언어에 대해 같은 방법론에서 분석을 하는 일이다.

음운을 대조할 때 기본이 되는 것은 변이음적 유사성에 관련된 음운, 변이음의 기능적인 면과 음성학적인 것을 고려하는 것이다. 또한 음절을 분석하고 초분절음, 철자의 요소도 고려해야 한다. 음운 체계 간의 대조는 체계 간에 대응이 보이는 경우와 보이지 않는 경우가 있다. 먼저 음운 체계에서 대응을 보이는 경우는 개별 음운의 실제 음가가 문제가 된다. 음운론에서는 실제 음성적 특성 가운데에서 변별적인 특성만을 고려하므로, 비록 체계상의 대응이 보이더라도 실제의 발음에서는 달라질 수 있다. 예를 들어 한국어와 영어에서 폐쇄음이 있다는 것은 동일하나 조음점의 위치나 조음 방법에 차이가 있을 수 있다. 영어에서 단어 중간에 나타나는 /t/는, 악센트 없는 모음이 이어질 경우, 유성화하거나 [r]로 발음되는 현상이 있으므로 비영어권 화자가, 'water, printer(워터, 프린터)'의 /t/를 강하게 발음하면 어색해진다. 반면에 영어권 화자가 한국어를 말할 때 /k/, /p/, /t/ 등을 유성화해서 발음해도 어색해진다. 따라서 외국어 음의 학습에 있어서는 비변별적 특징을 세세히 획득하는 것이 대조분석에서 중요한 역할을 한다. 영어의 /i/ 음과 한국어의 /i/ 음을 비교해 볼 때 유사한 것 같지만 영어의 /i/가 더 고모음이며 전설모음이라는 연구가 있는데, 이러한 차이도 모국어가 영향을 줄 수 있는 예가 된다. 학습자에게는 음운 체계에 대한 이해도 중요하지만, 실제 음성적으로 실현되는 각종 변이음을 구별하거나 발음의 재생을 위해서는 음성적 특성에 대한 이해 역시 매우 중요하다.

두 언어 사이에 음운 체계상의 차이가 있을 경우, 학습자 모국어의 변별적 특성을 상대 언어에 그대로 적용할 경우에는 아주 이상한 발음이 될 뿐 아니라, 상대 언어를 '잘못 이해하게 될' 가능성이 커진다. 예를 들면 무성자음(ㄱ, ㄷ, ㅂ)의 경우 한국어는 여린소리-된소리-거센소리의 대립 관계를 보임에 반해 영어에서는 유성음과 무성음으로만 나타나므로 상대 언어의 변별 특징을 구분하지 못할 경우, 의사 전달에 실패하는 경우가 나타난다. 예를 들면 한국인에게는 어두의 유성음의 구별이 어려워서 'boy'를 '보이/뽀이'로 발음하거나, 'bus'를 '버스/뻐스' 등으로 발음하게 된다. 반면에 영어권 학습자는 '불, 뿔, 풀' 등의 소리의 차이를 구분하지 못하여 다른 의미를 전달할 수도 있는 것이다.

또한 음절 구조에 대한 대조도 필수적이다. 언어의 음절 구조는 열린음절 구조(CV)와 닫힌음절 구조(CVC)로 나뉘는데 C(자음), V(모음)에 어떤 음소가 몇 개씩 올 수 있는가는 각 언어마다 다르다. 한국어의 음절 구조는 초성에 한 개의 자음만이 올 수 있고 총 19가지 자음이 나타날 수 있다. 중성에 나타나는 모음 종류는 21개(단모음 10개, 이중모음 11개)이며, 종성에도 한 개의 자음만이 허용되며 초성과는 달리 [k, n, t, l, ŋ, m, p]가 올 수 있다. 한국어의 대표적인 음절 구조를 보이면 다음과 같다.

자음 + 모음 + 자음 예: 감
자음 + 모음 예: 너
모음 + 자음 예: 알
모음 예: 아

반면 영어의 경우 초성에 3개의 자음이 연달아 올 수 있으며(예: street) 종성으로는 3개의 자음이 허용된다(예: asks, giants). 이 밖에도 초분절적 특징(suprasegmental features)의 대조도 필수적인데, 언어마다 초분절적 음소는 달리 나타난다. 한국어에서는 모음의 길이는 초분절 음소가 되지만, 강약이나 성조는 변별적 특징이 되지 못하는 반면, 영어에서는 강약이 주요 변별 자질이 되는 것이 그 예이다. 이러한 대조분석에 따라 학습의 어려움의 정도를 등급에 따라 세분화해 예견할 수 있다.[1] 스톡웰과 보웬(Stockwell & Bowen, 1965)은 두 언어 규칙에 있어서 어떤 항목이나 구조가 필수적인가, 임의적인가 아니면 그 규칙이 없는가에 의해 난이도의 등급을 제안한 바 있는데, 난이도는 음성학적 차이, 철자의 간섭, 초분절음 간섭 등에 영향을 받게 된다. 〈표 2-1〉에서 1등급은 가장 어려운 것을 의미하며 등급이 올라갈

1) 박경자 외(1993), 『언어교수학』 재인용.

표 2-1 음운적 난이도

등급	모국어	제2언어
1	이음	Φ
2	이음들이 분포 기능 다름	
3	Φ	이음
4	Φ	음소
5	음소들이 분포 기능 다름	
6	음소	Φ

수록 난이도는 낮아짐을 뜻한다.

(2) 형태, 통사적 대조

형태, 통사론 영역에서는 성, 수, 격, 인칭, 시제(tense), 상(aspect), 서법(mood), 양태(voice) 등의 범주나 문장의 어순, 문장에서의 필수 논항과 부가어의 수와 종류, 문장의 구조 등이 대조의 대상이 된다.

두 문법 체계의 비교는 여러 구조, 즉 표면 구조, 내면 구조, 번역 등가문 등에서 모두 대조가 가능하다. 보통 대조분석가들은 구조주의 이론에 그 바탕을 두었으므로 언어의 표면 구조만을 분석의 기준으로 삼았다. 대조분석 이론에서는 언어의 보편적 내면 단계가 없다고 주장하며 두 언어의 차이를 강조하고 이러한 차이는 표면 단계에서 잘 나타나므로 표면 구조를 강조한 것으로 볼 수 있다. 제2언어 교수에서는 번역 등가문에 의거한 대조 문법 분석이 오랫동안 행해져 왔다. 대부분의 이중언어 화자들은 문맥화된 단순 문장들로 번역 동치를 하고 있으므로 대조분석의 지표로 표면 구조나 내면 구조보다 번역 동치가 효과적이며, 또한 언어학에 대해 전문화된 훈련을 받지 못한 언어교사도 제한된 단순한 대조분석을 할 수 있어서 효과적이다. 이러한 대조분석에 따라 학습의 어려움을 미리 예견하고 어려움의 정도를 등급에 따라 세분화할 수 있다.[2] 앞서 언급하였듯이 스톡웰과 보웬(1965)은 두 언어 규칙에서 어떤 항목이나 구조가 필수적인가, 임의적인가, 아니면 그 규칙이 없는가에 의해 난이도의 등급들을 제안하였다. 그러나 문법적 등급에 의미적 고려가 합쳐질 때 같은 등급의 난이도에서도 달라질 수 있음을 감안해야 한다.

2) 박경자 외(1993) 재인용.

표 2-2 문법적 난이도

등급	모국어	제2언어
1	Φ	어떤 구문 형태나 범주
2	어순의 차이	
3	어떤 구문 형태나 범주	Φ
4	각 범주의 일치	
5	단순 형태 유형	다양한 형태 유형
6	다양한 형태 유형	단순 형태 유형

문법적 어려움의 등급은 형태론적 차이보다 문장론적 차이가 학습에 더 큰 영향을 미치며, 새로 제시되는 항목을 학습해야 하는 것은 이미 알고 있는 것의 사용이 중지될 경우의 학습보다 더 어렵다. 그러므로 학습자는 형태론적 차이에는 덜 간섭을 받는다고 하겠다.

〈표 2-2〉에서 가장 어려운 제1등급은 제2언어의 문장 규칙이 거의 없는 경우이다. 예를 들면 존대법 체계가 없는 언어권 화자가 한국어의 존칭어를 배울 때 어려움이 따르는 것이 그 예이다. 제2등급은 어순의 차이로 SVO 어순을 가진 언어권 화자에게 있어서 한국어, 일본어와 같은 SOV 어순은 배우기 어렵다. 제3등급은 모국어에 있는 문장 규칙이 제2언어에서 거의 없는 경우로 영어권 화자가 한국어를 배울 때 '-고 있다, 하는 중이다'와 같은 진행형 구문을 자주 사용하여 어색한 문장을 만들어 내는 경우이다. 제4등급은 명사, 관사, 형용사의 일치와 주어와 동사형의 일치 등이다. 언어에 따라 성이 다르므로 성의 일치에 어려움을 겪을 수도 있으며 주어의 성과 수에 따른 동사형의 일치에 어려움이 따를 수 있다. 제5등급은 제2언어가 모국어보다 더 많은 형태론적 대조를 갖는 경우이다. 예를 들면 러시아어의 다양한 격 형태 등은 외국인 화자가 쉽게 배우기 어려운 부분이다. 이 경우 학습자에게 비사용이나 회피의 책략 현상이 생긴다. 제6등급은 모국어가 제2언어보다 더 많은 형태론적 형태를 가지고 있어서 모국어가 제2언어에 전이 현상을 일으키는 경우이다. 예를 들면 다양한 접미사, 접두사형을 가진 언어권 학습자는 제2언어를 학습하면서 접사형을 과다하게 사용할 수 있다. 언어마다 형태론과 구문론을 통한 정보에 있어서 차이가 있으므로 언어교수학적 고려가 필요하다.

(3) 어휘 대조

어휘 대조는 단어의 수가 많아 가장 대조가 어려운 부분이다. 어휘의 대조는 보통 의미의 특성을 근거로 하여 이루어질 수 있다. 두 언어 간의 명사, 동사, 형용사 사이의 번역의 등가성을 세우기도 어렵고 각 단어마다 화용적(pragmatic), 문체적(stylistic) 고려가 필수적이다. 어휘 대조는 의미적으로 서로 대응하는 양 언어의 낱말 표현이나 문장 표현들을 모아서 그것들이 뜻하는 의미 범위에 따라 몇 가지 범주로 분류한 후, 이러한 언어 현상을 양국의 문화, 민족의 생활 양식, 생활 습관, 그리고 의식 구조와 관련시켜 분석하거나 설명할 수도 있다. 또한 어휘 의미는 핵심 의미와 확장 의미, 관용적 의미로 구분할 수 있는데 핵심 의미를 기준으로 대역어를 찾아야 한다. 모국어와 제2언어의 어휘 난이도를 살펴보면 〈표 2-3〉과 같다.

표 2-3 어휘의 난이도

등급	모국어	제2언어
1	형태의 유사, 의미의 차이	
2	형태 유사	유사 어휘 형태
3	다양의미의 유사 어휘 형태	형태의 유사
4	한 형태	다른 형태동족어
5	다른 형태동족어	한 형태
6	형태의 유사, 의미의 동질	
7	형태의 차이, 의미의 동질	
8	동질 형태, 동일 의미	

(4) 문화 대조

아울러 지리적 분포와 사용자 수나 지역적·국제적·사회적·문화적 위상 등의 고찰도 중요하다. 또한 목표 언어 자료에 바탕을 둔 문화 대조 역시 필수적이다.

4. 중간언어 이론

중간언어(interlanguage)란 언어학습자가 제2언어나 외국어를 학습할 때 두 개 또는 그 이상의 언어 체계나 규칙을 사용하는 과도기적인 단계를 말한다. 따라서 언어 학습자는 중간언어의 단계를 거치면서 언어를 학습하게 된다. 제2언어나 외국어를 학습하는 사람들은 그 언어를 모국어로 습득하는 사람들과 같은 의미의 말을 표현하는 경우에도 동일하지 않다. 이 경우 외국어 학습자는 원어민 화자와는 별개의 언어 체계를 갖고 있다고 생각되며 그가 갖고 있는 언어체계를 중간언어라고 한다. 이러한 개념은 워싱턴 대학의 셀린커(Selinker, 1969)가 처음 소개하였다. 중간언어란 학습자들의 모국어와 목표어와는 독립적인 체계적 제2언어 지식을 말한다.

중간언어는 학습자의 제1언어와 목표 언어인 제2언어와는 독립된 그 언어 습득 학습 과정의 체계적 지식이며, 목표 언어의 정상적 체계를 목표로 언어 체계를 수정하고 재확립해 나가는 연속적인 동적 과정에 있는 오류를 포함하고 있는 체계이다. 이러한 중간언어의 과정은 학습자의 잠재적 심리 구조에 존재한다고 말한다. 중간언어의 주요 다섯 가지 과정을 살펴보면 다음과 같다.

1) 언어전이

언어전이(language transfer)란 학습자의 모국어가 원인이 되는 중간언어이다. 예를 들어 중국어권이나 영어권 한국어 초급 학습자의 경우 조사를 생략한 문장을 많이 만들어 낸다. 예를 들어 '나 학교에 가요', '나 점심 먹었어요.' 등의 문장은 체계가 발달하지 않은 모국어(중국어, 영어)의 영향이 목표어인 한국어 학습에 전이된 예들이다.

2) 훈련전이

훈련전이(transfer of training)란 화석화된 언어 체계가 학습의 훈련 과정에 기인하는 예이다. 예를 들어 수업 현장에서 교사에 의한 반복된 훈련이 습관화되어 학습자에게 영향을 미치는 경우를 말한다.

3) 제2언어 학습 전략

제2언어 학습 전략(strategies of second language learning)이란 학습자가 복잡한 목표어의 체계를 더 단순한 체계로 수정하여 사용하는 경우이다. 예를 들어 영어권 초급 학습자가 '-는 것'이라는 문형을 단순화하여 '내가 그때 잠(→잠자는 것)하고 먹는 것이 아주 힘들었어요.'라는 문장을 만들었다. 이 문장에서 학습자는 '잠자는 것'이라는 명사구를 '잠'이라는 명사로 간략화하여 사용함을 볼 수 있다.

4) 제2언어 의사전달 전략

제2언어 의사전달 전략(strategies of second language learning communication)이란 학습자가 목표어 화자와의 의사 전달을 위하여 화석화된 항목이나 규칙을 적용시키는 중간언어 현상이다. 예를 들어 일본인 한국어 학습자 가운데 모국어인 일본어의 주격조사 영향으로 한국어의 받침에 따라 형태를 달리하는 주격조사 '이/가'의 구분을 잘 하지 못하는 경우가 많다. 일부 학습자들은 발화할 때 천천히 생각하면서 '이/가'의 구분을 하며 말하기보다 빨리 의사소통을 하기 위하여 '가'로만 발화하는 경우가 이에 해당한다.

5) 목표어 언어 요소의 과잉 일반화

목표어 언어 요소의 과잉 일반화(overgeneralization of target language linguistic material)란 목표어의 규칙을 지나치게 적용시키는 중간언어 현상이다. 예를 들어 '가요, 먹어요, 공부해요' 등을 통해 어말어미 '아/어/여요'를 학습한 학습자들이, 불규칙동사의 예외적 어미 활용을 적용하지 않고, '덥다, 춥다' 등의 불규칙동사에도 이를 과잉 적용하여 '춥어요, 덥어요'라고 사용하는 경우를 들 수 있다. 혹은 존대법을 지나치게 확대 적용하는 것도 한 예이다.

여기서 화석화(fossilization)란 중간언어 체계가 발전되어 나가지 않고 정지되어 고쳐지지 않는 근접 규칙 체계를 말하며, 이러한 현상은 오류에도 불구하고 긍정적 강화가 주어지고 청취 조정이 일어나지 않을 때 생긴다.

퇴화(backsliding)는 어렵게 극복되었던 중간언어 규칙이 긴장이나 이완된 상황하에서 다시 출현하는 경우를 말하는 것으로, 중간언어 연속체의 최종 목표 지점에 도달하지 못한 채 대부분의 학습자들의 언어 능력이 어느 지점에서 고정화되어 버리는 것을 말한다.

5. 오류분석

1) 정의

오류분석(error analysis: EA)이란 학습자의 오류를 기록하고 분류하는 것을 말한다. 오류분석의 목적은 오류의 원인과 과정, 그리고 내용들을 하나하나 이해하고, 이를 근거로 하여 제2언어 교수 및 학습 과정을 좀 더 잘 이해하고 개선하려는 것이다. 오류는 다시 실수와 오류로 구분하여 설명할 수 있는데, 실수(mistake)는 말을 하는 과정에서 생기는 일종의 일시적인 것으로 모국어 화자도 누구나 범하는 것이며 규칙성이 없는 반면, 오류(error)는 학습자가 알고 있는 문법 규칙이 목표어의 성인이 가지고 있는 규칙과 다르기 때문에 생기고, 스스로는 맞다고 생각하며 나름대로의 규칙성이 있다. 실제 분석의 과정에서는 학습자의 발화가 오류인지 실수인지를 구분하는 데에 주관성이 내포되어 명확한 구분이 어려운 경우도 많다.

오류의 원인을 구체적으로 구분하여 보면 몇 가지로 나뉜다. 먼저 언어전이에 의한 오류는 외국어 학습 초기 단계에서 외국어의 체계에 아직 익숙하지 않은 학습자가 자신이 갖고 있는 유일한 언어 체계인 모국어의 경험에 의존하여 모국어로부터의 전이 현상을 많이 받게 되는 것을 말한다. 둘째, 목표어 내부전이를 들 수 있는데, 제2언어의 이전 경험이나 지식이 자체 내에서 서로 엇갈리고 간섭하는 결과로 인하여 생기는 규칙 확대의 오류와 일종의 규칙 확대 현상인 간소화를 들 수 있다. 제2언어 학습자가 자신이 모르거나 불분명한 제2언어 규칙을 적용하는 대신 자신이 알고 있는 규칙의 적용 범위를 확대시켜 일반화하는 것을 말하며 학습자가 학습상의 짐을 덜고자 하는 심리적 욕망에서 기인한다.

셋째는 학습 환경을 들 수 있는데, 교사의 그릇된 설명이나 좋지 못한 발음, 혹은 교재에서 단어나 구조에 대한 그릇된 설명 등으로 기인하며 기계적인 연습 문형을 암기한 결과 다분히 교과서적인 표현을 구사하거나 문제가 되는 규칙을 지나치게 학습하여 지나치게 정확한 표현을 사용하는 경우에 해당한다.

오류분석의 문제점으로는 첫째, 객관성이 부족하다는 것이다. 오류의 판단에는 개인적인 차이가 생길 수 있으므로 복합성을 띤 오류는 분석자에 따라 범주가 달라질 수 있다. 둘째, 학습자들의 오류에 지나친 주의를 기울일 수 있다는 것이다. 오류의 감소가 언어 능력 향상의 중요한 기준이 되지만 제2언어 학습의 궁극적 목표는 언어활동에서 유창한 전달에 있기 때문이다. 셋째, 오류의 빈도에 따르는 난이도의 설정이 쉽지 않다는 점이다. 교수 방법이나 제2언어 교육 시 강조한 부분에 따라 어려운 구조에서 오류가 나타나지 않거나 빈도가 낮을 수도 있고 그 반대 현상이 나타날 수도 있다. 넷째, 이해 자료를 무시한 표현 자료의 과잉 강조를 낳을 수 있다는 것이다. 언어는 말하기, 듣기, 쓰기, 읽기로 되어 있으므로 언어의 이해도 표현처럼 중요한 것이다. 다만 표현은 분석의 자료로 사용될 수 있어서 학자들의 재료가 된 것뿐이며 이해 자료도 외국어 습득 과정을 파악하는 데 동일한 중요성을 가진다.

그러나 이러한 오류의 문제점에도 불구하고 오류는 학습이 이루어지고 있다는 증거가 되며 오류에 대한 연구는 학습 과정에 대한 이해를 제공한다. 오류의 중요성을 코더(Corder, 1981)는 세 가지 측면에서 강조한다. 첫째, 교사에게 학습의 진전 상황을 점검할 수 있게 한다. 학습자가 어느 정도 목표에 가깝게 진전해 있으며 앞으로 무엇을 더 가르쳐야 하는가를 알려 준다. 둘째, 연구자에게 어떻게 언어가 학습되며 학습자가 언어 규칙을 발견하기 위하여 어떤 전략과 절차를 사용하는가를 설명한다. 셋째, 학습자에게는 언어를 배우기 위해 활용하는 장치가 된다고 보았다. 즉 오류분석은 자신이 배우고 있는 언어에 대한 가설을 검증하는 방책이 된다고 하겠다.

2) 한국어 학습에 자주 나타나는 오류 예문

① 음운 오류는 음운 인식 능력의 오류, 음절 체계 차이로 인한 오류, 음운 변동에 의한 오류로 구분한다.

- 제 집 금저(∨근처)[3]에는 교회가 네 게(∨개)쯤 있습니다.

- 오늘 친구하고 자주 갔었던 커피쇼프(∨커피숍)에서 만났습니다.
- 보통 일요일마다 차로 30분이나 40분 거려서(∨걸려서) 다녔다.

② 문법 영역에서는 명사 오류, 대명사 오류, 수사 오류이다.

- 학국(∨한국) 친구 더 사귀고 싶어요.
- 이것은 나(∨내)가 지금 가지고 있는 꿈이에요.
- 왜냐하면 지구는 한아(∨하나)만 있다.

③ 동사 오류, 형용사 오류, 지정사 오류, 보조용언 오류이다.

- 한국에서 공부 끝나고 나서 일본에서 공부 계석하(∨계속하)기로 했습니다.
- 그리고 한국의 글씨는 제미있(∨재미있)습니다.
- 이 문제는 한국뿐만 아니라 다른 나라도 같은 문제이(∨#)라고 생각해요.
- 그래서 김치가 맛있는 하숙집에 이사 가고 십(∨싶)습니다.

④ 관형사 오류, 일반부사 오류, 접속부사 오류이다.

- 그리고 모도(∨모두) 선생님을 만나고 싶어요.
- 득히(∨특히) '어'하고 '으' 발음하는 것이 어렵습니다.
- 그리고(∨그래서) 중국에 가기 전에 이사하기로 했어요.

⑤ 다음은 조사 오류이다.

- 나의 꿈이(∨은) 선생님이 되는 것이다.
- 한국에서 텔레비전을(∨은) 너무 재미있습니다.
- 고등학교 때는 좋아하는 일본 역사의(∨#) 교사가 되고 싶었다.
- 여름방학 때 일본에(∨에서) 공부하려고 합니다.
- 미나코아(∨야), 너 빨리 신촌역으로 와.
- 한국에 온 지 두 달쯤이(∨#) 되었습니다.
- 한국어 문법도(∨과) 단어하고 일본어 문법하고 단어가 비슷하기 때문입니다.
- 386세대의 특징으로 축제문화과(∨와) 여가문화하고(∨가) 있습니다.

⑥ 선어말어미 오류, 어말어미 오류, 감탄사 오류, 접사 오류이다.

- 특히 재즈 댄스를 좋아하겠(∨였)어요?
- 서울에서 두 달 동안 생활은 아주 재미있는 것이었습#(∨니)다.
- 요보세요(∨여보세요), 수미 씨 있어요?
- 존슨 시(∨씨)는 요즘 바쁜가 봐요?

---

3) 학습자의 오류 옆에 정정 표기를 ∨로 표시한다.

연습문제

1. 다음 설명 중 옳지 않은 것을 고르시오.
   ① 비교언어학(Comparative Linguistics)은 한 언어의 초기 형태와 후기 형태를 비교하고 상이한 언어들을 비교함으로써 특정 언어들의 어원적 상호 관련성을 연구하는 학문이다.
   ② 언어유형론(Typology)은 언어를 통시적 관점에서 변화의 흐름대로 몇 가지 유형으로 분류하는 학문이다.
   ③ 중간언어(Interlanguage)란 언어 학습자가 제2언어나 외국어를 학습할 때 두 개나 그 이상의 언어 체계나 규칙을 사용하는 과도기적인 단계를 말한다.
   ④ 대조분석(Contrastive Analysis Hypothesis : CAH) 연구란 두 개 또는 그 이상의 언어를 언어의 모든 분야에서 체계적이고 일관된 모델을 사용하여 대조하는 것이다.

2. 다음 대조분석의 절차에 대한 순서 중 옳은 것을 고르시오.
   ① 기술 → 선택 → 대조 → 예측
   ② 대조 → 선택 → 기술 → 예측
   ③ 예측 → 선택 → 기술 → 대조
   ④ 선택 → 대조 → 기술 → 예측

3. 간섭에 대한 다음 설명 중 옳지 않은 것을 고르시오.
   ① 기존의 연구에서는 언어 간 간섭이 언어 내 간섭보다 더 크다는 연구가 많다.
   ② 초급 단계에서 고급 단계로 갈수록 언어 간 오류는 감소하고 언어 내 오류가 점차 증가한다.
   ③ 간섭과 두 언어 간 차이에서는 비례 관계가 발견된다.
   ④ 언어 간 오류의 발생 비율은 대개 두 언어의 구조가 유사할 때 더 높게 발생한다.

풀 이

1. [②]. 언어유형론은 언어를 통시적 관점에서 본 것이 아니라 공시적 관점에서 분류하는 것이다.
2. [①]. 먼저 각 언어를 기술한 뒤, 대조할 부분을 선택하고, 두 언어를 대조한 뒤 학습자의 어려움을 예측한다.
3. [③]. 언어 간 오류의 발생 비율은 대개 두 언어의 구조가 아주 다를 때 더 높게 발생한다.

참고문헌

강미선(1990), "오류분석에 관한 연구", 고려대학교 대학원 석사학위논문.

강현화(2003), 『대조분석론』, 도서출판 역락.

강현화 · 신자영 · 이재성 · 임효상(2002), 『스페인 문형 대역 사전』, 신아사.

강화진(2000), "KFL학습자들의 작문 오류분석을 통한 효율적인 작문지도", 고려대학교 대학원 석사학위논문.

김건한(1994), 『대비언어학 — 이론과 응용』, 청록출판사.

김영만(1994), "오류분석을 통한 효율적인 한국어 작문 지도 방안 연구", 한국외국어대학교 대학원 석사학위논문.

김유미(2000), "학습자 말뭉치를 이용한 한국어 학습자 오류 분석 연구", 연세대학교 대학원 석사학위논문.

문 용(1983), "오류와 오류 분석의 의의", 『언어와 언어학』, 한국외국어대학교 어학연구소.

문재식(1981), "오류에 대한 두 관점: 대조 분석과 오류 분석", 고려대학교 대학원 석사학위논문.

박경자 외(1993), 『언어교수학』, 박영사.

박이도(1988), "제2언어 습득의 이론적 고찰 — 대조분석 가설을 중심으로", 『釜山産業大論文集』 9-1, pp. 25-48.

송향근(2011), "한국어교육의 대조 연구 동향 분석", 『이중언어학』, 이중언어학회.

신성철(2001), "An Error Analysis: Orthographic Errors Produced by Austrailian KFL Learners", IAKLE2001.

왕혜숙(1995), "영어화자의 한국어 작문에 나타난 어휘상 오류분석", 『이중언어학』

12, 이중언어학회.

유력몽(2012), "중국인 학습자의 한국어 어휘 사용 오류 연구: 초·중급 학습자를 대상으로", 부산대학교 대학원 석사학위논문.

이미영(2001), "외국어로서 한국어 학습자의 학습전략연구: 발화오류자료의 전산코딩을 이용하여", 고려대학교 대학원 석사학위논문.

이승복(1996), "언어적 대조를 통한 색깔 이름의 획득: 대조성 이론의 검증", 『한국발달심리학회지』 9-1, pp. 135-153.

이정희(2002), "한국어 학습자의 표현 오류 연구", 경희대학교 대학원 박사학위논문.

이해영(2003), "한국어 학습자의 시제표현 문법항목 발달패턴 연구", 『이중언어학』 22, 이중언어학회.

정효주(2013), "중국인 학습자의 비음화 및 유음화 발음 오류 연구", 경희대학교 대학원 석사학위논문.

허 용·김선정(2014), 『대조언어학』, 소통.

Corder, S. P. (1985), *Error Analysis and Interlanguage*, New York: Oxford University Press.

Dulay, H. C., & Burt, M. K. (1974), "Errors and Strategies in Child Second Language Acquisition", *TESOL Quarterly* Vol. 8 No. 2, pp. 129-136.

Etherton, A. R. B. (1977), "Error Analysis: Problems and Procedures", *ELTJ* Vol. 32 No. 1, pp. 67-78.

Fries, C. (1945), *Teaching and Learning English as a Foreign Language*, Univ. of Michigan Press.

Gass, S. M., & Selinker, L. (1994), *Second Language Acquisition*, Lawrence Erlbaum Associates, Inc.

George, H. V. (1972), *Common Errors in Language Learning*, Rowley, Mass.: Newbury House.

Haugen, E. (1953), "An Investigation of Second Language Teaching", *Language Learning* 6.

Krashen, S. (1982), *Principles and practice in Second Language Acquisition*, Oxford: Pergamom.

Lado, R. (1957), *Linguistics Across Cultures,* Univ. of Michigan Press.

Lee, W. (1968), "Thoughts on Contrasitive Linguistics in Context of language teaching", *Goeorgetown University Monograph Series in Language and Linguistiss* 21, Goeorgetown University Press.

Meara, P. (1984), "The study of lexis in interlanguage", In A. Davies, C. Criper,

& A. P. R. Howatt (Eds.), *Interlanguage*, Edinburgh: Edinburgh University Press.

Newmark, L., & Reibel, D. (1968), "Necessity and Sufficiency in Language Learning", *IRAL* 6.

Richards, J. (1974), *Error Analysis: Prespectives on Second Language Learners*. Longman Press.

Rivers, W. M. (1968), *Teaching Foreign Language Skills*, Univ. of Chicago Press.

Selinker, L. (1992), *Rediscovering Interlanguage*, Longman.

Tarone, E. (1988), *Variation in Interlanguage*, Edward Arnold.

Tran-Thi-Chau, (1972), "The Concept of Difficulty in Second Lagnuage Learning", *IRAL* 13.

Tylor, B. (1975), "The Use of Overgeneralization and Transfer Learning Strategies by Elementary and Intermediate Studenes of ESL", *Language Learning* 25.

Whiteman, R., & Jackson, K. (1972), "The Unpredictability of Contrasitive Analysis", *Language Learning* 22.

Wienreich, U. (1953), *Language in Contact*, Linguistic Circle of New York.

Wilds, C. (1962), *Time Requirements for Foreign Language Achievment*, Washington, DC: Foreign Service Institute.

제3장

외국어 습득론

진제희

학습개요

외국어를 습득한다는 것은 새로운 문화와 사고방식 및 행동 양식을 지닌 세계로 들어서는 것이다. 외국어 습득론에서는 먼저 제2언어 습득을 둘러싸고 있는 다양한 요인과 주제들을 살펴보고, 그 후 외국어 습득 이론의 발전에 영향을 준 제1언어 습득 이론들을 순서에 따라 알아본다. 마지막으로 제2언어 습득 이론과 가설들 가운데 여섯 가지 주요 가설들을 고찰한다.

1. 제2언어 습득[1]에 관한 여러 논점

제2언어 습득은 많은 변인들이 개입되는 새로운 문화, 새로운 사고방식 및 느낌, 행동 양식 등을 지닌 새로운 세계로의 진입을 뜻한다. 따라서 제2언어 습득에 관한 최근의 논점들은 다음과 같은 복잡한 항목들을 다양한 각도에서 살펴봄으로써 비로소 접근 가능하다(Brown, 2008).

1) 언어 교육의 주체: 학습자와 교사 특성

20세기 초반부터 이어져 온 교수법에 집중된 언어 교육의 관심은 1970년대 이후 학습자 중심 교육으로 옮겨 가면서 학습자의 생물학적, 인지적, 정의적, 그리고 사회 문화적 특성에 대해 심도 있게 연구하기 시작했다.

(1) 학습자

① 생물학적 특성: 연령, 성별, 부모

② 인지적 특성

가. 장 독립성, 장 의존성

– 좌뇌 또는 우뇌 우세, 애매모호성에 대한 관용, 심사숙고형과 충동형

나. 전략(학습 전략, 의사소통 전략)

③ 정의적 특성: 자아 존중, 자아 효능감, 의사소통 의지, 억제, 모험 시도, 불안, 감정이입, 외향성

다. 동기(외적 동기, 내적 동기/통합적 동기, 도구적 동기)

④ 사회 문화적 특성: 태도(원어민과 그 문화에 대한 태도)

라. 사회적 거리

– 문화 간 적응력

마. 언어, 사고, 문화(워프 가설)

---

1) 제2언어 습득(second language acquisition)은 흔히 SLA로 약칭한다. 크라셴(Krashen, 1977)이 'acquisition'과 'learning'의 개념을 구분한 후, 흔히 'acquisition'은 자연적 습득으로 'learning'은 조종적 학습으로 구분되곤 한다. 그러나 이 글에서는 습득/학습의 개념을 함께 사용하기로 한다.

(2) 교사

① 교사 말과 관련된 언어학적 특징

② 교사 모국어

③ 경험 및 훈련

④ 제2언어 및 그 문화에 대한 지식

요사이 가장 관심을 갖는 분야는 이 두 주체인 교사와 학생이 '어떻게 상호작용하느냐'로서 이는 언어와 학습에 대한 가설들의 발전에 따라 주목받게 된 최근의 제2언어 습득 연구 분야이기도 하다.

(3) 주요 학습자 요인들

① 장 독립성과 장 의존성

장 독립성(field independence: FI)과 장 의존성(field dependence: FD)은 성공적 습득에 잠재적으로 중요한 역할을 한다고 여겨지는 학습 유형들이다. 흔히 FI로 지칭되는 장 독립성은 "주의를 흐트러뜨리는 개체들이 섞여 있는 '장(field)'에서 특정한 개체나 요소만 찾아내는 능력을 말한다(Brown, 2008: 128)". 반면 장 의존성은 전체 장에 의존하는 성향으로 이런 성향의 사람들은 그 전체 장을 통합된 하나로 감지하는 것에 민감하기 때문에 사건의 전반적인 윤곽을 파악할 수 있지만 장에 내포된 부분들은 쉽게 감지하지 못한다.

표 3-1 장 독립성과 장 의존성

구분	장 독립성	장 의존성
장점	주변 요인들에 의해 혼동됨이 없이 각 요인들을 구분하여 분석할 수 있다.	어떤 문제, 아이디어, 사건의 전반적인 윤곽을 파악할 수 있다.
단점	부분들이 전체와 어떻게 연결되는 것인지는 보지 못한다.	전체 장에 내포된 부분들은 쉽게 감지하지 못한다.
특징	민주적이고 산업화된 경쟁적인 사회에서 발달하는 성향으로 독립적이고 경쟁적이며 자신감이 있다.	사회주의화되고 권위적이거나 농업 중심의 사회에서 발달하는 성향으로 다른 사람의 감정과 생각을 잘 포용하고 지각한다.

FI와 FD에 대한 많은 연구 결과들이 나왔지만 결론적으로 두 유형은 서로 다른 언어 학습 상황에서 중요한 역할을 하고 있다. 여러 제약이 따르는 언어 교실을 뛰어넘는 '장'에서 하는 자연스러운 대면 의사소통의 언어 학습은 FD 유형을 필요로 하는 반면, 교실에서의 학습은 FI 유형에 보다 유리하다고 알려져 있다.

② 학습 전략과 의사소통 전략

학습 유형이 개별 학습자를 차별화시키는 일반적인 특징이라면 전략(strategy)은 제2언어 입력 및 출력 자료 때문에 직면하는 '문제'들을 해결하기 위해 우리가 사용하는 순간순간의 기술이다. 학습 전략(learning strategy)[2]은 수용(intake), 기억, 저장, 회상과 같이 제2언어를 받아들이는 수용적 영역에 관한 것인 반면, 의사소통 전략(communication strategy)[3]은 정보의 생산적인 의사소통을 위해 언어적 또는 비언어적 수단을 사용하는 생산 전략을 말한다. 학습 전략과 의사소통 전략을 교실 학습에 어떻게 적용하는가는 전략 중심 지도법(Strategies-Based Instruction : SBI) 또는 학습자 전략 훈련을 통해 연구되어 왔다. 이러한 학습자 전략은 학습자 자율성의 핵심이며, 언어 지도에서 가장 중요한 목표라고 할 수 있는 학습자 자율성 촉진과 직결되어 학습자의 사고와 학습 과정을 이해하는 능력을 활성화시킨다(Wenden, 1985).

③ 동기

동기(motivation)는 제2언어 습득 분야에서 가장 큰 관심을 가지는 학습자의 정의적 요인으로 총체적, 상황적, 그리고 과업과 관련된 동기 등으로 구분할 수 있고, 제2언어 학습에서 이 세 가지 차원의 동기가 모두 필요하다. 먼저, 학습자의 상황이 (가) 학문적인지 아니면 직업과 관련된 (도구적인) 것

---

2) 학습 전략은 크게 세 가지 범주로 분류된다. ① 상위 인지(metacognitive) 전략: 학습을 계획하고 학습이 일어날 때 그 과정에 대해 생각하고, 자신의 발화와 이해를 모니터하고, 활동이 완수된 후 학습을 평가하는 전략. ② 인지(cognitive) 전략: 특정 학습 과업에 국한되며, 학습 자료 자체를 직접 다루는 문제에 관한 전략. ③ 사회 정의적(socioaffective) 전략: 의미 전달을 위해 타협하는 활동을 포함하는 사회적 중재 활동이나 다른 사람들과의 상호작용과 관련된 전략.

3) 의사소통 전략은 ① 회피(avoidance) 전략: 의사소통 과정에서 문제에 직면했을 때 전체 화제를 회피하거나 모르는 단어나 구문을 회피하는 전략. ② 보상(compensation) 전략: 의사소통 과정에서 문제가 생겼을 때 부족한 지식을 메우려는 전략으로 나뉜다.

인지, (나) 사회 또는 문화적 성향을 갖고 있는지(통합적인)에 따라 (가) 도구적 동기와 (나) 통합적 동기로 나눠질 수 있다. 또 다른 구분은 학습자가 효율적인 학습을 수행하기 위해 (가) 언어 능력과 자율성이라는 내적인 보상을 얻으려는 것인지, (나) 자신 이외의 외부로부터 주어질 수 있는 보상(돈, 상, 긍정적 반응 등)에 대한 기대에 의한 것인지에 따라 (가) 내적 동기와 (나) 외적 동기로 나눌 수 있다.

표 3-2 언어 습득의 동기

	내적	외적
통합적	제2언어 학습자는 자신이 배우고 있는 언어의 문화와 통합하고자 함(예 : 이민 혹은 결혼을 목적으로)	다른 사람이 통합적인 이유로 학습자에게 제2언어를 배우도록 함(예 : 미국에 살고 있는 일본인 부모가 자녀를 일본어 학교에 보냄)
도구적	제2언어 학습자가 제2언어를 이용하여 목표를 달성하고자 함(예 : 자신의 직업을 위해서)	외적인 힘에 의해서 제2언어 학습자로 하여금 언어를 학습하게 함(예 : 회사에서 언어 훈련을 위하여 일본인 직원을 미국에 보냄)

출처: Brown, 2008: 185.

④ 사회적 거리

사회적 거리(social distance)란 한 개인 속에서 만나게 된 두 문화의 인지적·정의적 근접성을 말한다. 여기서 '거리'란 두 문화 간의 상이함을 묘사하기 위해 상징적으로 사용된 것으로 슈만(Schumann, 1976)은 두 문화 간의 사회적 거리가 멀수록 학습자가 제2언어 학습에서 겪는 어려움이 더 크며, 반대로 사회적 거리가 좁아 두 문화 간의 사회적 유대감이 클수록 언어 학습 상황은 더 좋아진다고 주장했다. 이와 함께 슈만(1978)은 우리가 제1언어 사회의 문화에 적응하는 과정을 거친 후 제2언어(목표어) 문화를 접하게 되면 그 문화에 적응하기 위해 제1언어 문화를 변용해야만 하는데 이렇게 새로운 문화의 사람들과 의사소통할 때 구문화를 탈피하여 신문화에 순응하는 것을 '문화 변용(acculturation)'이라고 칭했다. 그에 따르면 문화 변용과 제2언어 학습은 학습자와 목표어 사회 간의 문화 차이에서 오는 사회적 거리 정도에 따라 결정된다.

⑤ 워프 가설

한 공동체 내에서 행위 규칙은 종종 무의식적이긴 하지만 그 공동체 구성원들과 밀접하게 결속되어 있듯이, 언어 화자들 역시 언어 규칙에 따라 발화하게 된다. 이러한 관찰로부터-스승과 제자의 관계에 있던-두 학자에 의해 개인의 어휘 구조나 언어 문법이 실제로 그 사람과 세계관을 결정하거나(강한 주장) 적어도 특정한 세계관을 갖도록 영향을 미친다고 주장하는 가설이 나오게 되었는데 이를 사피어-워프(Sapir-Whorf) 가설 또는 워프(Whorf) 가설이라고 한다(Fasold, 1990/1994). 스승인 사피어는 실세계는 한 언어 공동체의 언어 습관에 기초하여 무의식적으로 형성되는 것으로서 언어 습관은 세상을 해석하는 데 영향을 미치며 인간은 이에 따라 세상을 보고 듣고 경험한다고 주장했다. 그리고 제자인 워프(1956)는 이 생각을 좀 더 강력하게 확장하여 언어와 문화의 관계는 결정적인 것이며 언어의 체계, 문법은 화자가 세계를 보는 방식을 결정하기 때문에 이 문법 체계가 달라지면, 즉 언어의 구조가 달라지면 세계관도 달라진다고 주장했다.[4)]

2) 언어 교육의 매개체: 언어

제2언어 습득에서 교사와 학습자를 연계하는 매개체는 바로 '언어'이다. 이 언어에 대한 연구는 초기에는 언어 체계 자체에 집중되었는데 제2언어 교사는 제2언어의 체계 및 기능, 학습자의 제1언어와 제2언어 사이의 언어학적 차이점들을 구분하여 가르칠 필요가 있다고 주장되었다(대조분석 가설). 그러나 언어 자체에 대한 이러한 관점은 1972년 델 하임스(Dell Hymes)가 '의사소통 능력'의 중요성을 강조한 이래, '의사소통이란 무엇인가?', '누군가 한 언어를 사용할 줄 안다고 말할 때 그 의미는 무엇인가?' 등이 제2언어 습득 연구의 주요 테마가 되었다.

---

4) 언어와 사회를 연결시키면서 언어에 따라 다른 가치를 지니는 인간으로 사회화되는 언어사회화 현상도 설득력 있게 설명할 수 있다는 점에서 사회언어학적 가치가 있다고 하겠다. 하지만 그 반대 방향의 영향, 즉 실제 사회에서 일어나는 수많은 현상들, 특히 인간의 다양한 상호작용과 사회적 변화로 인해 초래되는 언어의 변화 등을 설명할 수 없다는 점에서 반론이 있다(Fasold, 1990/1994).

3) 언어 습득 과정

이 질문은 학습자가 제2언어를 배울 때 어떤 인지적 과정을 거치고, 어떤 유형의 학습자가 언어 학습에 더 성공적이며 또 언어 사용자는 어떤 종류의 전략을 사용하는가라는 문제와 관련되어 있다. 따라서 성공적인 언어 학습을 위한 인지적·정의적·신체적 영역의 최적 상관 관계는 무엇인가를 연구해야 한다.

4) 학습자 연령

왜 학습자의 나이(취학 전 아동, 사춘기 이전, 10대, 성인)가 제2언어 학습에 차이를 가져오는지, 아동과 청소년들의 인지적·정의적 변화가 언어 습득에 어떻게 영향을 미칠까라는 문제는 늘 제2언어 습득 연구의 중심에 있어 왔다. 또한 교실이라는 제한된 환경이 언어 학습에 미치는 영향을 고려하여, 제2언어 학습 활동에 소요되는 시간이라는 양적인 측면에 관한 것도 이 연구에서 다루어졌다.

5) 언어 습득 환경

학습자들이 교실과 같은 인위적 환경이나 교실 밖 자연적 환경에서 언어를 배우는 경우의 차이점뿐만 아니라 학습자들이 '제2언어의' 환경에서 언어를 습득하거나 대학 기관, 학원 같은 '외국의' 환경에서 언어를 배울 때 차이점은 무엇인가? 그리고 이 경우 교실 언어 학습의 교과서나 학습 자료, 교사 유형 등은 어떻게 언어 습득에 영향을 미치는가? 또한 성공적 언어 숙달에 필요한 적절한 시간이나 몰입 교육의 효율성에 대한 연구들이 행해지고 있다.

6) 언어 습득 목적

이 문제는 학습자 동기와 관련하여 매우 중요한 연구 분야이다. 흔히 학습자 지능이나 적성 등의 요인보다 언어 학습에 영향을 미치는 것이 바로 이 학습자 동기이기 때문이다.

2. 제1언어 습득 이론

제1절에서는 제2언어 습득 연구에서 다루게 되는 광범위한 연구 항목들을 소개했다. 이 절에서는 제2언어 습득 이론에 들어가기에 앞서, 제2언어 습득 이론 연구에 결정적인 영향을 미친 제1언어 습득 이론의 내용과 흐름을 먼저 살펴보겠다.

1) 행동주의적 접근

이 행동주의적 접근(behavioristic approaches)은 언어 습득의 창조성을 부정하고 경험을 중시하여 자극에 의한 수동적 반응으로 언어가 습득된다는 것으로서(경험의 역할 중시) 왓슨(Watson, 1913; Brown, 2008, 재인용)에서 시작해서 스키너(Skinner, 1957; Brown, 2008, 재인용)[5]에 이르러 그 이론적 체계가 잡혔다. 스키너는 언어 행위는 언제나 자극에 의하여 조종되며 강화를 통하여 실현된다고 주장하면서, 어린이의 모방적 언어 습득(조작적 조건화, operant conditioning)을 강조했다. 즉 아동은 우선 자신에게 제공된 언어 모형을 모방하여 발화하고, 그에 대한 주변 사람들의 반응을 바탕으로 터득한 언어 모형을 자기의 확고한 언어 습관으로 삼는다는 것으로서 이 이론에서 주장하는 바는 '언어 습득은 모방적 수용이다.'라는 것이다. 행동주의 심리학의 학습 모형에서 학습은 환경과 행위가 규칙적으로 결합하여 발달하는 조작 행위인데, 여기에 바로 자극과 반응의 절차가 개입된다는 것으로서 이를 정리하면 다음과 같다.

자극(stimuli) ⇒ 반응(responses) ⇒ 강화(reinforcement)(긍정적/부정적) ⇒ 습관(habit)

행동주의 언어 습득 이론은 언어 습득이 결코 창조적인 연마의 과정이 아니라 '자극-반응-강화'의 과정이라는 수동적인 조건화, 즉 습관 형성으로 봄

5) 스키너(B. F. Skinner)는 그의 저서 『언어 행동(*Verbal Behavior*)』(1957)를 통해서 언어 행동에 대한 행동주의 모델을 구축했다. 그는 언어 행동에서 공개적으로 관찰 가능한 반응에 초점을 두었는데 스키너의 이론에 따르면 하나의 특정한 반응이 강화되면 이것이 습관화, 즉 조건화된다(Brown, 2008).

으로써 경험의 역할을 중시하는 극단적 경향으로 볼 수 있다.

2) 생득론적 접근

행동주의가 언어 습득을 자극에 의한 외부 조종의 결과로 보는 반면, 생득론적 접근(nativist approaches)은 언어습득을 습관에 의해 이뤄지는 것이 아닌, 선천적 언어 능력의 발달로 보고 있다. 생득주의자들은 아동의 선천적 능력이 언어적 보편성으로 명시화된다고 주장한다. 촘스키(Chosmky, 1965; Brown, 2008, 재인용)는 언어 능력을 과거에 결코 들어본 적이 없는 문장도 발화, 이해할 수 있는 능력으로 해석했다. 인간은 보편적 언어를 연마할 수 있는 능력으로서 각종 언어의 습득에 전제 조건이 되는 언어습득장치(language acquisition device: LAD)라고 하는 언어 습득 메커니즘을 선천적으로 소유하고 있다는 것이 이 이론의 핵심이다.

촘스키의 이론이 스키너의 이론과 상반되는 결정적인 것이 바로 이 LAD의 존재인데, 촘스키는 인간의 모든 언어가 상호 번역될 수 있으며 동일한 기저 요소와 기저 범주 그리고 동일한 통사적 기저 관계[=보편문법(universal grammar: UG)]를 갖고 있다고 봄으로써 언어적 보편성이 존재한다고 주장하였다. 그에 따르면 UG는 고정되고 불변적인 원칙(fixed and invariant principle)에 매개변수 변이(parameters of variation)로 구성되는 것으로서 특정한 언어는 이 매개변수의 설정 방식에 따라서 달라지고, 이때 매개변수의 설정 방식을 결정하는 것이 바로 '환경'이다.

한편 렌네버그(Lenneberg, 1967; Brown, 2008, 재인용)는 촘스키의 내재성 이론과 보편성 이론을 생물학적으로 규명하려고 언어 발달의 결정적 시기 가설(critical period hypothesis: CPH)을 주장하였다. 그의 주장에 따르면 언어 준비의 상태는 2세경부터 시작하여 뇌의 성장이 완료되는 사춘기에 끝나게 되는데 이 생물학적 시기는 바로 언어를 좀 더 쉽게 습득할 수 있는 시기로 그 시기가 지나면 언어 습득이 점차 어려워진다는 것이다.

3) 기능주의적 접근

최근 언어 본질에 대한 한층 더 깊은 기능주의적 접근(functional approaches)은 다음의 두 가지 관점에서 언어 습득을 연구하기 시작했다.

(1) 인지주의

인지주의(cognitivism)에서는 발달심리학의 차원에서 언어 습득을 설명(지능 발달의 역할을 중시)하려고 하였는데, 생득주의의 불충분한 점을 보완하려는 이러한 인지적 접근은 1960년대 후반부터 일어났다. 생득주의자들은 언어 습득의 형태적인 면을 취급하여 극히 추상적인 이론으로 생성 규칙을 규정했지만 인지주의자들은 언어 습득의 심층적인 면, 즉 기억, 지각, 사고, 감정 등을 다루면서 언어 습득을 인지적이고 정서적인 능력으로 보았다. 그 대표적인 인물은 바로 장 피아제(Jeon Piaget)이다. 피아제는 언어와 사고의 관계에 대하여 이성주의와 경험주의의 언어 습득 해명을 절충한 이론을 제창하면서, 인간은 태어날 때 마음속에는 '다양화되지 않은 도식(schemas)'이 있고 경험과 그 경험과 관련된 행동들과 함께 지능이 이 도식으로부터 발전한다고 주장하였다. 따라서 이 인지주의에 따르자면 '언어는 지능의 산물'인 것이다.

(2) 구성주의

최근에는 언어 기능이 인지적 사고를 넘어서는 영역까지 확장되어 있다고 알려졌다. 이로부터 언어 발달 과정에 있는 유아 및 어린이와 유창한 성인 언어 사용자 사이의 '상호적 행동 체계'에 관심을 가지게 되었으며(Holzman, 1984; Brown, 2008, 재인용), 어린이의 언어 습득과 사회적 체계가 인간 행동에 어떻게 작용하는가에 초점을 맞추게 되었다. 이러한 사회적 구성주의(constructivism)는 사회적 상호작용과 협력 학습의 중요성을 강조하는데 가장 눈에 띄는 사회적 구성주의자는 비고츠키(L. Vygotsky)이다. 그는 "어린이들의 사고와 의미 형성은 자신들이 처해 있는 환경과의 사회적 상호작용을 통해 형성되고 드러난다."고 주장하면서, '근접 발달 영역(zone of proximal development: ZPD)'의 개념을 도입하였다. 근접 발달 영역이란 학습자들의 현재의 발달 상태와 그들의 잠재적 발달 사이의 거리를 가리키는 것으로서, 학습자가 아직은 배우지 않았지만 적절한 자극이 주어지면 학습할 수 있는 과업들을 말한다(Vygotsky, 1978).

비고츠키의 ZPD 개념은 피아제의 학습 이론과는 대조된다. 비고츠키는 사회적 상호작용이 인지 발달의 근간이 된다고 주장하면서 발달 단계들이 미리 정해져 있다는 개념을 거부한 반면, 피아제는 개인의 인지 발달은 생물학적인 발달 시간표에 따라 단계별로 발달해 가며, 사회적 상호작용은 단지 적절한 시기에 발달을 촉진하는 요소일 뿐이라고 간주했다.

3. 제2언어 습득 이론

제1언어 습득 이론을 바탕으로 하여, 제2언어 습득 이론은 대조분석 가설, 오류분석 가설, 중간언어 가설, 입력 가설, 출력 가설, 상호작용 가설 등으로 발전해 나갔다. 이 절에서는 이러한 여섯 가지의 주요 제2언어 습득 이론을 살펴보도록 하겠다.

이에 앞서, 제1언어 습득 이론과 제2언어 습득과 관련된 학파들을 표로 나타내면 〈표 3-3〉과 같다.

표 3-3 제1·제2 언어 습득 이론과 관련된 학파

<table>
<tr><th rowspan="2">연대</th><th colspan="2">학파의 사상</th><th rowspan="2">대표적 주제</th><th rowspan="2">대표 학자</th></tr>
<tr><th>언어학</th><th>심리학</th></tr>
<tr><td rowspan="2">1900년대 초기,
1940년대 및
1950년대</td><td>구조주의</td><td>행동주의</td><td rowspan="2">기술
관찰 가능한 언어 수행
과학적 방법
경험주의
표층 구조
조건화, 강화
기술-“무엇”</td><td rowspan="2">Skinner,
Osgood,
McLaughlin</td></tr>
<tr><td colspan="2">경험주의</td></tr>
<tr><td rowspan="2">1960년대 및
1970년대</td><td>생성-변형</td><td>인지심리학</td><td rowspan="2">생성 언어학
습득, 생득성, 보편문법
중간언어 체계성
언어 능력
심층 구조
설명-“왜”</td><td rowspan="2">Saussure,
Chomsky,
Lakoff</td></tr>
<tr><td colspan="2">이성주의</td></tr>
<tr><td>1980년대,
1990년대 및
2000년대 초기</td><td colspan="2">기능주의
(인지주의, 구성주의)</td><td>상호작용 담화
사회 문화적 변인들
협동적 단체 학습
중간언어 변이
상호작용주의 가설</td><td>Piaget,
Vygotsky,
Long</td></tr>
</table>

1) 대조분석 가설

대조분석 가설(contrastive analysis hypothesis)은 행동주의 언어 습득 이론에 근거하여 제2언어 습득에 제1언어가 체계적으로 영향을 미친다는 이론으로서 1950~1960년대에 걸쳐 나타났다(Saville-Troike, 2006). 대조분석 가설에 따르자면, 학습자는 이미 습득한 모국어적 관습 및 지식을 외국어 습득 과정에 지속적으로 전이하게 되는데, 이 가설의 핵심적 개념은 '간섭(interference)'이다. 즉 제1언어와 제2언어 두 언어에 있는 동등한 언어 요소나 규칙은 쉽게, 오류 없이 습득이 되지만(긍정적 전이) 두 언어에 서로 상이한 언어 현상은 습득에 어려움이 있으며 오류를 유발(부정적 전이=간섭)하게 된다는 것이다.

- 구조의 동일성 ⇒ 긍정적 전이 ⇒ 용이한 습득 ⇒ 정확한 제2언어 발화(규범적 언어 사용)
- 구조의 상이성 ⇒ 부정적 전이 ⇒ 난이한 습득 ⇒ 부정확한 제2언어 발화(오류의 발생)

이 가설의 강설에 의하면 두 언어의 대조와 분석을 근거로 하여 제2언어 습득의 '모든' 오류[6]와 제2언어 학습의 난이도가 예측 가능하다. 즉 외국어 학습의 난점을 모국어 간섭 현상에서 찾으려고 했다. 그러나 이 대조분석의 강설은 오직 언어학적 바탕과 행동주의 이론에만 입각하였다는 점, 그리고 제2언어 습득 과정에서 나타나는 제1언어 전이 및 간섭이 지나치게 압도적 역할을 한다는 점, 그리고 외국어 학습에서 비언어적 요소들을 등한시했다는 점에서 비판을 받았다. 그로부터 대조분석의 약설이 나타났는데 이는 두 언어 사이에 간섭이 존재하고 이를 통해 학습의 어려움을 설명할 수 있다는 것으로 대조분석 약설은 학습상의 어려움에 대한 예측보다는 이전의 경험으로서 모국어의 영향을 강조하는 '언어 간 영향론(cross-linguistic influence: CLI)'을 통해 대조분석의 중요함을 강조하려 하였다.

---

6) 행동주의 습득 이론에 따르면 오류는 '나쁜 습관'이며 이것은 피할 수 있는 것이므로 외국어 학습에서는 적절한 교육 수단을 개입시킴으로써 오류를 피할 수 있다.

2) 오류분석 가설

1970년대 오류분석 방법에 의한 연구 붐에 따라, 오류분석 가설(error analysis hypothesis)의 선구자인 듈레이와 버트(Dulay & Burt, 1972)는 간섭 현상과 행동주의 이론에 따른 대조분석 가설의 타당성을 부정하고 생득주의 언어 습득 이론을 바탕으로 하여 언어 습득 과정의 보편성을 강조함으로써 제2언어 습득은 '창조적 구성 과정'이라는 학설을 제창하였다. 이 학설에서 그들은 '언어 습득 과정의 보편성'과 '창조적 구성 과정'을 주장하였는데 그 내용은 다음과 같다.

언어 습득 과정의 보편성이란 습득자는 타고난 정신적 과정(LAD)을 실현함으로써 연령이나 모국어와는 무관하게 제2언어를 습득하며 그 언어 구조와 규칙을 모국어의 습득과 매우 유사한 순서로 진행한다는 것이다. 한편 창조적 구성 과정이란 습득자가 가설적으로 설정한 언어 규칙을 선천적 메커니즘의 작용에 의해 점진적으로 개선, 재구성하는 것이다. 다시 말해, 제1언어의 전이가 제2언어 습득에 아무런 역할도 하지 못하며 보편적 인지 원칙에 의해 제2언어를 습득하므로 제1언어와 제2언어는 각각 동일한 습득 과정을 거친다는 것이 이 가설의 핵심이다. 이 가설에 따르면 언어 습득은 능동적 · 창조적 · 인지적 과정이므로 대조가설과는 달리 오류[7]는 피할 수 있는 '나쁜 습관'이 아니라 언어의 단계적 발달 과정에서 나타나는 필연적 현상. 즉 오류를 관습 형성이 아니라 창조적 구성 과정으로 간주하였다.

그러나 이 가설은 언어 습득의 주변 환경, 특히 사회 언어적 요인을 전혀 고려하지 않았고, 형태소 습득 연구에서 얻은 결과를 제2언어 습득에 일반적으로 무리하게 적용했으며, 유사한 습득 순서나 과정은 비조종적 언어 습득에서는 입증할 수 있으나 조종적 언어 습득, 즉 외국어 학습에서는 명확하게 입증할 수 없고, 마지막으로 회피 전략을 설명하지 못했다는 점에서 비판을 받았다(박이도, 1996).

---

7) 실수(mistake)와 오류(error): 실수는 이미 알고 있는 언어 체계를 정확히 활용하지 못하고 무심코 입 밖에 내는 것으로 화자 스스로 수정할 수 있음에 반해, 오류는 이탈 형태(deviation)로서 목표어에 대한 학습자 언어 능력을 보여 주는 것이다(Brown, 2008).

3) 중간언어 가설

중간언어(interlanguage)란 셀린커(Selinker, 1972)가 처음 사용한 용어로 '학습자가 목적 언어의 입력과 출력의 중간 과정에서 산출하는 다양한 언어 체계'로서 모국어 화자가 사용하는 규칙의 체계로 접근해 나가는 일련의 복합적 근사 체계라고 규정했다. 그에 따르면 이 중간언어는 산출 시 다음과 같은 다섯 개의 인지 과정을 겪게 된다.

첫째는 모국어로부터의 전이, 둘째는 학습의 장에서 전이, 셋째는 제2언어 학습 전략(자기 학습 유형이 언어 학습에도 그대로 전이), 넷째는 제2언어 의사소통 전략(제2언어로 의사소통해야만 할 때 사용하는 전략), 다섯째는 목표어 내 언어적 요소의 과잉 일반화이다.

이 중간언어의 발달 과정(제2언어가 유창해지는 과정) 중에는 화석화[8]가 일어날 수 있다는 점에서 제1언어의 발달 과정과는 다르다.

4) 입력 가설

입력 가설(input hypothesis)은 1970년대 후반에 스테판 크라센(Stephan Krashen)이 창안한 제2언어 습득과 학습 과정에 대한 방대한 이론으로서 다음의 다섯 가지 기본 가설로 구성되어 있다.

(1) 다섯 가지 가설

① 습득/학습 가설

습득/학습 가설(acquisition/learning hypothesis)은 언어 습득과 학습을 구분하여 두 종류의 언어 획득은 다르게 진행된다는 것이다. 이때 습득은 주로 제1언어 발달에서 사회적 접촉을 통해 이루어지며, 언어 규칙, 형태에 대한 '의식적 주의(conscious attention)'가 없이 얻어지는 무의식적인 언어에 대한 지식을 말한다. 반면, 학습은 교실의 제2언어 학습과 같은 '의식적 주의'를 통해 얻어지는 지식을 가리킨다. 크라센은 이때 언어 학습이 성공하기 위해서는 의식적 주의만으로는 불가능하며 습득 단계로 넘어가야 한다고 주장하였다.

---

8) 화석화(fossilization)란 틀린 언어 형태가 비교적 영구적으로 학습자의 제2언어 능력의 한 부분이 되어 지속적으로 나타나는 현상을 말한다(Brown, 2008).

② 모니터(감시) 가설

'모니터링'은 학습(습득이 아닌) 과정에 포함된 것으로서 학습자가 자신의 발화를 감시하여 의식적으로 발화를 교정하는 것을 말한다. 모니터 가설(monitor hypothesis)에 의하면 이러한 명시적 · 의도적 학습은 언어 습득을 방해하기 때문에 지양해야 하며, 의식적 언어 학습은 성인의 제2언어 습득에 매우 제한적인 기능을 가진다. 따라서 능숙한 언어 사용은 자연적인 의사소통 상황에서 자연적으로 언어를 습득한 후에야 가능하며, 교실에서 배운 형식적 언어 규칙은 능숙한 발화를 하는 데 직접 관련되지 않고 습득한 언어 체계의 출력을 모니터하여 수정하는 기능만을 가진다고 주장하였다.

③ 자연적 순서 가설

자연적 순서 가설(natural order hypothesis)은 언어 학습자의 제1언어가 무엇이든지 간에 학습자는 예측 가능한 자연적 순서[9]에 따라 언어 규칙을 습득한다는 것이다.

④ 입력 가설

입력 가설(input hypothesis)은 학습자들의 언어 습득 단계에 개입하는 메커니즘은 무엇인가에 대한 것으로서, 언어 습득이 이루어지기 위해서는, 첫째, 학습자에게는 이해할 수 있는 입력(comprehensible input)을 주어야 한다. 즉 입력의 양보다는 이해 가능한 입력을 수용함으로써 언어를 습득한다는 것이다. 둘째, 이때 학습자가 다음 단계로 발전하기 위해서는 현 단계의 입력(i)보다 약간 더 높은 입력(i+1)을 이해해야 한다.

언어 습득 과정은 이해 가능한 언어 입력(듣기나 읽기)으로 시작되어 말하기와 쓰기로 나아가기 때문에 언어 입력이 언어 습득의 주요 동인임을 주장한다(자연주의 교수법).

⑤ 정의적 여과 가설

정의적 여과 가설(affective filter hypothesis)은 이해 가능한 입력이 언어 습득에 필요 조건이지만 성공적 언어 습득을 위해서는 정서적 요인도 중요한

---

9) 듈레이와 버트(1974)는 제1언어가 다른 두 집단(스페인과 중국)의 5~8세 아동 100여 명을 대상으로 한 제2언어로서 영어 형태소 습득 순서 실험에서 아동들이 모국어에 상관없이 동일한 순서로 형태소를 습득한다는 결과를 얻었다.

역할을 한다는 가설로서, 정의적 여과가 높으면 언어 습득이 방해를 받는다는 것이다. 습득자의 성격, 사회 문화적, 심리적 요인에 의한 감정 변화는 입력 언어가 LAD에 도달하는 것을 방해, 촉진하게 된다. 이 가설에 따르자면, 아동이 성인보다 언어 습득 속도가 빠른 이유는 사춘기가 지나면 정의적 여과량이 많아지기 때문이다.

(2) 다섯 가지 가설에 대한 평가(반론)

① 습득과 학습 간의 관계가 모호하며 학습이 제2언어 습득에서 갖는 중요성을 간과하였다

② 'i+1'에서 i와 1의 개념이 모호하다.

③ '이해 가능 입력' 외에 제2언어 습득에서 수용(intake)[10]이나 학습자 참여의 중요성(출력 가설, HIG, LIG 등)을 간과하였다.

5) 출력 가설

이해 가능 입력만이 제2언어 습득을 야기하는 유일한 변인이라는 크라센의 주장에 반해, 스웨인(Swain, 2005)은 '출력'이 학습자 언어 수행을 설명할 때 입력만큼 중요하다는 출력 가설(output hypothesis)을 주장하였다. 그에 따르면 출력을 통해 학습자들은 의미를 전달하는 과정에서 자신들의 잘못된 시도나 언어적 약점을 인지할 수 있다. 또한 지금 자신 안에 형성되고 있는 다양한 가설을 시험하기 위해 자신의 언어를 시험해 볼 수 있다. 제공된 입력을 이해하는 것과는 달리, 학습자가 스스로 발화물을 생성하기 위해서는 통사적 구조 속에 단어를 끼워 넣어야만 하기 때문에 언어 습득 면에서 학습자 측의 '발화' 노력은 꼭 필요한 부분인 것이다. 마지막으로, 출력은 동료와 하는 상호작용 과정에서 언어 자체에 대해 생산적으로 생각해 볼 수 있

10) 수용(intake)이란 용어는 1967년 코더(S. Corder)에 의해서 처음 사용되었는데, 코더는 입력(input)은 '이해되기에 적당하지 않은 것이 이해되는 것'이기 때문에 이때 이러한 입력 또는 자신의 수용을 조절, 통제하는 것은 학습자임을 지적하면서 입력과 수용이 같은 의미가 아님을 지적하였다. 쇼드론(Chaudron, 1985)은 수용이란 '학습자에게 입력으로서 적절한 목표어와, 제2언어 발달을 위해 학습자에 내재화된 제2언어 규칙과 전략들 간의 중재적 과정'이라고 정의하였다. 그리고 가스(Gass, 1988)는 수용을 목표어 입력과 학습자에 내재된 규칙 사이에 위치한 정신적 활동 과정으로 정의하였다. 이러한 주장들은 수용을 입력과 구분하면서 제2언어 습득의 초점을 이해 가능 입력에서 '이해된 입력'으로 옮기고 있다(진제희, 2006).

는 수단을 제공한다[교실의 소집단 활동에서 나타나는 출력의 상위언어적(metalinguistic) 기능].

셀리거(Seliger, 1983) 역시 고입력 생성자(high input generator: HIG)라는 개념을 통해서 교실 내외에서 제2언어 입력을 유도하는 HIG는 상호작용을 별로 하지 않는 저입력 생성자(low input generator: LIG)들보다 빠른 속도로 언어를 배운다고 주장하였다.[11]

6) 상호작용 가설: 사회 구성주의적 모델

지금까지의 모형들이 상당 부분 '학습자'에게 초점이 맞춰져 있었다면, 요사이 제2언어 습득에서 진행되고 있는 접근법은 학습자와 그 동료들, 그리고 교사들 사이에 일어나는 상호작용이라는 역동적인 면과 그 상호작용이 일어나는 상황에 초점을 둔 사회 구성주의적 견해에 바탕을 두고 있다. 가장 널리 논의되는 사회 구성주의적 견해는 롱(Long, 1985, 1996)의 '상호작용 가설(interaction hypothesis)'로서, 교실은 더 이상 문법 구조나 언어 형식을 연습하는 환경이 아니며, 교실 내 대화와 그 밖의 상호작용적인 의사소통이 언어 규칙을 발전시키는 토대가 된다(Brown, 2008). 롱은 수정된 상호작용(modified interaction)[12], 즉 원어민 화자가 비원어민 화자와 대화할 때 발화를 변경하여 입력을 이해 가능한 것으로 만들 수 있다는 사실에 의문을 제기하였다. 롱은 입력 자체의 변형은 의사소통의 즉각적 요구만 도울 뿐 학습자의 중간언어 발달을 돕지는 않는다고 지적하였다. 그러면서 입력 자체를 변경하는 것 외에 입력이 가능하게끔 만들 수 있는 다른 방법을 제시하였는데, 그것은 바로 '대화의 상호작용적 구조를 변경'하는 것이다(진제희, 2006). 롱에 따르면 학습자의 의사소통 증진을 위해서는 원어민이나 교사로부터 이러한 수정된 상호작용이 먼저 주어지는 것이 아니라 서로 대화를 해 나가는 상호작용 중에 이해 확인을 위한 질문하기나 설명, 정정을 요청하기,

---

11) 스웨인(1985)의 이러한 주장은 제2언어 학습에서 발화물은 이해 가능 입력과는 독립적으로 다른 역할을 가지고 있음을 보여 준다. 왜냐하면 단순히 언어를 이해하는 것과는 달리, 실제로 그 언어를 사용하는 것은 학습자가 의미적 과정에서 통사적 과정까지의 이동에 초점을 맞추어야 하기 때문이다(진제희, 2006).

12) 롱이 말하는 수정된 상호작용(modified interaction)은 원어민이나 대화 상대자가 그들의 입력을 학습자가 이해 가능하도록 하기 위해서 만들어 내는 다양한 수정된 발화물로서 크라센의 이해 가능 입력과 유사한 것이다(Brown, 2008).

또는 다른 말로 바꾸기 등의 수정이 포함되어야 한다.

롱의 상호작용 가설은 다음과 같이 요약될 수 있다.

① 상호작용 중의 수정은 입력을 이해 가능하게 해 준다.
② 이러한 이해 가능한 입력은 학습자의 언어 습득을 증진시킨다.
③ 따라서 결론적으로 상호작용적 수정은 습득을 증진시킨다.

이러한 상호작용 중 학습자들이 취하게 되는 자율성 및 실제성의 원리들은 학습자들을 비고츠키(1978)가 제안한 ZPD로 이끈다고 보았다. 또한 이 가설은 제2언어 교실이 문법 구조와 다른 언어 형식들을 '연습'하는 환경으로 비쳐졌던 예전의 패러다임과는 근본적인 차이를 가진 관점으로, 교실을 입력과 상호작용을 위한 최적의 환경으로 만들어 나가는 것에 관심을 갖게 만들었다.

4. 맺음말

제2언어 습득 연구 분야는 학문적으로 매우 빠른 발전이 이루어지고 있다. 이러한 발전은 제2언어 습득에 언어학적 · 심리학적 · 교육학적 그리고 사회 문화적인 접근과 관련된 새로운 많은 주제와 주장들을 던지고 있다. 많은 언어 연구자들이나 교육자들은 언어 교육 활동에 통찰력을 줄 수 있는 언어 습득 이론을 바라지만 언어 습득 자체의 복잡성과 학습자 개개인 상황의 다양성으로 인해 전문가들 사이에서 일치된 제2언어 습득 이론을 찾아내기란 쉽지 않다. 그러나 제2언어 교육이 학습자들의 발달 과정을 중시하는 과정 지향적인 교육이 되어야 하며 학습자 중심으로 나아가야 한다는 제2언어 습득 연구의 주방향은 현재 진행형이다. 그리고 언어를 가르치는 교사에게는 이러한 방향을 놓치지 않으면서, 다양한 제2언어 습득 이론들을 실제 언어 학습 상황에 어떻게 적용해야 하는가라는 연구 과제를 남겨 놓고 있다.

연습문제

1. 다음 중 맞는 설명을 고르시오.
   ① 생득주의(innatism)란 인간은 언어 습득에 전제 조건이 되는 언어습득장치를 선천적으로 소유하고 있다고 주장한다.
   ② 학습 전략이란 언어 출력 자료에 관한 것으로서 우리가 의미를 어떻게 생산적으로 표현하는가의 문제를 말한다.
   ③ 인지주의(cognitism)는 어린이나 성인의 언어 습득에서 사회적 상호작용이 많은 역할을 담당한다고 주장한다.
   ④ 하임스(Hymes)는 인간의 언어 능력을 언어 지식(language competence)과 언어 수행(language performance)으로 나누었다.

2. 다음 중 행동주의에 대한 설명으로 맞지 않는 것을 고르시오.
   ① 어린아이의 모방적 언어 습득을 강조했다.
   ② 언어 습득에서 경험의 역할이 중요하다고 생각한다.
   ③ 학습이란 환경과 행위가 규칙적으로 결합하여 발달하는 조작 행위라 여긴다.
   ④ 언어 능력이란 과거에 들어본 적이 없는 문장도 발화, 이해할 수 있는 능력이라 여긴다.

3. 다음 중 중간언어에 대한 설명으로 맞는 것은?
   ① 중간언어는 고정되어 변하지 않는 학습자의 언어 체계를 말한다.
   ② 중간언어는 다른 외국어나 모국어의 전이 없이 독립적으로 형성된다.
   ③ 제1언어 발달 과정과 마찬가지로 중간언어 발달 과정 중에 화석화는 일어나지 않는다.
   ④ 중간언어는 학습자의 언어가 모국어 화자가 사용하는 규칙 체계로 접근해 나가는 일련의 복합 체계라고 할 수 있다.

4. 셀린커(L. Selinker)가 주장한 중간언어의 산출 시 인지 과정이 아닌 것을 고르시오.
   ① L2 학습 전략
   ② 모국어로부터의 전이
   ③ 수정된 상호작용에 의한 전이
   ④ 목표어 내 언어적 요소의 과잉 일반화

풀이

1. [①]. 생득주의의 근본 주장은 인간은 다른 동물과는 달리 선천적으로 언어 습득에 관여하는 언어습득장치(LAD)를 가지고 태어난다는 것이다.
2. [④]. 행동주의는 모든 언어 습득은 경험에 의한 자극-반복에 의해서 가능하다고 주장한다.
3. [④]. 중간언어는 발달 과정 중에 변화되고 제1언어에서 전이나 간섭을 받으며, 발달 과정에는 화석화가 발생할 수 있다.
4. [③]. 셀린커(Selinker)의 중간언어 인지 과정에는 L2 학습 전략, 의사소통 전략, 모국어의 전이, 목표어 언어적 요소의 과잉 일반화, 훈련 과정에의 전이 등이 있다.

참고문헌

박경자 외(1994), 『언어교수학』, 서울: 박영사.

박이도(1996), 『세계화 시대의 모국어습득과 외국어학습』, 서울: 한국문화사.

진제희(2006), 『외국인을 위한 한국어 수업 대화 분석』, 서울: 커뮤니케이션북스.

Brown, H. D. (2008), 『외국어 교수·학습의 원리(제5판)』(이흥수 외 역), 서울: 피어슨에듀케이션 코리아. (원저 2008 출판)

Chaudron, C. (1985), "Intake: On models and methods for discovering learners processing of input", *Studies in Second Language Acquisition* 7, pp. 1-14.

Corder, S. (1967), The significance of learners' errors. *International Review of Applied Linguistics* 5, pp. 161-170.

Duly, H., & Burt, M. (1972), "Goofing: An indicator of children's second language learning strategies", *Language Learning 22,* pp. 232-252.

Dulay, H., & Burt, M. (1974), "Natural sequences in child second language acquisition", *Language Learning* 24-1, pp. 37-53.

Fasold, R. (1994), 『사회언어학』(황적륜 외 역), 서울: 한신문화사. (원저 1990 출판)

Krashen, S. (1977), "The monitor model for adult second language performance", In M. Burt, H. Dulay, & M. Finocchiaro (Eds.), *View points on English as a second language,* New York: Regents.

Long, M. (1985), "Input and second language acquisition theory", In S. Gass & C. Madden (Eds.), *Input in second language acquisition* (pp. 377-393),

Rowley, MA: Newbury House Publishers, Inc.

Long, M. (1996), "The role of linguistic environment in second language acquisition", In W. Ritchie & B. Bahtia (Eds.), *Handbook of second language acquisition* (pp. 413-463), New York: Academic Press.

Saville-Troike, M. (2006), *Introducing second language acquisition,* Cambridge, UK: Cambridge University Press.

Schumann, J. (1976), "Social distance as a factor in second language acquisition", *Language Learning* 26, pp. 135-143.

Seliger, H. (1983), "Learner interaction in the classroom and its effects on language acquisition", In H. Seliger & M. Long (Eds.), *Classroom oriented research in second language acquisition,* Rowley, MA: Newbury House.

Selinker, L. (1972), "Interlanguage", *International Review of Applied Linguistics* 10, pp. 201-231.

Swain, M. (1985), "Communicative competence: Some roles of comprehensible input and comprehensible output in its development", In S. Gass & C. Madden (Eds.), *Input in second language acquisition* (pp. 115-132), Rowley, MA: Newbury House Publishers, Inc.

Swain, M. (2005), "The ouptput hypothesis: Theory and research", In E. Hinkel (Ed.), *Handbook of research in second language teaching and learning* (pp. 471-483), Mahwah, NJ: Lawrence Erlbaum Asoociates.

Vygotsky, L. (1978), *Mind in society: The development of higher psychological process,* Cambridge, MA: Harvard University Press.

Wenden, A. (1985), "Learner strategies", *TESOL Newsletter* 19, pp. 1-7.

제4장

한국어의 유형적 특성

고성환

학습개요

이 장에서는 한국어가 가지는 여러 가지 언어적 특성을 형태론적 특성, 통사론적 특성, 담화적 특성으로 나누어 학습한다. 이러한 학습을 통해 한국어가 다른 언어, 특히 영어를 비롯한 인구어와 어떤 점에서 차이가 나는지를 이해하고, 또한 한국어의 개별적인 여러 특성들이 어떤 연관성을 가지고 있는지를 이해하도록 한다. 한국어가 가지는 언어적 특성에 대한 이해는 한국어 학습자뿐만 아니라 외국어로서의 한국어교육에 종사하고자 하는 사람들에게 유용한 기본적 바탕이 될 것이다.

1. 머리말

한국어는 여러 가지 면에서 인구어, 특히 영어와는 구별되는 문법적 특성을 가지고 있다. 문장의 기본 구조에서부터 통사 절차에 이르기까지 그 차이는 꽤 광범위하다. 한국어가 가지는 언어적 특징을 편의상 형태론적 특징, 통사론적 특징, 담화언어적 특징으로 나누어 살펴보기로 한다.

어떤 특성이 형태론적인 것이냐 통사론적인 것이냐 하는 문제는 한국어에서 그렇게 명확하게 구분되지 않는 면이 있다. 전통적으로 형태론적인 것으로 간주하는 품사에 관련된 현상이라든가, 조사와 어미에 관련되는 현상들은 통사론적인 성격을 함께 가지기 때문이다. 그럼에도 불구하고 여기에서 한국어의 특성을 형태론적/통사론적/담화언어적인 특성으로 나누는 것은 전통적인 견해에 따른 것이다.

2. 형태론적 특성

1) 한국어는 교착어(또는 첨가어)에 속하는 언어이다.

한국어가 교착어라는 특성은 한국어의 언어적 특성을 논할 때 가장 먼저 거론되는 특성이다. 그만큼 한국어의 특성을 이해하는 데 있어 필수적이고 중요한 것으로 이해할 수 있다. 교착어란 어기에 조사나 어미와 같은 문법 형태소들이 결합되어 문법 관계를 표시하거나 단어를 형성하는 언어를 말한다. 한국어가 교착어라는 것은 흔히 조사와 어미가 발달했다는 것으로 이해할 수 있다.

[1] 할머니-께서-는 이야기-를 퍽 즐겁-게 하-시-더-구나.

위의 예문에서 보면 '할머니, 이야기, 즐겁-, 하-'와 같은 어기에 '께서, 는, 를' 등의 조사, '-게, -시-, -더-, -구나' 등의 어미가 덧붙어 문장이 형성되고 있음을 알 수 있다. 이러한 교착어적인 특성은 한국어의 가장 두드러진 특성의 하나로 여겨진다. 더욱이 한국어에서 어기에 붙는 문법형태소의 수와 종류가 매우 풍부하고, 또한 대부분의 중요한 문법적 기능이 이들에 의해 실현되기 때문에 문법형태소의 종류와 기능을 아는 것이 한국어의 문법을 이해하는 데 필수적이다.

그러나 어미가 발달한 것으로 말하자면, 인도-유럽어라고 하여 이에서 제외될 까닭이 없다. 희랍어에 있어 동사활용표는 그것을 외우는 데만도 상당한 시간이 소요될 만큼 다양하고 복잡하기 때문이다. 그렇지만 희랍어를 교착어라고는 하지 않는다. 그렇다면 한국어의 형태론적인 특징, 그 가운데서도 특히 활용상의 특징은 희랍어적인 동사의 활용이 가지는 특징과는 근본적으로 그 성격이 다른 것이라고 해야 한다. 한국어를 '교착어'라고 하는 것이 단순히 '어미'나 '조사'가 발달하였다는 것을 뜻하는 것으로 받아들일 수는 없다는 것이다. '교착어'라는 말의 정확한 뜻을 찾아보기는 매우 어렵지만, 블룸필드(Bloomfield, 1933: 208)의 이 부분에 대한 이해는 구속 형식이 단순히 서로의 뒤에 오는 특징을 지닌다는 것이다. 이는 '어간'과 '어미'를 쉽게 분리할 수 있다든지 하는 개념인 것으로 이해된다. 그리고 바로 이 점에서 한국어의 특징을 보다 효과적으로 이해할 수 있는 것이라고 할 수 있다.

가령 영어에 있어 'be' 동사의 활용형인 'are'를 보면, 이 형식은 적어도 몇 가지 특징들의 묶음을 동시적으로 의미하게 된다. 하나는 주어가 2인칭 단수이고 시제가 현재이며 적어도 서법이 직설법이라는 특징들의 묶음이 된다. 이때 우리는 'are'라고 하는 언어 형식을 단순히 직접 성분 분석하여서는 그 형식의 어떤 부분이 현재시제를 나타내고, 또 어떤 부분이 인칭을 나타내며, 또 어떤 부분이 수를 나타내는지를 알 수 없다. 형식 전체가 이와 같은 일련의 복합적인 특징들을 한꺼번에 가진다고밖에는 말할 수 없다. 그러나 한국어에 있어서는 혹 어떤 형식이 둘 이상의 기능을 가지는 일이 있다고 해도 그것은 극히 예외적인 것이며, 대체로는 한 가지의 형식은 한 가지의 기능 표시에 국한된다. 따라서 한국어의 어떤 형식에 대하여 그 전체를 일련의 복합적인 특징의 묶음으로 이해한다는 것은 바람직하지 못한 일이 된다. 가령 "아버님께서 어제 우리 집에 오셨었다."와 같은 예에서 '오셨었다'와 같은 형식을 분석하지 않고 그 전체를 어떤 특징들의 묶음으로 이해하는 것은 한국어가 가지는 교착어적인 특징을 올바로 파악하지 못하는 조처라는 것이다. '오-, -시-, -었-, -었-, -다' 등에 각기 그에 해당하는 특이한 의미나 기능이 배당될 수 있는 것이기 때문에, 이를 하나의 분리되지 않는 전체로 파악하는 것은 있을 수 없는 일이라고 할 것이다.

2) 어휘 범주별 특성

(1) 명사

한국어는 명사 범주와 동사 범주가 엄격히 구분되어 있다. 한국어의 명사는 격변화를 하지 않으며, 인구어의 명사들과는 달리 문법적인 성(gender)이 없다. 또한 단수, 복수의 구분을 위한 표지 또한 엄격하게 요구되지 않는다. 따라서 명사의 성, 수에 따른 관형사나 서술어와의 일치 현상도 없다.

특히 한국어에도 복수 표지 '-들'이 있지만, 이것이 결코 필수적이지 않으며 심지어는 복수형이 쓰여서는 안 되는 극단적인 현상까지 보인다.

[2] 가. 공원에 사람이 많다.
나. 공원에 사람들이 많다.

[3] 가. *철수는 두 책들을 샀다.
나. ??철수는 두 권의 책들을 샀다.
다. 철수는 책 두 권을 샀다.
라. 철수는 책 둘을 샀다.

[2가]와 [2나]가 미세한 부분에서는 차이가 없지 않은 것으로 생각되지만, 전체적인 의미에서는 큰 차이가 없다고 할 수 있다. 즉, 복수 표지 '-들'이 결합하지 않더라도 '사람'이 복수의 개념을 나타낼 수 있는 것이다. 예문 [3]을 보면 복수인데 오히려 복수 표지 '-들'이 결합될 경우에 문장 성립에 이상이 생기는 것을 알 수 있다.

한국어 명사의 어휘적 특성으로 들 수 있는 것은 의존명사가 있다는 점인데, 그 가운데서도 특히 분류사가 발달했다는 점이다. 분류사는 중국어, 일본어, 태국어 등 아시아권의 언어와 중남미의 원주민어에 발달되어 있다고 하는데, '장, 대, 잔, 송이, 마리' 등과 같은 단위성 의존명사들이 이에 해당한다. 이들은 보통 수관형사와만 쓰이는 수분류사로 기능하며, 여느 명사와 마찬가지로 후치사를 수반할 수 있다.

[4] 가. 종이 두 장
나. 자동차 세 대
다. 커피 한 잔
라. 장미꽃 두 송이
마. 강아지 세 마리

분류사들 가운데 상당수는 경우에 따라 일반명사로 기능하는 것들(사람, 잔, 상자)도 있어 분류사로만 기능하는 어휘들(장, 송이, 마리)과 구분된다. 어떻든 한국어에서는 분류사가 매우 다양하게 발달되어 있기 때문에 일상적으로 흔히 쓰이는 분류사들을 익히는 것은 한국어를 공부하는 데 있어 필수적이라고 할 수 있다. 그런데 수량이 적은 경우, 특히 하나나 둘인 경우에는 특정 분류사를 사용하지 않고도 자연스럽게 쓰일 수 있는 것이 일반적이다. 즉, '명사+수관형사+분류사'의 구성 대신에 '명사+수사'의 구성으로 쓸 수 있다는 것이다.

[5] 가. 사과 한 개만 사자.
가'. 사과 하나만 사자.
나. 커피 두 잔 주세요.
나'. 커피 둘 주세요.
다. 장미꽃 한 송이면 충분해.
다'. 장미꽃 하나면 충분해.

한국어에 특징적으로 발달되어 있는 또 다른 명사 부류로는 위치명사를 들 수 있다. '위, 아래, 앞, 뒤, 옆, 밖' 등이 이에 해당하는데, 인구어의 경우 일반적으로 '전치사+명사'의 유형으로 위치 관계가 표현되는 데 비해, 한국어는 '명사(+의)+위치명사+후치사(에, 에서, 로)' 유형의 구문을 통해 이를 나타낸다는 것이 특징적이다.

[6] 가. 학교 앞에서 친구를 만나기로 했다.
나. 소방서는 우체국 뒤에 있습니다.

(2) 대명사

한국어는 대명사가 발달하지 않은 언어로, 대명사의 쓰임이 극히 제한되어 있는 언어이다. 그런데 1인칭에 '나, 저, 우리, 저희' 등이 있고, 2인칭에 '너, 너희, 당신, 그대, 자네, 어르신(네)', 3인칭에 '그, 그들'이 있다는 점, 이 밖에 사물대명사, 장소대명사, 방향대명사 등이 있고, 재귀대명사, 의문대명사, 부정대명사 등이 있다는 점, 그리고 어떤 것은 인구어보다 더 정밀한 체계를 보인다는 점을 생각하면 한국어에 대명사가 발달하지 않았다는 것이 의아하게 생각될 수 있다. 그러나 인구어와 비교해 봤을 때 한국어에는 없는 대명사가 있고, 기본적으로 대명사의 쓰임보다는 명사를 대명사적으로 쓰거나 '지시관형사+명사(의존명사 포함)'의 구 구성으로 쓰는 것이 훨씬 더 일반적이다.

대명사의 쓰임과 관련되는 몇 가지 현상을 다음과 같이 정리할 수 있다.

① 한국어의 지시대명사 '이것, 저것, 그것'은 관형사에 의존명사 '것'이 결합된 형식이다. 지시대명사로서의 '이, 그, 저'의 쓰임은 극히 제약된다.

② 한국어에는 3인칭 여성 대명사가 없다. 소설과 같은 글에서는 3인칭 여성 대명사로 '그녀'가 쓰이는 것을 볼 수 있으나 구어에서는 전혀 쓸 수 없다. 3인칭 남성 대명사로 쓰이는 '그'도 마찬가지이다. "그(/그녀)가 언제 온다고 했니?"와 같은 예는 화용적으로는 성립할 수 없는 문장이다. "그 사람이/분이 언제 온다고 했니?"와 같이 '그+(의존)명사'의 구성을 이용해야 한다.

③ 2인칭 대명사 '당신'은 부부 사이에서 쓰이는 것이 일반적이며, 높임말이기는 하지만 윗사람에게는 쓸 수 없다.

④ 대명사를 쓰기 어려운 상황에서는 듣는 사람이나 언급되는 사람의 신분이나 직위를 나타내는 명사를 써서 가리키는 것이 일반적이다.

또한 한국어에서는 의문대명사와 부정대명사가 형태상으로 전혀 구별되지 않는다. 그래서 이들이 의문문에 사용되었을 경우에는 오직 강세와 억양에 의해서만 구별된다.

[7] 가. 밖에 누가 왔니?(↗)(부정대명사)

나. 밖에 누가 왔니?(↘)(의문대명사)

[7가]에서는 '누구'가 부정대명사로 쓰이고 있고 [7나]에서는 의문대명사로 쓰이고 있는데, 의문대명사로 쓰일 때에는 여기에 강세도 놓인다.

(3) 형용사

라틴어, 불어 등의 인구어뿐만 아니라 몽골어나 터키어 등 알타이 계통 언어들에서는 형용사 범주와 명사 범주가 유사한 속성을 지녀서 명확하게 구분되지 않는 경향을 보인다. 그런데 한국어에서는 형용사 범주가 뚜렷해서 명사 범주와는 명확하게 구분되지만 동사 범주와 잘 구분되지 않는 특성을 보인다. 영어와 같은 인구어와는 달리 한국어에는 '계사+형용사' 구문이 없고 동사와 마찬가지로 형용사 자체가 다양한 활용을 통해서 술어를 구성한다. 즉, 한국어에서는 형용사가 용언이지만, 인구어에서 형용사는 절대로 용언이 아닌 것이다. 한국어에서 형용사는 일반적으로 명령형과 청유형이 성립되지 않고(*피곤해라/*배고파라, *피곤하자/*배고프자), 현재형 종결어미 '-는다'나 '-ㄴ다'를 취하지 못하기 때문에(*피곤한다/*배고픈다) 세부적인 면에서는 동사와 차이를 보이지만 활용을 한다는 점에서는 공통적이다. 한국어에서 동사를 동작동사, 형용사를 상태동사라 하기도 하는 것은 바로 이와 같은 동사와 형용사의 공통적인 특성을 중시한 것이다.

(4) 기타

영어를 비롯한 인구어가 가지는 특성과 비교했을 때 인구어에는 있지만 한국어에는 없는 특성들이 있는데, 이는 다음과 같이 정리될 수 있다.

① 한국어에는 관계대명사가 없다.

한국어 문법에는 관계대명사라는 범주가 없는데, 그렇다고 하여 관계 구성마저 없는 것은 아니다.

[8] 가. 이것이 <u>네가 잃어버린</u> 책이다.

나. This is the book <u>which you have lost yesterday</u>.

밑줄 친 두 부분은 그 성격이 같거나 유사하다고 할 수 있다. 'which'와 같은 관계대명사가 있느냐 없느냐 하는 점에서만 다를 뿐이다.

② 한국어에는 관사가 없다.

'사람'에 대해 '한 사람', '어떤 사람' 또는 '그 사람'과 같은 표현으로 인구어의 관사에 해당하는 표현을 대신할 수 있기는 하지만, 한국어에는 인구어의 관사에 해당하는 품사가 없다.

③ 한국어에는 접속사가 없다.

영어의 'and, but' 등에 의미적으로 대응되는 '그리고, 그러나' 등과 같은 어휘 항목이 있지만 이들은 '그리하다, 그렇다' 등의 대동사 또는 대형용사에 연결어미가 결합된 활용형에서 온 것으로 파악되는 부사의 한 종류이다. 접속사의 기능은 연결어미에 의해 수행되며, 명사구 등위접속의 경우에도 접속사가 따로 있는 것이 아니라 공동격 조사 '와'가 담당한다.

④ 한국어에는 가주어와 같은 허형식이나 존재문의 잉여사와 같은 요소가 없다.

영어의 "It is Mary that came yesterday."와 같은 예에 나타나는 'it', 또는 "There is a girl in the park."와 같은 예에 나타나는 'there'와 같이 순순하게 문법적인 요소가 한국어에는 없다.

3. 통사론적 특성

1) 한국어는 '주어-목적어-동사'의 어순을 가지는 SOV형 언어이다.

한국어가 SOV형 언어라는 것은 그린버그(Greenberg, 1963)의 언어보편성 논의에 따른 것이다. 그린버그는 명사 주어와 목적어를 가지는 평서문에서 동사가 놓이는 상대적인 위치에 따라 세계의 언어를 SOV, SVO, VSO의 세 가지 유형으로 나누었다. S, O, V로 조합 가능한 언어의 유형은 논리상 여섯 가지지만, 실제로 나타나는 것은 이들 세 가지 유형이 거의 대부분이다. 또한 현재까지의 연구에 의하면 한국어와 같은 SOV형 언어가 영어와 같은 인구어 계통의 SVO형보다 수적으로 많다고 한다. SOV형에 속하는 언어에는 한국어 외에도 일본어, 터키어, 몽고어, 퉁구스어, 힌두어, 미얀마어 등이 있다. 영어를 비롯한 대부분의 서구 언어들과 중국어는 SVO형 언어이다.

한국어의 기본 어순이 SOV형이라는 특성은 다른 어순상의 특징과도 매우 밀접하게 관련되는데, 이러한 특징은 다음과 같은 몇 가지로 정리될 수 있다.

(1) 한국어는 후치사 언어이다.

서술어와 함께 문장을 구성하는 명사구는 문장 내에서의 통사적·의미적 관계를 나타내는 요소와 결합될 수 있다. 이와 같은 기능을 하는 요소를 명사에 대한 전치·후치의 상대적 위치에 상관없이 포괄적으로 가리킬 때는 부치사(adposition)라 하는데, 명사 앞에 놓이면 전치사(preposition), 명사 뒤에 놓이면 후치사(postposition)라 한다.

SOV형 언어가 가지는 지배적인 특징의 하나는 이들이 후치사 언어에 속한다는 것이다. 즉, SOV형 언어는 '목적어-후치사-동사'처럼 후치사를 목적어와 동사 사이에 끼운다는 것이다. 영어나 독일어와 같은 SVO형 언어가 전치사 언어로서 '동사-전치사-목적어'처럼 전치사를 목적어와 동사 사이에 끼우는 것과 대비된다. 한국어에서 명사가 문장을 구성하기 위해 사용될 때는 다양한 격조사가 결합되고[9], 또한 특수한 의미를 더해 주는 보조사가 결합되기도 하는데[10], 한국어의 조사는 유형론적 관점에서 후치사로 특징지을 수 있는 요소이다.

[9] 가. 철수-가(주격)
　　나. 철수-를(대격)
　　다. 철수-의(관형격)
　　라. 철수-에게(부사격)
　　마. 철수-야(호격)

[10] 가. 철수-는
　　나. 철수-도
　　다. 철수-만
　　라. 철수-조차
　　마. 철수-까지

(2) 한국어는 좌분지 언어에 속한다.

한국어에 일반적으로 나타나는 수식 구성을 보면 다음과 같다.

[11] 가. 철수의 차
나. 눈이 와서 아주 조심해야 한다.
다. 새 차를 사고 싶다.
라. [[[[[부산에서 만났던] 친구]가] 보낸] 편지]

[11가]는 '의'가 쓰인 속격 구성인데, '의'가 쓰이지 않는 관형 구성('철수 차')으로 쓰이기도 한다. 어떻든 수식 성분이 앞에 오고, 피수식 성분이 뒤에 온다. 속격 구성의 경우 전치사 언어에서는 속격 조사를 취하는 성분, 즉 속격 보어가 거의 언제나 명사 뒤에 오는 것과 대비된다. [11나]의 밑줄 친 부분은 부사가 형용사를 수식하는 구성이다. 역시 수식 성분인 부사가 피수식 성분인 형용사에 선행하고 있다. SOV형 언어인 한국어에서는 서술어가 끝에 오기 때문에 동사나 형용사와 같은 서술어를 수식하는 부사는 당연히 이에 선행하게 된다. [11다]의 밑줄 친 부분은 관형 구성으로서 관형사가 명사에 선행하여 명사를 수식하고 있음을 보여 준다. [11라]는 흔히 관계 구성이라 하는 것으로 '부산에서 만났던'이 '친구'를 수식하고, 다시 '부산에서 만났던 친구가 보내 준'이 '편지'를 수식하는 구성이다. 이러한 관계 구성의 위치는 관계절이 명사에 후행하는 영어, 불어의 경우나 또 대부분의 형용사가 명사에 후행하는 불어의 경우와 대조적이다. SOV형 언어와 SVO형 언어의 기본 어순의 차이가 관계절 그리고 명사에 대한 형용사의 상대적인 위치와 항상 상관성을 갖는 것은 아니지만 한국어는 많은 SOV형 언어가 보이는 경향과 일치한다. 관계 구성 속에 다시 관계 구성이 있게 되면 그 괄호 표시는 자꾸만 왼쪽으로 쌓이게 된다. 나무 그림으로 표시했을 때 왼쪽으로 자꾸 가지를 치게 되는 것이다. 이를 좌분지 언어(left-branching language)라 한다. 영어의 경우에는 한국어와 반대로 우분지 언어(right-branching language)가 된다.

이들 수식 구성도 SOV 유형과 관련되는 측면이 강하다. 어미를 제외한 문장에서, 즉 동사를 중심으로 그 동사가 필요로 하는 성분 중심의 구조에서, 다시 말하면 동사의 논항 구조에서 동사를 핵이라 할 때 SOV 유형은 핵-끝머리 언어에 속하게 된다. 따라서 동일한 원리가 수식 구성에서도 적용될 수 있다. 수식 구성에서 핵이 되는 것은 피수식어이므로, 피수식어가 수식어 뒤에 놓이게 되는 것은 핵-끝머리 원리에 합치된다.

(3) 기타

본용언과 보조용언의 연결 순서, 비교 표현에서의 비교항의 위치 등도 SOV형 언어의 기본 어순과 관련된 것이다. 한국어에는 여러 가지 보조용언이 사용되는데, 보조용언은 언제나 본용언에 후행한다.

[12] 가. 숙제를 다 해 간다.
나. 철수는 문을 닫고 나가 버렸다.
다. 나도 한번 입어 보자
라. 너는 가지 마라.

본용언과 보조용언의 이러한 연결 순서는 SVO형 언어인 영어나 불어에서 조동사가 본동사에 선행하는 것과 뚜렷하게 대비된다.

개체의 속성을 나타내는 형용사에 대해 비교 표현을 할 때, 한국어는 비교의 기준항이 되는 명사와 그 표지가 되는 격조사가 형용사에 앞선다.

[13] 형보다 착한 동생

이러한 어순은 SVO형 언어인 영어 등의 어순과 대조되는 것이다.

2) 한국어는 핵-끝머리 언어에 속한다.

한국어는 구성의 중심이 되는 핵이 뒤에 오는 핵-끝머리(head-last 또는 head-final) 언어이다. 그렇기 때문에 수식 구성에서 핵인 피수식어가 수식어 뒤에 오고, 어미를 제외한 논항 구조에서 동사가 끝에 오게 된다. 핵-끝머리의 특성은 조사 구성이나 어미 구성에도 그대로 나타난다. 조사가 명사구 뒤에 연결되는 것, 어미가 문장 뒤에 연결되는 것은 바로 이러한 특성을 나타내 주는 것이다.

3) 한국어는 동사를 제외한 문장 성분의 순서를 비교적 자유롭게 바꿀 수 있는 자유 어순(free word order) 또는 부분적 자유 어순을 가진 언어이다.

동사나 형용사와 같은 용언을 중심으로 하는 논항 구조를 기본 어순이라고 할 경우에 각 성분이 비교적 자유롭게 다른 위치에 나타날 수 있는데, 이것은 한국어가 첨가어로서 부속 형식들이 문장 성분을 드러내 주기 때문이다. 이때 서술어의 위치는 문말에 고정된다.

[14] 가. 철수가 영희에게 예쁜 인형을 주었다.
나. 영희에게 철수가 예쁜 인형을 주었다.
다. 예쁜 인형을 철수가 영희에게 주었다.
라. 예쁜 인형을 영희에게 철수가 주었다.

[14가]는 '주다' 구성의 기본 어순을 보이는 것으로서, 여격어가 추가되기는 했지만 SOV의 기본 유형에 합치된다. 이 순서는 [14나, 다, 라]와 같이 바뀔 수 있다. 그러나 자유 어순이라 해서 서술어 이외의 성분들이 늘 자유롭지는 않으며 그 나름대로의 제약이 있다.

[15] 가. 나는 그를 천재로 알았다.
나. 그를 나는 천재로 알았다.
다. ?*나는 천재로 그를 알았다.
라. *그를 천재로 나는 알았다.
마. ?*천재로 나는 그를 알았다.
바. *천재로 그를 나는 알았다.
사. *철수가 영희에게 인형을 예쁜 주었다.

위에서 [15다-바]는 다른 의미이거나 비문법적인 문장이 되는데, 이는 '천재로'와 '알았다'가 밀착된 성분으로서 분리되기 어려운 성질을 가지고 있기 때문이다. [15사]가 비문법적인 문장이 되는 것도 비슷한 이유 때문인데, 어떠한 경우에도 어순 재배치가 단위 성분의 부분을 따로 분리하는 방식으로 이루어지지는 못하기 때문이다.

이렇듯 서술어가 문말에 온다는 특징이 SOV형 언어의 가장 중요한 특징인 점을 들어 이런 유형의 언어를 서술어 문말(verb-final) 언어라 부르기도 한다. 그런데 한국어가 서술어 문말형 언어라 해서 절대적으로 서술어 뒤에 다른 성분이 올 수 없는 것은 아니다.

[16] 가. 철수는 갔어, 집으로.
나. 나는 영수를 만났어, 어제 학교에서.
다. *백화점에서 샀니, 무엇을.

위의 예문에서처럼 문장을 일단 완결하고 이를 보충하기 위한 성분으로 서술어 뒤에 다른 성분이 나타나는 일이 있다. 그러나 이러한 어순이 정상적인 것은 아니다. 더구나 문장의 의미를 바꿀 만큼 중요한 성분은 동사 뒤에 나타날 수 없다. [16다]의 '무엇을'처럼 질문의 초점으로 상황이나 문맥에 의해서는 보충될 수 없는 성분이 서술어 뒤에 오지는 못하는 것이다.

한국어는 의문문이라고 해서 평서문의 '주어-서술어' 위치를 바꿀 필요가 없다. 또 의문사가 반드시 문두의 위치에 와야 한다는 제약도 없다.

[17] 가. 철수는 어제 학교에 갔다.
나. 철수는 어제 학교에 갔니?

[18] 가. 넌 언제 갈 거니?
나. 언제 넌 갈 거니?

[19] 가. 집에 왜 안 가니?
나. 왜 집에 안 가니?

[17나]는 판정의문문인데, 단지 억양이나 문말어미만으로 평서문과 구별될 뿐 어순에는 전혀 변함이 없다. 즉 의문문에서도 SOV의 골격을 그대로 유지하는 것이다. [18]과 [19]는 의문사가 있는 설명의문문인데, [18가]와 [19가]에서 보듯이 '언제'나 '왜'와 같은 의문사가 문두가 아닌 위치에 올 수 있음을 볼 수 있다. 그뿐만 아니라 의문사가 문두에 왔을 때 오히려 문장이 덜 자연스러워지기까지 한다(18나). 한국어에서는 의문문이 평서문의 어순과

구별되는 의문문 고유의 어순을 가지지 않는다고 할 수 있다.

4. 담화언어적 특성

문장은 시간·공간상으로 한정된 구체적인 발화 상황에서 화자가 청자를 향해 산출하는 언어 표현이라 할 수 있다. 화자는 말을 하거나 글을 쓰는 실제 발화 상황에서는 일반적으로 문장과 문장을 이어서 문장보다 더 큰 단위인 언어 표현을 구성하여 의사소통을 한다. 이와 같이 화자·청자가 구체적인 의사소통의 상황에서 산출하는 문장의 연쇄를 담화(discourse)라 한다. 담화는 문장이 산출되는 발화 상황 또는 문장에 이어지는 전후의 맥락 속에서 연구하고자 할 때 도입되는 개념이다. 문장과 이를 구성하는 요소나 성분을 문장 내적인 상호 관계의 차원에서 구조적으로 분석하거나, 문장의 내적 구성과 그것이 지시하는 객관적인 바깥 세계의 의미 표상과의 관계만을 살피지 않고 담화 차원에서의 문장의 기능이나 담화 차원의 요소와 문장의 내적 구성 사이의 대응 관계를 따져 보는 언어 연구의 시각이 있을 수 있다. 한국어가 보여 주는 어떤 특성들은 이러한 담화적인 측면과 더 밀접하게 관련되는 것들이다.

1) 한국어는 근간 성분, 특히 주어나 목적어가 쉽게 생략될 수 있는 언어에 속한다.

문장을 이루는 성분 중 주어, 목적어, 서술어 등은 그 문장의 성립에 없어서는 안 될 성분이라 하여 흔히 근간 성분이라 한다. 그런데 한국어는 이렇듯 필수적인 근간 성분인 주어나 목적어가 잘 생략되는 특성을 가지고 있다. 그중에서도 특히 주어가 잘 생략되는 일은, 주어를 거의 모든 경우에 필수적으로 요구하는 영어 등과 비교하면 한국어의 중요한 특성으로 손꼽을 수 있다.

[20] 가. 어디 가세요?
- 집에요.

나. 벌써 다 먹었니?

[21] 가. 온 겨레가 한결같이 사랑하는 꽃을 나라꽃이라 한다.
나. 벌써 가을입니다.

위의 예에서 보면 [20가]에서는 2인칭 주어가, 그 대답에서는 1인칭 주어가, 그리고 [20나]에서는 주어와 목적어가 생략되어 있다. [21가, 나]에도 주어가 생략되어 있는데, [21가]에서는 '우리는'이나 '사람들이' 정도의 주어를 상정할 수 있고, [21나]에 대해서는 '때는'이나 '계절이' 정도의 주어가 상정될 수 있다. 그러나 근간 성분들이 생략된 이들 문장들은 온전한 문장의 모습을 갖추고 있을 뿐만 아니라 오히려 생략된 성분들을 다 찾아 넣었을 때보다 더 자연스럽기까지 한 면을 보여 준다. 특히 [20가, 나]의 경우 다른 상황이 전제되지 않으면 '가는' 주체와 '먹은' 주체는 청자임이 확실하고, 이러할 때 그 성분이 생략될 수 있는 것은 한국어가 담화 중심적 언어(discourse-oriented language)이기 때문이다. 또한 주어가 쉽게 생략되는 현상은 다음에서 설명하는, 한국어가 주제 부각형 언어라는 특성과 연관되는 것이다.

2) 한국어는 주제 부각형 언어의 특성을 강하게 가진다.

문장을 순수한 의미론적인 관점에서 보면 기본적으로는 언어 외적 세계의 사태를 표상하는 것이 중심이지만, 담화의 차원에서 보면 화자가 어떤 사항에 대해 무엇인가를 서술하는 것으로 볼 수 있다. 따라서 문장의 의미는 서술의 대상을 나타내는 부분과 그것에 대하여 무엇인가 서술이 되는 부분으로 분할할 수 있는데, 이때 앞부분, 즉 서술의 대상을 주제(topic, 또는 화제), 뒷부분, 즉 서술이 되는 부분을 서술(comment, 또는 평언)이라고 한다. 언어에 따라서는 주제/서술이라고 하는 담화 차원의 의미의 분절이 규칙적으로 또 명시적으로 문장 구조 속에 대응되어 반영되는 언어가 있다. 문장이 주제/서술의 관계에 기초하여 조직되며 주제가 항상 문장 구성의 중심적 역할을 하는 언어를 주제 부각형 언어(topic prominent language)라 한다. 이런 언어는 영어나 불어와 같이 주제가 문장 구조상 규칙적으로 표시되지 않고, 문장이 구성되고 그 구성 요소들 사이에 관계가 설정되는 데 있어 문법적인 주어 요소가 중심적인 역할을 하는 특징을 지닌 주어 부각형 언어(subject prominent language)와 대조된다. 주어 부각형 언어는 대체로 다음과 같은 특성을 갖는다.

① 서술어가 시제나 상, 서법 등에 따라 활용하는 형태를 취하는 단문에서 주어가 생략되기 어렵다.
② 주어 자리가 허사적 요소로 채워지는 비인칭 구문이 존재한다.
③ 주어는 반드시 서술어의 의미적 논항이 실현된 것이어서 주어와 서술어 사이에는 긴밀한 의미 관계가 성립한다.
④ 주어와 동사 사이의 일치 현상이 빈번하고, 여러 가지 문법적 절차가 주어에 민감하게 주어에 이끌려 이루어지는 경우가 일반적이다.

이와는 다르게 주제 부각형 언어는 다음과 같은 특징들을 가지고 있는데, 이는 한국어에서도 확인된다.

① 주제가 명시적인 표지를 지니고 문장 구조의 일정한 위치에 규칙적으로 실현된다. 한국어 문장에서 문두의 '는'이 뒤따르는 요소는 주제로 분석된다. 문장의 다양한 요소가 주제화된 예들을 제시하면 다음과 같다.

[22] 가. 그 책은 나도 읽어 봤어.
　　나. 어제는 하루 종일 집에 있었어.
　　다. 철수는 벌써 밥을 먹였어.
　　라. 나는 자장면이 좋다.
　　마. 코는 코끼리가 제일 길지.

또한 위의 예문을 보면 한국어에서 주제가 될 수 있는 문장 성분에 거의 제약이 없다는 것을 확인할 수 있다. [22가]에서는 목적어, [22나]에서는 부사어, [22다]에서는 여격어가 주제화된 것이고, [22라, 마]에서와같이 그 문법적 기능을 명확하게 지적하기 어려운 성분이 주제화되기도 한다. 다음과 같이 문법적인 주어가 주제화될 수도 있다.

[23] 영희는 국어를 잘한다.

뿐만 아니라 서술어도 주제로 쓰일 수 있다.

[24] 가. 예쁘기는 영희가 제일이지.
나. 쓰기는 이게 더 편해.

② 피동구문이 존재하지 않거나 그 사용이 제한되어 있다. 한국어의 전형적인 피동구문은 타동사 어간에 피동접사가 결합된 피동사를 중심으로 구성되는데, 피동사 형성이 가능한 타동사는 극히 일부에 국한된다. 또한 형태적으로 피동사가 존재하더라도 피동구문의 구성에는 여러 어휘적 제약이 많기 때문에 담화 차원에서 피동구문의 사용은 매우 한정되어 있다.
③ 비인칭 구문을 형성하는 영어의 'it'과 같은 비인칭 주어가 없다.
④ 이른바 이중주어문이 있다.

[25] 가. 서울이 인구가 많다.
나. 철수가 머리가 좋다.

⑤ 이어지는 문장에서 생략된 성분의 선행사는 보통 주제이다. 다음의 문장에서 두 번째 문장의 주어가 생략되었는데, 그 선행사는 앞 문장의 주어인 '어머니'가 아니고 주제로 분석되는 '철수'이다.

[26] 철수는 어머니가 못 오셨다. 그래서 아주 실망했다.

⑥ 주제는 주어와 달리 서술어의 의미적 논항이 아니어도 된다.

[27] 가. (식당에서 주문할 때) 나는 자장면이다.
나. 철수는 국어야.(=철수가 제일 잘 하는 과목은 국어다.)

한국어에서 이른바 이중주어문의 주제는 서술어의 의미적 논항이라 할 수 없는데, 위의 예문 [27가, 나]와 같은 '-이다' 구문의 경우에도 두 요소 사이의 의미 관계를 서술어와 논항 사이의 관계로 볼 수 없는 경우가 있다. [8가, 나]에 대해 '-이다' 구성의 논리를 그대로 해석하여

'A=B'라고 하면 영어 구성으로는 온전한 의미를 가질 수 없다. [27가]가 식당에서 주문을 하는 상황이 뒷받침되지 않고, [27나]가 어떤 과목을 잘하는지를 얘기하는 상황이라는 것이 뒷받침되지 않으면 아주 이상한 문장이 되는 것이다. 이것은 '나는'과 '철수는'이 서술어의 논항이 아니기 때문이다. 이 때문에 '-이다' 구문을 주어/서술어 구조의 문장으로 분석하기보다 주제/서술어 구조의 문장으로 분석하기도 한다.

3) 한국어는 경어법이 정밀하게 발달한 언어에 속한다.

한국어는 경어법이 매우 복잡하게, 그러면서도 매우 체계적으로 발달되어 있다. 누구를 존대의 대상으로 삼느냐에 따라 국어 경어법을 흔히 셋으로 나누는데, 주체경어법, 객체경어법, 상대경어법(또는 청자경어법)이 그것이다. 다음 예문을 보면 세 종류의 대상 가운데 누구를 높이느냐에 따라 경어법이 매우 질서정연하게 실현되는 것을 볼 수 있다.

[28] 가. 민호가 동생에게 밥을 주었다.(주체−, 객체−, 청자−)
나. 민호가 동생에게 밥을 주었습니다.(주체−, 객체−, 청자+)
다. 어머니께서 민호에게 밥을 주셨다.(주체+, 객체−, 청자−)
라. 어머니께서 민호에게 밥을 주셨습니다.(주체+, 객체−, 청자+)
마. 민호가 어머니께 진지를 드렸다.(주체−, 객체+, 청자−)
바. 민호가 어머니께 진지를 드렸습니다.(주체−, 객체+, 청자+)
사. 어머니께서 할머니께 진지를 드리셨다.(주체+, 객체+, 청자−)
아. 어머니께서 할머니께 진지를 드리셨습니다.(주체+, 객체+, 청자+)

한국어 경어법은 이 외에도 여러 가지 복잡한 장치를 많이 만들어 쓰고 있다. 어떻든 한국어 경어법을 모르고서는 한국어를 다 깨쳤다고 할 수 없을 정도로 한국어에서 차지하는 경어법의 비중은 크다.

연습문제

1. 다음 중 한국어가 교착어(또는 첨가어)라는 특성과 관계가 없는 것은?
   ① 조사나 어미와 같은 문법형태소가 발달되어 있다.
   ② 각각의 문법형태소가 나타내는 의미는 비교적 명확하게 구별된다.
   ③ 각 문법형태소의 경계가 비교적 분명하다.
   ④ 각 문법형태소는 여러 가지 문법적 기능을 하는 것이 일반적이다.

2. 다음 중 한국어가 SOV형 언어라는 특성과 관련될 수 있는 것은?
   ① 한국어에는 관계대명사가 없다.
   ② 한국어는 좌분지 언어에 속한다.
   ③ 한국어는 교착어에 속한다.
   ④ 한국어에서는 주어와 같은 문장 성분의 생략이 빈번하다.

3. 다음 중 "이 집은 삼겹살이지."라는 예문과 가장 관계가 없는 것은?
   ① 한국어는 SOV형 언어에 속한다.
   ② 한국어에서 주제는 서술어의 논항이 아닐 수 있다.
   ③ 한국어에서는 주어뿐만 아니라 목적어도 주제화될 수 있다.
   ④ 한국어는 담화 중심적 언어의 특성을 가진다.

4. 한국어가 주제 부각형 언어라는 특성과 관련되는 특성들에는 어떤 것들이 있는가?

풀이

1. [④]. '줄-이-시-었-다'와 같은 예를 보면 어기에 태, 존칭, 시제, 서법 등의 문법 범주를 실현시키는 문법형태소가 차례대로 연결되어 있음을 알 수 있다. 이들 각각의 문법형태소들의 문법적 의미가 비교적 명확하게 구별될 뿐만 아니라, 이러한 의미를 나타내는 문법형태소들의 경계도 비교적 명확하다. 그리고 각 문법형태소들은 일반적으로 하나의 문법적 기능만을 나타내기 때문에 문법형태소가 다양하게 발달하게 되며, 이것이 활용어미가 복잡한 일부의 인구어들과의 차이이기도 하다.
2. [②]. 한국어가 SOV형 언어라는 특성과 관련되는 것으로는 첫째, 한국어는 후치사 언어라는 점, 둘째, 수식 구성에서 수식어는 반드시 피수식어에 선행하는 점, 즉 좌분지 언어라는 점, 셋째, 보조용언이 본용언에 후행한다는 점 등을 들 수 있다.
3. [③]. 이 문장의 주제는 '이 집은'인데, 문법적 성분이 무엇인지 뚜렷하지는 않으나 목적어라고 할 수는 없다. 또한 이 문장의 주제는 서술어가 필요로 하는 성분인 논항이 아니다. 그리고 이 예문에는 어순을 가지고 언어의 유형을 나눌 때 기준이 되는 주어, 목적어, 서술어 가운데 서술어만 분명하게 나타나 있지만 서술어가 문장 끝에 실현되고 있기 때문에 한국어가 SOV형 언어에 속한다는 특성에 위배되지 않는다.
4. 한국어가 주제 부각형 언어라는 특성과 관련되는 것에는 여러 가지가 있다. 첫째는 주제가 명시적인 표지를 지니고 문장 구조의 일정한 위치에 규칙적으로 실현되는데, 한국어 문장에서 문두의 '는'이 뒤따르는 요소는 주제로 분석된다는 것이고, 둘째는 주어가 빈번하게 생략된다는 점, 셋째는 한국어에는 비인칭 구문을 형성하는 비인칭 주어가 없다는 점, 넷째는 거의 모든 문장 성분이 주제화될 수 있다는 점 등등을 들 수 있다.

참고문헌

남기심 · 고영근(1993), 『표준국어문법론(개정판)』, 탑출판사.
변광수 편(2003), 『세계 주요 언어(개정증보판)』, 역락.
이익섭 · 이상억 · 채완(1997), 『한국의 언어』, 신구문화사.
이익섭 · 임홍빈(1983), 『국어문법론』, 학연사.
이익섭 · 채완(1999), 『국어문법론 강의』, 학연사.

임홍빈(1985), "국어의 문법적 특징에 대하여", 『국어생활』 2, 국어연구소.

임홍빈·안명철·장소원·이은경(2001), 『바른 국어생활과 문법』, 한국방송통신대학교출판부.

Bloomfield, L. (1933), *Language*, Allen and Unwin, London.

Greenberg, J. H. (Ed.) (1963), *Universals of Language*, The MIT Press.

제5장

한국어 음운론

정승철

학습개요

음운론은 소리의 기본 단위에 대한 이해를 바탕으로 음운 현상을 관찰하고 이를 체계적으로 설명하는 능력을 기르는 데에 목표를 둔다. 그러므로 이 과목은 대체로 음운론의 '단위'를 먼저 이해하고 이를 토대로 '현상'을 관찰·설명할 수 있도록 내용이 구성된다.

국어학의 하위 영역으로서 음운론은 한국어의 말소리를 연구 대상으로 한다. 그런데 의사소통의 도구로서 말소리가 가지는 특성을 관찰·설명하기 위해서는 말소리란 무엇인지 그리고 한국어에서 사용되는 말소리에는 어떤 것들이 있는지 또 그것들이 실현되는 과정은 어떠한지를 검토하는 일이 무엇보다 우선된다. 그러한 까닭에 이 장에서는 이러한 질문을 중심으로 자음과 모음의 발음 특성에 초점을 두고 한국어 음운론의 개략을 서술하기로 한다.

1. 말소리의 이해

1) 말과 소리

인간은 말로써 자신의 의사와 감정을 표현한다. 그러한 의사나 감정은 대체로 소리를 통해 청자에게 전달되며 청자는 그 소리를 듣고 의미를 파악한 후, 다시 화자가 되어 응답함으로써 언어적 반응을 보이는 것이 보통이다. 이 과정을 간략히 그림으로 나타내 보이면 다음과 같다.

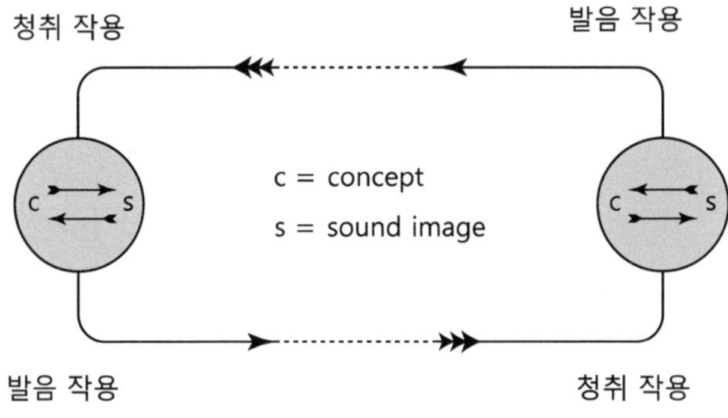

[그림 5-1] 대화 회로(소쉬르, 『일반언어학강의』, 1916)

[그림 5-1]에서 C는 대화 참여자의 의사나 감정(≒개념, concept)을 가리키며, S는 그러한 의사나 감정 또는 의미를 담고 있는 소리(≒소리 영상, sound image)를 가리킨다. 이를 다시 말로 풀어 보자.

화자의 머릿속에 말하고자 하는 바가 떠오르면 뇌는, 그것을 표현하기 위해 필요한 근육들을 움직여 일정한 소리 연쇄를 발음하게 한다(발음 작용, phonation). 그 결과로서 화자의 입에서 방출된 소리 연쇄는 음파(sound wave)의 형태로 청자의 귀에 전달, 언어적 기호로 해독된다(청취 작용, audition). 그러한 음파는 청자의 귀와 뇌 속에서, 일정한 과정을 거쳐 다시 소리 연쇄로 재생되며 그것이 의미로 환기되어 화자의 말을 이해할 수 있게 되는 것이다.

이러한 대화 행위에서 보면 소리는, 화자의 머릿속에 존재하는 심리적이고 추상적인 세계의 것과 화자에서 청자에 이르기까지의 과정에 존재하는 물리적이고 구체적인 세계의 것으로 나뉜다. 대화 참여자의 뇌 속에서 개념 또는 의미를 표상하는 소리와, 발음기관을 통해 만들어지고 음파의 형태로 청자의 귀에 전달되는 소리가 구분된다는 말이다. 이때 전자의 소리 즉 대화 참여자의 머릿속에 존재하는 심리적이고 추상적인 소리를 음운(phoneme)이라 부르며, 후자의 소리 즉 화자로부터 청자에게 이르기까지의 과정에 존재하는 물리적이고 구체적인 소리를 음성(phone)이라 부른다.

2) 음성학과 음운론

말소리를 전면적으로 연구하는 언어학의 하위 분야에는 음성학과 음운론이 있다. 음성학(phonetics)은 말소리를 물리적으로 관찰·기술하고 분석하는 분야로, 물리적인 말소리의 생성과 전달 그리고 인지의 과정에 초점을 두고 말소리를 연구한다. 이와 달리 음운론(phonology)은 언어 사용자가 가지고 있는 말소리에 대한 지식을 체계적으로 기술·설명하는 분야로, 언어 정보의 전달 기능에 초점을 두고 그에 소용되는 말소리를 연구한다.

음성학에서는 (1) 말소리를 만들기 위해 작동하는 기관을 관찰하고 그것을 토대로 하여 말소리가 조음되는 과정을 기술하며, (2) 공기 중에 떠다니는 음파를 물리적으로 분석하여 그것의 음향적 특성을 기술하고, (3) 귀를 통해 들어온 음파를 인지하여 소리에 관한 정보를 뇌로 전달하는 과정을 기술한다. 이때 말소리의 생성 과정(첫 번째, 말소리를 만드는 과정)에 대해 연구하는 분야를 조음 음성학(articulatory phonetics)이라 하고 말소리의 전달 과정(두 번째, 말소리의 물리적 특성)에 대해 연구하는 분야를 음향 음성학(acoustic phonetics), 그리고 말소리의 인지 과정(세 번째, 귀로 전달된 음파를 뇌에서 인식하는 과정)에 대해 연구하는 분야를 청취 음성학(auditory phonetics)이라 한다.

반면에 음운론에서는 (1) 어떠한 소리의 차이가 뜻의 차이를 가져오는지 분석하여 그러한 소리(=음운)의 목록을 작성하고, (2) 그러한 소리들이 서로서로 어떠한 관계를 맺으면서 체계를 이루고 있는지를 기술하며, (3) 하나의 발화를 구성하기 위해 그러한 소리의 연쇄가 어떻게 실현되고 또 변화되는지, 그리고 왜 그렇게 되는지를 탐구한다.

이러한 음운론 연구에서 한 가지 주의할 것은 발음과 표기를 구별해야 한다는 점이다. 예를 들어 '잉어[iŋə]'에서 실제 발음되는 낱소리는 5개가 아니라 3개(ㅣ, ㅇ, ㅓ)이다. 즉, 첫 번째 음절의 초성과 두 번째 음절의 초성에 나타나는 'ㅇ'은 실제로 발음되는 소리가 아니다.

또 '읽는다[잉는다]'에서 첫 번째 음절의 종성은 'ㄺ'이나 'ㄱ'이 아니라 'ㅇ[ŋ]'이다. 실제 발음에서 'ㄺ'은 'ㅇ[ŋ]'으로 실현되기 때문이다. 아울러 '닦아[다까]'의 'ㄲ'은 두 개의 소리가 아니라 하나의 소리이고 또 첫 번째 음절의 종성이 아니라 두 번째 음절의 초성으로 발음된다는 점도 기억해 두자. 이러한 경우에 표기를 실제 발음되는 것으로 오해하면 음운론의 정확한 기술을 방해하게 된다. 이처럼 음운론에서는 표기에서 벗어나 소리 자체만을 관찰·기술하는 일이 매우 중요하다.

2. 발음기관의 형태와 조음

인간은 말소리를 내기 위해 호흡할 때 발생하는 공기를 이용한다. 이때의 호흡은 호기와 흡기로 나뉘는데 호기(呼氣)는 내쉬는 숨, 흡기(吸氣)는 들이마시는 숨을 가리킨다. 입 앞에 손바닥을 대고 모음 '아'를 발음하다가 정지하다가 하는 과정을 반복해 보면 입으로부터 따뜻한 입김이 나오다가 멈추다가 하는 것을 느낄 수 있다. 이는 우리가 내쉬는 숨을 이용하여 소리를 낸다는 사실을 단적으로 알려 준다.

그렇지만 들이마시는 숨을 이용한 소리가 전혀 없는 것은 아니다. 매우 놀라거나 어이없을 때 내는 소리인 '에!', 어른이 아랫사람을 나무랄 때 내는 소리 '쯧쯔', 뽀뽀할 때 내는 소리 '뽀'(?), 들이마시는 숨을 이용한 휘파람 소리('휫') 등은 흡기를 이용해서 내는 대표적인 소리들이다. 일부 언어에서는 이러한 소리들을 말소리로 이용하기도 하나 한국어에서는 이들을 말소리로 이용하지는 않는다(그러한 까닭에 앞으로의 논의에서는 이러한 소리들을 언급하지 않는다). 이와 같이 호흡할 때 발생하는 공기를 이용하여 말소리를 내는 행위를 조음(articulation)이라 부른다.

1) 발음기관의 형태

이해를 위해 발음기관의 모양을 간략히 그림으로 나타내 보이면 [그림 5-2]와 같다. 그림에서 보듯이 발음기관은 대체로 얼굴 왼쪽에서 바라본 발음기관의 모양을 형상화하는 것이 관례이다.

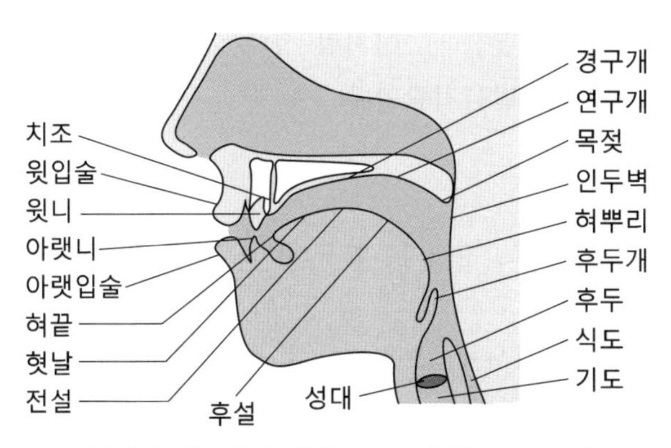

[그림 5-2] 발음기관(김성규·정승철, 2013: 29)

(1) 발성부

발성부는 '후두'와 '성대'로 구성된다. 목 앞쪽에서 만져지는 후두(larynx)는 원통형의 뼈이며 그 속에 성대(vocal folds)가 자리하고 있다.

성인 남자의 경우, 후두는 눈으로 관찰 가능할 정도로 앞으로 툭 불거져 나와 있는데 이는 후두 앞쪽 뼈의 일부분이 앞으로 튀어나온 데 기인한다. 이를 '목젖'이라고 부르는 사람도 있으나 정확한 용어는 아니다(후술하겠지만 '목젖'은 조음부에 속한다). 성대의 길이가 여자(약 1.5㎝)보다 남자(약 2㎝)가 좀 더 긴 데에서 비롯하여 후두의 모양이 달라졌으며 이에 따라 소리의 높낮이도 달라진 것이다. 여성들이 남성보다 소리가 더 높은 것은 성대의 길이가 남성에 비해 상대적으로 짧기 때문이다.

성대는, 이를테면 두 개의 힘줄(또는 '인대')이라 하겠는데 한쪽 끝이 후두 앞쪽에 고정되어 있고 다른 한쪽은 움직임이 가능한 후두 뒤쪽의 연골에 연결되어 있다. 이 연골이 움직이면서 성대를 붙였다 떼었다 하는데 성대의 두 힘줄이 떨어져 있을 때 그 사이에 생기는 공간을 성문(聲門)이라 한다(나머지 공간은 근육으로 꽉 차 있다). 이러한 성문에서 만들어지는 소리가 바로 'ㅎ'이다. 성문의 열리고 닫힘은 기침할 때나 무거운 물건을 들어 올릴 때 느낄 수 있다.

폐에서 나온 공기는 성대의 움직임에 의해 말소리가 된다. 후두 앞쪽 가운데 부분(툭 불거져 나와 있는 부분)에 손가락을 댄 상태에서 '아'를 길게 발음해 보고 또 '스'('으'를 발음하지 않아야 함)를 길게 발음해 보면 목의 떨림이 다른 것을 느낄 수 있다. 이때 성대의 진동이 있는 소리를 유성음이라 하고 그러한 진동이 없는 소리를 무성음이라 한다(물론 한국 사람들은 유성음과 무성음의 차이를 구별하지 못한다). 이처럼 성대는 폐에서 나온 공기를 말소리로 바꾸는 작용을 하는 발음기관이다.

(2) 조음부

조음부에는 '입술, 치조, 경구개, 연구개, 목젖' 등과 '혀'가 포함된다(언어마다 약간의 차이를 보이기도 한다). 구강 및 비강을 조음부라 하기도 한다. 일반적으로 성인 남자의 경우에, 조음부의 길이, 즉 입술에서 성대까지의 거리는 17㎝ 정도로 알려져 있다.

① 입술: 윗입술과 아랫입술을 닿게 하면서 발음하면 'ㅂ'과 같은 자음이 되고 두 입술을 앞으로 둥글게 오므리면서 발음하면 '우'와 같은 모음이 된다.

② 치조: 윗니의 잇몸으로, 윗니 뒤쪽에 볼록 튀어 나온 부분이다. '곧'의 종성 'ㄷ'을 낼 때 혀끝(또는 혓날)이 치조에 닿아 있음을 알 수 있다. ('ㄷ'은 치조만이 아니라 윗니와 치조 뒤에 닿아 소리 난다고 하는 편이 더 정확하다. 하지만 한국 사람들은 조음부로서 윗니와 치조의 구분에 그다지 큰 의미를 부여하지 않으므로, 한국어 음운론에서는 이를 그냥 '치조'라 한다.)

③ 경구개: 치조 뒤쪽의 입천장으로, 오돌토돌하면서 좀 딱딱한 부분이다. 이 위치에서 발음되는 대표적인 소리가 'ㅈ'이다. (엄밀하게 말해 'ㅈ'은 경구개보다 조금 앞쪽에서 발음되는 소리다. 하지만 한국어에서는 'ㅈ'에 대해 혀의 앞부분이 경구개에 닿아 나는 소리로 처리하는 것이 보통이다.)

④ 연구개: 경구개 뒤쪽의 입천장으로, 경구개에 비해 부드럽고 물렁물렁한 부분이다. '박'의 'ㄱ'을 낼 때 혀의 뒷부분이 이곳에 닿아 있음을 느낄 수 있다.

⑤ 목젖: 이 부분이 올라가 목 뒤(정확히는 '인두벽')에 붙으면 비강으로 가는 길이 막혀 구강음이 되고, 연구개가 움직여 이 부분이 내려가면 비강으로 가는 길이 열려 비강음(=비음)이 된다.

⑥ 혀: 혀는 앞에서부터 차례로 '혀끝(=설첨), 혓날(=설단), 전설, 후설, 혀뿌리(=설근)'로 나눈다(한국어에서 '혀끝'과 '혓날'은 구분하지 않는 것이 보통이다). 혀의 어느 부위가 입천장에 가서 닿는지에 따라 말소리가 달라진다.

2) 발음기관과 조음

말소리를 내기 위해서는 들이마신 공기를 폐에서 내보내야 한다. 폐에서 나온 공기(=기류)가 후두를 통과한 후, 입속의 구강이나 코의 비강을 지나며 여러 가지 발음 작용을 통해 공기의 변형을 거쳐 다양한 소리가 만들어진다. 이러한 과정은 '피리'를 생각해 보면 쉽게 이해할 수 있다.

피리는 어떤 구멍을 막는지(다시 말해, 피리의 구멍을 어디에서 막는지), 그리고 구멍을 어떻게 막는지, 또 입으로 공기를 얼마나 많이 불어넣는지 등에 따라 소리가 달라진다. 이는 말소리의 경우에도 마찬가지이다. 폐에서 나온 공기가 발음기관을 통과할 때 입안의 움직임이 어디에서 일어나는지, 그리고 어떻게 움직이는지, 또 기류가 얼마나 많이 흘러나오는지에 따라 말소리가 달라지는 것이다.

그러한 말소리는 여러 가지 기준에 의해 분류된다. 성대가 진동하는지 여부에 따라 유성음과 무성음으로 나눌 수도 있고, 폐에서 나온 공기가 비강으로 빠져나가는지 여부에 따라 비강음(=비음)과 구강음으로 나눌 수도 있다. 그러나 가장 전통적이고 일반적인 분류는 소리를 자음(consonant)과 모음(vowel)으로 나누는 것이다.

그런데 소리의 차이 중에 일차적으로 인식되는 것이 자음과 모음의 차이이지만 어떠한 소리가 자음이고 어떠한 소리가 모음인지는 쉽게 설명하기 어려운 문제에 속한다. 자음은 폐에서 나온 공기의 흐름이 조음부에서 조금이라도 방해를 받는 소리, 모음은 그러한 방해를 거의 받지 않는 소리로 정의하는 것이 보통이다. 다소 명료하게 구분되지는 않지만 모음은 홀로 발음 가능한 소리(그래서 '홀소리'), 그리고 홀로 발음되지 않고 다른 소리에 닿았을 때만 발음 가능한 소리(그래서 '닿소리')를 자음이라 하기도 한다.

그런 까닭에 모음과 비슷한 성격을 지니지만 홀로는 발음되지 않는 그런 소리(가령, '야'에서 '아' 앞에 있는 소리)를 반모음(semi-vowel)이라 부르기도 한다. 이들은 발음하는 방법에서는 모음('야'의 경우는 '이')과 매우 유사함에도 불구하고 그 앞 또는 뒤에 반드시 다른 모음이 연결되어야만 발음이 가능하다는 점에서 자음과도 비슷한 성격을 갖는다. 하지만 그에 대응하는 '반자음'이란 용어는 잘 쓰이지 않으므로 반모음보다는 '활음'이라 하는 편이 좀 더 체계적이라 할 수 있다. 활음(滑音, glide)은 혀가 어느 한 위치에서 다른 위치로 미끄러지듯 옮아가면서 내는 소리라는 뜻이다.

한국어의 활음으로는 j와 w 두 종류가 있다(보통 j는 '이'로, w는 '우'로 읽는다). '야, 여'는 활음 j에 각각 모음 '아, 어'가 연결된 것이며, '와, 워'는 활음 w에 각각 모음 '아, 어'가 연결된 것이다.

(1) 한국어의 자음

자음은 폐에서 나온 공기가 발음기관을 통해 흘러나오는 동안에 그 흐름에 방해를 받는다. 이렇게 만들어지는 자음은 방해를 받는 위치와 방해를 받는 방법에 따라 말소리가 달라진다. 전자를 조음 위치라 하고 후자를 조음 방법이라 하는데 '입술, 치조, 경구개, 연구개, 성대' 등 조음 위치에 따라 자음 소리가 달라지며 같은 조음 위치에서도 '파열, 파찰, 마찰' 등 조음 방법을 달리하면 역시 다른 소리가 만들어진다.

① 자음의 분류 기준: 조음 위치, 조음 방법

우선 '드'와 '그'를 연속적으로 발음하면서 입안에서 어떠한 변화가 일어나는지 비교하여 관찰해 보자(자음 소리는 대개 홀로 발음할 수 없으므로 모음 '으'를 붙여 발음하는 게 보통이다). 혀의 움직임에 주목할 때, '드'를 내다가 '그'를 내면 혀의 앞부분(정확히는 혓날)이 입천장 앞부분(정확히는 치조)에 닿았다가 혀의 뒷부분(정확히는 후설)이 입천장의 뒷부분(정확히는 연구개)에 닿는 것을 느낄 수 있다. 아울러 더 미세하게는, 해당 위치에서 공기를 일단 막았다가 터뜨리는 느낌(파열의 느낌)을 감지하게 된다. 이는 폐에서 나가는 공기의 흐름(즉 기류)을 방해하는 위치 즉 조음 위치가 자음의 음가를 결정하는 데 중요한 역할을 하고 있음을 알려 준다.

다음으로, '드'와 '스'를 발음해 보자. 공기의 흐름에 주목하면, '드'를 낼 때와 달리 '스'를 낼 때에는 혓날의 윗면과 치조(또는 윗니) 사이에서 공기가 완전히 막히는 일 없이 마찰이 계속 일어나는 것을 느낄 수 있다. '드'에서는, 혓날과 입천장 앞부분(정확히는 치조) 사이에서 공기를 일단 막았다가 터뜨리므로 공기의 흐름(즉 기류)을 방해하는 방법, 즉 조음 방법이 자음의 음가를 결정하는 데 중요하게 역할함을 알 수 있다('ㄷ'과 'ㅅ'는 조음 위치에서 약간의 차이가 있으나 너무 미세하여 그러한 차이가 두 소리를 구분하는 데 결정적인 것은 아니다).

가. 조음 위치

한국어의 자음은 기류의 방해가 일어나는 위치에 따라 양순음, 치조음, 경구개음, 연구개음, 후음으로 나누어진다.

가) 양순음 : 'ㅂ, ㅃ, ㅍ, ㅁ'을 발음해 보면 두 입술이 닿았다가 떨어짐을 알 수 있다. 이를테면 양순음은 폐에서 방출된 공기가 입 밖으로 나가는 동안에 그 흐름이 입술 위치에서 방해를 받는 소리인 셈이다. 폐에서 공기는 계속 내보내는데 두 입술이 꽉 다물어져 있으면 입안의 압력이 점차 증대되고 그러는 가운데 갑자기 두 입술을 떼면, 고무풍선 터지듯 '펑' 하는 소리가 나게 되는 것이다.

'ㅂ, ㅃ, ㅍ'과 달리 'ㅁ'은, 연구개를 내려 기류를 비강으로도 흘러가게 하면서 내는 소리다. 코와 윗입술 사이에 손가락을 대고 '밥'과 '밤'을 각각 소리 내어 보면 '밤'의 'ㅁ'을 발음할 때에만 손가락에서 따뜻한 온기가 느껴진다. 입술은 분명히 다물어져 있는데 손가락에서 온기가 느껴지므로 이로부터 'ㅁ'이 코로 공기를 내보내면서 내는 소리임을 단적으로 알 수 있다.

나) 치조음 : 'ㄷ, ㄸ, ㅌ, ㄴ'과 'ㅅ, ㅆ, ㄹ'을 소리 내어 보면 전자보다 후자를 발음할 때 혀의 끝부분이 좀 더 뒤쪽에 위치하는 것을 알 수 있다. 'ㄷ, ㄸ, ㅌ, ㄴ'은 혀의 끝부분이 윗니 바로 뒤에 닿아 발음되는 치음이며, 'ㅅ, ㅆ, ㄹ'은 혀의 끝부분이 윗니 뒤쪽의 잇몸, 즉 치조에 닿아 발음되는 치조음이다. 그러나 한국어에서는 전자와 후자의 자음들을 조음 위치가 아니라 조음 방법에 의해 변별하므로 두 부류의 자음들을 따로 구별하지 않고 치조음으로 분류한다.

조음 방법상으로 볼 때 전자의 'ㄷ, ㄸ, ㅌ'은 혀끝과 윗니 사이의 폐쇄를 이용해서 내는 소리이며 'ㄴ'은 거기에다가 비강의 공명을 더불어 이용해서 내는 소리이다. 그리고 'ㅅ, ㅆ'은 혀의 끝부분과 치조 사이의 마찰을 이용해서 내는 소리이며 'ㄹ'은 구강의 공명을 이용해서 내는 소리이다.

다) 경구개음 : '지'를 발음해 보고 또 실제로 소리를 내지는 말고 '지'를 내기 위해 발음기관을 움직여 보자. 그리하면 혀의 앞쪽 면(=전설)이 입천장의 앞부분에 밀착되어 있는 듯한 느낌을 받을 수 있다. 이때 혀의 앞쪽 면이 닿아 있는 입천장 부위가 바로 경구개이다. 그리고 혀가 이 위치에 닿았다가 떨어지면서 내는 자음이 'ㅈ, ㅉ, ㅊ'이다. (이들 소리를 낼 때는 혀가 경구개보다 조금 더 앞쪽에 닿는다고 해야 훨씬 더 정확한 진술이 된다.)

라) 연구개음 : 혀의 뒷부분(=후설)을 연구개에 대고 내는 소리이다. 이러한 소리에는 'ㄱ, ㄲ, ㅋ'과 'ㅇ[ŋ]'이 있는데 전자와 달리 후자는 연구개를 내려 기류가 비강으로도 흘러가게 한다는 점에서 차이가 있다. 코와 윗입술 사이에 손가락을 대고 '박'과 '방'을 각각 소리 내어 보면 '방'의 'ㅇ'을 발음할 때 손가락에서 따뜻한 온기가 느껴지는데 이로부터 'ㅇ'이 코로 공기를 내보내면서 내는 소리임을 단적으로 알 수 있다. 이들은 공기의 흐름이 연구개에서 방해를 받으므로 연구개음이라 한다.

마) 후음 : 'ㅎ'이 이에 해당하는데 목구멍 안쪽의 후두에서 공기의 흐름이 방해를 입으므로 후음(또는 '후두음')이라고 하며, 더 세밀하게는 후두의 성대, 즉 성문에서 기류의 방해가 이루어지므로 성문음이라고 한다. '하'와 '흐' 그리고 '히'를 비교하여 발음해 보면 조음 위치가 점차 입천장 앞쪽으로 옮겨지는 것을 느낄 수 있다. 이러한 조음 위치의 이동은 'ㅎ'을 발음할 때, 폐로부터 나오는 공기가 성문을 통과한 후 구강 안에서 다음 모음의 조음 위치에 자리 잡고 있는 혀에 의해 이차적으로 변형된 데에 따른 결과이다.

나. 조음 방법

자음은 폐에서 방출된 공기가 입 밖으로 나가는 동안에 구강 안에서 방해를 받아 만들어지는 소리를 가리킨다. 이러한 자음은 크게 장애음과 공명음으로 나뉜다.

장애음은 조음 위치에서 기류의 심한 장애를 통해 얻어지는 폭발음이나 소음을 이용해서 내는 소리이다. 장애음은 조음부에서 이루어지는 폐쇄 및 파열의 방식에 따라 폐쇄음, 마찰음, 파찰음으로 분류된다.

한편 공명음은 조음 위치에서 나는 소리의 음향적 효과는 약하게 하고 구강이나 비강의 공명(=울림)에 의한 더 큰 음향적인 효과를 이용해서 내는 소리이다. 이러한 공명음에는 유음과 비음뿐 아니라 모음과 활음도 포함되나 대체로 공명음이라 할 때는 공명자음 즉 유음과 비음을 가리키는 수가 많다.

가) 폐쇄음: 공기의 흐름을 완전히 막았다가 일시에 터뜨리면서 내는 소리를 가리키는바 'ㅂ, ㅃ, ㅍ, ㄷ, ㄸ, ㅌ, ㄱ, ㄲ, ㅋ'이 이에 속한다. 이 부류의 자음을 내는 과정은 크게 세 단계로 구분되는데 폐쇄와 정지(또는 지속), 그리고 파열의 단계가 바로 그것이다. '폐쇄'는 조음 위치에서 기류의 통로

가 열려 있다가 막히는 단계이고, '정지'는 그러한 폐쇄 상태가 잠시 동안 그대로 지속되는 단계이며, '파열'은 기류의 통로가 갑자기 열려 입안에 갇혀 있던 공기가 순간적으로 방출되는 단계이다.

이 세 단계에 대해 연구자마다 중요하다고 생각하는 바에 따라, 동일한 소리의 부류를 각각 '폐쇄음'이나 '정지음' 또는 '파열음'이라 부른다. '정지' 단계는 없어서는 안 되며 '파열' 단계는 'ㄷ, ㅌ, ㄸ' 등의 자음을 변별해 주어 매우 중요한 단계이다. 하지만 다른 언어와 비교할 때 한국어에서는 음절 종성에서 이루어지는 자음의 폐쇄가 독특한 발음 특성으로 중시되므로 여기에서는 이러한 부류의 자음들을 '폐쇄음'이라 부르기로 한다.

나) 마찰음: 기류의 통로를 좁혀서 공기의 방출을 서서히 하는 가운데, 그 사이의 마찰을 이용해 내는 소리를 가리킨다. 한국어에서는 'ㅅ, ㅆ, ㅎ'이 그러한 방법을 이용한 소리인데, 이들은 폐쇄음과 달리 그 소리가 지속될 수 있다는 특징을 갖는다. 생리적으로 허용되는 한도 안에서라면 'ㅅ, ㅆ'과 'ㅎ'은 모음의 도움 없이도 지속적인 발음이 가능하다. 'ㅅ, ㅆ'은 치조에서 마찰이 일어나지만 'ㅎ'은 후두의 성문에서 마찰이 일어난다는 점에서 양자는 차이를 보인다.

다) 파찰음: 공기의 흐름을 막았다가 서서히 공기를 내보내면서 내는 소리를 가리킨다. 구강의 완전한 폐쇄가 이루어진다는 점에서 폐쇄음과 유사하며 공기의 방출이 서서히 이루어진다는 점에서 마찰음과 유사하므로 파찰음은 양자의 특성을 모두 가지는 소리라 할 수 있다. 말하자면 파찰음은 양자의 발음 특성을 공유하기에 파열음의 '파'와 마찰음의 '찰'을 결합하여 만든 용어인 셈이다. 파열음 대신에 폐쇄음이란 용어를 사용하더라도 파찰음을 '폐찰음'이라고 바꿔 부를 수는 없는 일이다.

한국어의 파찰음으로는 경구개음의 'ㅈ, ㅉ, ㅊ'이 있다. 이들 소리는 혀의 앞부분(=전설)을 경구개에 닿게 하여 공기의 흐름을 완전히 막았다가, 파열과 거의 동시에 마찰이 일어나도록 하여 발음한다.

라) 유음: 한국어의 유음에는 'ㄹ'밖에 없다. 유음(流音, liquid)은 발음기관을 통해 공기가 물 흐르듯이 잘 흘러 나간다는 뜻에서 붙인 명칭이다. 가령 '달'(특히 종성의 'ㄹ')을 아주 길게 발음해 보면 혀끝이 입천장의 치조에 닿아 있는 상태에서 공기를 혀의 양쪽 옆면으로 흘려 내보내면서 내는 소리가 'ㄹ'임을 알 수 있다. '달'의 발음 상태를 그대로 유지하면서 숨을 입으로 크게 들이마시면 형의 양쪽으로 공기가 흘러 들어가는 것을 쉬 느낄 수

있다.

이와 같은 유음은 공기가 구강을 통과해 흘러 나가는 가운데 혀에 부딪혀 나는 소리의 효과가 그리 크지 않으므로 구강의 공명을 이용해 음향적 효과를 좀 더 크게 함으로써 생성된다. 그러하기에 'ㄹ'은 자음 중에서 기류의 방해를 가장 적게 받으면서 발음되는 소리이기도 하다.

마) 비음: 한국어의 비음으로는 양순음의 'ㅁ'과 치조음의 'ㄴ', 그리고 연구개음의 'ㅇ[ŋ]'이 있다. 이 소리는 입안의 조음 위치에서 일어나는 소리의 효과는 작게 하고 그 대신에 코로 가는 통로를 열어 비강의 공명에 의한 더 큰 음향적 효과를 동반하게 하면서 내는 소리이다.

② 한국어의 자음 목록

한국어에 나타나는 자음의 목록을 표로 제시하면 〈표 5-1〉과 같다. 이때의 경음은 후두의 긴장을 수반하며 성문을 강하게 폐쇄하여 그 아래에 공기를 압축해 두었다가 조금 방출하면서 내는 소리이고, 격음은 성문 아래에 압축해 둔 공기를 많이 방출하면서 내는 소리이다. 이때 성문 아래에서 압축되었다가 한번에 나오는 기류를 '기식(氣息)'이라고 한다.

표 5-1 자음 목록

조음 방법 \ 조음 위치			양순음	치조음	경구개음	연구개음	후음
장애음	폐쇄음	평음	ㅂ[p]	ㄷ[t]		ㄱ[k]	
		경음	ㅃ[p']	ㄸ[t']		ㄲ[k']	
		격음	ㅍ[p^h]	ㅌ[t^h]		ㅋ[k^h]	
	파찰음	평음			ㅈ[ʧ]		
		경음			ㅉ[ʧ']		
		격음			ㅊ[$ʧ^h$]		
	마찰음	평음		ㅅ[s]			ㅎ[h]
		경음		ㅆ[s']			
		격음					
공명음	비음		ㅁ[m]	ㄴ[n]		ㅇ[ŋ]	
	유음			ㄹ[r]			

그런데 〈표 5-1〉에 나타나는 자음들은 그 음가를 언제나 동일하게 유지하는 것이 아니다. 그것이 출현하는 위치에 따라 발음이 달라지기도 하는 것이다.

폐쇄음 'ㅂ, ㄷ, ㄱ'이 공명음과 모음 사이에서 유성음(각각 'ㅂ[b], ㄷ[d], ㄱ[g]')으로 바뀌어 발음(파찰음 'ㅈ'은 유성음 [ʤ]로 발음)된다든지, 음절 종성 위치에서 파열의 단계를 갖지 않는 불파음 'ㅂ[p̚], ㄷ[t̚], ㄱ[k̚]'으로 발음된다든지 하는 것이 바로 그런 경우에 해당한다. 하지만 한국 사람들은 무성음과 유성음, 그리고 파열음과 불파음을 변별하지 못하므로 그러한 위치에서 발음이 바뀐 것을 잘 인식하지는 못한다. 이는 다음에 설명하는 자음들의 경우에도 마찬가지이다.

치조음 'ㅅ'은 출현 위치에 따른 조음 위치의 변화를 보여 준다. '스'와 '시'를 소리 내면서 'ㅅ'의 발음을 비교해 보면 '시'의 조음 위치가 좀 더 뒤쪽에 자리함을 느낄 수 있다. '시'의 경우에 'ㅅ'이 경구개음의 [ʃ]로 발음되는 것이다. 이처럼 'ㅅ'의 조음 위치가 경구개음으로 바뀌는 것은 'ㅅ'이 '이' 또는 활음 j로 시작하는 이중모음('야, 여, 요, 유, 예, 얘') 앞에 출현할 때이다. 이는 'ㅆ' 또는 'ㄴ'의 경우에도 동일한데 이들은 그러한 환경에서 경구개음 [ʃ'] 또는 [ɲ]로 발음된다. '쓰'와 '씨', '너'와 '녀'를 비교하면서 소리 내어 보면 그러한 사실을 쉽게 알 수 있다.

한편 'ㄹ'은 출현하는 위치에 따라 조음 방법을 달리하는 소리로 바뀌어 발음된다. '달'의 'ㄹ'은 혀끝이 치조에 닿아 있는 상태에서 기류를 혀의 양옆으로 계속 흘러 내보내면서 내는 소리이고 '다리'의 'ㄹ'은 혀끝이 치조를 살짝 한번 치면서 내는 소리이다. 그래서 전자의 'ㄹ[l]'을 설측음이라 부르며 후자의 'ㄹ[ɾ]'을 탄설음이라 부른다(탄설음의 발음 기호 'ɾ'은 'r'에서 왼쪽 획 하나를 없앤 것이다). 한국어에서 유음 'ㄹ'은 음절 종성에 나타날 때는 설측음으로, 초성에 나타날 때는 탄설음으로 발음된다.

(2) 한국어의 모음

모음은 크게 단모음(單母音)과 이중모음(二重母音)으로 나뉜다. 이때의 단모음은 하나의 모음을 가리키고 이중모음은 둘 이상의 소리(한국어에서는 활음과 단모음)가 합쳐진 모음을 가리킨다. 단모음은 하나의 소리이므로 해당 모음을 발음할 때 처음부터 끝까지 입의 모양이 변하지 않는다. 반면에 이중모음은 둘 이상의 소리로 구성된 것이므로 해당 모음의 발음에서 시작할 때의 입 모양과 끝날 때의 입 모양이 달라진다. 따라서 발음하는 동안에 입의 모양이 변하는지 여부에 따라 단모음과 이중모음이 구분된다.

예를 들어 '여' 또는 '워'를 발음해 보자. 처음에는 '이' 또는 '우'를 낼 때와 비슷한 입 모양을 유지하지만 나중에는 '어' 모음으로 귀결된다. 따라서 이는 단모음이 아니라 이중모음이다.

마찬가지로 '위'나 '외'를 소리 내어 보자. 대개의 경우, 처음에는 '우'를 낼 때와 비슷한 입 모양을 취하다가 곧 '이'나 '에'를 낼 때의 입 모양으로 바뀜을 알 수 있다(일부 노년층 화자들은 '위'와 '외'를 소리 낼 때에도 입 모양이 바뀌지 않는다). 이러한 의미에서 이들에게는 '위'나 '외'가 이중모음이 되는 것이다. 이처럼 '위, 외'를 이중모음으로 발음하는 사람이 매우 많은 데에 기인하여, 한국어의 표준 발음에서 단모음을 열 개로 규정하면서도 '위, 외'를 이중모음으로 발음하는 것도 허용하고 있다. 일반적으로 모음의 분류는 단모음을 기준으로 한다.

① 모음의 분류 기준: 혀의 앞뒤 위치, 혀의 높이, 입술 모양

모음은 폐에서 방출된 공기가 입 밖으로 나가는 동안에 그 흐름이 방해를 입지 않고 나는 소리를 가리킨다. 기류의 방해가 일어나지 않으므로 자음에서와 같은 의미로 조음 위치라는 기준을 상정할 수가 없다. 여기서는 그러한 모음의 분류가 어떤 기준으로 이루어지는지 살펴보기로 한다.

먼저 '이'와 '으'를 발음하면서 발음기관의 모양을 관찰해 보자. 특히 입안에서의 혀의 앞뒤 위치에 주목할 때, '이'를 내다가 '으'를 내면 혀가 뒤로 물러나며 '으'를 내다가 '이'를 내면 혀가 앞으로 나아가는 것을 쉽게 느낄 수 있다. 이로써 혀의 앞뒤 위치가 모음의 음가를 결정하는 데 중요한 역할을 하고 있음을 확인하게 된다.

또 '이'와 '애'를 발음해 보자. '이'보다 '애'를 낼 때 입이 더 벌어짐을 알 수 있다. 입이 벌어지면 자연스럽게 턱이 아래로 내려가며 그에 따라 혀도 자연스레 입천장에서 멀어진다. 다시 말해 '이'를 낼 때보다 '애'를 낼 때 입이 더 많이 벌어지는 동시에, 혀의 높이(=혀의 최고점의 높이)도 더 낮아진다는 것이다. 이로부터 입이 벌어지는 정도 즉 개구도(開口度) 또는 혀의 높이가 모음의 분류에서 중요한 기준이 된다고 할 수 있다.

다음으로, '으'와 '우'를 발음해 보자. '으'를 낼 때보다 '우'를 낼 때 입술이 앞으로 더 나오며 둥글게 오므라지는 것을 느낄 수 있다. 여기서 입술의

모양이 모음 분류의 중요한 기준으로 작용함을 확인하게 된다. 이러한 기준에 따르면 단모음 '위'와 '외'는 각각 '이'와 '에'에서 입술을 둥글게 오므리면서 내는 소리이다. 이를 단모음으로 발음하면서 입술의 둥근 모양이 펴지지 않도록 노력해 보자.

가. 혀의 앞뒤 위치

한국어의 모음은 혀의 앞뒤 위치에 따라 전설모음과 후설모음으로 나뉜다.

가) 전설모음: 혀의 앞부분(=전설)이 경구개에 접근한 상태에서 발음되는 모음이다. '이, 에, 애, 위, 외'가 이에 속한다.
나) 후설모음: 전설모음을 낼 때보다 혀가 뒤쪽으로 물러난 상태에서 발음되는 모음이다. '으, 어, 아, 우, 오'가 이에 속한다.

나. 혀의 높이

혀의 높이에 따라서는 고모음, 중모음, 저모음으로 나뉜다.

가) 고모음: 혀의 표면이 마찰을 일으키지 않을 정도로 입천장에 접근한 상태에서 발음되는 모음으로 '이, 위, 으, 우'가 이에 속한다. 입이 닫히므로 폐모음이라고도 한다.
나) 중모음: 혀의 높이가 고모음을 낼 때보다는 낮고 저모음을 낼 때보다는 높은 상태에서 발음되는 모음으로 '에, 외, 어, 오'가 이에 속한다. 반폐모음 또는 반개모음이라고도 한다.
다) 저모음: 혀가 입천장에서 가장 멀어진 상태, 다시 말해 혀의 높이가 가장 낮은 상태에서 발음되는 모음으로 '애, 아'가 이에 속한다. 입이 열리므로 개모음이라고도 한다.

다. 입술 모양

한국어의 모음은 입술 모양에 따라 원순모음과 평순모음으로 나뉜다.

가) 원순모음: 입술을 둥글게 오므린 상태에서 발음되는 모음으로 '위, 외, 우, 오'가 이에 속한다.
나) 평순모음: 입술을 평평하게 편 상태에서 발음되는 모음으로 '이, 에,

애, 으, 어, 아'가 이에 속한다.

② 한국어의 모음 목록

한국어 표준 발음에 나타나는 모음의 목록을 표로 제시하면 〈표 5-2〉와 같다. 이들 모음은 사용되는 지역에 따라, 또는 연령에 따라 그 실현 양상을 달리하기도 한다(이에 대해서는 따로 언급하지 않는다).

표 5-2 모음 목록

혀의 앞뒤 위치	전설모음		후설모음	
혀의 높이 ╲ 입술 모양	평순	원순	평순	원순
고모음	이[i]	위[y]	으[ɨ]	우[u]
중모음	에[e]	외[ø]	어[ə]	오[o]
저모음	애[ɛ]		아[a]	

위 표에 나타나는 모음들은 그 음가를 언제나 동일하게 유지하는 것이 아니다. 자음보다는 덜하지만, 그것이 출현하는 위치에 따라 모음의 발음이 달라지는 경우도 나타난다.

예를 들면, 표준 발음에서 후설의 평순 중모음 '어'는 장음(長音)일 때와 단음(短音)일 때 소리가 다르다. 이 모음은 장음일 때는 '어[ə]'로, 단음일 때는 '어[ʌ]'로 발음된다. 위 표에서는 드러나지 않았지만, 이때의 '어[ə]'와 '어[ʌ]'는 혀의 높이에서 차이를 보이는 소리이다. '어[ə]'는 '어[ʌ]'에 비해 입을 덜 벌리고 내는 소리이므로 결국 '어[ə]'는 '어[ʌ]'보다 혀를 입천장에 더 근접시켜 내는 소리가 된다. 이러한 두 소리를 구분하기 위하여 중모음을 반고모음과 반저모음으로 나누기도 한다. 이러한 구분에 따르면 '어[ə]'는 반고모음, '어[ʌ]'는 반저모음이 된다.

한편 한국어의 이중모음은 j로 시작하는 j계 이중모음(예[je], 얘[jɛ], 여[jə], 야[ja], 유[ju], 요[jo])과 w로 시작하는 w계 이중모음(위[wi], 웨[we], 왜[wɛ], 워[wə], 와[wa])으로 나누는 것이 보통이다. 전자의 활음을 j 대신에 y로 표기하는 경우도 흔히 발견된다(활음을 가리킬 때는 y도 j와 마찬가지로 '이'로 읽는다).

(3) 한국어의 운소

소리의 길이, 세기, 높이 등의 운율적 요소가 뜻의 분화에 관여하는 경우, 그러한 운율적 요소를 '운소'라 한다. 한국어의 운소로는 대체로 음장과 성조를 든다.

소리의 길고 짧은 특성이 변별적으로 쓰일 때 즉 뜻의 분화에 관여할 때 이를 음장(音長, length)이라 한다. 다음 예에서 보듯 한국어에서는 장모음과 단모음이 변별적이다.

눈 : (雪)/눈(眼), 발 : (簾)/발(足), 밤 : (栗)/밤(夜)

모음의 음장은 백두대간(낭림 · 태백 · 소백 산맥)을 경계로 서쪽 지역의 방언(중부 · 서북 · 서남 방언)에서 변별적이다. 젊은 세대로 올수록 음장의 변별성이 약화되어서 대체로 서남 방언을 제외하고는 음장이 소멸 직전에 있다.

한국어의 음장은 어두음절(단어의 첫 음절)에서만 변별적이다. '눈 : (雪)'과 '첫눈', '밤 : (栗)'과 '군 : 밤'에서 보듯 본래 장모음을 가졌던 음절이 비어두 위치에 놓이게 되면 단모음을 가지게 된다. 또 원래는 단음(短音)이지만 화자의 감정 표현을 위해 장음으로 나타나기도 한다. '(아주) 높 : 아'가 그러한 예에 속하는데 이를 '표현적 장음'이라 한다.

화자의 감정 표현을 위해 소리의 높낮이 즉 고저(pitch)를 이용하기도 하는데 이를 어조(語調, intonation)라 한다. 화자는 어조의 다양한 변화를 통해 감정과 태도의 미세한 차이까지 나타낼 수 있다. 하강과 상승의 폭이 클수록 화자의 감정은 강하게 표현된다.

이러한 고저가 단어 차원에서 변별성을 가질 때에는 이를 성조라 한다. 한국어에서는 백두대간을 경계로 동쪽 지역의 방언(동남 · 동북 방언)에서 성조가 변별적이다.

한편 한국어에서 강세(stress)는 변별적이지 않지만 특정한 단어를 강조할 경우에 사용된다. 이때는 대조를 위해 강세를 이용한다는 뜻으로 '대조 강세'라 부르기도 한다.

연습문제

1. 다음 중 ( ) 속에 들어갈 말로 적절한 것은?

> 한국어의 발음을 형성하는 데 관여하는 조음부는 '입술, (   ), (   ), (   ), 목젖, 혀'이다.

① 경구개, 연구개, 식도　② 연구개, 식도, 폐
③ 치조, 경구개, 연구개　④ 폐, 치조, 경구개

2. 다음 중 ( ) 속에 들어갈 말로 적절하게 짝지어진 것은?

> 한국어 자음 분류의 기준은 (   )와 (   )이다.

① 조음 위치 – 입술 모양
② 조음 위치 – 조음 방법
③ 혀의 앞뒤 위치 – 입술 모양
④ 혀의 앞뒤 위치 – 조음 방법

3. 다음 중 연구개음으로만 짝지어진 것은?

① ㄱ, ㄲ, ㅋ　② ㄷ, ㄸ, ㅌ
③ ㅂ, ㅃ, ㅍ　④ ㅈ, ㅉ, ㅊ

4. 다음 중 ( ) 속에 들어갈 말로 적절하게 짝지어진 것은?

> (   )은 해당 모음을 발음할 때 처음부터 끝까지 입의 모양이 변하지 않는 모음이고, (   )은 해당 모음의 발음에서 시작할 때의 입 모양과 끝날 때의 입 모양이 달라지는 모음이다.

① 단모음 – 이중모음　② 이중모음 – 단모음
③ 원순모음 – 평순모음　④ 평순모음 – 원순모음

5. 다음 중 한국어 모음 분류의 기준이 <u>아닌</u> 것은?

① 혀의 앞뒤 위치　② 혀의 높이
③ 입술 모양　④ 조음 방법

풀이

1. [③]. 한국어를 발음할 때 사용되는 조음부에 어떠한 기관이 있는지 묻는 문제이다. '폐'나 '식도'는 한국어를 조음하기 위해 사용되는 기관이 아니다.
2. [②]. 자음 분류의 기준이 무엇인지 묻는 문제이다. 어떤 언어에서나 자음 분류의 기준은 '조음 위치, 조음 방법'이다.
3. [①]. ②의 'ㄷ, ㄸ, ㅌ'은 치조음, ③의 'ㅂ, ㅃ, ㅍ'은 양순음, ④의 'ㅈ, ㅉ, ㅊ'은 경구개음이다.
4. [①]. 단모음과 이중모음을 구분하는 방법을 묻는 문제이다. 이중모음과 달리 단모음은 하나의 모음이므로 처음부터 끝까지 입의 모양이 변하지 않는다. 한편 원순모음은 입술을 둥글게 오므린 상태에서 발음되는 모음이며 평순모음은 입술을 평평하게 편 상태에서 발음되는 모음이다.
5. [④]. 모음 분류의 기준이 무엇인지 묻는 문제이다. 어떤 언어에서나 모음 분류의 기준은 '혀의 앞뒤 위치, 혀의 높이, 입술 모양'이다.

참고문헌

김성규 · 정승철(2013), 『소리와 발음(개정판)』, 한국방송통신대학교출판문화원.
배주채(1996), 『국어음운론 개설』, 신구문화사.
______(2003), 『한국어의 발음』, 삼경문화사.
송철의(1993), "자음의 발음", 『새국어생활』 3-1, 국립국어연구원.
신지영(2000), 『말소리의 이해』, 한국문화사.
이기문 · 김진우 · 이상억(2000), 『증보판 국어음운론』, 학연사.
이병근 · 최명옥(1997), 『국어음운론』, 한국방송통신대학교출판부.
이승재(1993), "모음의 발음", 『새국어생활』 3-1, 국립국어연구원.
이진호(2005), 『국어 음운론 강의』, 삼경문화사.
이현복(1989), 『한국어의 표준발음』, 교육과학사.
이호영(1996), 『국어 음성학』, 태학사.
정승철(2013), 『한국의 방언과 방언학』, 태학사.
최명옥(2004), 『국어음운론』, 태학사.

제6장

한국어의 형태론과 어휘론

구본관

학습개요

이 장에서는 한국어 형태론과 어휘론에 대한 논의를 통해 한국어의 문법적 특징 중 형태적 특징을 잘 이해하고 한국어 어휘 교육을 위한 기초를 다지는 것을 목표로 한다. 전반부에서는 한국어의 형태적 특성, 한국어 형태론을 위한 기본 개념들, 품사 분류와 품사별 특성, 단어 형성의 원리 등을 살펴본다. 한국어의 형태적 특성을 잘 나타내는 조사나 어미에 대한 논의는 장을 달리하여 다루므로 이 단원에서는 다루지 않는다. 후반부에서는 한국어의 어휘적 특성, 한국어 어휘론을 위한 기본 개념들, 한국어 어휘 체계의 특성, 한국어 어휘 관계의 특성, 한국어 어휘론과 한국어 어휘 교육의 관련성에 대해서 논의한다.

1. 형태론

1) 한국어의 형태적 특성

한국어는 언어 보편적인 공통성과 한국어만의 개별성을 가지고 있다. 한국어를 다른 언어와 비교하면 음운, 형태, 통사, 어휘 등 여러 가지 면에서 독특한 특성을 가지고 있다. 여기에서는 한국어의 형태적인 특성을 간략하게 살펴보기로 한다.

한국어의 형태적 특징 중 가장 두드러진 것은 언어유형론(linguistic typology)의 관점에서 교착어(또는 첨가어)에 속한다는 것이다. 교착어에 속하는 언어에는 한국어, 일본어, 터키어 등이 있다.

[1] 가. 나는 그 일을 서울에서처럼만큼은 잘 하지 못했다.
　　나. 할머니께서는 이야기를 퍽 즐겁게 하시더구나.

[1가]는 체언 뒤에 조사가 여러 개 연속해서 결합되는 모습을, [1나]는 용언 어간 뒤에 어미가 연속해서 결합되는 모습을 보여 준다. 한국어에서 조사나 어미는 주로 문법적인 기능을 담당한다.

교착어는 문법적인 기능을 나타내는 요소가 매우 발달했다. 그뿐만 아니라 이들 문법적인 기능을 담당하는 요소가 실질 형태소 하나에 연속해서 여러 개가 붙기도 한다. 이런 현상은 고립어나 굴절어에서는 잘 발견되지 않는다. 또한 교착어는 하나의 문법 요소가 대체로 하나의 의미 기능만 담당한다는 특징도 지니고 있다. 문법 요소의 수가 많기 때문에 하나의 문법 기능을 하나의 요소가 담당하는 것이 가능하다고 볼 수도 있다. 비록 한국어의 문법 요소가 많긴 하지만 하나의 형태가 하나의 기능을 담당한다는 점에서 합리적인 구조를 가지고 있어 학습의 어려움을 덜어 준다.

한국어가 교착어에 속한다는 것처럼 본질적인 특징으로 보기는 어렵지만 한국어는 형용사가 이른바 동사성 형용사로서 어미를 취하며 그 자체만으로 서술어로 쓰인다는 점도 특징적이다. 이는 영어처럼 명사성 형용사를 가지는 언어들과 차이가 나는 점이다. 그리하여 한국어의 형용사를 동사에 포함시켜 동사의 하위 부류로 다루기도 한다. 그 밖에 접속사를 따로 설정하지 않는다든지, 관형사를 따로 설정한다든지 하는 품사 분류상의 특징도 가진다.

참고 한국어의 형태적 특징과 한국어교육

한국어가 교착어라는 사실과 교착어적 특징은 학습자가 반드시 알아야 할 지식이다. 그러므로 한국어 조사와 어미 각각의 기능에 대한 교육이 충분히 이루어져야 한다. 이때 학습자의 모어(母語)와의 차이를 강조해 주는 것이 필요하다. 영어권 학습자의 경우 한국어는 문법형태소가 하나의 의미를 갖는다는 점과 하나의 어간에 여러 개의 문법형태소가 붙을 수 있다는 점을 주지시켜야 한다. 한국어의 경우 각각의 문법 요소가 대체로 하나의 기능을 하는 것과 달리 영어에서는 하나의 문법 요소가 여러 가지 기능을 담당하기도 한다. 예를 들어 "He stops ~."와 같은 문장에서 '-s'는 '3인칭, 단수, 현재'의 세 가지 기능을 담당한다고 할 수 있다. 중국어권 학습자의 경우 고립어인 중국어와 달리 교착어인 한국어가 많은 문법형태소를 가진다는 사실을 주지시켜야 한다. 한국어와 유사한 교착어를 모어로 하는 일본어권 학습자의 경우 일본어와 한국어의 첨가 방식의 차이를 주지시켜야 한다. 아울러 관련이 있는 형태들을 대조, 비교하면서 가르쳐야 한다.

2) 형태론을 위한 기본 개념들

(1) 형태 분석 방법

① 형태소 분석은 어떻게 하나?

언어는 다양한 단위들로 이루어져 있다. 음운, 음절과 같은 소리 단위, 형태소, 단어, 구나 절, 문장과 같은 문법 단위 등이 바로 언어 단위들이다. 언어 연구는 이들 언어 단위를 분석하는 것에서 시작된다. 그러면 언어 단위들이 어떤 원리에 따라 분석되는지 구체적인 보기를 통해 살펴보기로 하자.

[2] 나는 바다를 좋아한다.

문장 [2]는 '나는, 바다를, 좋아한다'의 세 토막으로 나누어진다.

이렇게 세 토막으로 나누어지는 것은 '나는'의 자리에 '너는', '바다를'의 자리에 '산을', '좋아한다'의 자리에 '싫어한다'와 같은 말이 올 수 있기 때문이다. 이와 같이 같은 성질을 가진 다른 말이 갈아드는 것을 대치(代置)라 한다. 이런 종류의 말은 계열체(系列體)를 이룰 수 있으므로 이들을 계열관계(系列關係, paradigmatic relation)에 있다고 말한다. 계열관계를 자세하게 표시하면 다음과 같다.

[3] 나는	바다를	좋아한다
너는	산을	싫어한다
그는	하늘을	사랑한다
…	…	…

한편 문장 [2]를 이루는 각각의 단위 앞이나 뒤에 다른 말이 올 수가 있다.

[4] 나는 푸른 바다를 무척 좋아한다.

문장 [4]에서는 '나는'과 '바다를' 사이에 '푸른'이, '바다를'과 '좋아한다' 사이에 '무척'이 와 있다. 이와 같이 어떤 말의 앞이나 뒤에 다른 말이 더해지는 것을 결합(結合)이라 하고 결합을 이루는 말들 사이의 관계를 통합관계(統合關係, syntagmatic relation)라고 한다.

문장 [2]~[4]를 통해서 보았듯이 문장은 계열관계나 통합관계를 만족시키는 경우 더 작은 단위인 어절로 나눌 수 있다. 계열관계나 통합관계의 원리는 문장을 어절로 나누기 위해서뿐 아니라 문장을 구나 절로 나누거나 단어를 형태소로 나누는 등 다양한 언어 단위를 분석하는 데에 사용된다.

② 직접구성성분이란 무엇인가?

문장 [2]는 평면적으로 세 토막으로 나누어지는 것이 아니다. 이 문장은 일단 '나는'과 '바다를 좋아한다'로 나누어지고, 뒤에 것은 다시 '바다를'과 '좋아한다'로 나누어진다. 이와 같이 어떤 언어 단위를 층위를 두고 분석할 때 일차적으로 분석되어 나오는 성분을 직접구성성분(直接構成成分, immediate constituent, 줄여서 IC)이라 한다.

[5] 나는//바다를/좋아한다.

[5]에서 '//' 표시는 일차적인 분석을 나타낸 것이다. 이와 같이 언어 단위를 직접구성성분을 고려하여 층위적으로 분석하면 언어의 구조를 파악하는 데에 매우 유용하다.

직접구성성분에 의한 분석은 문장을 어절로 분석하는 데에도 유용하지만 복합어를 분석하여 합성어와 파생어로 구분하는 데에도 매우 유용하다. 이에 대해서는 뒤에서 자세하게 다루어진다.

(2) 형태소

① 형태소란 무엇인가?

언어 단위 중에는 그 자체로 일정한 의미를 가지는 것도 있고 그렇지 않은 것도 있다. '바다'는 자체로 뜻을 가지지만 '바', '다'와 같은 음절이나 이 음절을 이루는 'ㅂ', 'ㅏ'과 같은 음소는 자체로는 뜻을 가지지 않는다. 이처럼 뜻을 가지는 단위를 문법 단위(文法 單位, grammatical unit)라 한다. 문법 단위에는 형태소, 단어, 구나 절, 문장 등이 있다.

문법 단위 중에서 가장 작은 단위를 형태소(形態素, morpheme)라 한다. 형태소는 '뜻을 가진 가장 작은 단위(minimal meaningful unit)'이다. 따라서 위에서 예를 든 '바다'는 뜻을 가진 가장 작은 단위이므로 형태소이지만 '바'와 '다'로 쪼개면 뜻을 가질 수 없으므로 형태소가 아니다. '바다, 하늘, 산'처럼 하나의 형태소가 단어인 경우도 있지만 '돌다리, 봄비, 산나물'처럼 하나 이상의 형태소가 합하여 단어를 이루는 경우도 있다.

형태소는 몇 가지 기준에 따라 나누어지기도 한다. 우선 문장에서 단독으로 쓰일 수 있느냐에 따라 자립형태소(自立形態素, free morpheme)와 의존형태소(依存形態素, bound morpheme)로 나누어진다. 예를 들어 '아이가 돌다리를 건넜다.'라는 문장은 다음과 같이 자립형태소와 의존형태소로 나누어진다.

[6] 가. 아이, 돌, 다리
나. 가, 를, 건너-, -었-, -다

의존형태소는 '건너-, -었-, -다'처럼 붙임표(hyphen)를 붙여 표시하기도 한다. '가'와 '를'과 같은 조사는 의존형태소이지만 이 부호를 잘 붙이지 않는다.

한국어의 명사나 부사는 단일한 형태소로 이루어진 경우 자립형태소이지만, 동사나 형용사는 어간과 어미가 결합하여 문장에 나타나므로 어간과 어미가 각각 의존형태소이다. '풋과일, 헛기침, 맨손'의 '풋-, 헛-, 맨-'과 같은 파생접두사나 '울보, 덮개, 겁쟁이'의 '-보, -개, -쟁이'와 같은 파생접미사도 문장에서 자립적으로 쓰이지 않으므로 의존형태소이다. 한자어 중에서도 '窓, 門'처럼 그 자체로서 자립형태소로 쓰이는 경우가 있지만 '童話, 天地' 등에 쓰이는 '童, 話, 天, 地' 각각은 의존형태소이다. '窓, 門'은 대응하는 고유어가 없지만 '童, 話, 天, 地'는 각각 '아이, 이야기, 하늘, 땅'과 같이 대응하는 고유어가 있다. 이와 같이 한자어 중에서 그 자체로 자립형태소로 쓰이는 것들은 대응하는 고유어가 없는 경우가 많다.

형태소가 가진 의미가 실질적인 개념을 나타내느냐 형식적인 관계를 나타내느냐에 따라 실질형태소(實質形態素, full morpheme)와 형식형태소(形式形態素, empty morpheme)로 나누기도 한다. 앞의 문장 '아이가 돌다리를 건넜다.'에서 실질형태소와 형식형태소를 구분해 보자.

[7] 가. 아이, 돌, 다리, 건너-
나. 가, 를, -었-, -다

[7가]의 말들은 구체적인 대상이나 동작, 상태와 같은 어휘적 의미를 나타내므로 실질형태소이다. 반면에 [7나]의 말들은 실질형태소에 붙어 말과 말 사이의 관계나 기능을 형식적으로 나타내므로 형식형태소이다. 실질형태소를 어휘형태소(語彙形態素, lexical morpheme), 형식형태소를 문법형태소(文法形態素, grammatical morpheme)라 부르기도 한다.

한국어에서 명사, 부사, 동사나 형용사의 어간 등은 대체로 실질형태소이고 조사와 어미는 형식형태소이다. 위에서 예를 든 '풋-, 헛-, 맨-', '-보, -개, -쟁이'와 같은 파생접두사나 파생접미사는 얼마간 어휘적인 의미 기능을 가지므로 실질형태소로 보는 견해도 있지만 대체로는 단어를 만드는 기능에 주목하여 형식형태소에 포함시킨다.

② 형태소와 형태, 이형태의 관계는?

형태소는 항상 같은 모습으로 나타나는 것이 아니라 주위 환경에 따라 다른 모습으로 실현되기도 한다. 가령 '웃는다'의 '웃-'을 예로 들어 보면 '웃어라, 웃으니'에서는 표기된 대로 [웃-]으로 실현되지만 '웃지, 웃고'에서는 [욷-]으로, '웃니, 웃는다'에서는 [운-]으로 실현된다. 이처럼 하나의 형태소가 [웃-, 욷-, 운-] 등으로 그 음상(音相, phonemic shape)을 달리하는 현상을 교체(交替, alternation)라 하며, 교체에 의한 교체형(交替形) 각각을 이형태(異形態, allomorph)라 한다.

우리는 이쯤에서 형태소와 형태(形態, morph)를 구별해 두는 것도 좋을 듯하다. 어떤 의미를 가지고 있는 단위를 추상적으로 이름 부를 때는 형태소이고, 이 형태소의 구체적인 실현형을 이름 부를 때는 형태라 한다. 따라서 위의 '웃-'의 경우처럼 하나의 형태소가 여러 개의 형태를 가질 수도 있는 것이다. 형태가 여러 개로 나타날 때 이들 형태들 간의 관계를 표현하기 위해 특별히 이형태라는 용어를 사용한다. 그런데 많은 경우 추상적인 단위로서의 형태소와 그 구체적인 실현형으로서의 형태를 구별하지 않고 형태소라는 용어로 두 개념을 포괄하여 부르기도 한다.

③ 기본형은 어떻게 정하는가?

하나의 형태소가 여러 개의 이형태를 가질 때 이형태 중 하나를 기본형(基本形, basic form, basic allomorph)으로 정하기도 한다. 기본형은 사전에 올림말을 정하는 기준이 된다. 기본형은 대체로 이형태의 교체를 설명하기 쉬운 것을 택한다. 위에서 제시한 '웃~욷~운'의 경우 기본형을 '웃'으로 잡고 비자음을 제외한 자음 앞에서는 '욷'으로, 비자음 앞에서는 '운'으로 바뀌었다고 설명하는 것이 한국어의 음운 현상을 고려했을 때 가장 자연스럽다. 이와 달리 '욷'이나 '운'을 기본형으로 잡을 경우 자연스럽게 설명하기가 어렵다.

이형태의 교체는 다양한 조건에 의해서 나타나게 된다. 첫째, 주격조사가 '이~가', 목적격조사가 '을~를'로 나타나는 것은 이형태의 분포 조건이 앞에 오는 명사의 끝소리가 자음이냐 모음이냐에 따라 달라지므로 음운적인 조건에 따르고 있다. 이러한 교체에 의한 이형태를 음운적으로 제약된 이형태(phonemically conditioned allomorph)라 부른다. 둘째, 과거시제를 나타내는 선어말어미가 '보았다'의 경우는 '았', '먹었다'의 경우는 '었'으로 앞에 오는 어간의 음운적인 조건에 의해 달리 실현됨에 반해, '하였다'의 '였'으로 실현된다. '았'과 '었'은 앞에 오는 어간의 모음이 양성 모음이냐 음성 모음이냐에 따라 음운적으로 제약된 이형태들이지만, '였'은 '하-' 뒤에서만 실현되므로 이러한 교체에 의한 이형태를 형태적으로 제약된 이형태(morphemically conditioned allomorph)라 한다. 셋째, 부사격 조사 '에~에게'는 앞에 오는 명사가 유정물(有情物)인가 무정물(無情物)인가에 따라 선택되므로 문법범주의 조건에 따른 이형태로 볼 수 있다. 이러한 교체 조건에 따른 이형태를 문법적으로 제약된 이형태(grammatically conditioned allomorph)라 부르기도 한다.

교체를 자동적 교체(自動的 交替, automatic alternation)와 비자동적 교체(非自動的 交替)로 나누기도 한다. 자동적 교체는 그러한 교체가 일어나지 않으면 그 언어의 음운 패턴이 깨어지는 결과가 초래되는 교체를 말한다. '웃~욷~운'은 자동적 교체의 예이고, '이~가'는 비자동적 교체의 예이다.

(3) 단어

① 단어란 무엇인가?

단어(單語, word)는 가장 널리 쓰이는 문법 용어이지만 엄격하게 정의하기는 매우 어렵다.

단어의 정의가 어려운 것은 이 용어가 문법 용어이기 이전에 일상어에서 널리 쓰이고 있다는 사실과도 관련이 있다. 일상어에 쓰이는 말은 엄격한 정의에 따라 사용하는 것이 아니라 언중들이 상황에 따라 다양한 의미로 쓰기 때문이다. 단어와 유사한 의미로 쓰이는 '낱말'이나 '어휘'의 의미 역시 정의하기 어렵다.

단어의 정의가 어렵기는 하지만 단어는 가장 기본적인 문법 단위의 하나이다. 아이가 태어나서 말을 배울 때 가장 먼저 배우는 단위는 단어이다. 아이는 '맘마, 물, 엄마' 등의 '한 단어를 말하는 단계(one-word stage)'를 거쳐 '엄마 물, 빨리 와'와 같이 두 단어를 말하는 단계(two-word stage)를 거쳐 점차 완전한 문장을 말하는 단계로 나아간다. 또한 외래어를 받아들일 때나 외국어를 학습할 때도 단어는 가장 중요한 단위가 된다. 문법 기술에 있어서도 품사 분류를 논의하거나 단어 형성을 논의하기 위해서는 단어를 정의하는 것이 필수적이다.

가장 잘 알려진 단어의 정의는 '최소의 자립형식(a minimal free form)'이다. 자립형식이란 문장에서 단독으로 쓰일 수 있는 언어 형식을 말한다. '나는 바다를 매우 좋아한다'라는 문장에서 '나, 바다' 등 명사나 대명사, '매우'와 같은 부사는 그 자체로 자립성을 가지므로 단어에 속한다. '좋아한다'와 같은 형용사나 동사는 어간과 어미가 합쳐져야 자립성을 가지므로 전체가 하나의 단어가 된다.

자립성의 기준을 엄격하게 적용하면 한국어의 조사는 단어의 자격을 가지기 어렵게 된다. 명사나 대명사 등 체언에 조사가 결합한 형식은 어떤 면에서는 동사나 형용사 등 용언 어간에 어미가 결합한 형식과 동일하다고 볼 수 있다. 그렇다면 동사나 형용사의 어간에 어미가 결합한 형식 전체를 하나의 단어로 본다면 명사나 대명사에 조사가 결합한 형식도 전체를 하나의 단어로 보아야 할지 모른다. 문법가 중에서 이런 태도를 취하는 사람도 있으나 조사는 어미와 달리 하나의 단어로 취급하는 사람이 많다. 이는 조사에 선행하는 체언의 자립성이 어미에 선행하는 용언 어간의 자립성보다 훨씬 높다는 것이 중요한 이유이다.

최소의 자립형식이라는 단어의 정의는 꽤 유용한 단어 정의임에는 분명하지만 한계를 가지기도 한다. '돌다리, 등불'과 같은 합성어는 하나의 단어임에 분명하지만 이 전체가 최소의 자립형식은 아니다. 이들 예에서는 '돌'과 '다리', '등'과 '불'을 최소의 자립형식으로 볼 수 있다. 이런 문제를 해결하기 위해서 휴지(休止, pause)와 고립성(分離性, isolability)을 단어를 정의하는 기준으로 사용하기도 한다. 즉 하나의 단어는 내부에 휴지를 둘 수 없고 다른 단어를 넣어 분리할 수도 없는 고립된 문법 단위라는 것이다. 휴지와 고립성의 기준에 의해 '돌다리'와 '등불'은 하나의 단어로 볼 수 있게 된다.

물론 이 기준으로 단어의 정의의 어려움이 완벽하게 해결되는 것은 아니다. 체언과 조사 사이에는 다른 조사가 들어가는 것이 흔하므로 '고립성'의 기준으로 조사를 단어로 보기 어렵다. 또한 '깨끗하다'는 분명 하나의 단어로 생각되는데, '깨끗도 하다, 깨끗은 하다'와 같이 단어 내부에 다른 요소의 개입이 가능하다. 이런 예외적인 현상의 존재는 단어의 객관적인 정의가 얼마나 어려운 것인가를 잘 보여 준다.

② 한국어의 단어를 정의한 논의들에는 어떤 것들이 있나?

문법가들은 주로 조사와 어미의 처리를 달리하여 단어에 대해 다양한 다른 견해를 보여 왔다.

[8] 철수가 동화를 읽었다.

문장 [8]에 대해서 주시경 등 초기의 문법가들은 '철수, 가, 동화, 를, 읽, 었다' 등 6개의 단어로 짜인 것으로 보았다. 이에 대해 최현배를 비롯하여 한글맞춤법에 참여한 학자들은 '철수, 가, 동화, 를, 읽었다'의 5개의 단어로 짜인 것으로 보았다. 이와 달리 정렬모, 이숭녕 등 역사문법가들은 '철수가, 동화를, 읽었다'의 3개의 단어로 짜인 것으로 보았다.

단어에 대한 정의의 어려움을 고려하여 최근에는 아예 단어의 개념을 분리하기도 한다. 예를 들어 음운론적 단어, 형태론적 단어, 통사론적 단어, 의미론적 단어로 분석하여 각각 '음운 규칙의 적용 범위', '형태론적인 자립성', '통사론적인 자립성', '의미론적인 단일성' 등을 단어 정의의 기준으로 사용하기도 한다.

단어 정의와 관련하여 어휘소(lexeme)나 등재소(listeme)라는 용어를 사용하기도 한다. 어휘소란 실제로 여러 가지 모습으로 쓰이는 단어들의 추상적인 단위를 가리킨다. 예를 들어 '듣고, 듣지, 들으니, 들으면, 들어라, 들었다, 들었겠다' 등은 한 단어의 여러 모습이므로 어휘소로는 '듣다' 하나이다. 사전은 어휘소를 고려하여 표제어를 올린다. 등재소는 어휘소의 개념을 확대하여 속담이나 관용구 등 단일한 의미를 가진 요소까지를 하나의 단위로 취급하는 입장이다.

참고 형태론의 기본 개념과 한국어교육

한국어교육을 위해서는 형태론의 개념 중에서 가장 기본적인 개념들에 대한 교육이 필요하다. 형태소, 이형태, 단어, 기본형, 접사, 어간, 어근 등의 개념은 한국어교육을 위해 필요하다. 특히 한국어에서 기본형의 개념과 이형태의 개념은 한국어 사전을 찾기 위해서도 반드시 알아야 한다. 물론 자세한 이론적인 논의는 현장 교육에서는 사용하지 않는 것이 좋다.

3) 품사 분류와 품사별 특성

(1) 품사 분류의 기준과 실제

① 품사를 분류하기 위한 기준에는 무엇이 있는가?

품사는 가장 오래된 언어 분류 방식의 하나이다. 품사는 단어를 문법적 성질에 따라 나눈 부류(部類)를 말한다. 문법적 성질은 형태(혹은 형식, form)와 기능(혹은 직능, function)을 말한다. 따라서 품사 분류의 기준은 형태, 기능이 된다. 그러나 여기에다 보조적인 기준으로 의미를 추가하기도 한다. 그리하여 품사는 일반적으로 형태, 기능, 의미라는 세 가지 기준에 의해 분류된다.

② 한국어의 품사 분류는 어떻게 이루어지나?

품사 분류를 위한 세 가지 기준은 하나 혹은 여러 개의 기준이 단계적으로 적용된다.

첫 번째 단계에서는 '형태'의 기준에 의해 굴절을 하는 부류와 그렇지 않은 부류로 나눈다. 그리하여 동사와 형용사가 다른 것들과 구분된다. 물론 조사가 결합하는 명사 등을 따로 분류할 수도 있다. 이렇게 하면 형태에 의해 세 가지 부류가 나누어진다.

두 번째 단계에서는 주로 '기능'에 의해 '체언, 관계언, 용언, 수식언, 독립언' 등으로 나누어진다. 체언에는 명사, 대명사, 수사 등이 속하는데, 문장의 주어나 목적어 등 뼈대가 되는 자리에 많이 쓰이므로 체언이라 부른다. 관계언은 주로 조사를 가리키는데, 자립성이 있는 말에 붙어 그 말과 다른 말의 관계를 나타내므로 관계언이라 부른다. 용언에는 동사, 형용사 등이 속하는데, 주체를 서술하는 기능이 있으므로 용언이라 부른다. 수식언에는 관형사와 부사가 속하는데, 다른 말을 꾸며 주므로 수식언이라 부른다. 독립언에는 감탄사가 속하는데, 기능상 문장의 다른 성분과 직접 관련을 맺고 있지 않으므로 독립언이라고 부른다.

세 번째 단계에서는 '기능'과 '형태'뿐 아니라 '의미'까지를 종합적으로 고찰하여 최종적으로 품사를 분류한다. 굴절을 하는 부류는 다시 굴절의 방식과 기능에 따라 나뉘는데, 동사는 '-아/어라, -자, -는/ㄴ다, -는, -느냐' 등과 결합할 수 있다는 점에서 형용사와 구별된다. 조사가 결합하는 유형은 다시 명사, 대명사, 수사로 분류할 수 있는데, 이때 분류의 기준은 형태나 직능보다는 의미에 의한 것으로 생각된다. 따라서 이들을 분류하지 않는 사람도 많다. 어미나 조사를 취하지 않는 단어는 기능의 차이에 의해 분류할 수 있다. 명사류를 꾸미는 관형사, 동사류나 부사류를 꾸미는 부사, 아무것도 수식하지 않는 감탄사로 나눌 수 있다. 조사를 따로 하나의 품사로 분류하기도 한다.

그리하여 한국어의 품사는 대체로 아래 [그림 6-1]과 같이 9개로 나누어진다. 이는 영어나 일본어 등 다른 언어의 품사 분류와 차이를 가진다. 품사는 다시 동사는 자동사와 타동사로, 명사는 물질명사와 추상명사, 자립명사와 의존명사 등으로 하위분류하기도 한다.

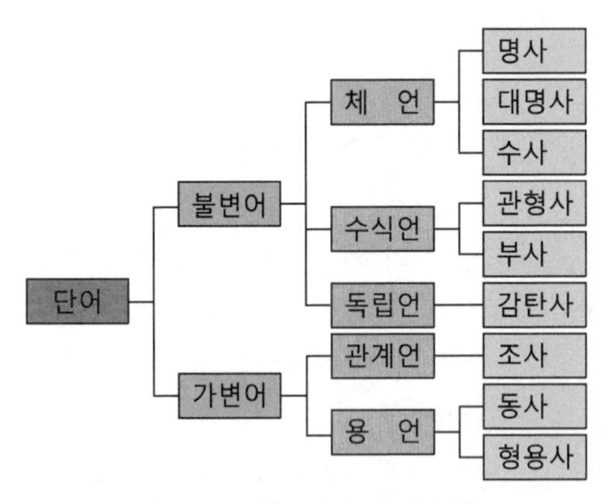

[그림 6-1] 한국어의 품사 분류

(2) 품사별 특성

이제 한국어의 9품사 각각에 대해 그 특징을 간략히 살펴보기로 하자.

① 명사는 어떤 특징을 가지는가?

명사는 조사를 취하고, 관형어의 수식을 받으며, 사람이나 사물, 장소 따위의 명칭을 나타낸다. 이런 특성의 정도에 따라 몇 종류로 나누어 볼 수 있다.

명사를 보통명사와 고유명사로 나누기도 한다. 고유명사는 인명, 지명을 비롯하여 기관의 이름, 상표 이름 등 고유한 이름을 나타내는 명사로 한 명사가 포괄하는 범위가 더 큰 보통명사와 구별된다. 고유 명칭이 모두 고유명사는 아니다. '노래를 찾는 사람들, 동강 살리기 운동 협의회' 등 구로 된 고유 명칭도 많기 때문이다. 또한 '일본은 없다', '누가 하늘을 보았다 하는가' 등 책 제목이나 영화 제목 등에서처럼 문장도 고유 명칭이 될 수 있다. 하지만 이들은 고유명사는 아니다.

고유명사는 대체로는 해당 항목이 하나밖에 없기 때문에 관형어와의 어울림에서 제약을 받는다. 특히 여러 개 중에 하나를 선택하는 의미를 나타내는 '어느, 이, 그' 등이나 복수 개념을 나타내는 '여러, 많은' 등의 결합에 제약된다. 또한 복수를 나타내는 '들'과의 결합이나 수량사구의 구성에서도 제약이 있다.

[9] 가. 어느 산이 더 유명하니?/*어느 백두산이 더 유명하니?
　　나. 여러 사람이 왔다./*여러 이순신이, *여러 이순신들이, *이순신 셋이

한국어에서는 명사를 보통명사와 고유명사로 나누는 것보다 자립명사와 의존명사로 나누는 것이 문법적으로 더 큰 의의를 가진다. 자립명사와 의존명사는 관형어의 수식 등에서 차이가 크다.

의존명사는 반드시 그 앞에 수식어가 와야 하므로 단독으로 문장에 쓰일 수 없다. 그리하여 주로 '-(으)ㄴ, -는, -(으)ㄹ, -던' 등이 결합된 용언의 관형사형의 수식을 받는다. 자립성 유무뿐 아니라 의미에 있어서도 자립명사와 의존명사는 차이가 있다. 의존명사는 의미가 형식적이고 추상적이며, 문맥에 따라 주어진 자립명사에 대응되는 의미로 해석되는 경우가 대부분이다.

의존명사는 다양한 분포상의 제약을 가진다. 의존명사는 그 앞에 반드시 관형어가 와야 하므로 문장의 첫머리에는 올 수 없다. 또한 의존명사는 대체로 제한된 격조사와만 결합한다. 그리하여 의존명사를 다음과 같이 분류하기도 한다.

[10] 가. 보편성 의존명사: 것, 데, 바
　　나. 주어성 의존명사: 나위, 리, 수, 지, 법, 턱
　　다. 목적어성 의존명사: 줄, 체, 척
　　라. 부사어성 의존명사: 김, 바람, 통
　　마. 서술어성 의존명사: 따름, 뿐, 나름
　　바. 기타: 만(하다), 뻔(하다), 성(싶다), 듯(싶다), 만큼, 대로, 양, 겸

또한 의존명사는 아래의 [11가]처럼 그 앞에 오는 관형사형의 어미가 제한되거나 [11나]처럼 뒤에 오는 서술어가 제한되기도 한다.

[11] 가. 그 얘가 이 일을 {알, *아는, *안, *알던} 턱이 없지.
나. 그렇게 착한 아이가 선생님의 말을 거역할 리가 {없다, 있다}

의존명사 중에는 수량 단위 의존명사라고 불러서 다른 종류의 의존명사와 구별되는 것들이 있다. 이들의 앞에 오는 관형어는 수사나 수관형사와 같은 종류들이고 이들 의존명사가 결국 수량을 나타내는 단위라는 특성을 갖는다. 수량 단위 의존명사는 분류사라고도 부른다. 그런데 분류사란 꼭 의존명사만을 포함하는 것은 아니다.

단위성 의존명사 혹은 분류사 중에는 기원적으로 일반명사에서 온 것이 많다. 이 중에는 '마리'처럼 자립성을 완전히 잃어버리고 의존명사로만 쓰이는 것들도 있고, '되'나 '말'처럼 자립명사와 의존명사의 기능을 동시에 가지는 것들도 있으며, '사람'이나 '뿌리'처럼 일반명사가 문맥에 따라 분류사의 구실을 하는 것들이 있다.

한국어는 중국어, 일본어 등과 함께 분류사가 발달한 언어이다. 이렇게 말하는 이유는 분류사가 단순히 수를 나타내는 것이 아니라 명사의 의미자질을 세분해 나타내고 있기 때문이다. 예를 들어 사람을 나타낼 때는 '한 명', 집을 나타낼 때는 '한 채', 동물을 나타낼 때는 '한 마리', 사물을 나타낼 때는 '한 개' 등으로 다양하게 나타난다. 자주 쓰이는 분류사에는 다음과 같은 것들이 있다.

[12] 개, 필, 짝, 마리, 축, 칸, 권, 병, 그루…

② 대명사는 어떤 특징을 가지는가?

대명사는 명사가 쓰일 자리에 대신하여 쓰인다. 따라서 대체될 수 있는 명사를 전제로 의미 등이 파악된다. 이러한 대명사의 특성을 상황 지시적인 특징이라고 한다. 그리하여 '너는 여기서 무엇을 하니?'와 같은 문장에서 '너, 여기, 무엇'의 의미는 상황에 따라 다르게 파악되는 것이다. 명사 중에서도 '오늘, 내일'처럼 상황 지시적인 것이 있지만 대명사는 대부분의 경우 이런 특성을 갖는다.

대명사는 지시 대상이 무엇이냐, 화자나 청자를 기점으로 얼마나 가까운가? 등에 따라 나뉜다. 1인칭, 2인칭, 3인칭, 근칭(近稱), 중칭(中稱), 원칭(遠稱), 사물대명사, 처소대명사 등이 이런 구분이다. 이 중 1인칭, 2인칭, 3인칭의 구분이 가장 흔히 쓰이는데, 3인칭에는 인물과 사물을 모두 포함할 수 있다.

한국어 대명사는 경칭(敬稱)과 겸양칭(謙讓稱)이 평칭(平稱)과 구별되어 있다는 점에서 다른 언어의 대명사와 차이가 있다. 겸양칭으로는 1인칭의 '저, 저희'가 있고, 경칭으로는 2인칭의 '자네, 당신, 그대'가 있다. 경칭은 제약이 심해 아주 높일 때는 대명사를 쓰지 않고 '어르신, 박사님, 선생님'과 같은 명사를 직접 쓰는 것이 일반적이다.

한국어 대명사의 용법에서 특이한 것의 하나는 한 개인의 소유나 소속 관계를 나타낼 때 단수가 아니라 복수형을 쓰는 경우가 많다는 것이다. 영어라면 'my father, my son'이라고 해야 할 상황에서 '우리 아버지(*내 아버지), 우리 아들('내 아들'도 가능)'을 사용한다. 복수형 '우리, 저희, 너희'에 다시 복수의 의미를 가진 '들'이 붙기도 한다. 1인칭의 '우리'는 단수형 '나'와는 달리 화자뿐 아니라 청자나 제3자가 포함되기도 한다. 다만 '저희'는 겸양칭이므로 청자를 포함할 수 없다.

한국어는 대명사가 그리 발달하지 않은 언어이다. 특히 3인칭 대명사가 잘 발달하지 않았던 듯하다. 3인칭 대명사로는 단일어는 거의 없고 명사 '애, 분, 이, 것' 등과 결합한 합성어가 주로 쓰인다. '이, 그, 저' 중에서는 '그'만이 대명사로 쓰일 수 있고 나머지는 합성어가 되거나 복수의 '들'과 결합해야 인물대명사로 쓰인다. '그녀'는 개화기 이후 만들어졌으며, 지금도 문어체에만 쓰인다. 반면, '얘, 쟤, 걔, 이이, 저이, 그이, 이분, 저분, 그분' 등은 일반 대화에서 주로 쓰이고 설명문과 같은 글에서는 잘 쓰이지 않는다. '이, 그, 저' 중에서 '이, 그'는 앞 문장을 받아서 사용할 수 있지만, '저'는 그렇지 못하다.

3인칭 대명사는 쓰임에 제약이 많아 아래의 '선생님'처럼 명사를 그대로 쓰는 경우가 많다.

[13] 저희 선생님은 올해 예순 살이십니다. 선생님의 고향은 경상도 경주의 어느 산골이었습니다. 선생님께서는…….

'누구'를 미지칭(未知稱), '아무, 아무개'를 부정칭(不定稱)으로 구별하기도 한다. 그러나 둘은 차이 없이 쓰이기도 하므로 둘을 묶어서 부정칭으로 이해하기도 한다. 미지칭에 '도, (이)라도'가 결합하면 주로 부정칭이 되기 쉽다. 억양에 따라 미지칭과 부정칭이 달라지기도 한다.

[14] 누가(강세) ↘ 왔니? (미지칭)
누가 ↗ 왔니? (부정칭)

'여기, 거기, 저기'는 근칭, 중칭, 원칭으로 구분하기도 한다(이, 그, 저도 그러하다). 이들 중 '여기'는 화자에게 가까운 쪽, '거기'는 청자에게 가까운 쪽, '저기'는 화자와 청자에게 모두 떨어져 있으면서 눈에 보이는 곳을 가리킨다. 이는 일본어에서도 유사하게 나타난다.

문장 안에서 선행하는 동지시물(同指示物), 즉 선행사(先行詞)를 다시 가리킬 때 일반 대명사와 구별되는 특별한 형태로 나타나는 경우가 있는데, 이를 재귀대명사(혹은 재귀칭)로 불러 일반적인 대명사와 구별하기도 한다. 한국어는 영어와 달리 재귀대명사가 3인칭만 나타난다.

[15] 가. 나는 <u>내</u> 이름도 못 쓴다. (대명사가 쓰임)
나. 철수는 <u>자기</u> 이름도 못 쓴다. (재귀대명사가 쓰임)

한국어의 재귀대명사에는 '자기, 저, 저희, 당신'이 있다. 이들은 상대높임법의 등분에 따라 구별되어 쓰인다. '저'가 '자기'보다는 다소 낮지만 자유롭게 넘나들며 쓰이기도 한다. '당신'은 존칭을 선행사로 하고 사적(私的)인 자리에만 쓰이는 등 제약이 있다.

③ 수사는 어떤 특징을 가지는가?

수사는 사물의 수량이나 순서를 나타내는 단어들로 이루어진 품사이다. 수사는 통사적인 기능 면에서는 명사와 유사하지만, 사물의 실질 개념을 나타내지 못하고 상황에 따라 특정한 명사의 수를 대신해서 나타낸다. 따라서 상황 지시적이라고 할 수 있는데, 이 점에서 대명사와 비슷하다. 또한 관형어의 수식이 자유롭지 못하다는 점에서도 대명사와 유사하다.

수사에는 양수사(혹은 기본수사나 기수사라고도 함)와 서수사(혹은 순서수사라고도 함)가 있다. 양수사와 서수사는 둘 다 고유어 계열과 한자어 계열이 있다.

[16] 가. 하나, 둘, 셋, 넷, 다섯, 여섯, 일곱, 여덟, 아홉, 열, 스물 서른, 마흔, 쉰, 예순, 일흔, 여든, 아흔
나. 일(一), 이(二), 삼(三), 사(四), 오(五), 육(六), 칠(七), 팔(八), 구(九), 십(十), 이십(二十), 삼십(三十), 사십(四十), 오십(五十), 육십(六十), 칠십(七十), 팔십(八十), 구십(九十), 백(百), 천(千), 만(萬)…

[17] 가. 첫째, 둘째, 셋째, 넷째…열째, 열한째, 열두째, 열세째…스무째…
나. 제일(第一), 제이(第二), 제삼(第三), 제사(第四), 제오(第五)…제십(第十), 제십일(第十一)…

④ 동사와 형용사는 어떤 특징을 가지는가?

형용사를 동사의 하위 부류에 포함시키는 경우도 있지만 일반적으로 형용사를 따로 구분하여 용언에 속하는 품사로 동사와 형용사를 설정한다. 용언에 속하는 품사로 동사와 형용사 이외에 존재사를 넣기도 한다. 존재사에는 '있다, 없다, 계시다'가 포함된다. 이들은 활용의 양상이 동사와 형용사의 중간적인 특성을 보인다. 그러나 존재사에 속하는 단어가 2개에 불과하므로 총 목록이 적어 굳이 품사로 분류하기에 적절하지 않다. 그 밖에 이른바 서술격조사, 계사, 지정사 등 다양한 명칭으로 불리는 '이다'도 활용을 한다는 점에서는 용언에 포함시킬 수도 있다.

'없다'는 '없는, 없느냐' 등을 제외하면 대체로 형용사의 활용을 보인다. '있다'는 다시 둘로 나뉜다. '있다$_1$(有)'은 형용사에 가깝고 존대형으로 '있으시다'가 쓰인다. '있다$_2$(在)'는 자동사에 가깝고 존대형으로 '계시다'가 쓰인다.

동사와 형용사는 한국어에서 매우 중요한 품사에 속한다. 따라서 한국어 학습자들에게 동사와 형용사의 형태적·통사적 특징들이 자세하게 교수되어야 한다. 특히 이들 품사는 용언에 속하므로 규칙 및 불규칙적인 활용의 양상이 교수되어야 한다. 하지만 동사와 형용사가 선어말어미 및 어말어미와

결합하는 양상은 따로 장을 마련하여 다루어지므로 여기에서는 자세하게 언급하지 않는다.

동사는 사람이나 사물 따위의 움직임을 과정적으로 나타내는 품사이다. 동사는 목적어를 가질 수 있느냐의 여부에 따라 다시 자동사와 타동사로 나뉜다. 자동사와 타동사의 구분은 한국어 문형 교육을 위해서 매우 중요하다. 동사 중에는 아래에서 볼 수 있듯이 자동사와 타동사로 모두 쓰이는 것도 있다.

[18] 가. 아기의 눈물이 그쳤다. (자동사)
나. 어머니가 아기의 눈물을 그쳤다. (타동사)

형용사는 사람이나 사물 따위의 성질이나 상태를 표시하는 품사이다. 영어에서는 형용사가 서술어가 되기 위해서는 'be' 동사의 도움이 필요하나 한국어에서는 형용사만으로 충분하다.

[19] 가. 날씨가 좋다.
나. The wether is good.

동사와 형용사는 일반적으로 뒤에 올 수 있는 어미의 종류에 차이가 있다. 형용사는 '*많아라, *많자'처럼 명령형이나 청유형의 어미와 결합하지 못하고, '*많는다, *많는'처럼 현재 시제와 관련되는 어미와도 쉽게 결합하지 못한다. 또한 감탄형과 의문형 어미의 결합에 있어서도 동사는 '읽는구나, 읽느냐'로 쓰임에 반해 형용사는 '많구나, 많으냐'로 쓰여 차이를 보인다.

[20] 가. *많아라, *많자, *많는다, *많는, *많는구나, *많느냐
나. 읽어라, 읽자, 읽는다, 읽는, 읽는구나, 읽느냐

용언(동사나 형용사) 중에는 다른 용언 뒤에 쓰여 문법적인 의미를 더해 주는 용언이 있다. 이를 보조용언이라 하는데, 영어의 조동사와 유사한 기능을 한다. 한국어의 보조용언은 영어의 조동사와 기능이 유사하지만 훨씬 더 많은 기능을 담당하고 어순에 있어서도 영어와 달리 본용언의 뒤에 오고 보조

용언과 사이에 어미 '-아/어, -고, -지' 등으로 연결된다.

[21] 한국어 보조용언의 예

의미 기능	형태
진행	-아/어 가다, -고 있다
종결	-고 나다, -아/어 내다, 아/어 버리다
봉사	-아/어 주다, 아/어 드리다
시행	-아/어 보다
보유	-아/어 두다, -아/어 놓다
사동	-게 하다, -게 만들다
피동	-아/어 지다, -게 되다
부정	-지 아니하다(않다), -지 말다
강세	-아/어 대다
짐작	-아/어 보이다
당위	-아/어야 하다
시인	-기는 하다

한국어 학습자들이 한국어를 배울 때에 비교적 초기에 배우게 되는 '이다'를 용언의 한 종류로 보아 지정사를 따로 품사의 하나로 설정하기도 한다. 지정사에는 '이다, 아니다'가 포함된다. '아니다'는 '이다'의 부정을 나타낸다. 그런데 '이다'는 앞에 오는 체언에 조사가 없이 바로 연결되고 '아니다'는 체언 뒤에 조사 '이/가'가 결합한 후 그 뒤에 오는 등의 차이가 있다.

[22] 가. 나는 학생이다.
나. 나는 학생이 아니다.

'아니다'는 대체로 형용사에 가깝지만, '이다'는 명확하지 않아 연구자에 따라 견해가 다르다. 학교문법에서는 '이다'가 명사에 결합하므로 조사의 일종으로 보아 서술격조사로 분류하고 있으며, 북한의 규범 문법에서도 토의 일종으로 파악하고 있다. 최근에는 '이다'가 형용사와 활용 양상이 유사하므로 (의존)형용사로 보기도 한다. 한국어교육에서는 영어의 'be 동사'와의 유사성에 근거하여 동사의 일종으로 다루기도 한다.

영어와 마찬가지로 한국어의 용언들도 규칙적인 활용과 불규칙적인 활용의 구분이 있다. 여기에서는 한국어의 불규칙적인 활용의 예 중에서 한 가지만 들기로 한다.

[23] 가. 잡다, 잡고, 잡지, 잡으니, 잡아서, 잡았다
나. 곱다, 곱고, 곱지, 고우니, 고와서, 고왔다

[23나]에서 볼 수 있듯이 'ㅂ' 받침을 가진 동사라도 매개모음이나 모음으로 시작하는 어미 앞에서 'ㅂ'이 나타나지 않는 경우가 있어 이를 불규칙용언이라 부른다. 불규칙용언에는 'ㅅ' 불규칙(짓다), 'ㄷ' 불규칙(걷다), '르' 불규칙(흐르다), '우' 불규칙(푸다), '여(애)' 불규칙(하다), '러' 불규칙(푸르다), '거라' 불규칙(가라), '너라' 불규칙(오다), 'ㅎ' 불규칙(파랗다) 등이 더 있다. '거라' 불규칙의 경우 '가거라' 외에 '가라'가 가능하다고 보아, 불규칙이 아니라 결합되는 어미의 차이로 파악하기도 한다. 즉 '가거라'는 불규칙활용을 한 것이 아니라 보수적인 명령형 어미 '-거라'가 결합한 것으로 보는 것이다.

⑤ 관형사와 부사는 어떤 특징을 가지는가?

관형사는 형태 변화가 없이 명사류를 수식하는 기능을 한다. 이런 점에서는 영어의 형용사와도 유사한 속성을 가진다. 한국어에서 관형사는 그 수가 많지 않다. 관형사 중에는 명사, 대명사, 수사 등 체언이 통시적인 변화에 따라 한정된 용법만 가지게 되어 형성된 것도 있고 용언의 관형사형에서 온 경우도 있다. 아래에서 제시한 것이 대표적인 한국어의 관형사들이다.

[24] 가. 이, 그, 저, 요, 고, 조, 갖은, 딴, 무슨, 다른, 몇, 어느, 여느, 여러, 온, 온갖, 웬, 새, 헌, 옛, 맨…
나. 한, 두, 세, 서, 석, 너, 네, 넉…
다. 별(別), 각(各), 순(純), 전(全), 총(總)…

[24나]의 수관형사와 [24다]의 한자어계 관형사를 제외하면 여기에 제시한 것이 거의 전부일 정도로 관형사의 총 목록은 매우 적은 편이다.

관형사는 형태상 대명사나 수사와 혹은 명사와 형태가 같아 통사적인 기능에 의해서만 구별되기도 한다.

[25] 가. 이, 그, 저…
　　나. 한, 두, 서/석/세, 너/넉/네, 다섯, 여섯, 일곱…

[25가]는 대명사와 관형사, [25나]는 수사와 관형사의 두 가지 용법을 가진 것으로 파악하기도 한다. 수관형사의 경우 '다섯' 이상은 대체로 관형사와 수사의 형태가 일치한다. 연구자에 따라서는 [25가]는 대명사로만 파악하며, [25나] 중 '한, 두, 서/석/세, 너/넉/네'는 관형사로만 파악하고 '다섯, 여섯, 일곱…'은 수사로만 파악하기도 한다. 아래의 예에서 볼 수 있듯이 명사와 관형사로 쓰이는 것도 있다.

[26] 가. 인간적 갈등
　　나. 인간적인 갈등, 인간적으로 생각하면

[26]은 접미사 '-적(的)'이 결합한 형태인데, 뒤에 바로 명사가 이어지는 [26가]에서는 '인간적' 전체의 품사가 관형사이고, 뒤에 '이-'나 '으로'가 이어지는 [26나]에서는 '인간적'의 품사가 명사이다.

부사는 형태의 변화가 없고 다른 말을 수식한다는 점에서는 관형사와 마찬가지이지만 관형사가 체언을 수식하는 것과 달리 주로 용언이나 또 다른 부사를 수식한다. 부사는 문장 전체를 수식하는 문장부사와 특정 성분을 수식하는 성분부사로 나뉜다.

[27] 가. 과연, 실로, 제발…
　　가'. 그리고, 그러나, 그러면…
　　나. 잘, 매우, 바로…
　　나'. 땡땡, 도란도란, 데굴데굴, 사뿐사뿐…

[27가]는 주로 문장의 맨 앞에 붙어 화자의 태도를 표시하는 기능을 한다. [27가']과 같은 접속사도 접속사가 독립된 하나의 품사로 세워져 있는 영어와 달리 한국어에서는 부사, 특히 문장 부사에 포함된다. [27나]는 자기가 수식하는 문장 성분 앞에 붙어 그 문장 성분을 수식하는 성분부사들이다. [27나']은 소리나 움직임을 모방한 의성어나 의태어들인데, 이들도 성분부사에 속한다. 의성어나 의태어에 대해서는 뒤에서 자세하게 설명할 것이다.

⑥ 조사는 어떤 특징을 가지는가?

연구자에 따라 품사로 분류하기도 하고 굴절어미의 일종으로 보기도 한다. 그러나 선행 요소와 분리성이 있고 생략이 가능하다는 점에서 굴절어미와 차이가 난다. 그리하여 하나의 독립된 품사로 보는 것이 보통이다. 조사의 종류와 구체적인 의미 기능에 대해서는 이 교재의 다른 장에서 다루게 된다.

⑦ 감탄사는 어떤 특징을 가지는가?

감탄사는 화자가 자신의 느낌이나 의지를 특별한 단어에 의지함이 없이 직접적으로 표시하는 품사이다. 감탄사는 그 자체만으로 화자의 감정과 의지가 표출될 수 있어 다른 말이 계속되지 않더라도 독립된 문장과 같은 기능을 발휘할 수 있다. 감탄사를 문장 성분상 독립어라 하는 것도 이 때문이다. 감탄사도 관형사나 부사처럼 뒤에 조사나 어미가 결합하지 않는다. 감탄사를 의미 기능에 따라 '감정감탄사, 의지감탄사, 입버릇 및 더듬거림'으로 나누기도 한다.

[28] 가. 하하, 아이고, 후유, 에구머니…
나. 아서라, 여보, 암, 글쎄…
다. 어, 에, 거시기, 음, 에헴…

[28가]는 감정감탄사, [2나]는 의지감탄사, [28다]는 '입버릇 및 더듬거림'의 예이다.

참고 품사 분류와 한국어교육

학습자들에게 품사의 종류는 반드시 주지시켜야 한다. 한국어의 품사의 분류는 연구자에 따라 다르지만 대체로 학교문법의 9품사가 받아들여진다. 이 9품사는 기본적으로 서양의 전통문법의 영향을 받고 있으므로 영어나 일본어 등의 품사 분류와 유사하나 차이점도 있다. 따라서 학습자의 언어권별로 자기 나라의 언어의 품사와 비교하여 학습할 수 있게 가르치는 것이 효과적이다.

학습자 모어의 품사 분류와의 차이를 가르치되, 한국어의 특징적인 품사 분류를 강조해서 가르쳐야 한다. 예를 들어 영어와 비교해 보면, 수사, 관형사,

형용사, 조사 등이 특징적이다. 흔히 서술격조사로 부르는 '이다'는 9품사의 하나는 아니지만 매우 많이 쓰이므로 영어의 be 동사와 비교해서 가르쳐야 한다. 명사 중 의존명사는 한국어에서 매우 독특한 것이므로 자세하게 가르쳐야 한다. 의존명사와 관련하여 분류사도 한국어의 특성을 잘 보여 주므로 자세하게 가르쳐야 한다. 대명사는 문법적인 기능을 하는 경우가 많으므로 자세하게 가르쳐야 한다. 한국어에서 대명사는 경어법에 따른 등분까지 있으므로 더욱 그러하다. '우리 아버지'와 같은 특이한 복수형의 사용에 대해서도 가르쳐야 한다. 재귀대명사도 영어와 큰 차이가 있으므로 자세하게 가르쳐야 한다. 한국어의 형용사와 관형사는 영어의 형용사와 비교해서 가르치는 것이 좋다. 동사나 형용사의 활용 양상은 영어나 서구 언어의 활용 양상과 다르므로 비교해서 가르쳐야 한다. 부사 중에서 의성부사나 의태부사는 한국어의 특징을 잘 보여 주므로 자세하게 가르쳐야 한다. 조사를 자세하게 가르쳐야 함은 새삼 강조할 필요가 없을 것이다.

4) 단어 형성의 원리

(1) 한국어의 단어 형성 방식

① 한국어의 단어 형성 방식에는 어떤 것이 있는가?

단어는 그 형성 방식에 따라 단일어(simple word)와 복합어(complex word)로 나눌 수 있다. 단일어는 '집, 신, 높다' 등과 같이 형태소 하나로 이루어진 단어를 가리키며('높다'의 경우 형태소가 2개이지만 한국어에서 어떤 단어가 단일어이냐 복합어이냐를 따질 때는 동사나 형용사의 경우 어간만을 대상으로 한다), 복합어는 '집안, 짚신, 높푸르다, 덧신, 높이, 드높다'와 같이 두 개나 그 이상의 형태소로 이루어진 단어를 말한다. 복합어는 다시 어휘 의미를 강하게 띠는 요소끼리 결합한 합성어(compound word)와 어휘적 의미를 가진 요소에 접두사나 접미사와 같이 형식적 의미를 갖는 요소가 결합한 파생어(derivative word)로 나눌 수 있다. 위에서 제시한 예 중에서 합성어에 속하는 것에는 '집안, 짚신, 높푸르다' 등이 있고, 파생어에 속하는 것에는 '덧신, 드높다, 높이' 등이 있다.

한국어 단어를 조어 방식에 따라 분류하면 다음과 같다.

[29] 단어 형성 방식의 분류
단일어(simple word)
복합어(complex word): 합성어(compound word)
파생어(derivative word)

② 합성어와 파생어는 어떻게 구분하나?

두 개 이상의 형태소로 구성되어 있는 단어 중에는 합성어인지 파생어인지를 구별하기 어려울 때가 있다. 이럴 경우 앞에서 논의한 직접구성성분(直接構成成分)에 의한 분석으로 판단할 수 있다.

[30] 가. 코웃음
나. 비웃음

[30가]의 '코웃음'은 '코, 웃-, -음'의 세 개의 형태소가 결합한 것인데, 직접구성성분 '코'와 '웃음'이 모두 어휘 의미를 강하게 띠는 요소들이므로 합성어에 속한다. [30나]의 '비웃음'은 '비-, 웃-, -음'의 세 개 형태소가 결합한 것인데, 직접구성성분이 '비웃-'과 '-음' 중 '-음'이 접미사이므로 파생어에 속한다.

복합어의 직접구성성분 중에는 '작은집, 젊은이, 닭의장풀'처럼 어근(語基)에 어미나 조사가 결합된, 다시 말하면 어근이 단어보다 더 큰 요소(=구)도 있다. 따라서 합성어와 파생어를 정의하면, '합성어는 그 단어의 직접구성요소가 모두 어근인 단어이며, 파생어는 그 직접구성요소 중의 하나가 파생접사인 단어를 말한다. 이때 어근은 대체로 단어보다 작지만 예외적으로 단어보다 큰 단위가 사용되기도 한다.'라고 말할 수 있다.

(2) 합성어

① 합성어는 구와 구별이 가능한가?

합성어에는 아래에서 볼 수 있듯이 통사적 합성어와 비통사적 합성어가 있다. 통사적 합성어는 두 요소가 결합하는 방식이 구(句)를 이룰 때와 같은 단어를 말하고, 비통사적 합성어는 구(句)에서는 찾아볼 수 없는, 단어 형성에만 나타나는 특이한 결합 방식을 보이는 단어이다.

[31] 가. 논밭, 작은집, 새신랑, 들어가다
나. 촛불, 덮밥, 높푸르다, 살랑살랑, 울긋불긋, 부슬비

[31가]는 통사적 합성어이고, [31나]는 비통사적 합성어의 예이다.

통사적 합성어는 구(句)를 이룰 때와 같은 방식으로 만들어지므로 구(句)와의 구별이 어렵다. 통사적 합성어와 구를 구별하는 가장 일반적인 기준은 '의미'이다. 합성어는 구성 요소끼리 결합하여 새로운 단어가 된 것이므로 구와 달리 합성어는 구성 요소의 의미를 단순하게 합한 것이 아니라 많든 적든 새로운 의미를 가지게 된다. 모어 화자라면 대체로 의미를 기준으로 합성어인지 구인지를 판단할 수 있고 많은 경우 그 판단이 옳다. 그렇지만 국어사전을 기준으로 볼 때 '책값'은 합성어지만 '컴퓨터 값'은 구로 처리하는 이유를 의미만으로 판단하기는 매우 어렵다.

통사적 합성어와 구를 구별하는 다른 기준은 합성어도 단어에 속하므로 '단어 내부에 다른 요소가 개입될 수 없다.'는 단어 판별 기준을 여기에 적용하는 것이다. 다른 기준은 실제 동작의 순서와 관련시키는 것이다.

[32] 가. 깎아 먹다/깎아서 먹다
나. 뛰어나다/*뛰어서 나다

[33] 깨물다, 캐묻다, 몰라보다, 알아듣다

[32가]의 '깎아 먹다'는 가운데에 '서'를 넣는 것이 가능하므로 합성어가 아니라 구로 볼 수 있고, [32나]의 '뛰어나다'는 그렇지 않으므로 합성어로 볼 수 있다. [33]의 '깨물다, 캐묻다, 몰라보다, 알아듣다'는 실제 동작의 순서와 반대의 순서로 결합되어 있으므로 구가 아니라 합성어로 볼 수 있다. [32가]의 '깎아 먹다'와 [32나]의 '뛰어나다'의 비교에서도 볼 수 있었듯이, 당연한 얘기지만 구는 띄어 쓰고 합성어는 붙여 쓴다. 따라서 합성어인 '책값'은 붙여 쓰고, 구인 '컴퓨터 값'은 띄어 쓴다. 또한 합성어는 하나의 단어이므로 사전에 올림말(표제어)로 올라가게 된다.

② 합성명사에는 어떤 유형이 있는가?

한국어 단어 중에서 명사가 가장 많은 것처럼 합성어의 대부분은 합성명

사가 차지한다. 합성명사를 이루는 방식은 아래의 예에서 볼 수 있듯이 매우 다양하다.

[34] 합성명사의 구성 방식
가. 명사 + 명사: 논밭, 눈비, 고무신
나. 명사 + ㅅ + 명사: 촛불, 바닷가, 봄비, 산돼지
다. 관형사 + 명사: 새마을, 첫차, 옛사랑
라. 용언의 관형사형 + 명사: 작은집, 뜬소문
마. 용언 어간 + 명사: 늦잠, 덮밥, 접칼
바. 부사 + 부사: 잘못
사. 명사 + 파생명사(혹은 명사형): 말다툼, 몸가짐
아. 용언의 명사형 + 명사: 볶음밥, 보기신경
자. 부사 + 명사: 살짝곰보, 왈칵샌님
차. 부사성 어근 + 명사: 보슬비, 얼룩소
카. 용언의 부사형 + 명사: 섞어찌개

명사와 명사가 결합할 경우 [34나]에서처럼 사이시옷(혹은 사잇소리)이 나타나기도 한다. [34나]의 예 중에서 '촛불'과 '바닷가'의 경우 사이시옷이 표기에 나타난 것이고 '봄비'와 '산돼지'는 소리로만 실현된 것이다. 사이시옷은 방언과 세대에 따라서 다르게 나타나기도 한다. 표준어의 사이시옷 현상과 관련된 발음법 및 표기법은 「한글맞춤법통일안」 제30항의 규정을 이용하여 자세하게 알아 두는 것이 좋다.

③ 합성용언(합성동사와 합성형용사)에는 어떤 유형이 있는가?

합성동사와 합성형용사는 대체로 구성 방식이 유사하게 나타난다. 합성동사와 합성형용사를 이루는 방식을 제시해 보기로 하자.

[35] 합성용언(합성동사와 합성형용사)의 구성 방식
가. 명사 + 용언 어간: 힘들다, 줄서다, 앞세우다
나. 용언 어간 + 용언 어간: 굶주리다, 높푸르다, 굳세다
다. 용언 어간 + 아/어 + 용언 어간: 날아가다, 떠맡다, 잡아먹다
라. 용언 어간 + 고 + 용언 어간: 파고들다, 싸고돌다, 타고나다

마. 부사 + 용언 어간: 못나다, 잘나다, 바로잡다

④ 합성부사에는 어떤 유형이 있는가?

합성부사도 제법 다양한 방식으로 이루어진다. 합성부사 중 특이한 것은 반복합성어가 많다는 것이다. 합성부사를 이루는 방식을 제시해 보기로 하자.

[36] 합성부사의 구성 방식
가. 명사 + 명사: 밤낮, 오늘날, 이것저것
나. 관형사 + (의존)명사: 어느새, 한바탕
다. 용언의 관형사형 + 의존명사: 이른바, 된통
라. 부사 + 부사: 곧잘, 잘못, 좀더
마. 부사나 부사성 어근의 반복: 길이길이, 오래오래, 살랑살랑, 자주자주
바. 명사(체언)의 반복: 갈래갈래, 차례차례

⑤ 반복합성어의 특징은 무엇인가?

반복합성어를 구성하는 방식은 아래와 같이 어근이 완전히 반복되는 것(완전 반복), 음상이 약간 달라지는 것(부분 반복), 그 사이에 접사류가 개재되는 것, 반복형에 다시 접사류가 붙는 것 등으로 나누어 볼 수 있다.

[37] 가. 까칠까칠, 깜박깜박, 출렁출렁
나. 울긋불긋, 울퉁불퉁, 싱글벙글
다. 곱디곱다, 머나멀다
라. 가만가만히, 조용조용히

특히 의성의태어는 완전 반복이 활발한데, 이 경우 음성상징에 의한 짝을 가지는 경우가 많다. 음성상징에 의한 짝은 자음교체와 모음교체에 의한 것으로 나누어 볼 수 있다.

[38] 가. 바스락바스락/버스럭버스럭, 살랑살랑/슬렁슬렁
나. 구깃구깃/꾸깃꾸깃, 겅중겅중/껑충껑충

[38가]는 모음교체에 의한 짝을 보여 주고, [38나]는 자음교체에 의한 짝을 보여 준다. 모음교체는 영어의 'take/took'에서도 나타나는데, 한국어와 영어의 모음교체는 그 성격이 완전히 다르다. 이에 대해서는 뒤에서 자세하게 설명하기로 한다.

(3) 파생어

① 접두사에 의한 파생어는 어떤 특징을 가지고 있는가?

파생어는 접두사에 의한 파생어와 접미사에 의한 파생어로 나눌 수 있다. 접두사는 단어의 품사는 바꾸지 못하고 그 의미만 바꾼다. 따라서 접두사에 의한 파생어의 품사는 접두사 뒤에 오는 요소에 의해 결정된다. 또한 접두사는 접미사에 비해 문법적인 의미보다 어휘적인 의미가 더 두드러진다.

한국어에 자주 나타나는 접두사와 그 접두사에 의한 파생어의 예를 들어 보면 다음과 같다.

[39] 명사에 주로 결합하는 접두사
가. 군-: 군말, 군살, 군소리
나. 맏-: 맏며느리, 맏아들, 맏형
다. 맨-: 맨몸, 맨손, 맨입
라. 풋-: 풋고추, 풋과일, 풋사랑
마. 참-: 참깨, 참나물, 참조기
바. 시(媤)-: 시부모, 시어머니
사. 외(外)-: 외삼촌, 외숙모, 외할머니
아. 암/앎-: 암노루, 암놈, 암컷, 암키와
자. 수/숳/숫-: 수꽃, 수탉, 수캐, 숫양, 숫쥐

[40] 용언(형용사나 동사)에 주로 결합하는 접두사
가. 새/시/샛/싯-: 새빨갛다, 시뻘겋다, 샛노랗다, 싯누렇다
나. 되-: 되감다, 되돌다, 되묻다

[41] 명사와 용언(동사나 형용사)에 모두 붙는 접두사
가. 덧-: 덧가지, 덧니; 덧나다, 덧붙이다
나. 짓-: 짓고생, 짓망신; 짓누르다, 짓밟다

다. 치-: 치사랑; 치받다, 치밀다
라. 헛: 헛기침, 헛수고; 헛되다, 헛디디다

접두사는 관형사나 부사와 구별이 어려운 경우가 있다. 명사를 어근으로 가지는 접두사는 관형사와, 동사나 형용사를 어근으로 가지는 접두사는 부사와 비슷한 성질을 가진다. 따라서 양자의 구분이 필요하다. 접두사를 관형사나 부사와 구별하는 기준으로는 분포상의 제약, 다른 단어의 개입 여부 등이 이용될 수 있다.

[42] 가. 새 신, 새 버선, 새 책, 새 수건, 새 사람
나. 덧신, 덧버선, *덧책, *덧수건, *덧사람

[42가]는 '새'는 관형사로서 분포상의 제약이 별로 없고 사이에 다른 단어를 넣을 수도 있다. 이에 반해 [42나]의 '덧-'은 접두사로서 분포상의 제약이 심하고 사이에 다른 단어가 끼어들기 어렵다.

특히 한자어계 접두사의 경우 관형사와의 구별이 더 어렵다. 아래의 [43가]는 관형사, [43나]는 접두사인데, 전문가들도 사전을 참조하지 않고는 이들을 구별하기가 어려운 경우가 있다.

[43] 한자어계 접두사와 관형사
가. 전(全), 전(前), 별(別), 각(各), 총(總)
나. 반(反)-, 재(再)-, 신(新)-, 구(舊)-, 고(高)-, 저(低)-

② 접미사에 의한 파생어는 어떤 특징을 가지고 있는가?

한국어에서 접미사는 수도 많고, 어근에 의미를 더하는 일 이외에도 문법적 성질도 바꾸는 구실을 한다. 따라서 접미사는 보통 그 접미사가 결합하여 만들어진 파생어의 품사에 따라 분류하는 것이 보통이다. 대표적인 한국어 접미사 몇 개와 그 접미사에 의한 파생어를 들어 보면 다음과 같다.

[44] 명사 형성 접미사
가. -개/게: 지우개, 지게, 집게
나. -이: 넓이, 길이; 먹이, 놀이; 개구리, 뻐꾸기; 깜박이, 삼발이

다. -음: 웃음, 울음, 기쁨
라. -기: 달리기, 던지기, 누르기
마. -질: 가위질, 곁눈질, 싸움질
바. -장이: 칠장이, 미장이
-쟁이: 수다쟁이, 멋쟁이

[45] 동사 형성 접미사
가. '-하-': 일하다, 공부하다; 더하다, 못하다; 두근두근하다, 중얼중얼하다; 망(亡)하다, 구(救)하다
나. '-거리-' 혹은 '-대-': 끄덕거리다; 머뭇대다, 끄덕대다
다. 피동사 형성 접미사(-이/히/리/기-): 덮이다, 먹히다, 밀리다, 감기다
라. 사동사 형성 접미사(-이/히/리/기-, -우/구/추-): 높이다, 넓히다, 돌리다, 남기다; 비우다, 돋구다, 낮추다

[46] 형용사 형성 접미사
가. '-하-': 다정하다; 못하다, 가득하다; 미끈미끈하다, 반질반질하다; 순(順)하다, 화려하다
나. '-답-': 꽃답다; 어른답다, 학생답다
다. '-롭-': 슬기롭다, 수고롭다
라. '-되-': 복되다, 세련되다
마. '-스럽-': 어른스럽다

[47] 부사 형성 접미사
가. '-이' 또는 '-히': 길이, 높이, 깨끗이, 뚜렷이; 가만히, 고요히, 조용히
나. '-오/우': 너무, 자주

접두사가 관형사나 부사와 구별이 어려운 경우가 있었던 것처럼 접미사는 어미와 구별이 어려운 경우가 많다. 접미사는 새로운 단어를 만들고, 선행 요소의 품사를 바꿀 수 있으며, 어미에 비해 분포상의 제약이 있다는 점에서 어미와 구별이 된다.

[48] 가. 길게, 높게, 많게, 작게, 좁게
나. 길이, 높이, 많이, *작이, *좁이

접두사도 그러하지만 특히 접미사는 많은 단어에 나타나고 새로운 단어를 만들 수 있는 생산적인 것과 그렇지 못한 것이 있다. 생산적인 것은 새로운 단어를 만들 수 있고, 그 의미가 뚜렷하여 한국어의 어휘력을 높이는 데에 기여할 수 있다. 또한 대부분의 사전류에서 생산적인 접미사는 올림말의 하나로 올려 두고 있다. 이런 점에서 한국어교육에서 그 용법을 자세하게 가르쳐야 한다. [44]~[47]에서 제시한 접두사들은 대체로 생산적인 것에 속한다.

참고 단어 형성과 한국어교육

합성어와 파생어의 개념은 한국어 어휘 교육을 위해 중요하므로 가르치는 것이 좋다. 이를 위해서는 직접구성성분의 개념을 이해시켜야 한다. 통사적 합성어와 구의 구별법도 상세하게 가르쳐야 한다. 합성어와 구의 구별은 띄어쓰기나 사전의 이용 등에 널리 이용된다. 쉽지는 않지만 합성명사의 사이시옷 용법을 가르쳐야 한다. 이는 외국인들이 특히 어려워하는데, 맞춤법, 표준발음의 사용 등을 위해 매우 중요하다.

합성어의 유형 중 중요한 것은 가르치는 편이 어휘 확장을 쉽게 하기 위해 필요하다. 접두사나 접미사 전체를 가르칠 필요는 없지만 생산적인 접사는 그 용법을 자세하게 가르쳐야 한다. 이는 사전에 나오지 않는 신조어들의 이해나 사전의 이용(사전에는 생산적인 접사는 표제어로 나온다), 어휘 교육을 위해 반드시 필요하다. 실제로 한국어 교재 중에는 생산적인 접사는 어휘의 일종으로 다루고 있다. 특히 의미가 비슷하면서도 차이가 나는 접사들(예를 들면 '-스럽-, -답-')은 그 의미나 용법의 공통점과 차이점을 비교, 대조해서 가르쳐야 한다.

2. 어휘론

1) 한국어의 어휘적 특성

한국어 어휘의 총 목록이 얼마나 되는지는 정확하게 말하기 어렵다. 『표준국어대사전』과 같은 한국어대사전류를 중심으로 파악해 보면 50만 개 이상으로 추정되는데, 이를 고려하면 한국어는 전 세계의 언어 중에서 어휘 규모가 대단히 큰 언어에 속하는 것으로 생각된다. 한국어의 어휘적 특징은 다음 몇 가지로 요약해서 말할 수 있을 것이다.

첫째, 한국어 어휘는 개별 낱말의 기원이 어디에 있느냐에 따라 고유어, 한자어, 외래어로 나뉜다. 이 중 고유어는 중심어휘군을 이루고 있고 한자어와 외래어는 보조어휘군을 이루고 있다. 한자어를 외래어와 따로 나누는 이유는 한국어의 음운 체계에 동화되어 한국 한자음으로 읽힐 뿐만 아니라 고유어와도 이질적인 느낌을 별로 주지 않으면서 자유롭게 결합하기 때문이다. 한국어에서 고유어는 기초 어휘의 대부분을 담당하고 있고, 조사, 어미 등 문법적인 기능을 하는 어휘 역시 대부분 고유어이다. 한자어는 한국어 전체 어휘의 절반 이상을 차지하고 있지만 기초 어휘보다는 주로 추상적인 개념어와 전문어를 이루고 있다. 최근에는 영어계를 비롯한 외래어 어휘가 점차 증가하고 있다.

둘째, 한국어는 동일한 대상에 대해서 서로 다른 표현 가치를 나타내는 동의어 혹은 유의어가 발달했다. 동의어 혹은 유의어는 고유어와 한자어의 대립에 의해 많이 나타나는데, 고유어는 일상어에 한자어는 전문어에 많이 쓰인다든지, 고유어는 평칭(平稱)에 한자어는 경칭(敬稱)에 많이 쓰인다든지 하는 차이를 가지는 경우가 많다.

셋째, 한국어는 의성어와 의태어가 매우 발달한 언어이다. 특히 의성어의 경우 개방 부류를 이루어 지금도 소설을 비롯한 문학작품들에서 새롭게 만들어지고 있으며, 그 수가 계속해서 늘어나고 있다. 또한 의성어나 의태어는 '감감하다-깜깜하다-캄캄하다'와 같은 자음교체나 '졸졸-줄줄', '노랗다-누렇다'와 같은 모음교체에 의한 대립쌍을 갖는 경우가 많다.

넷째, 한국어는 언어유형론적으로 교착어를 이루고 있어 이런 특성이 어휘에서도 잘 드러난다. 한국어가 교착어이므로 어휘의 팽창이 주로 접두사나 접미사의 첨가에 의해 일어난다. 한국어의 어휘 팽창의 한 예로 색채 형용사를 들어 보기로 하자.

[49] '청(靑), 녹(綠)'을 나타내는 색채 형용사
푸르다, 파랗다, 퍼렇다, 시퍼렇다, 새파랗다, 푸르스름하다, 파르스름하다, 푸르죽죽하다, 푸르스레하다…

이들은 자음교체나 모음교체, 그리고 '새-, 시-'와 같은 접두사, '-앟-, -엏-, -스름하-, -죽죽하-, -스러하-'와 같은 접미사들에 의해 어휘 확장이 일어남을 보여 준다.

다섯째, 한국어 어휘의 본질적인 특징으로 볼 수는 없지만 한국어 어휘는 한글로 완벽하게 표기가 된다는 점도 지적되어야 할 것이다. 한글은 음소문자이면서 음절문자식으로 모아쓰기를 하고 있다. 그런데 한국어 어휘는 음절 단위로 잘 파악되어 이런 한글의 특성과 잘 조화를 이룬다. 한국어 기초 어휘 가운데 상당수는 '눈, 코, 입, 귀, 손, 발, 나, 너, 앞, 뒤'와 같이 단음절로 되어 있어 음절 단위로 파악하기 쉽게 되어 있다.

참고 한국어의 어휘적 특성과 한국어교육

한국어 어휘가 고유어, 한자어, 외래어의 삼중 체계를 이루고 있다는 점은 어휘 교육에서 중요하게 고려되어야 한다. 초급 과정에서는 기초 어휘를 이루는 고유어를 중요하게 가르치고 고급 과정으로 갈수록 주요 한자어를 체계적으로 가르쳐야 한다. 특히 중국이나 일본 등 한자어권 학습자의 경우 각국의 한자음의 차이, 한자 자형의 차이, 한자 용법의 차이 등에 대해 체계적으로 교육할 필요가 있다. 또한 한자어와 고유어의 동의어 등 관련 어휘에 대한 학습도 주의 깊게 이루어져야 한다. 한국어가 교착어로서 어휘의 확장이 접미사나 접두사에 의해 이루어지는 경우가 많으므로 주요한 접두사나 접미사의 용법이 교육되어야 한다.

2) 어휘론의 기본 개념

(1) 단어 및 어휘의 정의와 어휘론의 범위는?

여러 언어들에서 단어는 곧 말이다. 곧, 그리스어로 '단어'를 뜻하는 'logos'가 '말'을 뜻하기도 하는 것처럼 단어를 뜻하는 표현과 그 언어를 뜻하는 표현이 같다. 이를 고려하면 언어에서 어휘가 얼마나 중요한지 알 수 있다. 인간이 태어나서 처음으로 배우는 언어 단위는 형태소도 아니고 문장도 아닌 바로 단어이다. 따라서 언어의 사용이나 연구에 있어서 단어 내지 어휘가 매우 중요하다는 것을 알 수 있다.

흔히 '단어(word)'와 '어휘(vocabulary)'는 유사한 개념으로 사용되고 있다. 하지만 양자를 구별하여 사용하기도 한다. 양자를 구별할 때 단어는 개별어 하나하나를 말하고, 어휘는 단어들의 체계적인 집합을 말한다. 따라서 어휘란 집합 개념으로서의 '단어들의 무리'를 가리킨다고 볼 수 있다.

어휘론이란 어휘를 대상으로 하는 종합적인 학문이다. 따라서 어휘론에서는 유의어, 반의어 등 어휘 관계에 대한 연구와 파생이나 합성과 같은 어휘의 형성에 관한 연구, 고유어나 한자어 혹은 외래어와 같은 어휘의 체계, 유행어나 신어와 같은 어휘들의 변이나 변천 등을 광범위하게 연구하는 분야이다.

(2) 어휘론의 연구 대상으로서의 어휘부란?

어휘론에서 주로 연구하는 대상은 어휘부(lexicon)이다. 어휘론을 '어휘와 어휘부에 대한 학문'이라 말하는 것도 어휘론에서 어휘부가 중요하다는 것을 말해 준다. 어휘부는 흔히 사전(dictionary)과 관련되는데, 이때의 사전은 우리가 흔히 보는 종이로 된 사전이나 이를 바탕으로 한 전자 사전뿐만 아니라 머릿속 사전(mental lexicon)까지 아우르는 개념이다. 종이로 된 사전과 머릿속 사전은 비슷하면서도 다르다.

종이 사전이든 머릿속 사전이든 수많은 단어나 관용 표현을 담고 있으며, 각각의 단어나 표현의 발음 정보, 형태 정보, 통사 정보, 의미 정보, 화용 정보 등을 포함하고 있다. 또한 유의어나 반의어 같은 관련 어휘 정보나 어원과 같은 통시적인 정보도 일부 포함하고 있으며, 관련이 되는 시각 자료(그림, 사진 등) 등도 어떤 방식으로든 포함되어 있다.

한편 종이 사전과 머릿속 사전은 많은 차이점을 가지고 있기도 하다. 우선 배열순서가 종이 사전은 대체로 가나다순으로 되어 있지만 머릿속 사전은 의미나 소리, 형태 등의 관련성에 의해 다차원의 망으로 연결되어 있을 것이다. 종이 사전과 머릿속 사전의 근본적인 차이는 종이 사전은 그 언어를 사용하는 언중들의 공통 자산으로서 공유하는 어휘를 전제한 것이고, 머릿속 사전은 특정 개인의 머릿속에 저장되어 있는 어휘를 전제한 것이라는 점이다. 따라서 어휘론이 머릿속 사전에 대한 연구를 포함한다는 것은 한 개인의 머릿속에 포함되어 있는 어휘의 총량, 습득이나 학습을 통한 어휘의 증가, 어휘의 배열 상태 등을 포함한다는 말이다. 이는 결국 어휘론 연구가 공통의 자산으로서의 우리말 어휘에 대한 연구뿐만 아니라 개인의 머릿속에 기억된 단위로서의 어휘를 연구하는 학문이라는 것을 알 수 있다.

종이 사전이든 머릿속 사전이든 사전의 표제어는 기본적으로 단어이다. 하지만 단어뿐만 아니라 접두사나 접미사, 어미 등도 표제어에 올라 있기도 하다. 또한 부표제어를 포함하면 관용구나 속담 등도 포함된다. 머릿속 사전에 대한 논의에서는 심지어 두 개 이상의 단어가 다소 느슨한 결합을 이루고 있는 연어(連語)까지도 '기억의 단위'가 되는 경우에는 표제어가 될 수 있다고 보기도 한다. 이를 고려하면 어휘론은 단어들뿐 아니라 관용어나 속담, 연어 등을 대상으로 하는 학문이라고 할 수 있다.

(3) 어휘론에 필요한 기본 개념들에는 어떤 것이 있나?

다른 영역도 마찬가지이지만 어휘론에 대해 알아보기 위해서는 몇 가지 기본적인 개념을 알아 둘 필요가 있다. 이미 앞에서 언급한 단어, 어휘, 어휘부 등은 어휘론 논의를 위해 중요한 개념이다. 이에 더하여 어휘소(lexeme)와 어형(word-form), 개형(token)과 종형(type), 기초 어휘와 기본 어휘, 이해 어휘와 표현 어휘 등의 개념에 대해서도 간단히 언급해 둘 필요가 있을 듯하다.

형태론에서 형태소와 형태, 이형태 등을 구별하듯이 어휘론에서는 어휘소와 어형을 구별한다. 흔히 어휘소란 어휘의 변이형에 들어 있는 공통적인 의미를 가진 추상적인 단위를 말한다. 예를 들어 영어의 'go', 'went', 'going' 등에는 공통적으로 [GO]의 의미를 가진 단위가 포함되어 있다고 가정할 수 있는데, 이를 어휘소라고 한다. 이때 'go', 'went', 'going' 각각은 어형이 된다.

흔히 대량의 어휘 자료를 수집하여 계량적으로 연구하는 말뭉치 언어학에서는 어휘소와 어형과 관련하여 종형과 개형을 구분하기도 한다. 어떤 말뭉치 자료에서 나타난 모든 어휘 항목, 즉 어형은 개형이 된다. 이 개형들 중에서 동일한 어휘소를 하나로 보게 되면, 즉 어휘소별로 묶어서 보게 되면 종형이 된다. 'go', 'went', 'going'은 개형으로서는 셋이지만 종형으로서는 하나가 된다.

특히 어휘 교육과 관련하여 사용되는 '기초 어휘(basic vocabulary)/기본 어휘(fundamental vocabulary)', '1차 어휘(primary vocabulary)/2차 어휘(secondary vocabulary)', '이해 어휘(receptive vocabulary)/사용 어휘(productive vocabulary)' 등의 개념에 대해서도 알아 둘 필요가 있다.

기초 어휘란 일상적인 언어생활에 높은 빈도로 쓰이는 필수적인 단어 1,000개 내지는 2,000개를 최소한으로 선정한 뒤 이를 체계적으로 분류하여 제시한 어휘 목록을 뜻하고, 기본 어휘란 특정 작품이나 한정된 언어 사용 국면에서 사용되는 어휘를 특정한 목적에 의해서 조사·정리한 어휘 목록을 말한다. 기초 어휘는 일상생활에서 사용 빈도가 높은 단어들로 구성되어 있으므로 초등학교 등 낮은 학령에서 어휘 교육을 위해 활용하거나 외국인을 위한 한국어 어휘 교육에서 활용되며, 기본 어휘는 '신문의 기본 어휘', '교육용 기본 어휘'와 같이 특정 분야에 나타나는 어휘의 양상을 연구하기 위해 주로 활용된다.

흔히 1차 어휘와 2차 어휘를 구분하기도 한다. 1차 어휘는 기초 어휘보다도 학습이나 교육의 시각을 더 강하게 고려할 때 사용하는 용어로서 모국어 화자의 경우 언어 발달의 초기에 자연스럽게 습득되는 어휘를 말한다. 1차 어휘와 대비되는 용어로서의 2차 어휘는 고등 정신 기능의 발달과 더불어 학습되는 어휘로서 주로 의도적 학습을 통해 이루어지게 된다.

이해 어휘와 표현 어휘(혹은 사용 어휘)는 어휘 사용자가 수용이 가능한 어휘와 생산이 가능한 어휘의 구분을 고려한 개념이다. 이해 어휘란 자기가 직접 쓰지는 못해도 그 의미나 용법을 알고 있는 어휘를 말한다. 한국어에서 이해 어휘가 얼마 정도인지 확실하게 조사되어 있지 않고 개인에 따라 차이가 있지만 대략 4~5만 개 내외인 것으로 여겨진다. 표현 어휘란 말하거나 글을 지을 때 사용이 가능한 어휘를 말하는데, 일반적으로 표현 어휘의 양은 이해 어휘의 1/3 정도가 될 것으로 추정한다.

참고 어휘론의 기본 개념과 한국어교육

한국어교육을 효과적으로 수행하기 위해서는 어휘론의 기본 개념들에 대해 알아 두는 것이 필요하다. 특히 어휘소(lexeme)와 어형(word-form), 기초 어휘와 기본 어휘, 이해 어휘와 표현 어휘 등은 어휘론 연구에 필요한 개념일 뿐 아니라 한국어교육에서의 어휘 교육을 위해서도 필요한 개념이다.

(4) 어휘론 연구 방법들에는 무엇이 있나?

전통적으로 어휘론 연구는 문헌 자료나 연구자의 직관에 의존하는 방법을 사용해 왔다. 그러다가 최근에는 대규모의 자료를 구축하여 계량적으로 접근하는 말뭉치 언어학을 많이 사용한다. 물론 말뭉치 언어학이 어휘론에만 한정되게 사용되는 것은 아니지만 어휘의 계량 등을 통해 특히 어휘론에 유용하게 사용되고 있다. 말뭉치의 구축과 활용을 통해 어휘의 빈도가 소상하게 밝혀졌고, 말뭉치의 검색을 통해 어휘들의 실제 사용 양상도 구체적으로 드러나게 되었다.

어휘 연구는 어휘의 의미적인 측면에 가장 큰 관심을 기울인다. 어휘 연구가 어려웠던 가장 큰 이유는 의미가 본질적으로 추상적인 것이어서 연구하기가 어려웠기 때문이다. 앞에서 의미론 영역에서도 논의한 것처럼 의미가 무엇인지에 대해서는 다양한 가설이 제기되어 왔다. 어휘론 연구의 중요한 방법의 하나로 제기된 것에는 어휘장 이론(lexical field theory)이 있는데, 이는 의미론을 기반으로 하되, 어휘 전반에 대한 연구 방법으로 제안된 것이다. 어휘장의 예를 들어보기로 하자.

[50] 착용에 관한 어휘의 어휘장
입다(옷), 쓰다(모자), 신다(신발, 양말), 끼다(안경, 장갑, 반지), 끼우다(반지), 차다(시계), 매다(넥타이), 두르다(목도리, 치마)

[50]의 예들은 국어의 착용에 관한 어휘장이다. 이들은 대체로 영어로는 ‘put on’ 정도로 포괄할 수도 있으므로 국어가 영어보다 착용 어휘가 훨씬 더 분화되어 있는 것으로 볼 수 있다. 이처럼 어휘장 이론은 어휘들을 체계적으로 묶어서 이해하게 했을 뿐만 아니라 언어 간 차이나 대조를 밝히는 데에도 유용하게 활용되었다.

어휘장 이론은 특히 의미의 미묘한 차이를 밝히는 데에도 적절하게 활용되었다. 그리하여 단어의 의미를 구성 성분으로 분석하여 그 차이를 가시적으로 보여 주는 성분 분석 이론으로 이어졌다. 성분 분석 이론은 음운론의 자질 이론을 의미론에 적용한 것으로 예를 들어 '소년'은 [+인간], [+남성], [−성년], 소녀는 [+인간], [−남성], [−성년] 등과 같이 어휘의 의미를 자질로 표시하는 것을 핵심으로 한다.

성분 분석 이론은 단어에 따라서는 자질을 설정하기 어려운 것이 있다든지, 자질의 수가 너무 많아진다든지 하는 문제가 있었고, 무엇보다 문맥적인 의미나 언어 사용자의 직관을 반영하지 못한다는 비판이 있었다. 이는 자연스럽게 원형 이론으로 이어졌다. 원형 의미론은 인지 언어학의 발달과 더불어 다양한 양상으로 전개되고 있으며, 인간이 어휘에 대해 가지고 있는 직관을 포착하려 했다는 점에서 긍정적으로 평가되고 있다.

3) 어휘 체계

(1) 한국어 어휘 체계의 특성

어휘는 개별 단어가 아닌 단어들의 집합이므로 그 수가 매우 많으며 새로 생겨나기도 하고 사라지기도 하는 등 지속적으로 변화하기 때문에 무질서한 집합으로 여겨질 수도 있다. 하지만 이처럼 수많은 단어들도 적절한 기준을 정한다면 어느 정도는 체계적으로 파악하는 것이 가능하다.

어휘를 분류하는 기준으로 많이 논의된 것이 어종(語種), 품사, 의미 등이다. 어종에 의한 분류는 흔히 고유어, 한자어, 외래어 등으로 단어의 기원에 따라 어휘를 분류하는 것이다. 품사에 의한 분류는 형태론을 논의하는 자리에서 언급한 것과 같이 문법적인 특성에 따라 어휘를 분류하는 것이다. 물론 어휘론에서는 형태론에서처럼 개별 어휘의 품사를 나누는 것뿐만 아니라 특정 사전에 수록된 어휘의 품사별 통계처럼 전체 어휘의 관점에서 접근하기도 한다. 마지막으로 의미에 의한 분류는 구체어와 추상어의 구분을 비롯하여 천문 용어, 지리 용어, 상업 용어, 의학 용어 등 다양한 하위 영역으로 분류하는 것이다.

지금까지의 어휘론이나 어휘 교육론 연구에서는 어휘 체계와 관련하여 고유어, 한자어, 외래어로의 분류가 가장 많이 논의되었다. 품사에 의한 분류는 주로 형태론에서 이루어졌기 때문에 제외되었을 것이며, 의미에 의한 분류는 기준을 정하기 어려웠기 때문에 상대적으로 덜 다루어졌을 수 있다. 따라서 이 절에서도 고유어, 한자어, 외래어의 특징을 중심으로 한국어의 어휘 체계에 대해 논의해 보고자 한다.

(2) 고유어의 특성

① 고유어는 무엇을 말하는가?

고유어는 차용어의 상대되는 개념으로 우리가 옛날부터 사용해 온 순수한 우리말을 말한다. 그런데 차용어 중에는 '성냥, 대롱, 숭늉, 동냥, 차례, 흐지부지'처럼 고유어처럼 인식되는 경우도 있어 양자의 구별이 뚜렷하지 않은 경우도 있다. 고유어는 한국어의 기본 바탕을 이루고 우리말에서 생활의 기본적인 어휘가 되는 등 특별한 기능을 담당하는 경우가 많다. 또한 고유어는 그 나라 사람들이 각별한 애정을 지녀 국어 순화 운동 등은 대체로 고유어로의 순화를 말하기도 한다. 해방 이후 남과 북에서 이루어진 국어 순화 운동은 대부분 한자어나 외래어를 고유어로 순화하는 작업이었다.

② 고유어의 특징은 무엇인가?

우리가 앞에서 언급한 바 있는 한국어의 어휘적 특성은 대부분은 고유어의 특성을 말한다. 여기에서는 고유어의 특성을 좀 더 자세하게 언급해 보기로 하자.

첫째, 한국어 기초 어휘의 대부분은 고유어이다. 특히 생활의 기본이 되는 어휘는 대부분 고유어이다. 따라서 한국어교육에서는 고유어의 학습이 가장 우선시되어야 한다.

둘째, 한국어는 교착어로서 문법 기능을 담당하는 어휘가 발달했는데, 이 문법 기능을 담당하는 어휘는 거의 전적으로 고유어이다. 잘 알려진 바와 같이 일반 어휘는 서로 다른 언어들 간에 쉽게 차용이 일어나지만 문법 기능을 담당하는 어휘는 차용이 쉽게 일어나지 않는다. 한국어에서 문법 기능을 담당하는 어휘가 중요한 만큼 한국어교육에서 이에 대한 교육이 철저하게 이루어져야 할 것임은 물론이다. 조사나 어미 등 한국어의 문법 어휘에 대한 자세한 소개는 이 책의 다른 장에서 자세하게 이루어진다.

셋째, 한국어의 고유어는 자음교체나 모음교체 현상이 있다.

자음교체는 한국어 자음이 '예사소리(평음)-된소리(경음)-거센소리(격음)'이라는 특유의 삼분 체계를 가지고 있고 이들이 각각 어감의 차이를 가지기 때문에 나타나는 현상이다.

[51] 가. 구깃구깃-꾸깃꾸깃, 겅중겅중-껑충껑충
나. 감감하다-깜깜하다-캄캄하다

자음교체는 [51가]처럼 주로 의성어나 의태어 부사에서 나타나지만 [51나]처럼 다른 품사에서 나타나기도 한다. 자음교체에 의해 짝을 이루는 단어들에 대해 한국인들은 '감감하다<깜깜하다<캄캄하다'식으로 뒤로 갈수록 강한 의미를 가지는 것으로 이해한다.

모음교체는 한국어가 모음조화를 가졌던 역사적인 사실과 관련이 있다. 역시 의성어나 의태어에 많이 남아 있고 일부 어미에도 남아 있다.

[52] 가. 바스락바스락-버스럭버스럭, 살랑살랑-슬렁슬렁
나. 아서-어서, 아도-어도, 아라-어라, 았-었
cf. take-took

모음교체는 영어를 비롯한 인구어의 'ablaut'와 유사한 현상으로 볼 수 있다. 하지만 영어의 'take-took'의 변화가 시제라는 문법적인 기능의 변화와 관련되는 반면 한국어의 모음교체는 새로운 어휘를 파생시킨다.

넷째, 한국어 고유어는 접두사나 접미사에 의해 쉽게 어휘 확장이 이루어진다. 이는 한국어가 교착어라는 특성과 관련된다. 앞에서도 설명한 것처럼 교착어는 하나의 형태가 하나의 의미를 나타내는 것이 일반적이다. 따라서 형태의 첨가는 새로운 의미를 추가하게 되는데, 이를 통해 새로운 단어가 만들어지기 쉬운 것이다. 이런 특징을 '형태 첨가성'이라 부르기도 한다. 자주 쓰이는 한국어 접두사나 접미사는 앞에서 논의한 바와 같이 거의 고유어이다. 다만 예외적으로 '-적(的)'과 같이 중국어 혹은 한자어에서 유래한 것도 있다.

다섯째, 의성어나 의태어, 색채어 표현이 매우 발달했다. 한국어에서 의성어와 의태어는 그 종류가 매우 많고 지금도 계속해서 어휘 수가 늘어나고 있다. 그리하여 소설과 같은 문학작품을 읽어 보면 사전에 없는 의성어, 의태어가 많이 발견된다. 의성어와 의태어는 반복합성어를 이루고 나타나는 경우가 많다. 이미 언급한 바와 같이 음성상징에 의한 자음교체와 모음교체

의 짝을 가지기도 한다.

또한 한국어 고유어에는 의성의태어를 포함하여 색채 형용사를 포함한 감각어가 매우 발달했다. 그리하여 미묘한 감각적인 차이를 나타낼 수 있게 되었다. 이를 한국인의 정서와 관련시키는 사람도 있다. 이와 관련하여 앞에서 제시한 색채 형용사의 예를 참고할 수 있다.

참고 고유어의 특성과 한국어교육

고유어 어휘 교육이 잘 이루어져야 함은 두말할 여지가 없다. 고유어가 기초 어휘의 대부분을 차지한다는 점에서 그러하고, 특히 조사, 어미 등의 중요한 문법 요소가 대부분 고유어라는 점에서도 그러하다. 또한 고급 단계의 한국어를 이해하고 사용하기 위해서는 의성어, 의태어 등이 가지는 음성상징이나 미묘한 어감의 차이를 이해할 수 있어야 한다.

(3) 한자어 및 외래어의 특성

① 한자, 한자어, 한문의 관계는?

한자(漢字)는 중국에서 기원한 문자의 명칭이고, 한자어(漢字語)는 한자로 표기할 수 있는 단어이며, 한문(漢文)은 한자를 사용하여 표현한 문장이다. 한자어는 주로 한문 문장의 일부가 한국어 단어 체계 안으로 들어온 것이다. 따라서 한자어(漢字語)는 한국어 어휘의 일부로서 한국어교육의 대상이다.

② 한자어의 정의는?

한자어는 무엇을 말하는가? 한자어는 기본적으로 한문 문장에서 기원하며, 중국, 일본, 한국 등에서는 모두 한문을 사용했기 때문에 한자어는 중국에서 기원한 것과 일본에서 기원한 것, 그리고 한국에서 자생적으로 생겨난 것이 있다.

[53] 가. 중국에서 기원한 한자어: 공부(工夫), 당신(當身)…
나. 일본에서 기원한 한자어: 보관(保管), 엽서(葉書), 차용(借用), 처분(處分), 추월(追越)…
다. 한국에서 자생적으로 생겨난 한자어: 대지(垈地), 삼촌(三寸), 시

댁(媤宅), 전답(田畓)…

그런데 한자어는 중국에서 기원한 것이든, 일본에서 기원한 것이든, 자생적인 것이든 모두 한국 한자음으로 읽히는 것을 말한다. 따라서 '붓, 먹, 상추, 배추'와 같이 '筆, 墨, 常菜, 白菜'와 같은 한자와 관련이 있다 하더라도 현재에 이르러 한국 한자음으로 읽히는 것이 아니면 한자어에서 제외된다. 반면, [53나], [53다]와 같이 우리나라나 일본에서 만들어진 것 중에서 한국 한자음으로 읽히는 것은 한자어에 포함된다.

③ 한자어의 특성은 무엇인가?

한자어는 고유어나 다른 차용어와 다른 몇 가지 특징을 갖는다. 한자어의 특징은 다음 몇 가지로 정리해 볼 수 있다.

첫째, 한자어는 한자로 표기할 수 있다. 이미 언급한 바와 같이 모든 한자어는 한국의 한자음으로 읽히고 표기된다.

둘째, 한자어는 1음절이나 2음절로 된 것이 압도적으로 많으며, 특히 2음절어가 압도적으로 많다. 중국어는 고립어로서 기원적으로는 1음절어가 대부분을 차지했으나 한국어의 경우 1음절어보다는 2음절어가 많아 한자어에는 이런 특성이 반영된 것으로 보인다. 한편 현대 중국어의 경우도 2음절어가 많아졌는데, 이는 중국어가 현대 한국어로 오면서 교착어적인 속성을 일부 가지게 되었기 때문이다.

셋째, 한자어는 그 자체로는 대부분 명사로 사용되나, 다른 품사로 쓰이는 경우도 있다.

[54] 가. 명사로 쓰이는 경우 : 先生, 學生, 學敎, 敎室…
　　 나. 그 외의 품사로 쓰이는 경우 : 一, 二, 三(수사); 當身(대명사); 不過, 果然(부사)

넷째, 한자어에 파생접미사 '-하(다)'가 붙으면 동사나 형용사가 되는데, 1음절 한자어는 [55가]의 '求, 勸'처럼 '-하(다)'와 떨어져 단독으로 쓰이기 어렵지만, 2음절 한자어는 [55나]의 '對答, 健康'처럼 단독으로도 쓰이는 경우가 많다.

[55] 가. 求하다, 勸하다,
나. 對答하다, 健康하다

'-하다'가 결합했을 때 한자어가 상태성 명사이면 형용사가 되고, 동작성 명사이면 동사가 된다.

다섯째, 이미 언급한 것처럼 기초 어휘에는 고유어가 많으나 문명 생활과 관련된 어휘는 한자어가 많다.

여섯째, 한자어는 고유어와는 다른 규칙으로 단어를 만들고 고유어보다 활발하게 단어를 만든다. 한자어의 조어법적인 특징을 정리해 보면 다음과 같다.

- 한 글자가 단어가 되는 한자어는 드물다. 예외적으로 '江, 山, 窓, 門, 道, 數' 등과 같이 한 글자가 단어인 경우가 있는데 이 경우 대체되는 고유어가 없는 경우가 많다(반드시 그런 것은 아니다).
- 한자어 어근은 일반적인 어근과는 달리 생산성이 매우 높고 자유롭게 쓰인다. 예를 들어 '天'은 '天地, 天池, 天國, 天下…' 등에 활발하게 쓰인다.
- 하나의 한자(어)가 여러 가지 용법으로 쓰인다. 예를 들어 '人'의 경우 '韓國人'에서처럼 접미사로도 쓰이고, '人間'에서처럼 어근으로도 쓰인다.

일곱째, 한자어는 주로 중국어(혹은 중국에서 사용된 한문)에서 유래하기 때문에 중국어에서의 성격을 가지고 있으며, 동시에 한국어에 편입되면서 차용어(한국어)로서의 특징도 가지게 되었다. '애국(愛國), 등산(登山)'과 같은 예에서 보듯이 어순이 한국어와 다른 것은 중국어적 특성이고, 한국 한자음으로 읽히고 고유어와 합쳐져 합성어를 만드는 것은 차용어(한국어)적인 특성이다.

④ 한자어를 제외한 외래어의 특징은?

한자어계를 제외한 외래어는 근대 한국어 이전의 시기에는 몽골어, 만주어 등이 대부분을 차지했고, 개화기를 전후하여 일본어가 많이 들어 왔고, 최근에는 영어를 비롯한 인구어가 대부분을 차지한다. 해방 이후 남과 북은 각각 미국과 러시아와 교류가 많아 각각 영어와 러시아어 차용어가 많아졌다. 그리하여 이런 외래어 차용의 차이가 남과 북의 언어 이질화를 심화시키는 한 요인이 되고 있다.

비한자어계 외래어도 한자어계 외래어처럼 주로 명사가 수입되었고, 명사가 아닌 것도 한국어에서 명사로 취급되어 수입되는 경우가 많다. 그리하여 동사나 형용사로 쓰이기 위해서는 다음과 같이 '-하다'를 붙여 동사나 형용사로 사용된다.

[56] 핸섬하다, 스마트하다, 커트하다

참고 한자어 및 외래어의 특성과 한국어교육

한자어 어휘의 경우 외래어이면서 한국어에 동화되어 있으므로 한국어 어휘 체계에서 특별한 위상을 가진다. 따라서 한자어의 다양한 특성을 고려하여 교육해야 한다. 또한 일본, 중국 등 한자문화권 학습자와 다른 언어권의 학습자는 한자어 및 외래어 교육의 방법이 달라져야 한다. 이미 언급한 것처럼 중국이나 일본 등 한자어권 학습자의 경우 중국, 일본, 한국의 한자음의 차이, 한자 모양의 차이, 한자 용법의 차이 등에 대해 교육할 필요가 있다.

4) 어휘 관계

어휘 연구에는 어휘 체계에 대한 연구뿐만 아니라 어휘 관계에 대한 연구도 있다. 어휘 관계에 대한 연구는 개별 단어가 다른 단어와 맺고 있는 관계에 주목하는 것으로 한 단어와 다른 단어의 관계는 주로 의미적인 관련성으로 포착하게 된다. 여기에는 동의 관계, 반의 관계, 상하위 관계 등의 의미관계, 하나의 단어와 다른 단어의 대응 관계, 한 단어가 속한 의미장 등을 주로 논의한다. 이 절에서는 각각의 관계를 보이는 어휘들을 간략하게 제시해 보기로 한다.

(1) 동의 관계 어휘들

동의 관계를 이루는 단어들은 방언적 차이, 문체적 차이, 전문성의 차이, 내포 의미의 차이, 완곡어법 여부의 차이 등을 보인다.

[57] 단어들의 동의 관계 어휘들
가. 백부(伯父) : 큰아버지(전국)/맏아버지(안동)
나. 술 : 약주(藥酒), 불고기집 : 가든
다. 소금 : 염화나트륨, 결핵 : 티비(T.B.)
라. 가정부 : 도우미, 간호원 : 간호사
마. 죽다 : 돌아가다, 변소 : 화장실

[57가]는 '백부'의 동의어로 전국적으로 쓰이는 '큰아버지'와 특정 방언에 쓰이는 '맏아버지'의 대립을 보여 준다. [57나]는 고유어와 한자어, 고유어와 외래어의 대립을 보여 준다. [57다]는 전문성에 따른 차이를 보여 준다. 이처럼 모든 동의어들이 내포 의미의 차이를 보여 주지만 특히 [57라]는 부정적/긍정적 대립을 통해 내포 의미의 차이를 잘 보여 준다. [57마]는 완곡어법 여부에 의한 차이를 보여 주는 동의어들이다.

(2) 반의 관계 어휘들

반의 관계 역시 '상보 반의', '등급 반의', '관계 반의'를 보이는 어휘 등으로 다양한 양상으로 나타난다. 반의 관계를 갖는 어휘들을 살펴보자.

[58] 가. 남자 : 여자, 살다 : 죽다
나. 크다 : 작다, 덥다 : 춥다
다. 부모 : 자식, 주다 : 받다

[58가]는 개념적 영역이 상호 배타적으로 구별되어 겹치지 않는 상보 반의 관계를 이루고 있는 상보 반의어들의 예이다. [58나]는 정도나 등급의 차이를 가지는 등급 반의어들의 예이다. 한편, [58다]는 서로 맞선 방향으로의 대립을 보여 주는 관계 반의어들의 예이다.

(3) 상하 관계와 전체-부분 관계 어휘들

상하 관계나 전체 부분 관계를 갖는 어휘들의 예를 살펴보기로 하자.

[59] 가. 사람: 남자, 여자
나. 몸: 팔, 나무 : 뿌리

[59가]는 상하 관계를, [59나]는 부분 관계를 나타내는 어휘의 예이다. 상하 관계나 부분 관계는 '동물 → 사람 → 남자'나 '몸 → 팔 → 손 → 손가락'처럼 계층적 구조를 이룬다.

(4) 합성 관계 어휘들

합성 관계는 구성 요소가 대등한 자격으로 이루어지는 관계를 말하며, 이런 관계를 맺는 단어들은 합성어를 이루게 된다.

[60] 가. 어제오늘, 여닫다
　　나. 하나둘, 일이십
　　다. 여기저기, 국내외
　　라. 부모, 신사숙녀

[60가]는 시간의 선후, [60나]는 수(數)의 크기, [60다]는 거리의 원근, [60라]는 성별의 기준에 따른 합성어인데, 순서는 대체로 고정되어 있어 바꾸기 어렵다. 이때 순서는 '신사숙녀 여러분'과 'ladies and gentleman'의 비교에서 드러나듯 언어나 문화적인 차이를 보이기도 한다.

(5) 혼성 관계 어휘들

혼성 관계는 합성 관계와 마찬가지로 구성 요소가 대등한 자격으로 결합에 참여하지만 일부 요소만 결합 구성에서 나타나는 관계를 말하며, 이들은 혼성어를 이루게 된다. 혼성 관계를 갖는 어휘들을 살펴보자.

[61] 가. 네티즌 + 에티켓 = 네티켓
　　나. 오피스 + 호텔 = 오피스텔
　　다. 유럽 + 아시아 = 유라시아

혼성어가 이루어질 때 [61가]처럼 선후행 요소가 모두 일부 음절만 참여하기도 하고, [61나]처럼 선후행 요소 중 어느 하나는 전체가 참여하고 나머지는 일부만 참여하기도 한다. [61다]처럼 선후행 요소의 결합 과정에서 음절의 혼효가 이루어지기도 한다.

(6) 관용 관계와 연어 관계 어휘들

관용 관계는 둘 이상의 단어가 모여 구성 요소의 의미를 넘어서는 제삼의 의미를 가지게 되는 관계를 말한다. 관용 관계를 보이는 어휘들을 살펴보자.

[62] 가. 들은풍월, 애타다, 기막히다
나. 그림의 떡, 우물 안 개구리, 미역국을 먹다
다. 귀에 못이 박히게, 간에 기별도 안 가다
라. 내 코가 석 자다, 입이 열 개라도 할 말이 없다

관용 관계는 [62가]와 같은 관용어, [62나]와 같은 관용구, [62다]와 같은 관용절, [62라]와 같은 관용 문장(속담)으로 나눌 수 있다.

연어 관계는 관용 관계처럼 단어가 모여 더 큰 구성체를 이루는 관계이지만 관용 관계보다는 긴밀성이 떨어지는 구성이다. 구성의 긴밀도는 일반적인 구 구성과 관용 구성의 중간 정도로 볼 수 있다. 연어 관계는 규칙적인 통사 관계에 의해 구성되기는 했으나, 어휘적 차원에서 특별히 긴밀하고 제한적인 통합 관계를 보이는 두 단어의 연쇄이다. 연어 관계를 보이는 어휘에는 다음과 같은 것들이 있다.

[63] 머리를 감다, 입이 가볍다, 모자를 쓰다

연어 관계를 이루는 구성은 다른 요소를 선택하는 연어핵과 선택되는 연어변으로 나누기도 한다. 약간의 이견이 있으나 연어핵은 주로 '명사, 일반적인 표현, 투명한 표현'이고, 연어변은 '동사(형용사), 관용적인 표현, 불투명한 표현'인 것이 보통이다. '머리를 감다'에서 '머리를'이 연어핵에 해당하고 '감다'가 연어변에 해당한다.

(7) 다의 관계와 동음 관계 어휘들

다의 관계는 하나의 단어가 둘 이상의 의미를 갖는 관계로, 어휘들 간의 관계가 아니라 어휘 안의 의미들 간의 관계이다. 다의어가 생기는 근본적인 원인은 새로운 사물이나 사태에 대해 언제나 새로운 말을 만들 수 없기 때문이다. 다의 관계를 갖는 어휘들에는 다음과 같은 것들이 있다.

[64] 거칠다 : 피부가 거칠다/밀가루가 거칠다/말투가 거칠다/숨소리가 거칠다/운전이 거칠다/성격이 거칠다/날씨가 거칠다/문장이 거칠다

다의어의 발생은 위의 예에서 알 수 있듯이 구체물에서 추상물, 화자와 가까운 것에서 먼 것과 같은 적용의 전이를 통해 나타나게 된다.

동음 관계는 다의 관계와 마찬가지로 하나의 표현에 여러 개의 의미가 결합되는 관계이다. 하지만 다의 관계와 달리 하나의 단어가 여러 가지 의미를 가지는 것이 아니라 다른 단어가 우연히 형태(소리)가 같아서 나타나는 관계이다.

[65] 가. 신[靴] : 신(神), (모자를) 쓰다 : (글씨를) 쓰다
나. 새[鳥] : 새[新], 묻다[問] : 묻다[埋]
다. 갈음 : 가름, 줄이다 : 주리다

[65가]의 경우 '신'은 둘 다 명사, '쓰다'는 둘 다 동사로서 품사가 같으며 발음도 같아 완전한 동음어(또는 동음이의어)를 이룬다. [65나]의 경우 '새'는 하나는 명사, 다른 하나는 관형사로서 품사가 다르고 음장에도 차이가 있으며, '묻다'의 경우 어미와 결합하는 활용 양상에서의 차이와 음장의 차이를 보이므로 완전한 동음어로 보기는 어렵다. [65다]의 경우 철자는 다르지만 소리가 같은 이른바 이철(異綴)동음어들이다.

5) 어휘의 공시적 변이와 통시적 변화

(1) 어휘의 공시적 변이

① 지역적 변이

어휘의 지역적인 변이를 흔히 방언이라고 한다. 방언은 음운, 형태, 통사 전반에 걸쳐 나타나지만 가장 뚜렷한 분화가 드러나는 것은 어휘에서이다. 표준어 '부추'에 대해 '정구지(경상), 솔(전남), 졸(충청)'이 나타나는 것이 방언의 예이다.

흔히 방언의 상대되는 개념으로 표준어가 있다. 표준어는 자연 발화 상태로 존재하는 자연 언어라기보다는 인위적으로 규정한 인공 언어에 가깝다. 표준어는 교육의 편의성과 효율적인 의사소통을 위해 제정하게 된다. 표준

어가 정해지면 '우월성의 기능', '통일성의 기능' 등을 가지게 되어 방언과 다른 지위를 차지하게 된다.

② 사회적 변이

어휘의 사회적 변이는 사회적 계층, 세대, 성별 등에 따라 다양한 차이로 나타난다. 사회적 변이로는 먼저 남성어와 여성어의 차이를 들 수 있다. 흔히 여성어의 특징으로 다음과 같은 것들이 제시되었다.

[66] 가. 감탄사나 맞장구를 치는 표현을 많이 사용한다.
나. '하십시오체'보다 '해요체'를 많이 사용한다.
다. 동의를 구하는 부가 의문문을 많이 사용한다.
라. 평서문을 의문문의 억양으로 사용하는 경우가 많다.

위의 특징을 거꾸로 기술하면 대체로 남성어의 특징이 된다. 최근에는 남녀의 사회적 역할 차이가 줄어듦에 따라 남녀의 언어 차이가 줄어들고 있다.

언어의 사회적 변이의 예로 전문어나 직업어를 들기도 한다. 사실 전문어는 사회적인 변이이기도 하지만 동일한 언어 사용자가 상황에 따라 다른 어휘를 사용한다는 점에서는 상황적 변이의 성격도 강하며, 결과적으로 어휘의 확장을 가져온다는 점에서 통시적 변화로 볼 가능성도 없지 않다.

[67] 가. 의학 분야: 인턴, 코마, 캔서, 관장, 드레싱
나. 법률 분야: 피고, 원고, 소송, 미필적 고의
다. 교육 분야: 학령, 교수법, 교육 과정, 진단 평가

전문어는 [67]에서 알 수 있듯이 외래어나 외국어 혹은 한자어의 사용이 많은 편이며 이 분야가 우리 생활에 미치는 영향이 커지면서 일상어화하는 경우도 많다.

③ 상황적 변이

어휘는 상황에 따라 달리 선택된다. 지역적 변이나 사회적 변이는 언어 사용자가 누구인지에 따라 선택되는 속성이 강하고, 상황적 변이는 동일한 언어 사용자가 어떤 상황에서 사용하는지에 따라 선택되는 속성이 강하다.

언어 사용자는 청자, 화제 등 다양한 언어 사용의 맥락에 따라 다른 어휘를 사용한다.

먼저 예사말(평칭)이 공대말(존칭)과 겸사말(겸양칭)과 구별되는 양상을 살펴보기로 하자.

[68] 가. 사장님, 선생님, 뵙다, 여쭙다, 드리다, 모시다
나. 진지, 따님, 말씀

[69] 저, 저희, 소인, 말씀

[68가]는 상대를 직접 높이는 직접 공대말, [68나]는 존경의 대상이 되는 상대와 관련되는 사람이나 사물을 높이는 간접 공대말이다. [69]는 화자 자신을 낮추는 겸사말이다. [68나], [69]에서 알 수 있듯이 '말씀'은 상대를 높이는 공대말로도 쓰이고 자기를 낮추는 겸사말로도 쓰인다.

금기어나 완곡어를 상황적 변이의 일종으로 다루기도 한다. 우리는 흔히 '죽음, 질병, 배설, 범죄, 성(性)'처럼 두렵거나 불쾌하다고 여기는 단어들을 입에 담지 않으려는 경향이 있다. 이처럼 우리가 입 밖으로 꺼내기 싫어하는 말들을 금기어라고 하고, 이러한 금기어 대신 두렵거나 불쾌함이 더한 말을 사용하게 되면 이를 완곡어라 한다.

[70] 죽다 : 돌아가다, 천연두 : 마마(혹은 손님), 변소 : 화장실, 성기 : 물건

[70]은 금기어와 그 금기어 대신 사용하는 완곡어의 짝을 보여 준다.

(2) 어휘의 통시적 변화

① 개별 어휘의 변화

모든 것이 변하듯 어휘도 시간에 따라 변화한다. 언어가 형태(혹은 소리)와 의미 두 가지 측면을 가지고 있기 때문에 개별 어휘의 변화도 형태의 변화와 의미의 변화로 나누어 생각해 볼 수 있다.

[71] 가. ᄆᆞᅀᆞᆯ > 마을
나. 나모/낡 > 나무
다. 말ᄊᆞᆷ > 말씀

어휘의 변화는 [71가]처럼 'ㅿ'과 'ㆍ'의 소실과 같은 음운 변화의 결과로 형태의 변화가 나타나기도 하고, [71나]처럼 이형태가 합류하기도 한다. 물론 [71다]처럼 형태의 변화가 의미의 변화를 동반하기도 한다.

다음으로 의미 변화에 대해 알아보기로 하자.

[72] 가. 겨집(>계집)(여자 → 아내), 놈(사람 평칭 → 남자 비칭)
나. 감토(>감투)(모자 → 벼슬), 겨레(宗族, 親戚 → 民族, 同族), 오랑캐(만주에 있던 한 종족 → 이민족의 비칭)
다. <u>새</u> 책, 한 <u>마리</u>, 부모님을 <u>여의다</u>

[72가]는 의미가 축소된 예이고, [72나]는 확대된 예이다. [72다]의 경우 의미의 축소라기보다는 분포가 축소된 것으로 볼 수도 있다. '새'의 경우 중세 한국어에서 명사, 부사, 관형사로 쓰였으나, 현대 한국어에서는 관형사로만 쓰인다. '마리'의 경우도 자립명사와 의존명사로 쓰였으나 지금은 의존명사로만 쓰인다. '여의다(중세 국어 '여희다')'의 경우도 '어마님을 여희다.', '번뇌(煩惱)를 여희다.'와 같이 사람뿐만 아니라 추상명사를 대상으로 널리 쓰이다가, 지금은 사람에 주로 사용되며 특히 '죽음으로 인해 이별하다.' 정도의 문맥에서 많이 쓰인다. 분포의 축소는 결국 사용되는 의미의 축소이므로 달리 말하면 의미의 축소로 볼 수 있다.

언어의 의미가 변화하는 것은 언어적 원인, 사회적 원인, 심리적 원인 등으로 설명된다. '전혀'나 '별로'도 긍정 표현과 부정 표현에 모두 쓰이다가 부정 표현에만 쓰이면서 결국 부정적인 표현으로만 쓰이게 된 것은 언어적 원인에 의한 변화라고 할 수 있다. '왕'이 '임금'을 나타내다 '제일인자'를 나타내게 된 것은 사회제도의 변화에 의한 것이므로 사회적인 원인에 의한 의미 변화로 볼 수 있다. '산신령'이나 '마마' 대신 '호랑이', '손님'을 사용하여 '호랑이'가 산신령의 의미, '손님'이 '마마'의 의미를 얻게 된 것은 금기어를 피하려는 심리적인 원인이 작용한 것이다.

② 어휘 체계의 변화

어휘의 변화가 모이면 전체 어휘의 변화로 이어진다. 그리하여 개별 어휘의 변화가 어휘 체계의 변화나 어휘 양상의 변화로 이어지기도 하고, 어휘 체계의 변화나 양상의 변화가 다시 개별 어휘의 변화에 영향을 미치기도 한다. 어휘 체계의 변화는 특히 언어 간 접촉에 따른 고유어, 한자어, 외래어의 경쟁으로 잘 드러난다.

이미 언급했듯이 한국어 어휘는 고유어, 한자어, 외래어의 삼분 체계를 이루고 있다. 한국어 어휘 체계의 성립 과정은 이들 세 어휘 부류들 간의 투쟁의 역사라고 말해도 지나치지 않을 것이다. 국어 어휘 체계 변화에 가장 큰 영향을 준 것은 한자어와 한자를 기반으로 한 중국어 및 일본어 구어의 수용이었다. 한자어나 다른 외래어의 유입은 이들과 고유어 어휘 간의 간섭이나 경쟁을 불러일으키기도 하였다. 이러한 경쟁에서 많은 고유어가 한자어에 밀려나기도 했다. 잘 알려져 있는 바와 같이 '온, 즈믄, 맛비, 녀름지ᅀᅵ, 다ᄉᆞᆷ어미' 등과 같은 고유어는 '백, 천, 장맛비, 농사, 계모' 등과 같은 한자어나 한자어와 고유어의 혼종어와의 경쟁에서 밀려나 지금은 쓰이지 않는다.

최근에는 영어를 비롯한 서구어 차용어가 대량으로 유입되었다. 특히 '포털, 네티즌, 도메인, 콘텐츠, 홈페이지, 인터넷 뱅킹, 사이버 머니' 등 인터넷을 비롯한 새로운 기술의 발달은 서구어의 유입을 가속화하고 있다.

[73] 포털, 네티즌, 도메인, 콘텐츠, 홈페이지, 인터넷 뱅킹, 사이버 머니

[73]의 예는 상당수 영어계 외래어를 그대로 우리말로 받아들인 것이다. 지금은 한자어의 유입이 많지 않는 상태에서 서구어 외래어 유입으로 우리말의 어휘 체계는 또 다른 변화를 맞이하고 있다.

6) 한국어 어휘론과 한국어교육

(1) 어휘 교육의 대상과 방법

① 무엇을 가르칠 것인가?

한국인을 대상으로 하는 어휘 교육이라면 유아기부터 습득되는 1차 어휘는 따로 교육이 필요하지 않고 학습에 의해서만 얻어지는 2차 어휘를 중점

적으로 교육해야 한다. 그러나 외국인을 대상으로 하는 한국어교육에 있어서는 2차 어휘보다는 1차 어휘를 우선적으로 교육해야 한다. 물론 고급 학습자를 위해서는 점차적으로 2차 어휘도 학습시켜야 한다. 1차 어휘는 달리 기초 어휘라고 할 수 있는데, 한국어교육을 위해서는 기초 어휘를 확정하는 작업이 우선적으로 이루어져야 한다.

한국어교육을 위한 기초 어휘가 무엇인지 명확하게 말하기는 어렵다. 대체로 '손, 발, 눈, 코, 입'과 같은 신체 어휘, '하나, 둘, 셋, 넷'과 같은 숫자, '가다, 오다, 크다, 작다' 등과 같은 기본 동사나 기본 형용사 등이 포함될 것이지만 빈도 조사 등을 통해 객관적인 자료를 확보하여 학습용 기초 어휘를 선정해야 할 것이다. 최근에는 이런 작업들이 이루어지고 있다. 또한 이렇게 제정된 학습용 기초 어휘는 중요도에 따라 '*', '**', '***'식으로 어휘 평정을 표시하는 것도 필요할 것이다.

② 어떻게 가르칠 것인가?

어휘 교육의 중요성은 두말할 필요조차 없다. 한 언어를 제대로 구사하기 위해서는 궁극적으로는 어휘가 가장 중요하다. 현재 통용되고 있는 한국어 학습을 위한 교재들은 대부분의 경우 각 과의 끝에 그 과에 나온 어휘를 제시하는 수준에서 어휘 교육이 이루어지고 있다. 따라서 어휘 교육이 비체계적, 비효율적으로 이루어질 수밖에 없었다.

한국어 어휘 교육이 잘 이루어지기 위해서는 어휘를 체계적으로 가르치기 위한 다양한 교재들이 개발되어야 한다. 원론적인 차원에서는 동의어나 유의어 사전, 분류 사전, 숙어 사전, 속담 사전, 고사성어 사전, 용례 사전, 어원사전 등의 전문적인 사전의 편찬이 필요하고, 교육 현장에서 이용하기 위한 개선된 어휘 교재들이 필요하다. 아울러 어휘 교육 교재 외에도 인터넷이나 CD 사전, 말뭉치 등 다양한 매체들이 개발되어야 한다. 또한 다양한 어휘 지도 방법이 개발되어야 한다. 파생이나 합성 등 단어 형성의 원리를 이용한 어휘 지도 방법이 개발되어야 하며, 유의어, 반의어, 다의어, 동음어 등 의미 관계를 이용하는 어휘 지도 방법이 개발되어야 한다. 문맥을 활용한 어휘지도 방법이 개발되어야 함은 물론이다.

한국어 어휘 교육의 방법과 관련하여 다음 몇 가지 사항에 유의할 필요가 있다.

첫째, 학습자의 모어와 목표어인 한국어의 비교나 대조가 필요하다. 물론 이때 앞에서 말한 대로 두 언어에서 공통되는 어휘와 차이 나는 어휘의 특성을 세밀하게 고려하여 교수-학습에 활용해야 한다. 잘 알려진 것처럼 중국어나 일본어를 모어로 하는 학습자의 경우 한자어를 공통으로 가지지만 동일한 한자로 표기되는 한자어라 하더라도 실제 용법은 차이가 나는 경우가 있다. 따라서 공통점과 차이점을 잘 활용하는 교육이 필요하다.

둘째, 학습자의 인지적인 부담을 덜어 주기 위해 학습할 어휘의 양이나 질, 순서의 조절이 필요하다. 학습할 어휘의 양을 조절해야 할 뿐 아니라 다의적인 용법을 가지는 어휘의 모든 측면을 무리하게 교육하지 말고 순차적으로 익히게 하는 질적인 면의 조절도 필요하다. 즉 어휘가 다의적인 용법을 가지고 있다면 그 어휘가 사용된 문맥의 의미 하나를 우선적으로 알게 하고 이미 배운 어휘라면 이미 배운 용법을 다시 환기시키는 노력을 더해야 한다. 물론 양적인 조절이나 조절에는 위계화의 원리가 활용되어 체계적으로 이루어져야 한다.

셋째, 학습 상황에 맞는 어휘 교육이 이루어져야 한다. 어휘 교육이 별도로 이루어지는 경우도 있겠지만 말하기, 듣기, 읽기, 쓰기 등 다양한 언어 상황에서 동시에 이루어지는 경우가 일반적이므로 학습 상황에 맞게 어휘 교육이 이루어져야 하는 것이다. 듣기나 읽기 상황에서는 이해 어휘의 학습이 이루어지고 말하기나 쓰기 상황에서는 표현 어휘의 학습이 이루어진다. 학습자에게 필요한 이해 어휘와 사용 어휘는 양이나 질에서 차이가 있을 수 있으므로 수업당, 시간당 어휘의 양이나 질을 달리해야 한다.

넷째, 조사나 어미와 같은 문법적인 기능을 하는 어휘나 높임법 관련 어휘는 개별적으로 학습하는 것보다 해당 문법을 설명하는 자리에서 함께 학습하는 것이 효율적이다. 사실 외국어 교육이나 제2언어 교육에서 어휘 교육은 문법 교육과 잘 분리되지 않는 측면이 강하다. 어휘와 문법을 통합하여 언어를 교수-학습하는 어휘적인 접근법이 조사나 어미의 학습에는 자연스럽게 이루어져야 한다.

(2) 사용 빈도와 한국어교육

① 사용 빈도와 기초 어휘의 선정 방법은?

이미 언급한 것처럼 기초 어휘를 선정하기 위한 기준으로 사용 빈도가 중요하게 고려된다. 기초 어휘나 기본 어휘를 선정하는 방법에는 객관적 방법, 주관적 방법, 절충적 방법이 있다. 객관적 방법이란 전적으로 통계에 의존하는 것으로 말뭉치 등에서 사용 빈도를 조사하여 선정한다. 이런 방법은 말뭉치의 종류 등에 따라 달라질 수 있고, 이에 의한 결과가 반드시 중요한 어휘를 뜻하는 것이 아닐 수도 있다. 주관적 방법은 선정자의 주관적 판단에 의존하는 것으로 객관성의 결여가 문제될 수 있지만 전문적인 식견을 가진 사람이 적절하게 선정할 경우 객관적인 방법의 문제를 보완해 주기도 한다. 절충적 방법은 객관적 방법과 주관적 방법을 절충한 것으로 최근에는 이런 방법이 많이 쓰인다.

② 사용 빈도를 한국어교육에 적용하는 방법은?

사용 빈도가 높은 어휘는 당연히 초급 단계에서 학습되어야 하고, 그 용법이 철저하게 학습되어야 한다. 사용 빈도가 높은 순으로 정리한 실례를 보면 〈표 6-1〉과 같다.

이 표를 보면 한국어교육에서 조사, 어미, 보조용언, 의존명사 등이 상위의 빈도를 보이고 있음을 알 수 있다. 따라서 조사와 어미 등의 교육이 매우 중요하다는 것을 알 수 있다. 지금까지 사용 빈도에 대한 조사나 연구는 주

표 6-1 어휘빈도표

빈도 순위	표제항	품사	빈도 순위	표제항	품사
1	를	조사	16	있	보조용언
2	가	조사	17	것	의존명사
3	은	어미	18	그	대명사
4	었	선어말어미	19	들	접미사
5	다	어미	20	와	조사
6	는	조사	21	도	조사
7	의	조사	22	게	어미
8	어	어미	23	지	어미
9	이	지정사	24	에서	조사
10	고	어미	25	기	어미
11	에	조사	26	없	형용사
12	는	어미	27	되	동사
13	을	어미	28	어서	어미
14	하	동사	29	는다	어미
15	로	조사	30	수	의존명사

출처: 연세대학교 언어정보개발연구원.

로 문어를 대상으로 하여 이루어졌다. 따라서 한국어 회화를 가르칠 때는 사용 빈도를 참조하는 것은 한계를 가진다. 앞으로 구어를 대상으로 한 어휘의 사용 빈도에 대한 연구가 이루어지면 이를 한국어교육에 이용할 수 있을 것이다.

(3) 어휘의 확장과 한국어교육

① 유의어, 반의어 등 의미 관계를 이용한 어휘 교육의 효과는?

이미 언급한 바와 같이 유의어, 반의어, 다의어, 동음이의어, 상위어와 하위어 등 어휘들 간의 의미 관계를 적절하게 이용하면 어휘를 확장시키는 데에 매우 유용하다. 의미 관계를 이용하게 되면 어휘 확장뿐 아니라 어휘 간의 세밀한 의미 차이를 인식할 수 있어 고급 단계의 한국어 구사를 가능하게 해 준다.

예를 들어 동의 관계 내지 유의 관계를 이용하는 방안을 생각해 보자. 주어진 모든 문맥에서 대치가 가능한 경우를 '완전동의'라고 할 수 있으나 현실 언어에서 이는 성립하기 어렵다. 완전동의 관계에 있는 경우 어휘 간의 경쟁에 의해 어느 하나가 퇴화되는 것이 자연스럽다. 따라서 '틈/겨를, 해/태양'처럼 어느 문맥에서는 바꾸어지지 않는 '부분동의'가 일반적으로 많이 나타난다. 이런 부분동의 관계에 대한 인식은 한국어의 각 어휘가 가지고 있는 미묘한 차이를 인식하는 데에 도움을 준다.

② 파생, 합성 등 단어 형성 원리를 이용한 어휘 교육의 방안은?

파생이나 합성 등의 단어 형성 원리를 잘 이용하게 되면 역시 효율적으로 어휘력을 신장할 수 있게 될 것이다. 단어 형성 원리에 대한 이해는 이미 만들어진 어휘를 이해하게 해 줄 뿐만 아니라 신조어에 대한 이해도 높여 준다. 따라서 단어 형성 원리에 대한 이해는 한국어교육을 위해서 꼭 필요하다.

앞에서 언급한 것처럼 단어 형성 원리 중에는 생산적인 파생법과 합성법에 대한 이해가 필수적이다. 한국어는 교착어로서 새로운 단어를 만들기 위해 하나의 요소에 다른 요소를 더하는 것을 기본으로 하고 있기 때문이다. 특히 생산적인 파생접사의 용법, 자주 쓰이는 합성 방법에 대한 이해 등은 반드시 이루어져야 한다.

연습문제

1. 다음 두 문장을 형태소로 분석하고 유형별로 묶어 보라.

> 가. 가을이 깊어지면 나는 거의 매일 뜰에서 낙엽을 긁어모으지 않으면 안 된다.
> 나. The children skipped rope and played games joyfully.

- 형태소 분석:
- 자립형태소와 의존형태소:
- 실질형태소와 형식형태소:

2. 한국어의 형태적 특징이 아닌 것은?
   ① 한국어는 교착어이다.
   ② 한국어는 어미가 매우 발달했다.
   ③ 한국어는 형용사도 어미를 취한다.
   ④ 한국어는 하나의 형태가 여러 개의 문법 의미를 가진다.

3. 다음 중 한국어 의존명사를 분류한 것이 잘못 연결된 것은?
   ① 주어성 의존명사: 나위, 리, 수
   ② 목적어성 의존명사: 뿐, 나름
   ③ 부사어성 의존명사: 바람, 통
   ④ 보편성 의존명사: 것, 데, 바

4. 다음 문장을 단어로 나누고 학교문법의 9품사에 맞추어 품사 분류를 해 보라.

> 가. 그대는 아무도 없는 잡초 사이에서 핀 이슬을 함빡 머금고 핀 들국화를 볼 수 있을지니 그 그윽한 기품에 그대는 새삼스러이 놀라게 될 것이다.
> 나. 동백의 꽃말은 투신. 죽을 날을 알아 버린 이모처럼 눈 소복하게 내린 날을 골라 떨어진다.

5. 다음을 직접구성성분으로 분석하고 합성어인지 파생어인지를 말하라.

가. 시부모
나. 코웃음
다. 비웃음

6. 다음 중 비통사적 합성어는?

① 덮밤 ② 첫사랑
③ 고무신 ④ 어린이

7. 다음 중 한국어 어휘적 특징이 <u>아닌</u> 것은?

① 한국어에는 의성어와 의태어가 매우 발달했다.
② 한국어에는 한자어와 고유어의 유의어가 많이 나타난다.
③ 한국어는 주로 자음교체나 모음교체에 의해 어휘의 확장이 이루어진다.
④ 한국어 어휘는 그 기원에 따라 고유어, 한자어, 다른 외래어로 나눌 수 있다.

8. 다음 중 상보 반의어로 볼 수 있는 것은?

① 죽다 : 돌아가다 ② 남자 : 여자
③ 크다 : 작다 ④ 부모 : 자식

9. 다음 중 한자어에 속하지 <u>않는</u> 것은?

① 공부 ② 전답
③ 배추 ④ 엽서

풀이

1. '깊어지면'의 경우 '깊-, -어, 지-, -면'으로 분석된다. '매일(每日)'과 같은 한자어는 학자에 따라 '매'와 '일'을 분석하기도 하고 하지 않기도 한다. 자립형태소와 의존형태소의 개념은 교재를 참조하라.
2. [④]. 한국어와 같은 교착어는 하나의 형태가 여러 개의 문법 의미를 가지지

않는다.

3. [②]. '따름, 뿐, 나름'은 '이다'와 결합하므로 서술어성 의존명사이다.
4. '아무도'는 대명사인 '아무'와 조사인 '도'로 나누어야 한다. '알아 버리다'에서 보조용언 '버리다'의 품사는 동사이다.
5. 각각 '시+부모', '코+웃음', '비웃-+-음'으로 1차 분석된다.
6. [①]. 한국어의 문장 구성에서는 용언 어간이 어미 없이 명사와 연결되지 않는다.
7. [③]. 한국어에서 어휘 확장은 주로 접두사나 접미사에 의해 이루어진다.
8. [②]. '죽다 : 돌아가다'는 유의어, '크다 : 작다'는 등급 반의어, '부모 : 자식'은 관계 반의어이다.
9. [③]. '배추'는 '白菜'에서 왔지만 한국 한자음으로 읽히지 않는다.

참고문헌

고영근(1989), 『국어형태론연구』, 서울대학교출판부.

고영근 · 구본관(2008), 『우리말 문법론』, 집문당.

구본관(1998), 『15세기 국어 파생법에 대한 연구』, 태학사.

구본관 · 박성원 · 이지욱 · 이창용 · 이향(2009), 『한국어 수업을 위한 문법활동집』, Korea Language PLUS.

구본관 · 박재연 · 이선웅 · 이진호 · 황선엽(2015), 『한국어 문법 총론 I』, 집문당.

구본관 외(2014), 『어휘교육론』, 사회평론.

국립국어원(2005), 『외국인을 위한 한국어 문법 1(체계편)』, 커뮤니케이션북스.

김광해(1993), 『국어 어휘론 개설』, 집문당.

김광해 · 권재일 · 임지룡 · 김무림 · 임칠성(1999), 『국어지식탐구』, 박이정.

김창섭(1996), 『국어의 단어형성과 단어 구조 연구』, 태학사.

남기심 · 고영근(1993), 『표준국어문법론(개정판)』, 탑출판사.

송철의(1992), 『국어의 파생어 형성 연구』, 태학사.

심재기(2000), 『국어 어휘론 신강』, 태학사.

이익섭 · 이상억 · 채완(1994), 『한국의 언어』, 신구문화사.

이익섭 · 채완(1999), 『국어 문법론 강의』, 학연사.

임지룡(1992), 『국어의미론』, 탑출판사.

채 완(2003), 『한국어의 의성어와 의태어』, 서울대학교출판부.

제 7 장

한국어의 문장 성분

이홍식

학습개요

문장을 구성하는 단어들은 문장에서 일정한 구실을 하는 문장 성분으로 분류해 볼 수 있다. 문장 성분은 필수적으로 문장에 나타나며 문장의 형성에 뼈대와 같은 구실을 하는 주성분과 대체로 수의적으로 나타나며 주성분과 결합하여 수식의 기능을 하는 부속 성분, 문장의 다른 성분과는 독립된 기능을 하는 독립 성분으로 나뉜다. 이러한 분류는 여러 가지 문제를 안고 있으나 문장을 형성하는 단어들의 역할에 대한 이해에는 도움을 준다고 할 수 있다. 이 단원에서는 개별 문장 성분의 특성과 성분론의 문제를 살펴볼 것이다.

1. 도입

문장을 구성하면서 일정한 구실을 하는 요소를 문장 성분이라고 한다. 문장은 문장 성분으로 이루어지는데, 문장의 성분이 될 수 있는 말의 단위는 단어, 어절, 구, 절이다. 조사는 단독으로는 문장의 성분이 될 수 없고 반드시 체언이나 체언의 구실을 하는 말에 붙어서 그들과 한 덩어리가 되어 문장의 성분이 된다. 문장의 성분에는 주성분과 그에 딸린 부속 성분이 있다. 주성분은 문장 성립에 필수적인 것으로 그것이 빠지면 불완전한 문장이 된다.

주성분에는 주어(임자말), 서술어(풀이말), 목적어(부림말), 보어(기움말)가 있다. '무엇이(또는 누가) 어찌한다(또는 어떠하다, 무엇이다)'의 '무엇이'에 해당하는 말이 주어이고, '어찌한다, 어떠하다, 무엇이다'에 해당하는 말이 서술어이다. '무엇이 무엇을 어찌한다'의 형식을 취할 때 '무엇을'에 해당하는 말이 목적어이다. '되다, 아니다'의 앞에 오는 '무엇이'에 해당하는 말은 보어가 된다. 다음 문장에서 '아이들이, 물이, 국이, 저 사람이, 그가'는 주어이고 '던진다, 된다, 짜다, 아니다, 주인이다'는 서술어이다. '공을'은 목적어이고 '얼음이, 주인이'는 보어가 된다.

[1] 가. 아이들이 공을 던진다.
나. 물이 얼음이 된다.
다. 국이 짜다.
라. 저 사람이 주인이 아니다.
마. 그가 주인이다.

한편, 문장의 골격을 이루는 데 아무 기여를 하지 못하고 다른 성분에 딸려 있는 말을 부속 성분이라고 한다. 부속 성분은 문장의 성립에 필수적으로 요구되는 것이 아니므로 수의적 성분이라고도 한다. 부속 성분에는 관형어(매김말)와 부사어(어찌말)가 있다. 이 밖에 독립 성분인 독립어(홀로말)가 있다. 독립어는 그 뒤의 말에 부속되지 않고 직접적인 관련이 없이 독립되어 있다. 다음 문장에서 '새'는 관형어이고 '몽땅'은 부사어이다. '아차'는 독립어가 된다.

[2] 가. 그가 새 옷을 몽땅 집어갔다.
나. 아차, 내가 지갑을 잃었구나.

한 단어로 된 문장 성분만 가능한 것은 아니며, 두 단어 이상이 결합하여 이루어진 문장 성분도 가능하다. 다음 문장에서 밑줄 친 부분은 두 단어 이상으로 이루어진 문장 성분이다.

[3] 가. 우리 집이 여기서 별로 멀지 않다.
나. 무엇이 바빠서 그리 빨리 가느냐?
다. 그 꽃송이가 무척 탐스럽다.
라. 그 집 앞에 아주 새 차가 한 대 서 있었다.
마. 오늘은 웬일인지 차가 무척 빨리 달리는 것 같았다.

2. 주성분

1) 주어

서술어에 의해 서술되는 대상을 주어로 정의하는 것이 전통적인 주어의 정의라고 한다면 이 정의는 주어에 대해 별로 알려 주는 것이 없다고 할 것이다. 그리하여 주어를 어떤 특성들을 공유하는 것으로 기술하려는 노력도 나타났다. 이러한 시도의 문제점은 모든 주어가 같은 특성을 공유하지 않는다는 데 있다. 따라서 확실한 주어의 확인에는 어려움이 있으나 주어가 갖는 특성을 중심으로 주어에 대해 기술하기로 한다.

주어는 체언 상당 표현과 주격 조사의 결합으로 이루어진다.

[4] 가. 철수가 도둑질을 했다.
나. 철수가 도둑질을 했음이 밝혀졌다.

[4가]에서 주어는 체언 '철수'와 주격 조사 '가'의 결합으로 이루어진다. [4나]에서 주어는 체언의 기능을 하는 명사절 '철수가 도둑질을 했음'과 주

격 조사 '이'의 결합으로 이루어진다.

주어를 표시하는 조사는 일반적으로 '이/가'이다. 그러나 주어가 존칭의 체언일 경우에는 '께서'가 사용된다. 그리고 단체주격이라고 알려진 '에서'가 있다.

[5] 가. 철수가 왔다.
나. 선생님께서 오셨다.
다. 정부에서 강력한 증시 안정 대책을 발표했다.
가'. 나는 철수가 보인다.
나'. ??나는 할아버지께서 보인다.
다'. 정부에서 증권감독원장이 강력한 증시 안정 대책을 발표했다.
다". ??정부에서 강력한 증시 안정 대책을 발표한 대변인

[5가]에서 '철수'가 존칭 체언이 아니므로 '가'가 사용된다. [5나]에서는 '선생님'이 존칭 체언이므로 '께서'가 사용된다. 그런데 [5나']에서 알 수 있듯이 주격조사 '이/가'가 사용되는 모든 환경에 '께서'가 사용되는 것은 아니다. 또한 '에서'가 주어를 표시하는 것이 아니라는 견해도 있다. [5다] 문장은 [5다'] 문장에서 주어인 '증권감독원장'이 생략된 것으로 볼 수 있다는 것이다. 그러나 이 문장을 관계화시킨 [5다"] 문장은 어색하다. 따라서 [5다] 문장의 '에서'는 장소를 나타내는 '에서'와는 이미 다른 성격을 가지고 있는 것으로 보인다.

주격 조사는 생략되거나 특수조사로 교체되기도 한다.

[6] 가. 철수 집에 왔니?
나. 철수도 집에 왔니?

주격 조사가 주어를 표시한다면 왜 생략되는가? 또한 특수조사가 나타날 때 생략되는 것은 무슨 까닭인가? 이 문제에 대해서는 확실한 대답이 없다. 주격 조사가 격만 표시하기 때문에 생략되기 쉽다고 하나 격만을 표시하는 형식이 사라진다는 것은 납득하기 어렵다. 또한 격조사가 있는 구성과 격조사가 나타나지 않은 구성은 미세한 의미의 차이를 보인다.

일반적으로 주어는 문장의 앞에 나타난다. 그러나 국어의 경우에는 비교

적 어순이 자유롭기 때문에 이를 분명한 주어의 특성이라고 하기 어렵다

[7] 가. 철수가 학교에 왔다.
나. 의자에 다리가 있다.
가′. 학교에 철수가 왔다.
나′. ??다리가 의자에 있다.

[7가]에서 주어는 문두에 있다. 특별한 통보적 목적이 아니면 이 어순이 가장 중립적이라고 할 수 있다. '학교에'가 문두에 나온 [7가′] 역시 가능하지만 강조의 목적이 있는 듯하다. 그런데 주어가 문두에 오지 않은 [7나]의 경우에는 자연스럽지만 주어가 문두에 나온 [7나′]은 자연스럽지 않다.

주어는 대개 '-시-'와 호응하는 요소가 된다.

[8] 가. 선생님이 오신다.
나. 선생님의 손이 크시다.
다. 선생님이 손이 크시다.

[8가]는 주어인 '선생님이'와 '-시-'가 관련되어 있다. 그런데 [8나, 다]의 경우에는 '손이'가 '-시-'에 의한 존대 대상이라고 보기 어렵다. '선생님'을 존대하기 위한 것이라고 생각되며, 이를 간접존대라고 하기도 한다.

재귀사로 간주되는 '자기'의 선행사는 대개 주어이다.

[9] 가. 철수는 자기를 미워한다.
가′. ?자기가 철수를 미워한다.
나. 철수에게 자기가 가장 소중하다.

[9가]의 경우는 주어와 재귀사가 관련된다. [9가′]에서 재귀사가 주어 자리에 오는 경우는 비문이 된다. 그런데 [9나]에서는 주어 자리에 재귀사가 와도 문장이 성립한다.

복수 표지 '-들'은 주어가 복수일 경우에 부사어에도 연결될 수 있다.

[10] 가. 사람들이 많이들 왔다.

나. 너희들도 어서들 먹어라.
다. 순이가 아이들을 그 방으로들 보냈다.

[10가, 나]에서 주어는 복수이며 '-들'은 부사어에 결합되어 나타난다. 그런데 [10다]에서 '-들'은 주어가 단수인데도 나타나는데, 이는 목적어인 '아이들을'과 관련된 것이다.

'-더-'의 사용과 관련된 제약이 있는데, 일반적으로 서술어가 동사인 경우에 주어가 1인칭이면 선어말어미 '-더-'의 출현이 제약되는 것으로 알려져 있다.

[11] 가. ??내가 밥을 먹더라.
나. 철수가 나를 때리더라.
나'. ??내가 철수한테 맞더라.

꿈과 같은 특별한 상황이 아닌 일반적인 상황에서 주어가 1인칭인 경우에 '-더-'의 출현은 제약된다. [11가]의 경우가 그러하다. 또한 [11나]는 가능한데 같은 의미를 표현한다고 생각되는 [11나']은 주어가 1인칭이라서 어색하게 느껴진다.

주어의 의미역은 일정한 위계를 가진다.

[12] 가. 꽃이 노랗다.
나. 철수가 웃는다.
다. 철수가 영희를 때렸다.

서술어의 의미역이 하나이면 [12가, 나]에서처럼 그것이 주어가 된다. 둘 이상일 경우에는 [12다]에서처럼 대상역보다 동작주역이 우선한다.

이상과 같은 특성은 모든 주어에 다 적용되지는 않는다. 그러나 이들 기준을 가지고 주어로 해석될 수 있는 성분을 확인할 수는 있을 것이다.

주격 조사가 나타나지만 주어로 보기 어려운 구성이 있다.

[13] 가. ?종이 세 시간이 울렸다
나. 차가 가지가 않는다.

[13가]는 시간 부사어에 '이'가 나타난 것인데, 주어로 간주할 수 없다. 보조적 연결어미 '-지' 뒤에 '가'가 연결된 [13나]의 '가지가' 역시 주어로 보기 어렵다.

주어가 반드시 있다고 하는 주장이 대부분이다. 그러나 주어가 없는 구성도 가능하다.

[14] 가. 고생 끝에 낙을 본다.
나. 열에서 둘을 빼면 여덟이다.

위 문장들은 무주어문이 아니라 기본적인 국어의 문형인 서술어문이라고 보는 견해도 있다.

2) 목적어

목적어는 체언 상당 구성과 대격 조사 '을/를'로 이루어진다. 대격 조사를 목적격 조사로 부르기도 한다.

[15] 가. 철수는 공을 던졌다.
나. 나는 우리나라가 발전하기를 바란다.

[15가]에서 목적어 '공을'은 명사 '공'과 대격 조사 '을'의 결합으로 이루어진다. [15나]에서 목적어는 명사절과 대격 조사로 이루어진다.

그런데 대격 조사가 반드시 목적어에만 결합되는 것은 아니다.

[16] 가. 종이 <u>세 시간을</u> 울렸다.
나. 철수가 <u>3일 동안을</u> 물을 먹지 않았다.
다. 철수가 <u>집에 가지를</u> 못했다.

위 예문에서 대격 조사는 대격을 표시하지 않는다. 특수조사적인 용법을 갖는다고 할 수 있을 것이다.

대격 조사는 생략되거나 특수조사와 대치되기도 한다.

[17] 가. 철수가 밥 먹었다.
나. 철수가 밥만 먹었다.

조사가 목적어를 표시한다면 왜 생략되는가? 주격 조사의 경우처럼 문법적으로 격을 표시하기 때문에 잉여적인 경우에 생략된다고 기술할 수도 있을 것이다. 그러나 대격만 표시하는 요소가 어떻게 생략될 수 있는지 납득하기 어렵다.

목적어는 피동문의 주어가 될 수 있다.

[18] 가. 경찰이 도둑을 잡았다.
나. 도둑이 경찰에게 잡혔다.

예문 [18가]에서 목적어인 '도둑을'은 [18나]에서처럼 피동문 주어에 대응된다.

둘 이상의 절이 목적어를 공유할 수 있다.

[19] 가. 철수는 고기를 구워 먹었다.
나. 철수는 사과를 깎아 먹었다.

[19]에서 '고기를'과 '사과를'은 두 동사에 의해 공유된다.

목적어는 내포문의 주어와 같은 대상을 지시하는 경우가 있다.

[20] 철수는 영희를 집에 가게 했다.

[21] 가. 철수는 영희가 예쁘다고 생각한다.
나. 철수는 영희를 예쁘다고 생각한다.

[20]에서 목적어인 '영희를'은 내포문의 공범주 주어와 공지시되는 것으로 이해된다. [21나]는 [21가]의 내포문 주어인 '영희가' 주절의 목적어로 인상된 것으로 볼 수 있으나, 주절의 목적어 '영희를'은 내포문의 공범주 주어와 공지시되는 것으로 보는 것이 타당할 것이다.

목적어는 주어에 의해 영향을 받는 대상의 의미를 가진다. 그리고 이것은 화자에 의해 포착되기도 한다.

[22] 가. 철수는 학교엘 갔다.
나. 철수는 학교를 갔다.
다. 철수가 매를 맞았다.
라. 철수가 다리를 전다.

[22]의 문장에서 대격 조사가 결합한 구성은 전형적인 동작의 대상은 아니다. 그러나 화자에 의해 그러한 대상으로서의 성격이 해당 성분에 부여되는 것이다.

목적성 목적어 구문과 목적어 있는 피동문도 문제가 된다.

[23] 가. 철수가 영화 구경을 갔다.
가'. 철수가 영화 구경을 하러 갔다.
나. 철수가 영희에게 다리를 잡혔다.

예문 [23가]에서 '영화 구경을'은 '가다'의 대상이 된다고 보기는 어렵다. [23가']과 같은 문장에서 '하러'가 생략되어 [23가]가 형성된 것으로 이해할 수도 있지만 목적어로 분석할 수도 있다. [23나]의 경우도 문제가 되는데, 피동사 '잡히다'가 다시 목적어를 취한 것으로 보이기 때문이다. 이때 '다리를'이 주제화된 것으로 분석할 수 있는데, '잡히다'가 어휘화되어 타동사로서의 용법을 갖는 것으로 분석하여 목적어로 볼 수도 있다.

이중목적어가 존재한다. 이들 중에서 어떤 명사구를 목적어로 분석할 것인가에 대해 의견이 갈린다.

[24] 가. 철수는 영희를 다리를 잡았다.(전체-부분 구성)
나. 철수는 라면을 농심 라면을 먹었다.(부류-성원 구성)
다. 철수는 꽃을 세 송이를 샀다.(수량사구 대격 구성)
라. 철수는 영희를 선물을 주었다.(수혜주 대격 구성)
마. 철수는 나무를 책상을 만들었다.(만들다 구성)
바. 철수가 수학을 공부를 한다.(어근 대격 구성)

3) 보어

학교문법에서 보어는 '되다, 아니다' 앞에 나타나는 성분이다.

[25] 가. 철수는 학생이 되었다.
나. 철수는 바보가 아니다.

그러나 '되다, 아니다' 앞의 명사구를 주어로 보는 시각이 있다. 이는 '되다, 아니다' 앞의 명사구가 주격 조사를 동반하는 것과 관련이 되는데, 하나의 형태가 하나의 기능을 갖는 것으로 보는 입장이다. 이것은 보어의 지위가 다른 성분에 비해 불안정하다는 것을 보여 준다.

일반적으로 서술어가 필수적으로 요구하는 것을 보어라고 한다. 학교문법에서 주격이나 대격 조사 외의 격조사는 부사격 조사라고 하고, 부사격 조사가 결합한 명사구를 부사어로 분석한다. 그런데 이 중에서 서술어가 필수적으로 요구하는 것을 필수적 부사어라고 한다. 보어와 목적어를 구별하는 논의도 있지만 보어에 목적어를 포함시키는 논의도 있다.

다음 문장은 '에, 에게, 로'가 결합한 보어들이다.

[26] 가. 철수는 집에 갔다.
나. 철수는 영희에게 선물을 주었다.
다. 철수는 감옥에서 탈출했다.
라. 이 옷은 흰색에서 검은색으로 변했다.
마. 철수는 학교로 갔다.
바. 철수는 영희를 바보로 생각한다.
사. 철수는 나무를 책상으로 만들었다.
아. 철수는 나무로 책상을 만들었다.
자. 철수가 학교에서 집까지 걸어왔다.

예문 [26아]의 '나무로'를 필수적인 성분으로 보지 않을 수 있으나 역시 온전한 문장의 의미를 위해서 요구되는 보어로 볼 수 있을 것이다. [26자]의 '학교에서 집까지'와 같은 이동의 경로를 하나의 논항으로 간주하면 이것 역시 하나의 보어로 간주되어야 할 것이다. 그렇게 보지 않고 '학교에서'를 시발점, '집까지'를 도착점으로 간주한다면 이동동사는 보어를 두 개 취한다고 할 수 있을 것이다.

주격 조사를 취하는 보어가 있다.

[27] 가. 철수는 호랑이가 무섭다.
나. 철수는 범인이 맞다.

[27가, 나]에서 주격 조사를 취한 명사구들은 보어로 분석될 수 있다. 서술어가 필수적으로 요구하기 때문이다. 그러면 '이/가'를 보격 조사로 볼 수도 있을 것이다.

의미론적으로 복수의 대상을 요구하는 서술어의 경우에는 조사 '와'가 결합된 성분을 보어로 취할 수 있다. 이것은 순수히 통사적인 요구는 아니다.

[28] 가. 철수는 나와 싸웠다.
나. 철수는 나를 영수와 비교했다.

[28가, 나]에서 주어나 목적어에 복수의 의미를 가진 명사구가 오면 '와'가 결합된 명사구가 없어도 문장이 성립한다.

보어를 서술어가 필수적으로 요구하는 것으로 정의한다면 다음의 밑줄 친 성분도 보어로 분석된다.

[29] 가. 나무 색깔이 누렇게 변했다.
나. 꼬마가 성가시게 군다.

[30] 가. 그는 나를 떠나고 말았다.
나. 그는 고향으로 돌아와 버렸다.

[31] 가. 철수는 공부를 하러 도서관에 갔다.
나. 철수는 공부를 하겠다고 영희에게 약속했다.
다. 철수는 공부를 하기로 결정했다.
라. 철수는 영희에게 고맙다고 말했다.

[29가]에서 '누렇게'가 빠지면 문장이 성립하지 않는다. 또한 [29나]에서도 '성가시게'가 빠지면 역시 비문이 된다. 보조용언 구성에 대하여 보조용언을 상위문의 본동사로 보고 이 본동사가 보문을 취한다고 보는 견해가 일반적이다. [30가, 나]에서 '말다, 버리다'는 보문을 취하는 모문의 본동사가 된다. 보조용언에 의해 내포된 보문을 동사 부사절로 볼 수 있다. [31가]와 같은 구문에서 이동동사의 목적을 나타내는 절인 '공부를 하러'를 보어로 간주한다. '-러'에 의해 이끌어지는 절은 주절의 동사와 특수한 의존 관계를 맺고 있으며, 이 점을 고려해서 보어로 분석하는 것이다.

보어는 특별한 표지가 없다. 부사격 조사라고 알려진 조사들이 연결된 명사구가 다 보어가 되는 것은 아니며, 이것은 분포에 의해 결정된다. 그런데 이는 특별한 일은 아니다. 주격이나 대격의 경우에도 필수적으로 주어와 목적어로 연결되는 것은 아니기 때문이다.

4) 서술어

서술어는 용언과 어미로 이루어진다. 용언에는 동사, 형용사가 있고, 어미에는 선어말어미, 어말어미가 있다. 용언의 어간과 어말어미만 결합하여 서술어를 형성할 수 있으므로 선어말어미가 외현되지 않기도 한다. 용언의 어간과 어말어미는 반드시 있어야 서술어가 성립한다.

[32] 가. 철수는 학교에 갔다.
나. 국이 짜다.

[32가]에서 서술어는 용언 어간 '가-', 선어말어미 '-었-', 어말어미 '-다'가 결합하여 이루어진다. [32나]에서 서술어는 형용사 어간 '짜-'와 어말어미 '-다'가 결합하여 이루어진다.

학교문법에서는 용언 외에도 명사에 서술격 조사가 결합한 구성을 서술어로 인정한다.

[33] 철수는 학생이다.

'이-'를 계사, 잡음씨(지정사), 형용사로 분석하기도 하며 접미사, 활용어미로 분석하기도 한다.

서술어는 대개 문장의 가장 뒤에 위치한다.

[34] 가. 철수는 영희에게 선물을 주었다.
나. 영희에게 철수는 선물을 주었다.
다. 선물을 철수는 영희에게 주었다.
라. 선물을 영희에게 철수는 주었다.

[34가, 나, 다, 라]에서 다른 성분들이 위치를 바꾸어도 서술어 '주었다'는 문장의 가장 뒤에서 움직이지 않고 제자리에 있다.

학교문법에서는 서술절을 인정한다.

[35] 철수는 손이 크다.

[35]에서 '크다'는 '손이'의 서술어이며 '손이 크다'는 '철수는'의 서술어, 즉 서술절이 된다. 명사절이나 관형절은 '-ㅁ, -기, -ㄴ, -ㄹ'과 같은 표지를 가지지만 서술절은 표지가 없고, 명사절이나 관형절은 품사 명칭이나 서술절은 성분 명칭이라는 점 등의 차이가 있다.

다음과 같은 문장은 서술어가 외현되지 않은 것들이다.

[36] 가. 우리는 조국의 방패
나. 우리 등반대가 정상을 정복
다. 나비는 나폴나폴 벌은 윙윙
라. 정부는 연초에 계획을 수립, 연말에 집행할 예정이다.
마. 고등학교를 졸업 후에 직장에 들어갔다.
바. 회의를 진행 중이다.
사. 철수는 요양을 목적으로 시골에 갔다.

[36가]에서는 '-이다', [36나]에서는 '-하다'가 생략되었다고 기술한다. [36다]에서는 '-거리다' 정도가 생략된 것으로 볼 수 있다. [36라]에서는 '하여', [36마]에서는 '한', [36바]에서는 '하는' 정도가 생략된 것으로 볼 수 있을 것이다. 또한 [36사]에서는 '하여'가 생략된 것으로 이해할 수 있다.

그러나 다음 예문에서는 그러한 생략이 불가능한 것처럼 보인다.

[37] 가. 1월에 꿔 간 돈이 10만 원에 2월에 꿔 간 돈이 20만 원에 3월에 꿔 간 돈이 40만 원이니까 모두 70만 원이다.
나. 이들 형제는 영수가 형이고 철수가 동생으로 둘 다 체육을 잘 한다.

[37가, 나]에서 '10만 원에, 20만 원에'나 '동생으로'에 '에, 으로'가 없다면 서술격 조사가 생략되었다고 할 수 있겠지만 '에, 으로'에 '이다'가 결합하기는 어려우므로 이 경우에는 명사가 그 자체로 서술어가 될 수 있다고 기술해야 할 것이다.

서술어는 대개 단일한 용언으로 이루어진다. 또한 서술격 조사와 명사구의 결합으로 이루어진다. 그런데 둘 이상의 용언이 모여 서술어를 구성하는 경우가 있다. 보조용언 구성이 그것이다. 이를 동사 부사절과 본용언의 결합으로 기술하기도 한다.

[38] 가. 영희가 나를 떠나 버렸다.
나. 나는 집에 가고 싶다.

학교문법에서는 본용언과 보조용언이 결합하여 하나의 서술어를 구성한다고 기술한다. 이는 보조용언 구성이 단문 효과를 보이기 때문이다. 그런데 최근에는 앞의 '보어' 부분에서 언급한 것처럼 보조용언이 본용언 구성을 내포절로 안은 것으로 기술하는 논의가 많다.

서술성 명사와 기능동사가 합쳐서 하나의 서술어 역할을 하는 경우도 있다.

[39] 가. 철수가 영어를 공부를 한다.
나. 도시가 폭파가 됐다.
다. 영희는 철수와 친구이다.
라. 정부는 이라크와 협상을 벌인다.

[39가]에서 '공부를 하다'는 하나의 서술어로 목적어 '영어를'을 취한다. '공부'가 목적어 '영어를'을 취한다고 기술하기도 하나 서술성 명사 '공부'가 기능동사 '하다'와 결합하여 복합서술어를 형성하고, 이 복합서술어가 목적

어를 취한다고 기술하는 것이 적절한 듯하다. '공부하다'에서 '공부'라는 어근이 분리되어 형성된 것으로 설명하기도 한다. [39나]에서 '폭파가 되다' 역시 하나의 서술어를 형성하여 주어를 취한다. [39다, 라]의 '친구이다, 협상을 벌인다' 역시 복합서술어로 분석될 수 있다.

3. 부속 성분

1) 관형어

관형어는 체언으로 된 주어, 목적어 같은 문장 성분 앞에 붙어서 그것을 꾸며 주는 말을 이른다. 관형어에는 관형사가 명사를 수식하는 구성(40가), 용언의 관형사형(관형절)이 명사를 수식하는 구성(40나, 다, 라), 명사 자체로 다른 명사를 수식하는 구성(40마), 명사와 속격 조사의 결합형이 명사를 수식하는 구성(40바, 사)이 있다.

[40] 가. 새 책
나. 큰 나무
다. 사람들이 보는 책
라. 철수가 도둑질을 한 사실
마. 학교 매점
바. 우리의 자세
사. 자식으로서의 도리

관형절과 관형구를 구별할 필요도 있다. 즉 주어가 없이 용언의 관형형만 나타나는 것은 관형구로, 주어가 나타나는 경우에는 관형절로 분석하는 것이다.

[41] 가. 붉은 꽃
가'. 꽃이 붉다.
나. 새빨간 거짓말
나'. *거짓말이 새빨갛다.

[41가]에서 '붉은'에는 주어가 나타나지 않았지만 [41가']에서 알 수 있듯이 주어가 생략된 것이므로 관형절이다. 그러나 [41나]의 '새빨간'은 [41나']에서 알 수 있듯이 주어를 가지지 않는다. 그리하여 관형절이 될 수 없는 것이다.

관형어를 분포에 의한 것으로 규정한다면 다음과 같은 예들은 관형어로 분석되어야 한다.

[42] 가. 날씨가 춥기 때문에
나. 열차가 도착한 후에
다. 영희가 오기 전에
라. 철수와 그 동생 되는 사람
마. 바로 나
바. 겨우 요것

[42가, 다]의 '-기'는 명사절 표지이므로 [42가, 다]의 밑줄 친 부분은 명사절이 된다. 그러나 '때문, 전'이라고 하는 명사 앞에 나타났으므로 관형어로 이해할 수 있을 것이다. '-ㄴ'의 경우는 관형절 표지이므로 [42나]의 밑줄 친 부분은 관형절로 볼 수 있으나 [42다]와 비교해 보면 단순한 문제라고 할 수는 없다. [42다]의 밑줄 친 부분을 관형절로 분석한다면 문제가 생기지 않으나 명사절로 분석한다면 [42나]의 밑줄 친 부분 역시 명사절로 분석해야 할 것이다.

[42라]의 경우는 자명한 듯하지만 '그'가 지시관형사의 용법을 보이는 구성이 아니다. 오히려 '그의 동생' 정도로 이해될 수 있다. 이때의 '그'를 관형어로 기술할 것인지는 확실하지 않다. [42마, 바]의 '바로, 겨우'는 부사로 이해되는데, 부사가 명사 앞에 올 때 관형어로 기술할 것인지 아니면 부사어로 기술할 것인지가 문제가 된다. 이는 관형어가 명사 앞이라고 하는 분포적인 기준에 의하여 정해지기 때문에 생기는 문제이다.

관형어를 성립시키는 표지를 따로 찾을 수는 없다. 오히려 관형어를 성립시키는 것은 그 분포라고 할 수 있다. 즉 명사 앞에 나타나면 일단 분포상으로 관형어가 될 수 있다. 그리고 전통문법에 따르면 '의'를 동반한 명사는 관형어가 되는 것이다.

관형어는 부속 성분이며 정의상 수의적인 분포를 보여야 하나, 수식받는 명사가 의존명사이면 관형어가 필수적으로 나타나야 한다.

[43] 가. 큰 것보다 작은 것이 더 아름답다.
나. 나는 그를 본 적이 없다.

[43가, 나]에 관형어가 없으면 문장이 성립하지 않는다.
조사 '-의'는 뜻으로 보아 주어를 나타낼 때가 있다.

[44] 가. 여기 모여서 우리의 나갈 길에 대하여 의논해 보자.
나. 세상 사람들이 너의 어리석음을 비웃지 않을까?

[44가]의 '우리의'는 '길'을 꾸미는 관형어인데, 동시에 동사 '나갈'의 의미상 주어로 해석된다. '우리의'가 주어인 것은 '우리의 나갈 길'이 '우리가 나갈 길'로 해석이 되는 것으로 보아 알 수 있다. [44나]의 '너의'는 그 뒤의 '어리석음'을 꾸미는 관형어임에 틀림이 없으나 뜻으로 보아 '어리석다'의 주어이다. 이러할 때의 '-의'는 생략되지 않는다. 그러나 이들을 통사적으로 주어라고 할 수는 없다. 주어 표지를 동반하지 않았기 때문이다.
관형어는 단독으로 쓰일 수 없다. 반드시 그것이 꾸미는 체언 앞에서만 쓰인다. 또한 명사구를 벗어나서 어순 재배치가 될 수 없다.

[45] 가. 그가 어떤 모자를 썼던가?
나. *빨간.

[46] 가. 붉은 장미 한 송이가 피었다.
나. *장미 붉은 한 송이가 피었다.

관형어 단독으로 쓰인 [45나]와 관형어가 어순 재배치된 [46나]는 비문이 된다.
관형어는 여럿이 겹쳐 쓰일 수 있다. 관형어 사이의 순서는, 대개 '이, 그, 저'와 같은 지시관형어가 가장 먼저 쓰이고 다음에 수량을 나타내는 관형어, 그다음에 모양이나 상태를 나타내는 관형어의 순서로 쓰인다.

2) 부사어

부사어는 부사나 체언에 부사격 조사가 붙은 말에 의하여 성립된다. 부사성 의존명사가 그에 딸린 관형어와 함께 부사어가 되기도 한다. 어미 '-게'에 의한 용언의 활용형이 부사어가 되기도 한다. 다음 예문의 밑줄 친 부분은 부사어로 분석된다.

[47] 가. 사람들이 떠드는 소리에 잠을 이룰 수가 없었다.
나. 배꼽이 배보다 커서야 되겠니?
다. 놀 만큼 놀았으니 이제 공부 좀 해라.
라. 그것을 있는 대로 다 가져 오너라.
마. 그가 신발을 신은 채 마루 위에 올라섰다.
바. 이상하게 오늘은 운수가 좋다.
사. 그가 불행하게 사고를 당했다.

부사어는 문장의 한 성분으로서 서술어의 뜻을 한정하여 꾸며 주는 것과 문장 전체를 꾸며 주는 것의 두 가지로 나뉜다. 앞의 것을 성분부사어, 뒤의 것을 문장부사어라고 한다.

문장 성분은 뒤에 오는 다른 문장 성분과 관계를 맺는 것이 아니라 뒤에 오는 어떤 특정 품사와 관계를 맺는다고 기술할 필요가 있다. 이것은 부사어뿐만 아니라 모든 문장 성분에 대해서도 마찬가지이다. '예쁘게 웃는 소녀'에서 부사어 '예쁘게'는 관형어 '웃는'을 수식한다고 할 수는 없고 동사 '웃-'을 수식한다고 해야 한다. 부사어, 관형어뿐만 아니라 주어도 마찬가지이다.

[48] 철수가 밥을 많이 먹었다.

[48]에서 부사어 '많이'는 '먹었다'와 결합한 것이 아니라 동사 어간 '먹-'과 결합되어 있다. '먹었다'는 하나의 어절로서 서술어이지만 '먹-'을 서술어라고 할 수는 없다. 어떤 어미가 결합되느냐에 따라 서술어가 될 수도 있고, 관형어가 될 수도 있으며, 부사어가 될 수도 있는 것이다. 그렇다면 부사어가 서술어를 수식하는 것이 아니라 동사 어간을 수식한다고 기술하는

것이 적절할 것이다.

부사어는 관형어와 같은 수의적 성분의 하나로서 서술어에 덧붙어서 그 뜻을 한정하여 주는 말이다. 이때 꾸밈을 받는 서술어를 주성분으로 하여 부사어는 그에 딸린 부속 성분이 된다. 그러나 실제로 부사어는 관형어, 부사어까지도 수식할 수 있기 때문에 부사어가 서술어를 수식한다는 정의는 문제가 있다.

부사어는 수의적인 성분이라는 정의에 대해서 학교문법에서는 필수적 부사어를 설정함으로써 모순된 기술을 하게 된다. 그러므로 필수적인 부사어를 보어로 보는 경향이 생긴다.

[49] 가. 철수가 영희를 동생으로 삼았다.
　　 나. 철수가 영희를 바보로 안다.

[49가, 나]의 '동생으로, 바보로'는 서술어가 필수적으로 요구된다. 따라서 학교문법에서는 필수적 부사어로 기술한다. 그러나 서술어가 필수적으로 요구하는 성분을 보어로 간주하는 입장에 따르면 이 성분들은 보어가 된다.

용언에서 파생되어 나온 부사가 주어, 목적어 등을 수반하고 서술어의 기능을 띤 채 부사어(부사절)가 되는 일이 있다.

[50] 나뭇잎이 소리도 없이 떨어진다.

[50]의 '소리도'가 적격하게 나타나는 것을 기술하기 위해서는 부사가 주어를 요구한다고 기술해야 한다. 그런데 이러한 예가 일반적이지 않다는 문제가 생긴다. 이때 '-이'를 접사가 아닌 어미로 분석할 수도 있으나 역시 부사형 어미 '-이'가 특수한 분포를 가진다고 기술해야 하는 부담이 있다.

부사어는 다른 부사어나 관형어도 꾸민다.

[51] 가. 더 빨리 걸읍시다.
　　 나. 아주 새 옷을 더럽혔구나.

특수한 경우이기는 하지만 부사어가 체언에 선행하는 경우가 있다.

[52] 가. 겨우 둘이 그 일을 해낼 수 있겠니?
나. 바로 이웃이 철수네 집이다.
다. 그가 꼭 너만 좋다고 하는구나.
라. 옛날에 아주 부자가 있었는데 무척 구두쇠였대.

이들 체언 앞의 부사어가 관형어가 아니라는 것은 다음과 같이 이들이 용언을 꾸밀 수 있는 것을 보아 알 수 있다.

[53] 가. 나는 숙제를 지금에야 겨우 끝냈다.
나. 중도에서 지체하지 말고 바로 오너라.
다. 내 옷이 너에게 꼭 맞는구나.

체언을 꾸미는 부사어는 수량이나 정도 또는 위치를 한정해 주는 것이다. 체언을 수식하는 점을 고려하여 관형어라고 볼 수도 있다.

부사어가 겹쳐 쓰일 때는 그중의 하나가 다른 부사어를 꾸밀 수도 있고 모두 서술어를 꾸밀 수도 있다.

[54] 가. 우리가 탄 기차가 평야를 아주 빨리 달렸다.
나. 고양이가 쥐한테 살금살금, 소리 없이 다가간다.

[54가]에서 '아주'는 부사 '빨리'를 수식한다. 그러나 (54나)에서 '살금살금'은 동사를 수식한다.

부사어는 앞에 문맥이 주어져 있으면 단독으로도 쓰일 수 있다.

[55] 가. 눈이 많이 왔지요?
나. 아니, 조금.

4. 독립 성분

독립어(홀로말)는 문장 중의 어느 성분과도 직접적인 관련이 없는 독립된 성분이다. 예문 [56가, 나, 다]의 '아이구, 순영아, 그러므로', [57]의 '돈'은 독립어에 해당한다.

[56] 가. 아이구, 허리가 아파 죽겠다.
　　나. 순영아, 저 하늘에 떠 있는 것이 무엇일까?
　　다. 수필은 그 쓰는 사람을 가장 솔직히 나타내는 문학 형식이다. 그러므로 수필은 독자에게 친밀감을 준다.

[57] 돈, 돈이 무엇인가?

제시어와 접속부사를 독립어에 포함시키지 않을 뿐 아니라 독립어는 문장 성분이 아니라고 하는 논의도 있다. [58]에서 보듯이 독립어가 독자적인 발화 기능을 가지기 때문이다.

[58] 가. 철수야,
　　나. 아야,

이런 점을 고려하여 독립어를 일종의 소형문(모자란 월)으로 보는 것이다. 양태부사어를 독립 성분에 포함시킬 수도 있다.

[59] 가. 틀림없이, 해는 동쪽에서 뜬다.
　　나. 만일 해가 돋으면, 달이 진다.

이들이 그 뒤에 오는 말과 어울려 하나의 문장을 이루는 것은 사실이지만 뒤에 오는 말과 구조적인 상관관계를 갖지는 않는다.

독립어는 그것을 뒤따르는 문장의 한 성분이 되지 못하지만, 문장부사는 한 성분이 된다.

[60] (비가 너무 심하게 온다.) *그래서 우선 밥부터 먹자.

[61] 가. 아, 피곤하다.
　　나. 철수가 피곤하다고 말했다.

[62] 가. (비가 너무 심하게 옵니다.) 그래서 인부들을 집으로 돌려보냈습니다.
나. 철수가 (비가 너무 심하게 온다.) 그래서 인부들을 집으로 돌려보냈다고 했다.

[60]에서 나타나듯이 접속부사 '그래서'가 독립어일 때 그 뒤에는 명령형이나 청유형이 오지 않는다. [61가, 나]에서처럼 직접인용문을 간접인용문으로 고칠 때 독립어는 탈락하는 것이 보통이다. 그러나 [62가, 나]를 보면 접속부사로 된 독립어는 간접인용문에서 탈락하지 않는다는 것을 알 수 있다. 그래서 문장부사를 독립어로 처리하지 않는 논의들이 많다.

부르는 말이나 제시어가 독립어로 나타날 때 그것은 그 뒤에 오는 문장 속의 한 성분과 일치하는 것이 보통인데, 이때는 독립어와 일치되는 말이 대명사로 바뀌거나 아예 생략되는 일이 흔하다.

[63] 가. <u>순호야</u>, 선생님께서 찾으시더라.
나. <u>사랑</u>, 세상에 이것처럼 위대한 것이 있을까?

호격어는 문말의 상대경어법 요소와 관련을 맺는다. [64가]의 '철수야'는 종결어미 '-거라'와 관련되고, [64나]의 '할아버지'는 '-ㅂ니까'와 관련되며, [64다]의 '김 군'은 '-자'와 관련된다.

[64] 가. 철수야, 이리로 가거라!
나. 할아버지, 이리로 가십니까?
다. 김 군, 이리로 가자.

그러나 독립어와 후행절의 경어법 사이에 통사적 관련이 없다는 주장도 있다.

[65] 가. 할아버지, 어디 편찮으십니까?
가'. 할아버지, (할아버지께서는) 어디 편찮으십니까?
나. 할아버지, 어디 편찮으십니까? 안색이 좋지 않으십니다. 제가 사람들을 불러오겠습니다.

[65가]에서 주체높임 '-시-'는 [65가']에 보이듯이 생략된 주어에 호응하고 청자 높임은 청자와 호응하는 것이라고 한다. [65나]에서 두 번째와 세 번째 문장은 독립어가 없이도 청자경어법이 나타나며, 이는 선행 발화의 청자와 동일한 청자와 관련된다. 뒤따르는 문장과 독립어가 직접적 관계를 가지지 않는데도 문장 성분이라고 하는 것은 옳지 않다. 독립어는 독자적인 발화 기능을 가지고 담화를 이루는 기능을 가진 문장에 준하는 요소로 볼 수 있다.

독립어는 주로 문장의 앞부분에 놓이지만 문장의 뒤에 놓이는 경우도 없지 않다.

[66] 가. 정신 차리시오, 여러분.
나. 이놈이 사람 친다, 아야.

5. 성분론의 문제

문장 성분의 연구는 어절을 단위로 한다. 그런데 성분론은 분석 단위의 설정에서 문제를 드러낸다.

[67] 예쁜 학생이 왔다.

[67]에서 '예쁜'은 관형어이고 '학생이'가 주어라고 분석하는 것은 '예쁜'이 주어를 수식한다는 주장으로 귀결된다. 그런데 이 문장에서 '학생이'를 주어로 보는 것은 '예쁜 학생이'가 실제로 주어의 역할을 한다는 것을 포착하지 못하는 것이 된다. 즉 관형 성분이 주어나 목적어, 보어를 수식하는 것이 아니라 명사를 수식한다는 것을 전혀 보여 주지 못한다. 또한 주어가 하나의 단어나 어절의 문제가 아니라는 것을 보여 주지 못하고 있다. 이러한 것들이 어절 중심의 성분론이 갖는 문제점이다.

그렇다고 해서 어절이 국어 문장에서 전혀 아무런 기능도 하지 못하는 것은 아니다. 어순 재배치는 어절이나 어절보다 큰 단위를 중심으로 이루어지며, 기능 범주는 어휘 범주와 결합한 상태에서 어순 재배치를 하게 된다. 이러한 점은 어절이 국어에서 어떤 식으로든 단위로 작용한다는 생각을 가능하게 한다. 그러나 이러한 어절이 문장의 분석에 그대로 반영되어야 한다는 전제는 성립하기 어렵다. 위에서도 언급했듯이 관형 성분은 후행하는 어절 전체를 수식하는 것이 아니기 때문이다.

[68] 가. 예쁜 학생이
나. 예쁜 학생을
다. 예쁜 학생에게

[68]에서 조사와 관형 성분은 직접적인 관련을 맺고 있지 않다. '예쁜'은 '학생'을 수식한다고 보아야 한다. 조사는 관형 성분과 명사가 결합하여 형성한 명사구 전체에 연결되는 것이다.

[69] [예쁜 학생]이/을/에게

그러므로 위와 같이 분석하는 것이 온당하다고 할 수 있다. 학교문법의 성분론은 이러한 문제를 해결하지 못하고 있다. 이러한 문제에 대하여 변형생성문법에서는 다음과 같이 해결하고 있다.

[70] $[_{KP}\ [_{NP}$ [예쁜] 학생] 이]

[70]에서 보듯이 변형생성문법에서는 어휘 범주와 기능 범주를 문법 기술에 활용함으로써 전통적인 성분론이 갖고 있는 문제를 해결하고 있다. 이런 식의 분석이라면 주어나 목적어라고 하는 것도 이러한 관계의 결과로 기술할 수 있다. 실제로 변형생성문법에 기댄 논의들에서 이런 방식의 분석을 쉽게 접할 수 있다.

또한 서술어도 선어말어미나 어말어미를 독자적인 통사 단위로 인정하는 입장에서는 유지하기 어려운 개념이 된다. 선어말어미나 어말어미는 용언의 어간과만 관련을 갖지 않으며, 문장 전체와 관련을 갖는 것이다. 이러한 사실을 기술하기 위해서는 어미를 용언의 어간과 결합한다고 기술할 수 없으며 독립된 통사 단위로 기술해야 하는 것이다. 이러한 점에서 서술어라고 하는 성분은 유지되기 어려운 것이다.

가장 많은 비판을 받는 것은 보어에 관한 기술이라고 할 수 있다. 현재의 학교문법에서 '되다'와 '아니다' 앞에 오는 성분만을 보어로 인정하는 것은 편의적인 처리라는 비판을 받게 된다. 보어를 부가어와 대립하는 개념으로 이해하는 경우에 서술어가 필수적으로 요구하는가 하는 점을 중요하게 생각하는데, 서술어가 필수적으로 요구하는 성분인 보어는 수의적인 성분인 부가어와 대립된다.

연습문제

1. 학교문법의 성분론이 갖는 문제점에 대해 논의해 보라.

2. 다음 문장에서 밑줄 그은 말의 성분 이름을 말하라.
   (가) 그의 연구도 거의 완성되어 갔다.
   (나) 우리는 잠시 문학이란 무엇인가 생각해 보았다.
   (다) 그 사람은 몸이 튼튼하니까 잘 견뎌 낼 거야.

3. 감탄사와 독립어는 어떻게 다른지 말해 보라.

4. 다음 밑줄 친 서술어 가운데 두 자리 서술어가 아닌 것은?
   ① 오늘 아침에는 장미꽃이 유난히 붉다.
   ② 오늘 산 책은 동생이 읽기에 적합하다.
   ③ 그 사람은 훌륭한 운동선수가 아니다.
   ④ 선생님은 공부를 열심히 한 학생을 칭찬하였다.

5. 다음 중 부사어에 대한 지적으로 옳지 않은 것은?
   ① 부사어는 관형어와 함께 부속 성분을 이룬다.
   ② 부사어는 대체로 서술어를 꾸미나, 체언을 꾸미는 일도 있다.
   ③ 부사어는 문장 성립에서 필수적인 성분이 되는 일이 없다.
   ④ 부사어 가운데는 문장 전체를 꾸미는 문장부사도 있다.

6. 다음 중 주성분이 아닌 것은?
   ① 주어 ② 목적어
   ③ 부사어 ④ 서술어

7. 다음 중 부속 성분에 속하는 것은?
   ① 보어 ② 독립어
   ③ 서술어 ④ 관형어

8. 다음 중 주성분만으로 이루어진 문장은?
   ① 철수가 새로 산 책을 읽고 있다.
   ② 철수는 매우 기쁜 표정이었다.
   ③ 철수는 영희를 사랑하지 않았다.
   ④ 그 영화는 나도 좋아한다.

9. 다음 밑줄 친 부분이 주어가 아닌 것은?
   ① 산이 매우 높다.
   ② 어머니 오셨니?
   ③ 지구는 태양의 둘레를 돈다.
   ④ 아버지는 내가 모시겠다.

풀이

1. 학교문법의 성분론은 어절을 대상으로 하는데, 어절을 단위로 했을 때는 적절하게 분석하기 어려운 경우가 있다. 또한 보어의 범위가 지나치게 협소하고 부사어 가운데 필수적인 분포를 보이는 필수적 부사어를 상정하는 점도 문제가 된다.
2. (가)에서 '연구도'는 주어, '거의'는 부사어이고, (나)에서 '우리는'은 주어, '잠시'는 부사어, '무엇인가'는 서술어이며, (다)에서 '그'는 관형어, '튼튼하니까'는 서술어이다.
3. 감탄사는 모두 독립어가 된다. 그러나 독립어가 감탄사만으로 이루어지는 것은 아니다. 감탄사 외에도 체언에 호격 조사가 결합한 어절이나 접속부사, 제시어 등도 독립어에 속한다.
4. [①]. '적합하다, 아니다, 칭찬하다'는 주어 이외에 각각 부사어, 보어, 목적어를 요구한다. 그러나 '붉다'는 주어만 있으면 온전한 문장을 구성한다.
5. 부사어는 부속 성분으로 서술어를 꾸미지만, 체언을 꾸미거나 문장 전체를 꾸미기도 한다. 부사어는 대체로 수의적인 성분이지만, 서술어에 따라서는 필수적으로 부사어를 요구하는 것들도 있다.
6. [③].
7. [④].
8. [③]. '새로 산', '매우 기쁜', '그'는 모두 부속 성분이다. 본용언과 보조용언이 결합한 '사랑하지 않았다'는 하나의 서술어로 취급한다.
9. [④]. '아버지는 내가 모시겠다'에서 '아버지는'은 목적어로 분석된다.

참고문헌

강우원(1995), "홀로말의 특성", 『한글』 225, 한글학회.
고영근(1993), 『우리말의 총체 서술과 문법 체계』, 서울: 일지사.
교육부(1994), 『고등학교 문법』, 서울: 대한교과서주식회사.
교육인적자원부(2002), 『고등학교 문법』, 서울: 대한교과서주식회사.
구연미(1994), "우리말 임의 성분 연구", 부산대학교 대학원 박사학위논문.
김경훈(1996), 『현대국어 부사어 연구』, 서울대학교 대학원 박사학위논문.
김민수(1957=1960), 『국어문법론 연구』, 서울: 통문관.(역대문법대계 ①98 재록)
김영희(1988), 『한국어 통사론의 모색』, 서울: 탑출판사.

김영희(1989), “한국어 제시어의 문법”, 『주시경학보』 제4집, 주시경연구소.
김태엽(1995), “국어 독립어의 일치 현상”, 『대구어문논총』 13.
김하얀(1995), “우리말 홀로말의 성격과 분류”, 부산대학교 대학원 석사학위논문.
남기심 · 고영근(1993), 『표준 국어문법론(개정판)』, 서울: 탑출판사.
남미혜(1996), “국어의 동사연속에 대한 연구”, 서울대학교 대학원 박사학위논문.
민현식(1993), “성분론의 문제점에 대하여”, 『선청어문』 21, 서울대학교 국어교육과.
박선자(1983), “우리말 어찌말 연구”, 부산대학교 대학원 박사학위논문.
서정수(1994), 『국어문법』, 서울: 뿌리깊은나무.
손남익(1995), 『국어 부사 연구』, 서울: 박이정.
윤평현(1994), “국어의 보어에 대하여(1): 학교문법 체계를 중심으로”, 『어문논총』 14 · 15.
이관규(2003), 『학교문법론』, 서울: 월인.
이광호(1990), “목적어”, 『국어 연구 어디까지 왔나』, 서울: 동아출판사.
이선웅(1995), “현대국어의 보조용언 연구”, 『국어연구』 133, 서울대학교 국어연구회.
이선희(1994), “복합 술어 구문 연구”, 연세대학교 대학원 석사학위논문.
이승욱(1969), “주어의 통사에 관한 고찰”, 『국문학논집』 3(단국대학교).
이은경(1996), “국어의 연결어미 연구”, 서울대학교 대학원 박사학위논문.
이익섭 · 임홍빈(1983), 『국어문법론』, 서울: 학연사.
이필영(1986), “호격 및 감탄조사에 대한 연구”, 『국어학 신연구』, 서울: 탑출판사.
이홍식(1996), 『국어 문장의 주성분 연구』, 서울: 월인.
임홍빈 · 장소원(1995), 『국어문법론 1』, 서울: 한국방송통신대학교출판부.
정인상(1980), “국어의 주어에 대한 연구”, 『국어연구』 44, 서울대학교 국어연구회.
정인상(1990), “주어”, 『국어 연구 어디까지 왔나』, 서울: 동아출판사.
최현배(1971), 『우리말본(네 번째 고침)』, 서울: 정음사.
최호철(1995), “국어의 보어에 대하여”, 『한국어학』 2, 한국어학연구회.
허 웅(1983), 『국어학-우리말의 어제 · 오늘』, 서울: 샘문화사.
홍기선(1993), “한국어 대격의 의미”, 한국언어학회 여름 연구회 발표 논문.
홍기선(1994), “Subjctivity Tests in Korean”, 『어학연구』 30-1, 서울대학교 어학연구소.

제8장

한국어 문장의 유형

고성환

학습개요

한국어의 문장을 몇 개의 유형으로 나누느냐 하는 문제는 관점에 따라 달라질 수 있다. 특히 차이가 나는 것은 감탄문, 약속문, 허락문 등을 독립된 문장의 유형으로 간주하느냐 그렇지 않느냐에 따른 것이다. 문장의 유형을 몇 개로 나누느냐 하는 것은 부차적인 문제일 수 있다. 특히 한국어 학습자에게 중요한 것은 각 문장의 유형들이 어떻게 형성되고 어떠한 쓰임을 가지는지를 이해하는 것이 중요하다.

이 단원에서는 학교문법의 틀에 따라 한국어의 문장을 평서문, 감탄문, 의문문, 명령문, 청유문의 다섯 개로 나누어서 설명을 하되, 약속문과 허락문은 각각 평서문과 명령문을 설명하는 자리에서 함께 할 것이다. 각 문장 유형들은 대체로 상대높임법상의 등급에 따라 문장 종결어미가 달라지게 된다. 그러나 한국어 학습자들에게는 일상적으로 널리 쓰이는 해라체와 해체, 해요체와 합쇼체를 중심으로 이들 문장이 어떻게 형성되는지를 알게 하고, 특히 평서문에서 해체에 해당하는 다양한 종결어미들의 용법상의 차이를 알게 하는 것이 중요하다고 생각된다.

1. 머리말

국어의 문장은 일반적으로 청자에 대한 화자의 진술 목적, 즉 서법에 따라 평서문, 감탄문, 의문문, 명령문, 청유문 등으로 나누어진다. 감탄문을 평서문에 소속시키기도 하고 약속문, 허락문, 경계문 등을 따로 설정하기도 한다. 형태·통사적으로 문장의 유형이 몇 개로 나누어지는가 하는 문제는 국어의 문법 기술에서는 근본적인 문제일 수 있다. 그러나 특히 외국어로서의 한국어교육과 관련시켜 생각한다면 몇 개의 문장 유형으로 나누어질 수 있는가 하는 문제보다 실제적으로 국어에서 사용되는 여러 가지 문장 유형들이 가지는 형태·통사적인 특성뿐만 아니라 이들 각각의 의미·화용적인 특성을 이해하는 것이 긴요하다고 할 수 있다. 따라서 가급적이면 각각의 문장 유형들이 가지는 의미·화용적인 특성을 기술하는 데 보다 많은 비중을 두고자 한다.

학교문법에서의 기술에 따라 잠정적으로 국어의 문장이 '평서문, 감탄문, 의문문, 명령문, 청유문' 등의 다섯 유형으로 나누어지는 것으로 보고 차례대로 기술해 나갈 것이다.

2. 평서문

평서문은 화자가 청자에게 어떤 정보를 알리는 것을 목적으로 하는 종결형식을 가지는 문장이다. 평서형 어미로는 '-다, -는다(동사의 현재형)/-아/-지/-네/-오/-아요/-습니다' 등이 있다.

[1] 가. 아기가 잔다.
나. 저는 백화점에 안 갈 거예요.
다. 하루 종일 전화를 안 받습니다.

상대높임법에서 보면 [1가]는 해라체에 속하고, [1나]는 해요체, [1다]는 합쇼체에 속한다. [1가]의 해라체 어미 '-다'는 신문이나 잡지, 소설의 지문 등 문어체에서 가장 일반적으로 쓰이는 평서형 어미이다. 이러한 곳에서 쓰이는 평서형 어미 '-다'는 해라체라기보다는 하라체에 해당하는 것으로 보기도 한다(남기심 · 고영근, 1993: 345). 신문이나 잡지, 소설을 읽는 독자를 특별히 낮추는 뜻이 없기 때문이다. 즉, 형태상으로는 해라체이지만 화용상으로는 하라체에 해당하는 것이다.

[2] 가. 요즘에는 밥맛이 없어.
나. 네가 가면 안 되지.

위의 예문 [2가, 나]는 상대높임법상 반말체나 해체에 해당하는 '-아/어, -지'에 의한 문장 종결 형식으로서 억양이 서법을 결정하는 데 있어 매우 중요한 역할을 한다. 평서형 종결어미 '-아/어'는 원칙적으로 화자와 청자가 얼굴을 마주 대고 이야기를 주고받는 상관적 장면에서만 사용되지만, '-지'는 혼잣말과 같은 단독적 장면에서도 쓰일 수 있다.

[3] (혼자서 길을 가다가 갑자기)
가. ?*아 참, 반찬을 사야 해.
나. 아 참, 반찬을 사야지.

또한 '-아/어'에 의한 문장 종결이 화자가 자신이 알고 있는 것을 어떤 함축적인 의미 없이 말하는 것과는 달리, '-지'에 의한 문장 종결은 화자가 말하는 것이 당연한 사실이라든가, 이미 확인된 일이라는 함축적인 의미를 가진다.

'-지'에 의한 문장 종결이 상대높임법상의 등분 표시 이외에 화자의 태도를 나타내는 기능을 가지는 것은 다른 평서문 종결 형식과는 구별되는 특징이다. 이러한 점에 주목하여 '-지'를 '-렷다, -것다'와 함께, 화자가 주어에 대하여 이미 알고 있음을 시사하면서 자신이 아는 바를 확고히 다지는 확인서술형으로 보기도 한다(서정수, 1996: 340-2).

한편, '-지'는 이미 일어난 어떤 사건이나 상황이 화자가 원하는 방향으로 되지 않은 것에 대해 아쉬움이나 못마땅함을 표시하기도 한다.

[4] 가. 나한테도 좀 알려 주지.

나. 나도 좀 주지.

평서형 어미 '-네'는 하게체와 해체에 공통적으로 나타나는 종결어미이다. 그러나 해체로 쓰일 때에는 그 용법에 차이가 있다. 해체의 '-네'는 혼잣말이나 혼잣말의 형식을 빌린 간접화행으로 쓰이는 데 반해, 하게체의 '-네'는 청자가 상정되는 대화에서 쓰이는 것이다.

[5] 가. 물이 없네.
나. 이런, 책이 없네.
다. 야단났네.

[5가, 나, 다]는 혼잣말일 수도 있고 혼잣말의 형식을 빌린 간접화행일 수도 있다. 이 둘은 형식적으로 구별되지는 않는다. 화자가 단순히 자신 앞에 벌어진 상황에 대해 진술하는 것이라면 혼잣말에 그치지만, 청자가 있어서 화자가 청자를 의식하면서 이런 발화를 하게 되면 화자는 청자에게 어떤 반응을 기대하는 간접화행문으로 쓰이게 되는 것이다.

평서형 종결어미 앞에는 일반적으로 다양한 기능의 선어말어미들이 결합되는데, 다음의 예문에서처럼 이른바 주체높임의 선어말어미 '-시-' 이외에는 어떠한 선어말어미도 실현되지 않으며, 상대높임법상으로도 고정적인 모습을 보이는 경우가 있다.

[6] 가. 국가대표팀, 내일 독일로 출국하다.
나. 한국 탁구 세계를 제패하다.
다. 철수가 내일 서울을 떠나다.
라. 어제 아버님이 서울로 올라오시다.

이들 문장은 '절대문'이라 불리는 것인데(임홍빈, 1983), 그 쓰임도 매우 제한되어 있기 때문에 큰 주목을 받지 못했다. 그런 만큼 이들에 대한 연구, 특히 통사·의미적인 특성이나 화용적인 특성이 정밀하게 밝혀져 있지는 않다. 지금까지 밝혀진 것들을 보면 우선 시제적으로 이들은 과거, 현재, 미래를 다 나타낼 수 있다는 점이다. 특정한 시제 형태소가 실현되지 않기 때문에 시제적으로 중립이고, 따라서 시제적인 의미는 시간부사나 시간 표현에 의해 부여되기 때문이다. [6가]에 대해 다음과 같은 표현도 얼마든지 가능하다는 것이다.

[6′] 가′. 국가대표팀, 오늘 독일로 출국하다.
가″. 국가대표팀, 어제 독일로 출국하다.

또한 절대문은 '단독적 장면'으로 분류되는 일기문, 보고문, 신문기사의 제호 등에서 사용되기 때문에(고영근, 1965=1989: 166-8) 결코 현실적인 청자를 상대로 하는 표현이 아니다(임홍빈, 1983). 그렇기 때문에 어떠한 경우에도 호격어와 함께 쓰일 수 없다.

[7] 가. *철수야, 오늘 서울에는 비가 내리다.
나. *영희야, 철수가 내일 미국으로 출국하다.

호격어는 담화 속으로 청자를 끌어들이는 기능을 하는 것인데(임홍빈, 1983: 113), 절대문이 청자의 존재를 배제하는 특성을 가지고 있기 때문에 위의 예문 [7가, 나]가 비문법적인 문장이 되는 것이다.

절대문이 현실적인 청자를 상대로 하는 표현이 아니라는 특성은 절대문에 상대높임법을 반영하는 다양한 형태들이 나타나지 않는 것과 관련된다. 상대높임법은 화자와 청자의 관계에 의해 결정되는 것이어서 상대높임법의 실현은 반드시 청자가 전제되어야 한다. 그런데 절대문은 현실적인 청자를 상정하지 않기 때문에 상대높임법도 실현되지 않는 것이다. 따라서 절대문은 비공손법(非恭遜法)에 해당한다고(임홍빈, 1983: 132) 할 수 있고, 상대높임법상 중립적이라고도 할 수 있다.

절대문은 이야기를 이어가기 위해 두 문장 이상이 연속적으로 쓰이지는 못하는 특성이 있다.

[8] 한국 대표팀 오늘 출국하다. 내일 오전에 아테네에 도착하다.

두 문장을 연결어미로 연결하는 것에도 제약이 따른다.

[8′] 한국 대표팀이 오늘 출국하여 내일 오전에 아테네에 도착하다.

위의 문장이 비문법적인 문장이라고 할 수는 없으나 실제로 볼 수 없는 문장이다. 절대문의 쓰임이 극히 한정된 데다가, 신문기사의 제목과 같이 간결성을 요하는 곳에서만 쓰이기 때문에 연결어미를 이용하여 내용을 이어가는 것과는 그 성격이 상충되기 때문이다.

[9] 가. 그 일은 내가 하마.
나. 오늘은 내가 한턱 냄세.

위의 예문 [9가, 나]는 약속문으로 분류되기도 하는 것들이다. 이들 외에 선어말어미 '-리-'가 결합되거나 '-(으)ㄹ게' 형태를 가진 다음과 같은 예문들도 약속문에 포함시키기도 한다(서정수, 1996: 342). '-마'는 젊은 층에서는 거의 쓰지 않아서 점차 없어져 가는 어미이다. 현실적으로 '-(으)ㄹ게'와 '-(으)ㄹ게요'가 각각 '해체'와 '해요체'에서 약속의 의미로 많이 쓰인다.

[10] 가. 내가 네 집에 들를게.
나. 내가 먼저 가리다.
다. 제가 먼저 갈게요.
라. 제가 말씀을 드리오리다.

이러한 약속문은 전형적인 평서문과는 다른 몇 가지 특성들을 가지고 있다. 첫째, 약속문의 서술어가 명령문이나 청유문에서의 서술어와 유사하게 동사에 대해서는 별다른 제약을 보이지 않으나 형용사에 대해서는 상당한 제약을 보인다(고영근, 1976=1989: 339; 서정수, 1996: 342-3). 이것은 원리상 약속이 동작이나 행위에 대해서는 비교적 쉽게 성립되지만 성질이나 상태에 대해서는 성립되기가 쉽지 않기 때문이다.

[11] 가. 내가 내일 가마.
나. *내가 즐거우마.
다. *앞으로는 착하마.

그러나 형용사라고 하더라도 어떤 행위가 전제될 수 있으면 약속문의 성립이 얼마든지 가능하다.

[12] 가. 앞으로는 가정에 충실하마.
나. 이제부터는 조용하마.

둘째, 약속문은 간접인용에서 평서문의 형태와 구별되는 독자적인 형태인 '-마'가 실현될 수 있다는 점이다.

[13] 가. 친구가 나를 도와주마고 했다.
나. 아버지께서 나한테 컴퓨터를 사 주시마고 하셨다.

물론 이러한 경우에 '-마' 대신에 '-다'가 실현되는 것이 일반적이고, 또한 다음과 같은 경우에는 간접인용에서 '-마'가 실현되지 못하는 불완전한 모습을 보이기는 한다.

[14] 가. *철수가 아버지께 자기가 가마고 했다.
가'. 철수가 아버지께 자기가 간다고 했다.
나. *철수가 할아버지께 자기가 신문을 갖다 드리마고 했다.
나'. 철수가 할아버지께 자기가 신문을 갖다 드린다고 했다.

약속문은 화자가 청자에게 어떤 일을 하겠다고 약속하는 것이므로 논리적으로는 아랫사람이 윗사람에게 약속할 수도 있고, 윗사람이 아랫사람에게 약속할 수도 있다. 그러나 약속문에 쓰이는 종결어미 '-마'는 윗사람이 아랫사람에게 약속할 때 가장 자연스럽게 쓰일 수 있고, 아랫사람이 윗사람에게 약속할 때에는 결코 쓰일 수 없는 형태이다. 적어도 대등한 관계여야만 쓸 수 있는 것이다.

셋째, 약속문은 단독적 장면에서는 쓰일 수 없고 상관적 장면에서만 쓰일 수 있다(고영근, 1976=1989: 339). 이것은 약속문이 쓰이기 위해서는 약속의 대상이 반드시 전제되어야 하기 때문에 당연한 귀결이라 할 수 있다.

넷째, 약속문의 주어는 1인칭일 때만 가능하다. 약속의 주체가 될 수 있는 것은 화자 자신이거나 화자를 포함한 복수이어야 하기 때문이다(고영근, 1976=1989: 339; 서정수, 1996: 343). 바꾸어 말하면, 약속문에 쓰이는 종결어미는 1인칭만 주어로 할 수 있다는 제약이 있는 것이다.

[15] 가. *이 일은 선생님이 하마.('선생님'이 화자가 아닐 때)
　　나. *그 사람들이 가마.

3. 감탄문

감탄문은 사실이나 명제에 대한 화자의 느낌 표현이 두드러진 문장 유형이다. 정보 전달의 기능이 없는 것은 아니지만 이는 부차적인 것이고 일차적인 기능은 정서적 표현을 하는 것이다. 감탄문은 '-구나, -군(요), -구먼(요), -구려, -아/어라, -누나, -노라, -도다' 등과 같은 문장 종결 형식을 갖는다. 감탄의 억양은 문장 끝 서술어 부분에서 높아졌다가 어미에 이르러서는 급격하게 하강하는 것이 일반적이다.

[16] 가. 날이 밝았구나!
　　나. 저 사람이 미쳤군!
　　다. 인생은 아름다워라!
　　라. 저녁놀 빈 하늘만 눈에 차누나!
　　마. 심판의 날이 돌아왔도다!
　　바. 왔노라, 싸웠노라, 이겼노라!

[17] 가. 새집으로 이사 오니 아주 좋구먼!
　　나. 당신도 알고 있었구려!
　　다. 경치가 참 좋군요!

[16가~바]의 예들은 상대높임법상 모두 해라체에 해당하는 것이다. [17가]의 '-구먼'도 해라체로 분류하기도 하는데, 다음과 같은 예문의 쓰임을 보면 '하게체'에 해당하는 것으로 보는 것(남기심 · 고영근, 1993: 347; 노대규, 1983: 134-6)이 타당하다고 할 수 있다.

[18] 가. 자네는 돈이 별로 없구먼!
　　나. 김 서방이 전화를 했구먼!

예문 [16가~바]가 상대높임법상 같은 등급에 속하는 것이기는 하지만 화자의 청자에 대한 의식 정도에서는 차이를 보인다. '-군, -누나, -아라' 등은 청자를 거의 의식하지 않는 표현들인 반면에 '-구나'는 청자를 어느 정도 의식하는 뜻을 가지는 표현이다. 그래서 이들 예문 앞에 청자의 관심을 끄는 호격어를 놓아 보면 그 문법성에서 차이가 난다.

[19] 가. 철수야, 날이 밝았구나!
나. *철수야, 저 사람이 미쳤군!
다. *철수야, 인생은 아름다워라!
라. *철수야, 저녁놀 빈 하늘만 눈에 차누나!

이러한 차이는 '-군, -누나, -아라' 등이 화자의 인지 상태의 표현에 중점이 놓이는 '독백 감탄문'(노대규, 1983: 30-3)으로 사용되고, '-구나'는 자기의 인지 상태나 문제가 되는 상황을 청자에게 알리는 뜻, 혹은 청자를 의식하는 뜻을 가짐으로써 '전달 감탄문'(노대규, 1983: 30-3)으로 사용되기 때문이다. '-구나'와 '-군'이 이러한 차이를 보이기 때문에 '-군'이 단순히 '-구나'가 줄어든 형태라고 하기는 어렵다.

'-노라'와 '-도다'도 호격어와 함께 쓰이기 어려운 것은 마찬가지이다. 특히 '-도다'는 구어체에서는 거의 쓰이기 어려운 것으로 보이며, '-노라'는 청자를 의식하지 않는 표현으로 보는 것이 합리적이다. 해라체에 속하는 대부분의 감탄형 종결어미들이 청자를 의식하지 않는 표현으로 사용되고, 또한 해라체의 감탄형 어미가 다양하게 나타나는 것은 감탄문이 화자의 느낌을 표현하는 것이 주요 목적이라는 데 원인이 있다고 할 수 있다.

예문 [17가, 나, 다]는 상대높임법상 하게체 이상의 등급에 속하는 것이다. 따라서 청자를 의식하는 것, 즉 화자 자신의 인지 상태나 문제가 되는 상황을 청자에게 알리는 뜻도 가지는 것은 당연한 귀결이다. 감탄문은 합쇼체에 해당하는 어미를 갖추고 있지 않아 불완전한 모습을 보인다.

감탄문은 새로운 사실에 대한 화자의 인지 상태에 초점이 놓이는 표현이기 때문에 감탄문의 주어는 1인칭이기보다는 2인칭이나 3인칭일 것이 예상된다. 그렇기 때문에 감탄문의 주어가 1인칭일 경우에는 이상을 보이게 되는 것이 일반적이다.

[20] *내가 학교에 가는구나/군/구먼/구려/군요.

화자가 자기의 일인데 그것을 처음으로 알게 되었다는 의미론적인 전제가 부적격성을 유발하는 것이다. 그러나 감탄문의 주어가 1인칭이라 하더라도 '재귀 지각 조건'(노대규, 1983: 99)을 만족시키면, 즉 화자 자신의 일이지만 그것을 처음으로 알게 되었다는 내용을 가질 때에는 성립될 수 있다.

[21] 가. 내가 드디어 집에 가게 되었구나.
나. 내가 그런 말을 했었군.
다. 내가 그랬었구먼.
라. 내가 당신한테 큰 잘못을 했구려.
마. 제가 정신이 없었군요.

어미에 따라 용언의 선택에 제약을 보이는 경우가 있다.

[22] 가. *영희가 참으로 예쁘누나.
나. *참으로 아름다운 여인이누나.
다. *여기에 물이 있누나.

[23] 이번에는 당신이 가구려.

[22가, 나, 다]는 '-누나'가 상태동사, 서술격조사, 이른바 존재사 등이 결합되어 쓰일 수 없음을 보인 것이고, [23]은 '-구려'가 동작동사 뒤에 연결되면 감탄문이 되지 못하고 명령문이 됨을 보인 것이다.

'-아라'는 여러 가지 특이한 양상을 보인다. 첫째, '-아라'는 일반적으로 동작동사 뒤에는 쓰일 수 없다. 다음과 같이 동작동사 뒤에 쓰여 감탄의 의미를 나타내는 경우가 있기는 하나 극히 예외적이다.

[24] 아이고, 놀래라.

둘째, 주어의 실현에 제약을 보이기 때문에 주어의 확인이 어렵다. 우선, 심리동사가 '-아라'와 결합하여 감탄문의 서술어로 쓰일 때 주어가 1인칭인지가 확인되지 않는다. 평서문과 마찬가지로 감탄문의 경우에도 심리동사가 서술어로 쓰이게 되면 논리상 주어는 1인칭이어야 한다. 그러나 이때 1인칭 주어를 내세우게 되면 오히려 비문법적인 문장이 된다.

[25] 가. *나는/*내가 추워라.
　　나. *나는/*내가 배고파라.

예문 [25]에서 '춥다'고 느끼거나 '배고프다'고 느끼는 것은 주체인 화자, 즉 1인칭임에 틀림없다. 따라서 1인칭 주어가 명시되더라도 문장의 성립에는 이상이 없을 것으로 예상되지만 실제로는 정반대의 현상을 보인다.

또한 심리동사가 아닌 용언이 서술어로 쓰여 주어가 2인칭이거나 3인칭일 것으로 추측되는 경우에는 이들 주어가 실현되면 오히려 비문법적인 문장이 된다.

[26] 가. *너 참 불쌍해라.
　　나. *아이고, 아기가 예뻐라.

그러나 물론 시에서와 같은 문어적인 쓰임에서는 '-아라' 감탄문에도 주어가 실현될 수 있다.

[27] 가. 우리는 숲 속에 숨는 두 별이어라.
　　나. 어머님의 희생은 가이없어라.

셋째, '-아라' 감탄문에서는 정도부사가 쓰일 수 없다.

[28] 가. *참 추워라.
　　나. *너무 불쌍해라.
　　다. *굉장히 더워라.

감탄문은 새로운 사실의 인지나 화자가 예상한 것 이상의 무엇인가가 벌어진 것에 대한 정감을 표현하는 것이기 때문에 다음 예문에서 보듯이 정도부사의 쓰임이 활발하고 또한 자연스럽다.

[29] 가. 집이 굉장히 크군요!
나. 비가 참 많이 왔구나!
다. 철수가 기분이 아주 좋군!
라. 몸이 너무 피곤하구먼!
마. 당신이 나를 끔찍이 생각하는구려!

감탄문의 이러한 일반적인 특성에 비추어 볼 때 '-아라' 감탄문에 정도부사가 쓰이지 못하는 것은 매우 특이한 현상이라고 할 수 있다.

4. 의문문

의문문은 화자가 청자에게 언어적인 대답을 요구하는 문장 유형이다. 국어에서 의문문의 기능을 수행할 수 있게 하는 요소로는 의문법 어미, 의문사, 억양 등을 들 수 있다. 의문문은 '-느냐, -니, -냐, -아/어, -지, -나, -소, -오, -습니까, -(으)ㄹ까, -(으)ㄹ래' 등의 형식에 의해 표현되는데, '-아/어, -지, -(으)ㄹ래' 등은 억양에 의해서 다른 서법과 구별된다.

의문문은 기준에 따라 여러 가지로 나눌 수 있지만, 흔히 판정의문, 선정의문, 설명의문으로 나뉜다. 판정의문은 '예/아니요'로 대답할 수 있는 의문을 말하고, 선정의문은 대답으로 선택될 수 있는 모든 대상이 질문에 명시적으로 주어진 의문을 말하며, 설명의문은 의문문에 들어 있는 의문사에 대해 설명을 요구하는 의문을 말한다.

판정의문은 대체로 두 가지 이유 때문에 전통적으로 선정의문의 특수한 형식으로 다루어져 왔다. 첫째는 논리상으로 볼 때 판정의문은 두 가지 가능한 대답 형식이 이접된 것으로 간주될 수 있기 때문이고, 둘째는 판정의문에 대한 대답도 이들 가운데에서 하나가 선택되어 나타난다는 것이다. 그래서 다음 예문에서와 같이 판정의문에 대한 대답이 가부선정의문(antonymous alternative question)에 대한 대답과 같을 수가 있다는 것이다.

[30] 철수 왔니?
가. 왔어.

나. 안 왔어.

[31] 철수 왔니, 안 왔니?
가. 왔어.
나. 안 왔어.

그러나 선정의문과 판정의문은 질문자가 질문의 요구를 만족시키는 '진정한 대답'(고성환, 1987: 45-6) 가운데 어느 특정한 대답을 보다 많은 개연성을 가지고 추측하거나 예상하는 '대답예상'(고성환, 1987: 27-8)에서 차이를 보인다. 즉, 판정의문의 경우 질문 형식에 따라 정도의 차이가 있기는 하지만 대답예상이 상정되는 것과 달리 선정의문의 경우에는 어떠한 경우에도 대답예상이 상정되지 못하는 것이다.

[32] 가. 철수야, 여행 갈 거니?
나. 철수야, 여행 안 갈 거니?
다. 철수야, 여행 갈 거지?
라. 철수야, 여행 갈 거지, 그렇지?

[33] 철수야, 여행 갈 거니, 안 갈 거니?

예문 [32가]는 긍정적인 대답과 부정적인 대답에 대한 화자의 기대치가 같은 중립적인 질문으로 사용되기도 한다. 물론 이럴 때는 선정의문인 예문 [33]과 동일한 가치를 가진다고 할 수 있다. 그러나 화자가 부정적인 대답보다 긍정적인 대답을 보다 개연성 있는 것으로 예상할 경우에도 [32가]는 사용될 수 있다. 그리고 [32나]는 부정적인 대답을 보다 개연성 있는 것으로 예상할 때 사용되고, [32다]나 [32라]는 긍정적인 대답에 대한 기대치가 [32가]보다 훨씬 커서 긍정적인 대답에 대해 거의 확신의 상태일 경우에 사용된다. 그래서 '-지'에 의한 의문을 '확인 의문문'이라고 하기도 한다(서정수, 1996: 397-403). 이와는 달리 가부선정의문인 [33]은 긍정적인 대답과 부정적인 대답에 대한 화자의 기대치가 언제나 동일하다. 즉 선정의문은 긍정과 부정의 추측이 동등하게 공존하는 상황에서 쓰이는 것이다(장경희, 1982: 97).

의문문에 의문사가 쓰였다고 해서 모두 설명의문이 되는 것은 아니다. 질문자의 초점이 의문사에 놓이게 되면 설명의문이 되지만, 질문자의 초점이 의문사에 놓이지 않을 때는 판정의문이 된다.

[34] 가. 뭘 먹었니↘?
나. 뭘 먹었니↗?

[34가]는 '뭘'에 강세가 놓이고 문장 끝에 하강 억양을 가지는 경우인데, 이때는 설명의문이 된다. [34나]는 '먹-'에 강세가 놓이고 문장 끝에 상승 억양을 가지는 경우이다. 이때는 '뭘'이 의문사가 아니라 부정사로 기능하여 판정의문이 된다. 이와 같이 국어에서 의문사와 부정사는 형태상으로는 전혀 구별이 되지 않아 그 기능은 순전히 강세와 억양에 의해서만 구별될 수 있다.

[35] 가. 그걸 보고 내가 어떻게 가만히 있을 수 있겠니?
나. 내가 그것도 모를 것 같니?
다. 내가 어떻게 널 안 도와줄 수 있겠니?

[35′] 가. 그걸 보고 나는 가만히 있을 수 없다.
나. 나는 그것을 안다.
다. 내가 널 도와주겠다.

위 예문 [35가, 나, 다]는 의문문의 형식을 취하고 있지만 의미상으로는 긍정 또는 부정의 단언의 의미를 나타낸다. [35′가, 나, 다]는 이른바 수사 의문문이다. 이러한 수사 의문문은 긍정문의 형식이면 강한 부정의 의미를, 부정문의 형식이면 강한 긍정의 의미를 나타낸다. 수사의문은 화자가 모르는 사실을 알기 위해 묻는 질문이 아니기 때문에 청자의 대답을 필요로 하지 않는다.

[36] A: 날씨가 추워.
B: 날씨가 추워/춥다고?
A: 응, 날씨가 추워/춥다고.

[37] A: 내일 학교 가자.
B: 내일 학교 *가/가자고?
A: 응, 내일 학교 가자(고).

[38] A: 이제 집에 가라.
B: 이제 집에 가라고?
A: 응, 이제 집에 가라(고).

앞의 예문 [36]~[38]은 이른바 반문(echo question)으로, 상대방의 말을 확인하기 위해 그 말을 되풀이해서 묻는 의문문이다. 반문은 어미 '-어(요)'와 '-고(요)'에 의해서만 구성되는 것이 특징적이다. 반문은 화자가 상대방의 말을 잘 알아듣지 못했거나 상대의 말에 이의를 제기하는 의미로 상대의 말을 되풀이하는 것이기 때문에 대답을 요구한다. 그 대답은 원래의 진술이 되풀이되거나 반문이 되풀이되는 형식으로 이루어진다.

[39] 가. 이것 좀 잡아 줄래?
나. 물 좀 주실 수 있으세요?
다. 조용히 좀 해 주실 수 있겠습니까?

위의 예문 [39]는 의문문의 형식으로 상대방에게 요청이나 명령의 의도를 전달하는 일종의 간접화행으로서 요청 의문문이라 할 수 있다. 직접적으로 명령문의 형식을 취하지 않고 청자에게 그러한 일을 할 의도나 능력이 있는지를 묻는 것으로서, 청자에게 선택권을 돌리는 것처럼 표현하기 때문에 보다 정중한 요청이나 명령의 효과를 거둘 수 있다. 따라서 특히 윗사람에게 명령을 할 때는 명령문의 형식을 취하기보다는(40가), 이와 같이 의문문의 형식을 취하는 것이 일반적이고 언어 예절에도 맞는 것이다(40나). 특히 이러한 경우에 부사 '좀'이 쓰이는 것이 일반적인데, 표현을 좀더 부드럽고 공손하게 하는 기능을 하는 것이라 할 수 있다.

[40] 가. 할아버지, 이쪽으로 오세요/오십시오.
나. 할아버지, 이쪽으로 (좀) 오시겠어요/오시겠습니까?

요청 의문문의 형식이라 하더라도 부정사 '못'을 사용하게 되면 강압적인 명령이 된다. 따라서 윗사람에게는 사용하기가 어렵다.

[41] 가. 너희들, 빨리 좀 못 가겠니?
나. ?아버지, 이리 좀 못 오시겠어요?

윗사람인 '아버지'에 대해 쓰인 [41나]는 특별한 전제가 있지 않는 한 성립되기 어렵다.

[42] 가. 내가 왜 그랬을까?
나. 내가 책을 어디에 뒀을까?

[43] 가. 이건 내가 가질까?
—아니야, 철수한테 주기로 했어./그래, 너 가져라.
나. 먼저 집에 가도 될까?
—아니야, 조금 더 기다리랬어./그래, 먼저 집에 가도 돼.

위의 예문 [42]는 화자가 자기 자신에게 묻는 이른바 자문(自問)의 예이다. 자문에는 '-을까'가 쓰이는데, 청자에 따라 '-을까요'를 쓸 수도 있다. [43]은 화자가 청자에게 화자 자신의 의도를 드러내어 청자의 의향을 묻는 용법으로 쓰이는 예이다. 이때 청자가 화자의 의도에 동의하지 않으면 새로운 의견을 제시하고, 동의하면 화자의 의도를 실행해도 좋다는 의견을 제시하게 된다.

[44] 가. 우리 놀러나 갈까?
나. 우리 냉면 먹으러 갈까?

위의 예문 [44]는 '-을까' 의문의 주어로 '우리'가 쓰인 경우인데, 이때는 화자가 자신의 제안에 대해 상대방의 동의 여부를 묻는 의미로 쓰이게 된다.

5. 명령문

명령문은 화자가 청자에게 어떤 행동을 할 것을 요구하는 종결 형식을 가지는 문장이다. 청자에 대한 화자의 행동 요구는 '-아/어라, -라, -아/어, -지, -(으)렴, -(으)려무나, -게, -오, -소, -구려, -ㅂ시오, -소서' 등과 같은 형식에 의해 표현된다. 명령을 나타내는 '-아/어, -지, -구려' 등은 억양으로 다른 서법과 구별된다.

명령문이라고 했을 때의 '명령'은 윗사람이 아랫사람에게 어떤 행위를 하도록 시키는 좁은 의미에 한정되는 것은 아니다. 같은 명령문이라고 하더라도 높임법에 따라 그 의미가 조금씩 다르게 나타나기 때문이다(장석진, 1973: 101). 일반적으로 해라체 등의 낮춤의 등분에서는 직접적인 명령이나 지시의 의미가 파악되고, 하게체 이상에서는 권고나 제의의 의미로 해석된다. 더욱이 하소서체의 경우에는 권고나 제의의 의미를 넘어서서 거의 탄원에 가까운 의미를 가진다. 이것은 높임법상의 등급이 높아질수록 상대방에게 직접 명령하거나 지시하기 어렵다는 사실과 관련되는 현상이다(고영근, 1976=1989: 326). 그리고 높임법에 따라 명령문이 서로 다른 의미로 해석되는 것도 절대적인 것은 아니다. 즉, 어조의 여하에 따라 하오체나 합쇼체도 직접적인 명령의 의미를 띨 수도 있고, 해라체도 권고나 소원(所願)의 의미를 가지기도 하는 것이다. 특히 '제발, 부디, 좀, 어서' 등과 같은 부사가 동반되면 높임법에 관계없이 권고나 소원의 의미만 가지게 된다. 따라서 '명령'은 직접적인 명령이나 지시 이외에도 권고나 제의, 나아가서 탄원에 가까운 의미까지도 포함하는 폭넓은 개념으로 사용된다.

'-아/어라'는 명령문의 대표적인 형태라고 할 수 있지만, 기원의 의미를 가지는 경우도 있다.

[45] 가. 바람아, 불어라.
나. 비야, 내려라.

위의 예문 [45가, 나]와 같이 명령의 의미로 해석되지 않고 기원으로 해석되는 것은 명령 수행의 주체인 '바람'이나 '비'가 명령을 수행할 수 있는 대상이 아니기 때문이다. 명령문의 발화는 화자가 명령 수행자를 자신의 통제권 안에 있다고 생각하는 것이 전제된다. 그러나 명령 수행의 대상이 '바람' 이나 '비'와 같은 것일 경우에는 화자가 어떤 초능력을 가지지 않는 이상 이들을 자신의 통제권 안에 있다고 생각할 수 없다. 그렇기 때문에 이러한 문장은 명령문의 형식이기는 하지만 명령의 의미는 가질 수 없고 기원의 의미만을 가지게 된다. 그러나 화자가 어떤 초능력을 지닌 신적인 존재라면 동일한 발화가 기원에 머무는 것이 아니라 명령으로 성립될 수 있는 것은 당연하다. 따라서 '-아/어라' 명령문이 명령의 의미를 가지느냐, 아니면 기원의 의미를 가지느냐는 화자와 명령 수행자의 관계에 의해 결정된다고 할 수 있다. 즉, 화자가 명령 수행의 주체로 상정하고 있는 대상이 화자가 제어 가능한 대상이냐 아니냐에 따라, 다시 말하면 화자의 통제권 속에 있는 대상이냐 아니냐에 따라 명령의 의미를 가지느냐, 아니면 기원의 의미를 가지느냐가 결정되는 것이다.

명령의 의미를 가지지 못하고 기원의 의미만을 가지게 되는 원인이 화자와 명령 수행의 주체 사이의 관계에 있는 것이 아니라 명령문의 서술어에 의해 표현되는 명령 수행의 내용에 있는 경우도 있다.

[46] 가. 철수야, 건강해라.
나. 행복해라.

예문 [46]은 주로 인사말처럼 쓰이는 예인데, 명령의 의미로는 해석되기 어렵다. 이것은 명령 수행의 주체가 건강하거나 행복하기 위해서 어떤 행위를 한다는 것을 상정하기 어렵고, 그렇기 때문에 화자도 이러한 발화로써 청자에게 구체적인 어떤 행위를 요구하는 것도 아니기 때문이다. 따라서 명령이 수행되기 위해서 만족시켜야 하는 명령의 의미·화행적 적정 조건이라는 측면에서 보면 청자가 행위를 수행할 수 있음을 화자가 믿는다는 예비 조건에 위배되는 것이고, 또한 청자가 행위를 하게끔 화자가 시도한다는 기본 조건도 충족시키기 어렵다고 할 수 있다.

명령문의 서술어는 일반적으로 동사에 한정된다고 한다. 명령은 화자가 청자에게 어떤 행위를 하도록 요구하는 것이기 때문에 논리상 당연한 귀결이다. 그러나 모든 동사가 다 명령문의 서술어로 쓰일 수 있는 것은 아니다. 피동사의 경우 명령문이 자유롭게는 성립하지 않는데(임홍빈, 1986: 542), 이러한 제약은 의미·화용론적인 이유 때문이다. 명령은 화자가 바라는 바를 명령 수행의 주체인 청자가 '자발적으로' 행함으로써 이행되는 것이다. 그런데 피동이라는 것은 일반적으로 명령 수행자인 청자가 어떤 행동을 자발적으로 하는 것이 아니라 청자는 그 행위를 할 의향이 없이 가만히 있다가 피해를 입는 입장을 나타낸다. 그렇기 때문에 피동의 의미를 가진 어휘나 피동사가 명령형 어미 '-아/어라'를 취하더라도 이것은 명령의 발화수반효력을 가지는 것이 아니라 일종의 기원이나 바람을 나타내는 데 그치게 된다.

[47] 가. 가다가 차에나 치여라.
 나. 물에나 빠져라.

[48] 가. 남편한테 소박이나 맞아라.
 나. 망신이나 당해라.

예문 [47]은 어휘적인 피동 구성이고, 예문 [48]은 통사적인 피동 구성을 보이는 예들인데, 이들은 모두 명령의 의미로는 해석될 수 없다. 왜냐하면 이들이 명령의 화행이라면 화자는 청자가 하리라고 믿지 않으면서 한 명령으로서, 화자는 청자가 명령을 수행할 것으로 믿는다는 명령문의 의미·화행상의 예비 조건에 위배되기 때문이다. 그러나 아무리 피동의 의미를 가진 명령이라고 하더라도 청자의 의지나 제어 가능성(이정민, 1977: 107)이 전제되는 '자발성(自發性)'이 개입될 수 있으면 명령문으로서 충분히 성립 가능하다. 가령 연극 대본이나 영화 각본에서 청자가 피해를 입는 상황이 상정되면 다음과 같은 예는 기원이 아닌 명령으로 기능하게 된다.

[49] (상대방이 뒤로 돌아서는 순간) 너는 차도로 뛰어들어 차에 치여라.

그러므로 일반적으로 피동이 명령문으로 기능하지 못하는 것은 어떤 통사적인 제약에 의한 것이 아니라 피동이 가지는 의미가 명령이 성립하기 위한 적정조건과 일치하지 않는 경우가 많다는 의미·화용적인 제약 때문이라고 할 수 있다.

인지동사인 '모르다'의 경우도 명령문으로의 쓰임에 제약을 보인다. 이는 같은 인지동사이면서도 명령문 성립에 제약을 보이지 않는 '알다'와 대비된다.

[50] 가. 이런 것쯤은 좀 알아라.
나. *이런 것쯤은 좀 몰라라.

이러한 차이도 결국은 피동사의 경우와 마찬가지로 청자의 자발성의 개입이 가능하냐 그렇지 않느냐의 문제로 귀착된다. 인지동사는 인간의 심리적인 측면과 관련되는 변화를 나타내는 동사인데, 그 내용에 따라서 명령을 수행하는 주체의 자발성이 개입할 수도 있고 그렇지 못할 수도 있다. '알다'의 경우에는 모르는 상태에서 주체의 자발성이 개입하여 어떤 조치를 취하게 되면 아는 상태로 나아갈 수도 있으나, '모르다'의 경우에는 아는 상태에서 모르는 상태로의 이행을 가능하게 하는 주체의 자발성이 개입할 수 없다는 점에서 차이를 보인다. 이러한 차이가 [50가, 나]의 문법성에서의 차이를 가져오게 되는 것이다. 이러한 현상은 '깨닫다'나 '느끼다'와 같은 인지동사에서도 동일하게 나타난다.

[51] 가. 네가 잘못한 것이 무엇인지 깨달아라.
나. *네가 잘못한 것이 무엇인지 깨닫지 마라.

[52] 가. 네 스스로가 느껴라.
나. *네 스스로가 느끼지 마라.

명령은 화자가 명령 수행의 주체에게 어떤 행위를 해 줄 것을 요구하는 것이기 때문에 사물의 상태나 성질을 나타내는 형용사의 경우 명령문의 쓰임은 논리상 쉽지 않다. 그런데 다음 예문에서처럼 형용사가 명령형 종결어미를 취하여 아무런 문제없이 쓰이는 경우가 있다.

[53] 가. 무슨 일을 하든지 꾸준해라.
나. 무슨 일이 일어나더라도 냉정해라.
다. 누구에게나 솔직해라.

예문 [53가, 나, 다]는 각각 형용사인 '꾸준하다, 냉정하다, 솔직하다'가 명령형 종결어미와 함께 쓰인 것인데, 이들은 모두 '-하다'가 결합된 것들이다. '-하다'가 결합된 형용사가 명령문에 쓰이는 것은 이들 이외에도 '고정하다, 공손하다, 과감하다, 관대하다, 느긋하다, 신중하다' 등 많은 예에서 확인된다. 형용사가 명령문에 쓰이는 것은 비단 '-하다'가 결합된 것에 한정되지 않는다.

[54] 가. 너는 언제까지나 변치 말고 한결같아라.
나. 다른 사람들에게는 언제나 자애로워라.
다. 그런 놈에게는 좀 매몰차라.

이러한 형용사들이 명령문에 쓰여 아무런 문제없이 성립될 수 있는 것 역시 동작을 수행하는 주체의 자발성의 개입 가능 여부라는 의미적인 조건에 의해 설명된다. 즉, 이들이 비록 형용사이기는 하지만 동작 주체의 자발성이 개입할 수 있는 용언이기 때문에 명령문의 서술어로 쓰일 수 있다는 것이다. 이러한 의미적인 조건의 도입은 예문 [53], [54]와 다음 예문이 문법성에서 차이를 보이는 현상을 효과적으로 설명해 줄 수 있다.

[55] 가. *무슨 일에든지 궁금해라.
나. *이 방면에 유명해라.
다. *이런 일에는 관계없어라.

예문 [53가, 나, 다]의 서술어 '꾸준하다, 냉정하다, 솔직하다'의 경우 동작주의 의도나 의지에 따라서 꾸준할 수 있고, 냉정할 수 있으며, 또한 솔직할 수 있다. 그리고 예문 [54가, 나, 다]의 서술어 '한결같다, 자애롭다, 매몰차다'의 경우에도 동작주의 의지 여하에 따라 한결같을 수 있고, 자애로울 수 있고, 매몰찰 수 있다. 동작주의 의지나 의도가 개입할 수 있다는 이러한 성격이 예문 [53], [54]의 서술어가 형용사이기는 하지만 그 성립에 이상을 가져오지 않게 하는 요인이 된다. 그러나 예문 [55가, 나, 다]의 서술어로 표현된 내용인 '궁금한 것, 유명한 것, 관계없는 것' 등은 동작주의 의지나 의도가 전혀 개입할 수 없는 내용이기 때문에 이들은 비문법적인 문장이 되는 것이다.

명령문은 화자가 명령 수행의 주체에게 어떤 행위를 수행해 줄 것을 요구하는 것이기 때문에 동사가 명령문의 서술어로 쓰일 것이 예상된다. 그리고 성질이나 상태를 나타내는 형용사는 명령문의 서술어가 되기 어려울 것으로 예상된다. 그러나 동사라고 해서 모두가 명령문의 서술어가 되는 것도 아니고, 형용사라고 해서 모두가 명령문의 서술어가 되지 못하는 것도 아니다. 동사라 하더라도 동작을 수행하는 주체의 자발성이 개입할 수 없으면 명령문의 서술어가 되지 못하고, 형용사라고 하더라도 동작을 수행하는 주체의 자발성이 개입할 수 있으면 명령문의 서술어가 될 수 있다. 그러나 동사와 형용사 자체가 가지는 의미적인 특성 때문에 동사가 형용사보다 쉽게 명령문의 서술어가 될 수 있다는 점은 분명하다.

상대방이 어떤 행동을 하도록 이끄는 명령은 아랫사람에게뿐만 아니라 윗사람에게도 필요하다. 이에 따라 명령형 종결어미도 해라체에서부터 합쇼체에 이르기까지 모두 갖추어져 있다. 그러나 명령을 수행해야 할 상대가 윗사람, 특히 상당히 높여 주어야 할 대상이면 명령문을 사용하는 데 있어 상당한 제약이 있기 때문에 명령문의 형식을 취할 때는 상당히 조심해야 하며, 일반적인 경우에는 권유의 의미를 가지는 '-시지요'나 상대방에게 선택권을 주는 의문의 형식을 띠게 된다.

[56] 가. 할아버지, 이쪽으로 오십시오.
나. 할아버지, 이쪽으로 오시지요.
다. 할아버지, 이쪽으로 오시겠어요?
라. 할아버지, 이쪽으로 오시겠습니까?

[56가~라]는 문장 유형에서는 차이를 보이지만 상대방에게 어떤 행위를 요구한다는 측면에서는, 즉 명령의 화행을 나타낸다는 점에서는 동일하다. 그러나 [56가]보다는 [56나]가, 또 이들보다는 의문문의 형식을 취하는 [56다, 라]가 훨씬 더 공손한 표현이 된다. 가장 공손한 표현은 의문문의 형식 가운데서도 상대방의 능력을 묻는 형식인 '-(으)ㄹ 수 있으시겠습니까?'와 같은 표현이다.

6. 청유문

청유문은 화자가 청자에게 같이 행동할 것을 요청하거나 제안하는 문장 종결 형식이다. 청유문이 청자에게 어떤 행동을 요구한다는 측면에서는 명령문과 동일하지만, 명령의 적용 대상이 청자에게 한정되지 않고 화자까지 포함한다는 점에서는 명령문과 차이가 있다. 청유형 어미에 주체존대의 선어말어미 '-시-' 이외의 선어말어미가 결합하는 것이 불가능하다는 점에서도 비슷하고, 청유문의 서술어는 일반적으로 동사가 형용사보다 자연스럽다는 점에서도 비슷하다. 그렇지만 동사라고 하더라도 화자와 청자를 포함하는 동작 수행 주체의 자발성이 개입할 수 없거나 제어 가능성이 없으면 청유문의 서술어가 될 수 없고, 반대로 형용사라고 하더라도 동작을 수행하는 주체의 자발성이 개입할 수 있거나 제어 가능성이 있으면 청유문의 서술어가 될 수 있다.

[57] 가. 이런 건 우리도 좀 알자.
나. *이런 건 우리도 좀 모르자.

[58] 가. 그런 놈에게는 우리도 좀 매몰차자.
나. 무슨 일이 일어나더라도 냉정하자.
다. 앞으로는 우리도 좀 성실하자.

청유법의 전형적인 종결 형식으로는 '-(으)ㅂ시다, -세, -자' 등이 있다. '-(으)ㅂ시다'는 하오체에 해당하고, '-세'는 하게체에 속하며, '-자'는 해라체에 속한다. '-지요, -요, -지' 등은 청유형 어미로 분류하기는 어렵지만, 이들도 화자와 청자가 같이 하자는 뜻을 나타낼 수 있다.

[59] 가. 집에 같이 가시지요.
나. 저하고 같이 가요.
다. 나하고 같이 가지.

위의 예문 [59]에서처럼 화자와 청자가 같이 하자는 표현이 명시되지 않더라도 담화 상황에서 이러한 의미가 뒷받침되면 '가시지요, 가요, 가지'만으로도 청유의 의미를 가질 수 있고, 실제 대화 상황에서는 빈번하게 나타난다.

청유문에는 다음 예문에서처럼 화자와 청자 모두가 문제된다기보다는 화자만의 문제이거나 청자만의 문제인 경우가 있다.

[60] 가. 나도 한 곡 부르자.
나. (만원 버스에서) 저 좀 안으로 들어갑시다.

[61] 가. 거, 좀 비킵시다.
나. (교실에서) 조용히 좀 합시다.

예문 [60가, 나]는 화자인 '나' 혼자의 행위에 관련된 것이지만 청유문의 형식을 취하고 있고, 예문 [61가, 나]는 청자의 행위가 문제되는 것이지만 역시 청유문의 형식을 취하고 있다. 이것은 청유문이 화자가 청자에게 같이 행동할 것을 요구하는 것이고, 따라서 청유문의 주어는 1인칭 복수이어야 한다는 청유문의 조건에 위배되는 듯이 보인다. 그러나 내가 노래를 한 곡 부르거나 내가 안으로 들어가기 위해서는 다른 사람, 즉 청자의 협조가 필수적이고, 내가 앞으로 나가기 위해서는 청자가 비켜 주는 것이 필수적이며, 내가 책을 읽기 위해서는 다른 사람들이 조용히 하는 것이 필수적이라고 할 수 있다. 화자에 대한 청자의 협조는 일반적인 청유문에서와 같이 청자가 화자와 동일한 행위를 함으로써 이루어질 수도 있지만 그렇지 않은 경우도 얼마든지 상정할 수 있다. 화자에 대한 청자의 협조가, 청자가 화자와 동일한 행위를 함으로써 이루어질 경우에는 주어가 1인칭 복수가 되고, 그렇지 않을 경우에는 주어가 1인칭 단수이거나 2인칭 단수 또는 복수가 된다.

다른 문장 유형의 어미와는 달리 청유형에서는 어떤 등급의 쓰임이 제약되는 경우가 있다. '해체'의 경우에 쓰임이 활발하지 못하고, '하오체'는 더욱 쓰이기 어렵다. 그리고 '갑시다' 또는 '가십시다'의 경우 평서형이나 의문형처럼 상대를 최대로 대우해 주는 것처럼 보이지만 실제 쓰임에서는 그렇지 않은 것이 일반적이다. 가령 누군가 할아버지에게 "할아버지, 저와 함께 갑시다/가십시다"라고 하면 할아버지는 꽤나 불쾌감을 느끼게 될 것이다. 이것은 청유형의 속성상 말을 듣는 상대방에게 어떤 행동을 하도록 요구하는 동시에 자신도 그 행위에 함께 끼어들게 되기 때문에 생기는 현상이다. 따라서 자신보다 (매우) 높은 위치에 있는 상급자에게 청유형을 사용하는 것은 매우 조심해야 한다.

연습문제

1. 다음의 예문 가운데 그 성격이 이질적인 것은?
   ① 물이 없네.
   ② 나는 집에 들렀다가 왔네.
   ③ 이런, 책이 없네.
   ④ 야단났네.

2. 다음 중 화자가 자기 자신에게 묻는, 이른바 자문에 쓰일 수 있는 종결어미는?
   ① -(으)ㄹ래 ② -니
   ③ -(으)ㄹ까 ④ -지

3. 다음 중 어떠한 경우에도 명령문의 서술어가 될 수 없는 것은?
   ① 성실하다 ② 정직하다
   ③ 매몰차다 ④ 모르다

4. 다음 중 청유문의 주어가 될 수 없는 것은?
   ① 3인칭 ② 2인칭
   ③ 1인칭 단수 ④ 1인칭 복수

풀이

1. [②]. 이들 예문은 모두 종결어미가 '-네'인 문장들이다. '-네'는 해체로 쓰일 때의 용법과 하게체로 쓰일 때의 용법에 차이가 있다. 혼잣말과 같이 단독적 장면에서 쓰이는 '-네'는 해체에 해당하는 것이고, 하게체로 쓰일 때는 대화와 같은 상관적 장면에서의 용법이다.
2. [③]. '-(으)ㄹ까'는 "우리 영화나 보러 갈까?"와 같은 예에서처럼 청자에게 어떤 제안을 하고 동의를 구할 때 쓰이기도 하고, "내가 왜 그걸 몰랐을까?"와 같이 화자 자신에 자문하는 용법으로도 쓰인다.
3. [④]. '성실하다, 정직하다, 매몰차다' 등은 형용사이기는 하지만 명령 수행자의 의지 등에 따라 상황의 변화를 가져올 수 있는, 즉 명령 수행자의 자발성이 개입할 수 있는 용언이다. 따라서 "매사에 성실해라.", "좀 더 정직해라.", "이럴 때는 좀 매몰차라."와 같은 명령문의 성립이 가능하다. 그러나 '모르다'는 비록 동사이기는 하지만, 가령 "이런 것은 좀 몰라라."와 같은 명령이 성립하려면 명령 수행자의 의지 등에 따라 '아는' 상태에서 '모르는' 상태로 나아갈 수 있어야 하지만, 현실적으로 이러한 상황의 상정은 가능하지 않다.
4. [①]. 청유문은 화자가 청자에게 무엇인가를 같이 할 것을 제안할 때 쓰이는 것이다. 따라서 청유문의 주어로 가장 일반적인 것은 1인칭 복수인 '우리'이다. 그러나 때에 따라서는 "나도 노래 좀 하자.", "좀 비킵시다."와 같이 1인칭 단수나 2인칭이 청유문의 주어가 될 수 있다. 그러나 3인칭은 발화 현장에 있지 않는 대상이기 때문에 어떠한 경우에도 어떤 행위를 해 줄 것을 요청하거나 제안하는 것이 원리상 불가능하다.

참고문헌

고성환(1987), "의문의 문답관계에 대한 연구", 『국어연구』 75, 국어연구회.

고성환(2003), 『국어 명령문에 대한 연구』, 역락.

고영근(1965), "현대국어의 서법 체계에 대한 연구: 선어말어미의 것을 중심으로", 『국어연구』 15, 국어연구회.

고영근(1976), "현대국어 문체법에 대한 연구", 『어학연구』 12-1, 서울대학교 어학연구소.

고영근(1989), 『국어 형태론 연구』, 서울대학교출판부.

남기심 · 고영근(1993), 『표준국어문법론(개정판)』, 탑출판사.

노대규(1983), 『국어의 감탄문 문법』, 보성문화사.
서정수(1996), 『국어문법(수정증보판)』, 한양대학교출판원.
이익섭 · 채완(1999), 『국어문법론 강의』, 학연사.
이정민(1977), "부정명령의 분석", 『어학연구』 13-2, 서울대학교 어학연구소.
임홍빈(1983), "국어의 '절대문'에 대하여", 『진단학보』 56.
임홍빈(1984), "문종결의 논리와 수행-억양", 『말』 9.
임홍빈(1986), "청자 대우 등급의 명명법에 대하여", 『국어학 신연구』, 탑출판사.
장경희(1982), "국어 의문법의 긍정과 부정", 『국어학』 11.
장석진(1973), "A Generative Study of Discourse-Pragmatic Aspects of Korean with Reference to English", *Language Research* 9-2(Supplement), Language Research Institute, Seoul National University.

제9장

한국어의 조사

임동훈

학습개요

한국어의 조사는 격조사, 보조사, 접속조사로 나뉜다. 격조사는 핵이 있는 구성에서 핵에 의존적인 명사구나 절이 핵에 대해 지니는 문법적·의미적 관계를 의존어에 표시하는 조사인데, 문법적 관계를 표시하는 주격 조사, 목적격 조사, 관형격 조사, 호격 조사와 의미적 관계를 표시하는 처소격 조사, 도구격 조사, 공동격 조사로 나뉜다. 명사구 뒤에 격조사가 붙을 때는 의미적 관계를 표시하는 의미격 조사가 문법적 관계를 표시하는 문법격 조사에 선행한다. 보조사는 선행어가 선택 관계에 있는 다른 요소와 어떤 의미 관계에 놓이는지를 표시하는 조사인데, 그 뒤에 다른 조사가 올 수 있는 후치사와 그 뒤에 다른 조사가 올 수 없는 첨사로 나뉜다. 첨사와 문법격 조사는 조사 결합체에서 맨 뒤에 나오므로 함께 쓰일 수 없다. 접속조사는 단순히 둘 이상의 명사구를 대등하게 연결하는 기능을 한다.

1. 조사의 분류

한국어의 조사는 격조사, 보조사, 접속조사로 나뉜다. 격조사는 선행하는 명사(또는 명사구나 명사절)가 자신이 의존하는 핵(주로 서술어)과 맺는 문법적·의미적 관계를 나타내고, 보조사는 선행하는 성분이 선택 관계에 있는 요소와 어떤 의미 관계에 놓이는지를 나타내며, 접속조사는 단순히 둘 이상의 명사구를 나란히 연결하는 기능을 한다.

한국어의 조사는 수가 거의 100개에 이르고 그 용법이 다양할뿐더러 둘 이상의 조사가 서로 결합할 수 있어 한국어를 처음 접하는 외국인에게는 매우 복잡하고 불규칙적인 품사로 여겨지기 쉽다. 그러나 한국어의 조사가 드러내는 표면적 복잡성 속에는 비교적 체계적인 질서가 자리 잡고 있다. 여기서는 조사의 의미 기능상의 특징과 통합상의 특징이 맺는 상관성에 주목하면서 한국어 조사를 몇 가지로 갈라 각각의 문법적 특성에 대해 살펴보기로 한다.

1) 격조사

(1) 격과 조사

둘 이상의 성분(주로 단어)이 모여 일정한 구성을 이룰 때 병렬 구성을 제외하면 각 성분의 통사적 지위가 동일하지 않다. 하나가 중심 역할을 하고 나머지가 그에 의존적인 역할을 함이 일반적인데, 이때 중심 역할을 하는 성분을 핵어(head)라고 하고 나머지를 의존어(dependent)라고 한다. 그런데 이러한 구성이 해석되려면 우선적으로 핵어와 의존어 사이의 문법적·의미적 관계가 표시될 필요가 있다. 이러한 관계는 핵어에 표시될 수도 있고 의존어에 표시될 수도 있는데, 의존어에 표시되는 체계를 격(case)이라 한다.

예컨대 [1가]는 명사 '철수, 밥'과 동사 '먹다'로 이루어진 통사적 구성이다. 여기서 '먹다'는 먹는 주체와 먹는 대상을 의미상 요구하기 때문에 핵어가 되고 '철수, 밥'은 의존어가 된다. 통사적 구성 [1가]가 해석되려면 핵어와 의존어가 어떤 관계에 있는지 표시될 필요가 있는데, 그 관계는 의존어인 '철수, 밥'에 표시되고 이는 조사 '가, 을'을 통해 나타난다. [1나]도 핵어가 '동생'이고 의존어는 '철수'인데, 이 둘의 관계는 의존어인 '철수'에 표시되고 이는 조사 '의'를 통해 나타난다. [1가, 나]는 격이 조사 '가, 을, 의'를 통해 표시되고 있는 것이다.

[1] 가. 철수-가 밥-을 먹는다.
나. 철수-의 동생

그러나 핵어와 의존어 사이의 문법적 · 의미적 관계는 [1]에서처럼 일정한 격 표지에 의해 표시됨이 일반적이나 맥락상 그 관계가 예측 가능할 때에는 격 표지 없이 어순에 의해 표시될 수도 있다. [2가]는 어순만으로 핵어와 의존어의 관계가 예측 가능하여 격 표지가 안 나타난 예이다. 그러나 이러한 경우를 제외하면 격 표지가 나타남이 일반적이고, 격 표지가 나타남으로써 [2나], [2다]처럼 어순이 자유롭게 바뀔 수 있다. 한국어가 서술어를 제외하고 비교적 자유롭게 어순을 바꿀 수 있는 것도 다양한 격 표지의 존재와 관련이 있다.

[2] 가. 똥 묻은 개 겨 묻은 개 나무란다.
나. 똥 묻은 개가 겨 묻은 개를 나무란다.
다. 겨 묻은 개를 똥 묻은 개가 나무란다.

한국어의 격조사는 다음 세 가지의 주요한 특징이 있다. 첫째, '이/가, 을/를, 으로/로, 와/과'에서 보듯이 인접한 선행어의 음운론적 성격, 즉 자음으로 끝나느냐, 모음으로 끝나느냐에 따라 변이형이 존재한다. 이는 한국어 격조사가 형식의 측면에서는 접사에 가까운 성격을 지니며 선행어와 긴밀하게 결합됨을 알려 준다.

둘째, 한국어의 격조사는 단어마다 결합하지 않고 구(phrase) 단위에 결합한다. 즉 한국어의 격조사는 단어 표시(word-marking) 체계가 아니라 구 표시(phrase-marking) 체계를 이루는데, 이는 격조사가 통사적 결합의 측면에서는 단어에 가까운 성격이 있음을 보여 준다.

[3] 가. [친구 아들]의 결혼식
나. 철수는 [요란한 빗소리에] 깼다.

셋째, 한국어의 격조사는 그 실현이 필수적이지 않다. [2]에서 보았듯이 핵어와 의존어의 관계가 맥락상 쉽게 예측될 때에는 격 표지가 안 나타날 수 있기 때문이다. 그러나 "던힐 주세요"와 "던힐을 주세요"에서 보듯이 격 조사가 안 나타난 형식과 격 조사가 표시된 형식 사이에는 일정한 용법의 차이가 있다. 전자는 담뱃가게에서 흔히 사용하는 말이나 후자는 엉뚱한 담배를 주려고 할 때 할 법한 말이다.

한국어는 유형론적으로 서술어 앞에 두 개의 명사구가 오는 SOV 언어이다. 이러한 언어에서는 서술어 앞뒤로 명사구가 오는 SVO 어순의 언어보다 V 앞에 오는 두 개의 명사구를 구분해 주는 장치가 필요하다. 이런 필요성 때문에 SOV 언어는 SVO 언어에 비해 격이 더 발달해 있는데, 한국어에 여러 격 표지가 존재하는 것도 이와 관련이 있다.

(2) 격조사의 분류

격이 핵어와 의존어의 문법적·의미적 관계가 의존어에 표시되는 체계라고 한다면, 한국어의 격조사는 그것이 문법적 관계를 표시하느냐 의미적 관계를 표시하느냐에 따라 문법격 조사와 의미격 조사로 나눌 수 있다. 문법격 조사는 의미적 관계와 무관한 통사적 관계를 표시하는데, 이에는 주격 조사 '이/가', 목적격 조사 '을/를', 관형격 조사 '의'가 속한다. 반면 의미격 조사는 위치, 도구와 같은 의미적 관계를 표시하는데, 이에는 처소격 조사 '에/에게, 에서', 도구격 조사 '으로/로', 공동격 조사 '와/과'가 속한다.

문법격 조사와 의미격 조사는 후자가 전자로 발달하기도 한다는 점에서 일부 조사는 양쪽의 용법을 아울러 가지기도 하나 다음 네 가지 점에서 구분된다. 첫째, [4]에서 보듯이 명사 병렬 구조에서 문법격 조사는 전체 구성에 한 번 나타나나, 의미격 조사는 병렬된 명사 각각에 나타날 수도 있고 병렬 구조 전체에 나타날 수도 있다.

[4] 가. [철수와 영희]가, *[철수가]와 [영희가]
　　나. [철수와 영희]에게, [철수에게]와 [영희에게]

둘째, 문장을 명사구로 변환할 때 다음 [5]에서 보듯이 문법격 조사는 생략이 되나 의미격 조사는 그대로 유지되며, 또 [6]에서 보듯이 '은/는, 도' 등의 일부 보조사와 결합할 때 의미격 조사는 유지되나 문법격 조사는 유지되지 못한다.

[5] 가. 철수가 영희와 연애를 한다.
나. 철수(*가)의 영희와의 연애

[6] 가. 순이는 집에서도 활발하다.
나. 철수는 순이의 손{도/*을도} 잡았다.

셋째, 문법격 조사와 문법격 조사는 서로 중첩될 수 없으나 문법격 조사와 의미격 조사는 중첩이 가능하고 의미격 조사와 의미격 조사는 의미가 상충되지 않으면 중첩이 가능하다. 그리고 문법격 조사와 의미격 조사가 중첩될 때는 순서의 제약이 있어서 문법격 조사가 의미격 조사에 후행하여 의미격 조사가 명사구에 더 가까이 결합한다.

[7] 가. 의미격 조사+문법격 조사: 범죄와의 전쟁
나. 의미격 조사+의미격 조사: 집에서와 달리 모든 게 낯설었다.

넷째, 문법격 조사는 의미적 관계와 무관하기 때문에 선행어의 의미 역할이 매우 다양하다. 예컨대 동일한 문법격 조사 '가'가 결합된 명사구는 [8가]에서 보듯이 일정한 행위의 동작주(agent)를 가리킬 수도 있고, [8나]에서 보듯이 관련 행위가 미치는 대상(patient)을 가리킬 수도 있다. 반면 의미격 조사의 경우는 의미적 관계를 표시하므로 그 선행어의 의미 역할이 이처럼 다양하지 못하다.

[8] 가. 철수가 영희를 때렸다.
나. 철수가 영희에게 맞았다.

문법격 조사로는 주격 조사, 목적격 조사, 관형격 조사, 호격 조사를 들 수 있다. 이들 조사는 주어 기능, 목적어 기능, 관형어 기능, 독립어 기능과 긴밀한 관계에 있으나 이러한 문법적 기능과 격이 동일하지는 않다. 격은 부분인 핵어와 부분인 의존어 사이의 관계를 표시하고 문법적 기능은 부분이 전체인 구성 속에서 발휘하는 문법적 관계를 표시하기 때문이다. 예컨대

"철수가 잔다"에서 '철수가'가 표시하는 주어 기능은 문장 속에서 발휘하는 문법적 관계를 표시하나 '철수가'에서 '가'가 표시하는 주격은 핵어인 '자-'와의 관계를 표시한다.

주격 조사 '이/가'는 주어라는 문법적 기능의 표시와 밀접한 관계에 있으나 '이/가'가 모두 주어 기능을 표시하는 것은 아니다. [9가, 나]와 같은 구성에 나타나는 '이/가'는 선행어가 주어임을 표시한다고 보기 어렵기 때문이다. 이러한 사정은 목적격의 경우도 마찬가지여서 다음 [10가, 나]의 '을/를' 역시 선행어가 목적어임을 표시한다고 보기 어렵다. 예컨대 [10가]의 '온종일을'은 수의적이고 후행 서술어에 제약이 없다는 점에서 부사어로 볼 수 있으며 [10나]의 '남대문시장엘'은 목적격 조사 'ㄹ'이 빠진 '남대문시장에'와 문법적 기능이 다르다고 하기 어렵다.

[9] 가. 올챙이가 개구리<u>가</u> 되었다.
나. 철수는 범인<u>이</u> 아니다.

[10] 가. 오늘도 온종일<u>을</u> 잠만 잤다.
나. 어제는 오랜만에 남대문시장에/<u>엘</u> 갔다.

다만 격이 표시되는 방식에 따라 문법적 기능과 격의 상관성은 정도의 차이가 있다. 인구어처럼 명사와 격 표지가 분리되지 않는 경우는 이 둘의 관계가 느슨하여 주어가 주격 외에 여격으로 실현되거나 목적어가 목적격, 즉 대격 외에 주격이나 속격으로 실현되기도 있다. 그러나 한국어처럼 격 표지가 분석적으로 인식되면 이 둘의 관계가 더 긴밀하여 주격과 주어, 목적격과 목적어, 관형격과 관형어의 상관성이 크게 증대된다.

참고 '보격' 설정이 타당한가

고등학교 문법 교과서의 체계인 학교문법에서는 주어, 목적어 등의 문법적 기능과 주격, 목적격 등의 격을 동일시한다. 그리하여 주어 기능을 하는 격을 주격이라고 하고 목적어 기능을 하는 격을 목적격이라고 한다. 문장 성분에 무엇이 있느냐에 따라 격조사에 무엇이 있느냐가 결정되는 것이다. 학교문법에서는 '되다, 아니다'의 앞에 오는 명사구를 보어로 간주하여 주어, 목적어,

서술어 외에 보어를 문장 성분의 하나로 설정한다. 이에 따르면 위의 예문 [9]에서 '이/가'는 보격 조사가 된다. 그러나 범언어적으로 볼 때 문법적 기능과 격은 동일하지 않다. 하나의 격이 둘 이상의 문법적 기능과 연관되거나 하나의 문법적 기능이 둘 이상의 격으로 실현되는 경우가 존재하기 때문이다. 따라서 보어라는 문장 성분을 설정하더라도 [9]의 '이/가'는 주격 조사로 보는 것이 합리적이다.

한국어의 의미격 조사에는 처소격 조사 '에, 에서, 에게, 에게서', 도구격 조사 '으로/로', 공동격 조사 '와/과, 이랑/랑, 하고'가 있다. 처소격 조사는 장소 개념을 바탕으로 시간적·공간적 범위나 목표, 원인 등의 의미 관계를 표현하고 도구격 조사는 수단이나 도구, 방향, 자격 등의 다양한 의미 관계를 표현한다. 그리고 공동격 조사는 어떤 행위나 상태가 성립하는 데 함께 참여하는 대상을 가리키는 구실을 한다.

[11] 가. 철수는 어제 집<u>에</u> 있었다.
나. 철수는 가위<u>로</u> 색종이를 오렸다.
다. 철수는 동생<u>과</u> 싸웠다.

그런데 의미격 조사가 붙은 명사구는 [11]에서 보듯이 모두 문장 성분상 부사어에 해당한다. 이 점에서 문법적 기능을 중심으로 격을 정의하는 이론에서는 의미격 조사를 모두 부사격 조사라고 부른다. 그러나 이들 조사들의 주요 기능은 부사어라는 문법적 기능보다 이들이 표시하는 여러 가지 의미 관계에 있으므로 부사격 조사라는 용어를 사용하는 이론에서도 처소격, 도구격, 공동격과 같은 용어를 함께 사용하고 있다.

2) 보조사

(1) 보조사의 특성

격조사가 통사적 구성 속에 실현된 핵어와 의존어 사이의 문법적·의미적 관계를 표시한다면, 보조사는 구성 속에 실현된 성분과 그 자리에서 대조되는 실현되지 않은 요소들 사이의 의미적 관계를 나타낸다. 전자는 가로선

위에 실현된 핵어와 의존어의 관계를 표시한다는 점에서 가로관계 표지라고 한다면, 후자는 실현된 성분이 실현되지 않은 요소들과 맺는 관계가 무엇인지 표시한다는 점에서 세로관계 표지라고 할 수 있다.

보조사는 세로관계 표지이므로 가로관계 표지인 격조사와 다음 두 가지 측면에서 차이가 있다. 첫째, 격조사는 그것이 나타내는 문법적·의미적 관계에 따라 가로선 위의 출현 위치가 고정되어 있다. [12가]에서 '가, 을'은 문법격 조사로서 의존어인 '철수, 밥'이 핵어인 '먹-'과 맺는 문법적 관계에 따라 그 위치가 고정되어 있다. 주격 조사는 주어 자리에, 목적격 조사는 목적어 자리에 나타나는 것이다. 반면에 보조사는 세로관계를 표시하므로 통사적으로 출현 위치가 고정되어 있지 않다. 세로관계는 문장의 어느 성분 위치나 상정될 수 있으므로 [12나, 다, 라, 마]에서 보듯이 주어 자리, 목적어 자리, 서술어 자리를 가리지 않고 나타나기 때문이다.

[12] 가. 철수가 밥을 먹는다.
나. 철수는 밥을 먹는다.
다. 철수가 밥은 먹는다.
라. 철수가 밥을 먹기는 한다.
마. 철수는 밥은 먹기는 한다.

둘째, 격조사는 선행어가 핵어에 대해서 의존어 역할을 할 수 있는 명사구나 명사절로 한정되지만 보조사는 선행어의 통사 범주가 제한되지 않는다. 보조사는 세로관계가 상정되기만 하면 나타날 수 있으므로 명사구뿐만 아니라 서술어 역할을 하는 동사나 부사어 역할을 하는 부사에도 자유롭게 결합한다. [13가, 나, 다]는 동사(형용사 포함)의 활용형에 서술어에 연결어미가 결합한 형식에 보조사 '도'가 결합한 예이고 [13라, 마]는 부사에 보조사가 결합한 예이다.

[13] 가. 밥을 굶으려고도 했다.
나. 옷감을 만져도 보았니?
다. 영화가 그렇게도 재미있니?
라. 비가 몹시도 세차게 내린다.
마. 다행히도 모두 무사하였다.

앞에서 보조사는 선행어가 그 자리에서 대조되는 실현되지 않은 요소들과 어떤 의미 관계에 있는지를 표시하는 세로관계 표지라고 했는데, 이때 보조사가 의미상 지배하는 요소는 선행어로 국한되지 않는다.

[14] 가. 철수가 수학도 좋아한다.
나. 이 음식점은 값도 싸고 분위기도 좋다.
나′. 이 음식점은 [값이 싸]기도 하고 [분위기가 좋]기도 하다.
다. 집이 참 [깨끗하]기도 하다.
다′. 집이 참 깨끗도 하다.

[14가]에서 '도'는 '수학' 뒤에 붙여 이와 대조되는 {영어, 과학, 국어}와 같은 요소들을 배경으로 수학이 좋아하는 대상에 첨가됨을 표시한다. 그러나 [14나]의 '도'는 맥락상 '값'이나 '분위기'와 대조되는 요소들을 배경으로 첨가의 의미를 표시한다고 보기 어렵다. [14나]는 [14나′]으로 해석됨이 일반적이기 때문이다. 즉 보조사는 [14나′]처럼 자신이 의미상 지배하는 요소 전체에 붙기도 하지만 [14나]처럼 그중에서 정보 가치가 높은 부분 뒤에 붙기도 하는 것이다. 이는 서술어가 'X-하다' 형식으로 구성된 [14다]도 마찬가지이다. 그래서 [14다]는 [14다′]처럼 보조사가 정보 가치가 높은 어근 뒤에 결합하는 형식으로도 나타날 수 있다.

(2) 보조사의 분류

보조사는 선행어가 자신과 세로관계를 이루는 다른 요소들과 어떤 의미 관계에 있느냐에 따라 네 가지로 나뉠 수 있다. 첫째는 선행어와 대조되는 다른 요소들이 동일한 값을 지니는 경우이다. 이때에는 보조사가 대조되는 요소들에 더하여 성립하는 것이므로 첨가 보조사라고 할 수 있다. 첨가 보조사에는 '도, 까지, 조차, 마저'가 있다.

둘째는 선행어와 대조되는 다른 요소들이 상치되는 값을 가지는 경우이다. 이때에는 선행어와 다른 요소들이 배제되는 관계에 있으므로 배제 보조사라고 할 수 있다. 배제 보조사는 선행어가 다른 요소들을 배제하느냐 다른 요소들이 배제되어 선행어가 선택되느냐에 따라 다시 '배제함'의 보조사와 '배제됨'의 보조사로 나뉜다. 후자는 선행어가 배제의 결과로 남았음을 표시한다.

'배제함'은 배제하는 정도에 따라 다시 소극적 배제와 적극적 배제로 나뉜다. 소극적 배제는 정보가 부족하거나 관심이 적어 세로관계에 있는 다른 요소들을 적극적으로 배제하지 않는 경우인데, 이를 표시하는 보조사로는 '은/는'과 '이야/야'가 있다. 적극적 배제의 보조사로는 '만, 뿐, 밖에'가 있다. 그리고 '배제됨'의 보조사로는 '이나/나, 이나마/나마, 이라도/라도'가 있는데 이들은 배제되는 것이 최선에 해당하는 요소로 간주되어 차선의 의미관계를 나타낸다고 기술되기도 한다.

셋째는 선행어와 대조되는 다른 요소들이 비교 관계에 있는 경우이다. 비교는 비교의 기준과 대상이 필요하므로 문장에는 선행어뿐만 아니라 세로관계에 있는 요소가 비교 대상으로 함께 나타난다는 특징이 있다. 예컨대 '철수는 형<u>보다</u> 삼촌을 좋아한다.'에서는 보조사의 선행어 '형' 외에 비교 대상인 '삼촌'이 함께 나타나 있다. 이 점에서 비교 관계의 보조사는 세로관계 표지가 아니라 가로관계 표지로 오인되어 격조사의 일부로 간주되기도 한다. 비교 관계는 다시 차등 비교와 동등 비교로 나뉘는데, 전자에는 '보다'가 속하고 후자에는 '처럼, 만큼, 같이, 대로'가 속한다.

넷째는 선행어가 일정한 범위의 한 지점이나 경계를 가리키는 경우이다. 이때 대조되는 다른 요소는 범위를 구성하는 다른 지점이나 부분을 나타낸다. 이러한 범위의 보조사에는 '부터, 까지'가 해당되는데 [15가]에서 보듯이 '부터'는 범위의 시작점을 가리키고 '까지'는 범위의 끝점을 가리킨다. '까지'는 그 의미가 변화하여 첨가 보조사의 용법도 보이는데 [15나]는 범위와 첨가의 해석을 모두 지니고 [15다]는 첨가의 해석을 지닌다.

[15] 가. 1조<u>부터</u> 3조<u>까지</u> 앞으로 나오세요.
나. 동생을 동구 밖<u>까지</u> 바래다주었다.
다. 대학은 물론이고 대학원<u>까지</u> 졸업을 했어요.

의미 관계에 따른 보조사의 하위분류를 정리하면 다음과 같다.

[16] 가. 첨가의 보조사: 도, 까지, 조차, 마저
나. 배제의 보조사
가) 배제함[소극적 배제]의 보조사: 은/는, 이야/야
나) 배제함[적극적 배제]의 보조사: 만, 뿐, 밖에

다) 배제됨[배제의 결과]의 보조사: 이나/나, 이나마/나마, 이라도/라도

다. 비교의 보조사

가) 차등 비교: 보다

나) 동등 비교: 만큼, 처럼, 같이, 대로

라. 범위의 보조사: 부터, 까지

보조사는 의미 관계에 따라 분류할 수도 있으나 분포에 따라 분류할 수도 있다. 분포 측면에서 보면 보조사는 그 뒤에 다른 조사가 더 붙을 수 있는 경우와 다른 조사가 더 붙을 수 없는 경우로 나뉜다. 전자는 실사와 허사의 과도적 형태로서 인구어의 전치사에 견주어 후치사라고 하고, 후자는 의미가 추상적이며 조사 결합체의 끝에 오므로 첨사라고 한다. 후치사는 의미상 지배하는 성분이 선행어로 국한되는 경향이 있으나 첨사는 앞서 [14나, 나′]에서 보았듯이 의미상 지배하는 성분이 선행어를 넘어 확대될 수 있다는 특징이 있다. [17가]는 후치사의 예이고 [17나]는 첨사의 예이다.

[17] 가. 까지, 조차, 마저, 만, 뿐, 밖에, 보다, 만큼, 처럼, 같이, 대로, 부터

나. 도, 은/는, 이야/야, 이나/나, 이나마/나마, 이라도/라도

보조사가 후치사와 첨사로 구분되는 양상은 의미 관계에 따라 차이가 있다. 비교나 범위를 나타내는 보조사는 모두 후치사이고 배제됨의 보조사는 모두 첨사이다. 또 배제함의 보조사 중에서는 소극적 배제의 보조사가 첨사로, 적극적 배제의 보조사가 후치사로 구성되어 있다. 이처럼 의미 관계에 따라 후치사와 첨사가 배분되는 모습은 문법화 정도와 관련이 있다. 의미와 범주가 상관성을 보인다고 할 때 문법화 정도가 높은 의미 관계일수록 첨사가 많고 문법화 정도가 낮은 의미 관계일수록 후치사가 많은 경향을 보인다. 범위나 비교보다 배제됨의 의미 관계가 더 추상적이고 적극적 배제보다 소극적 배제가 더 추상적이기 때문이다.

보조사가 격조사와 함께 쓰일 때 후치사는 의미격 조사 뒤, 문법격 조사 앞에 쓰인다. 반면에 첨사는 앞에서 언급하였듯이 조사 결합체의 끝에 오므로 의미격 조사 뒤에는 쓰일 수 있지만 문법격 조사와는 함께 출현할 수 없

다는 제약이 있다. 첨사와 문법격 조사는 모두 조사 결합체의 끝에 와서 출현 위치가 같기 때문이다.

[18] 가. 집-에-까지-가 문제이다. (의미격 조사+후치사+문법격 조사)
나. 칼-로-보다-는 가위로 하는 것이 더 적절하다. (의미격 조사+후치사+첨사)

첨사는 문법격 조사와 같은 자리에 출현하기 때문에 일부 첨사는 문법격 조사로 오인되기도 한다. [19가]는 주격 조사 '가'가 쓰인 예이다. 그런데 주어 자리에 쓰인 [19나]의 첨사 '는' 역시 주격 조사로 오인되곤 한다. 즉 '는'이 '가'와 대립하는 또 다른 주격 조사로 오인되는 것이다. 그러나 이 경우는 '이/가'와 '은/는'의 출현 제약 때문에 '이/가'가 안 쓰였을 뿐 '은/는'은 여전히 보조사이다. [19라]에서 보듯이 '은/는'은 주어 외의 자리에도 쓰일 수 있기 때문이다.

[19] 가. 철수<u>가</u> 영화를 좋아한다.
나. 철수<u>는</u> 영화를 좋아한다.
다. 철수*<u>가는</u>/*<u>는이</u> 영화를 좋아한다.
라. 철수가 영화<u>는</u> 좋아한다.

한편 보조사 중에는 후치사나 첨사와 그 쓰임새가 전혀 다른 또 다른 종류의 조사가 있다. '요'가 바로 그 예인데, '요'는 다음에서 보듯이 거의 모든 문장 성분 뒤에 결합할 수 있다. 그래서 '요'는 문법격 조사나 첨사 뒤에도 나타날 수 있다. [20가]에서 '철수는'이나 '영희를'은 하나의 성분이므로 그 뒤에 '요'가 결합할 수 있는 것이다.

[20] 가. 철수는 영희를 만나러 다방에 갔다니까.
나. 철수는<u>요</u> 영희를<u>요</u> 만나러<u>요</u> 다방에<u>요</u> 갔다니까<u>요</u>.

3) 접속조사

접속조사는 둘 이상의 명사구를 대등하게 연결하는 조사이다. 동일한 유형의 언어 단위가 둘 이상 결합하여 그 전체가 하위 성분과 같은 유형이 될 때 이를 병렬(coordination)이라고 한다. 접속조사는 명사구를 병렬한다는 점에서 더 정확히 말하면 병렬조사라고 할 수 있다. 한국어에서 명사구가 병렬되는 방식은 접속조사 없이 연결된 'A B' 방식, 선행항에만 접속조사가 붙은 'A-조사 B' 방식, 선행항과 후행항 모두에 접속조사가 붙은 'A-조사 B-조사' 방식이 있다. [21나, 다]에서 '과, 이랑'이 접속조사의 예이다.

[21] 가. 아버지 어머니가 모두 잘 계신다.
나. 형과 동생이 모두 키가 크다.
다. 떡이랑 과일이랑 많이 먹었다.

접속조사에는 '이나/나, 이며/며, 이다/다, 이니/니, 이랑/랑, 하고, 와/과'가 있다. 이들이 격조사와 다른 점은 둘 이상의 명사구를 대등하게 연결할 뿐이어서 의존어가 핵어에 대해 가지는 관계를 표시하지 않는다는 사실이다. '철수와 동생'에서 '와'는 명사구 '철수, 동생'을 대등하게 연결하므로 접속조사에 해당하지만, '철수의 동생'에서 '의'는 의존어 '철수'가 핵어인 '동생'에 대해 가지는 관계를 의존어에 표시하므로 격조사에 해당한다.

접속조사는 조사가 선행항에만 결합하는 [21나]와 같은 부류와 조사가 선행항과 후행항에 모두 결합하는 [21다]와 같은 부류가 있다. 전자에는 '와/과, 하고, 이랑/랑'이 있고 후자에는 '이나/나, 이며/며, 이다/다, 이니/니, 이랑/랑, 하고'가 있다. '이랑/랑, 하고'는 전자의 용법과 후자의 용법을 모두 지닌다.

[22] 가. 그림이며 조각이며 미술품으로 가득 찬 화실
나. 반지다 목걸이다 잔뜩 사왔다.
다. 곳간에 옥수수니 팥이니 온갖 곡식이 가득하였다.
라. 발이랑 얼굴이랑 모두 씻어라.

[23] 가. 칼과/하고/이랑 가위를 사왔다.
나. 영희와/하고/랑 철수가 왔다.
나'. 영희와/하고/랑 철수가 결혼하였다.
다. 영희는 철수와/하고/랑 결혼하였다.

다'. 철수는 영희와/하고/랑 결혼하였다.

[22]는 동일 조사가 반복되는 예이고, [23]은 조사가 선행항에만 결합하는 예이다. [23가]는 병렬된 명사구가 목적어 자리에 나타난 예이고, [23나, 나']은 병렬된 명사구가 주어 자리에 나타난 예이다. 이들 조사는 [23나']처럼 서술어가 복수 참여자를 요구하는 대칭 서술어이든 [23나]처럼 그렇지 않든, 핵어와 의존어의 관계가 아니라 병렬 관계를 표시할 뿐이므로 격조사가 아니라 접속조사가 된다. 다만, 선행항에만 결합하는 부류는 [23다, 다']처럼 핵어인 서술어와의 관계를 표시하기도 하는데, 이때에는 공동격 조사가 된다. [23다, 다']에서 '와, 하고, 랑'은 핵어인 서술어에 대해 의존어가 지니는 관계를 의존어에 표시하고 있기 때문이다. 이 점에서 '와, 하고, 이랑'은 접속조사와 의미격 조사(공동격 조사)의 이중 기능을 한다고 할 수 있다.

4) 조사의 결합 관계

위에서 우리는 격조사를 문법격 조사와 의미격 조사로 나누고, 보조사를 후치사와 첨사로 나누어 조사에 대한 논의를 진행하였다. 이상의 분류를 요약하면 다음 [24]와 같다.

[24] 가. 문법격 조사: 이/가, 을/를, 의
나. 의미격 조사: 에/에게, 에서, 으로/로, 와/과
다. 후치사: 까지, 조차, 마저, 만, 뿐, 밖에, 처럼, 같이, 만큼, 대로, 보다, 부터
라. 첨사: 도, 은/는, 이야/야, 이나/나, 이라도/라도

그런데 이들 네 부류의 조사는 서로 결합할 때 일정한 순서상의 제약이 있다. 아래 [25]에서 보듯이 명사구에 의미격 조사가 가장 가까이 결합하고 문법격 조사와 첨사가 가장 뒤에 결합하며 그 사이에 후치사가 끼어들 수 있는 것이다. 첨사는 문법격 조사와 마찬가지로 조사 결합체의 끝에 오므로 문법격 조사와 첨사는 함께 출현할 수 없다. 다만, 문법격 조사에 속하는 주격 조사 중에서 '께서, 에서'는 기원적으로 의미격 조사에서 발달한 것이어서 기능상으로는 문법격 조사에 속하나 결합의 측면에서는 '선생님께서만

은, 정부에서까지도'에서 보듯이 의미격 조사와 같이 행동한다는 특징이 있다. 또 한국어에서는 명사구 뒤에 조사가 필수적으로 와야 하는 것은 아니어서 의미격 조사가 오지 않을 때는 후치사가 명사구 뒤에 올 수도 있고, 후치사마저 오지 않을 때는 문법격 조사나 첨사가 명사구 바로 뒤에 올 수 있다.

[25] 가. NP+의미격 조사+후치사+문법격 조사
나. NP+의미격 조사+후치사+첨사

2. 격조사의 의미와 기능

1) 주격 조사

한국어의 주격 조사에는 '이/가, 께서, 에서'가 있는데, 이들은 명사구나 명사절에 붙어 주로 선행어가 주어임을 표시하는 기능을 한다. [26가]는 명사구 뒤에 주격 조사 '이/가'가 붙은 경우이고 [26나]는 명사형 어미 '-(으)ㅁ'이 결합한 명사절에 '이/가'가 붙은 경우이며, [26다, 라]는 명사구처럼 기능하는 일부 의문문과 분열문의 초점 성분 뒤에 '이/가'가 붙은 경우이다.

[26] 가. [동산 위에 뜬 달]이 무척 밝다.
나. [철수가 범인임]이 분명하다.
다. [어떻게 이기느냐]가 문제다.
라. 동생이 칭찬을 들은 것은 [공부를 잘해서]가 아니다.

그런데 주격 조사가 반드시 선행어가 주어임을 표시하는 것은 아니어서 [27가, 나]에서 보듯이 '되다, 아니다' 앞에 오는 성분(학교문법에서는 이를 '보어'라고 한다) 뒤에도 붙고, [27다, 라]에서 보듯이 선행어가 주어라고 선뜻 해석하기 어려운 경우에도 붙는다. [27다]에서 '이/가'의 선행어는 주어로 보기도 하고 보어로 보기도 한다. 그리고 [27라]의 '이/가'는 격조사로 보기도 하고 '이/가'의 보조사적 용법으로 보기도 한다.

[27] 가. 드디어 동생이 학생회장<u>이</u> 되었다.
나. 고래는 물고기<u>가</u> 아니다.
다. 나는 김밥<u>이</u> 먹고 싶다.
라. 방이 깨끗하지<u>가</u> 않다.

한국어는 하나의 문장에 주격 조사가 두 번 나타나는 경우가 있는데, 이를 흔히 이중주어문이나 주격중출문(主格重出文)이라고 한다. [28가]는 첫 번째 주어와 두 번째 주어가 '철수의 목소리'처럼 '의'로 묶일 수 있어 〈전체-부분〉의 관계에 있고, [28나]는 첫 번째 주어가 두 번째 주어의 지시물이 존재하는 위치를 가리키어 〈소재(所在)-대상〉의 관계에 있으며, [28다]는 첫 번째 주어와 두 번째 주어가 〈경험주-대상〉의 관계, 즉 어떤 심리 상태를 느끼는 경험주와 그러한 심리 상태를 불러일으키는 대상의 관계에 있다. 경험주를 표시할 때에는 심리 상태를 알기 어려운 다른 사람들을 소극적으로 배제함이 일반적이므로 마지막 부류는 [28다']에서 보듯이 첫 번째 주어 뒤에 '이/가'보다 이런 기능에 부합하는 '은/는'이 주로 쓰인다.

[28] 가. 철수<u>가</u> 목소리<u>가</u> 제일 크다.
나. 선생님<u>이</u> 책<u>이</u> 많으시다.
다. 내<u>가</u> 호랑이<u>가</u> 무섭다고! (철수가 아니라)
다'. 나는 호랑이가 무섭다.

[28]에서 제시된 이중주어문을 어떻게 이해하느냐에 대해서는 이를 단문으로 보는 견해와 복문으로 보는 견해로 갈린다. 복문으로 보는 견해는 [28]의 각 문장에서 두 번째 주어와 서술어가 서술절을 형성한다고 본다. 즉 [28]에서 '목소리가 제일 크-'나 '책이 많-', '호랑이가 무섭-'은 서술절이 되어 그 전체의 주어로 '철수가, 선생님이, 내가'를 취한다고 보는 것이다. 이 이론에 따르면 [28나]에서 '-시-'는 '많-'에 결합하는 것이 아니라 '책이 많-'이라는 서술절에 결합하는 것으로 해석된다.

주격 조사는 '이/가' 외에 '께서, 에서'가 더 있다. '께서'는 [29가]에서 보듯이 선행어가 가리키는 인물이 상위자일 때 사용되고, '에서'는 [29나]에서 보듯이 선행어가 단체나 기관을 가리킬 때 사용된다. 그러나 이때도 '께서, 에서'를 꼭 써야 하는 것은 아니어서 [29가', 나']에서 보듯이 이 자리에 '이/

가'를 써도 좋다.

[29] 가. 선생님께서 숙제를 내주셨다.
가'. 선생님이 숙제를 내주셨다.
나. 우리 학교에서 우승을 차지하였다.
나'. 우리 학교가 우승을 차지하였다.

'에서'는 원래 문법격 조사가 아니라 처소를 나타내는 의미격 조사이었으므로 선행어가 단체나 기관을 가리키는 말이라고 하더라도 [30나, 라]에서 보듯이 그 뒤에 '누군가가'를 집어넣어 '…에서 누군가가' 정도로 해석되기 어려운 구성에서는 '에서'가 잘 쓰이지 않는다.

[30] 가. 학교가 건물이 낙후되었다.
나. *학교에서 건물이 낙후되었다.
다. 이번 일은 정부가 책임이 더 크다.
라. *이번 일은 정부에서 책임이 더 크다.

2) 목적격 조사

목적격 조사는 주격 조사와 마찬가지로 명사구나 명사절 뒤에 붙어 주로 선행어가 목적어임을 표시한다. 그러나 한국어는 서술어의 행위가 미치는 대상이 목적격 외에 처소격이나 공동격으로도 실현될 수 있어 한국어의 목적어는 영어 등의 목적어보다 범위가 좁다. 그래서 다음 [31]에서 보듯이 영어에서 목적어에 해당되는 성분들이 한국어에서는 공동격과 처소격인 'NP-와, NP-에게, NP-에'에 대응한다.

[31] 가. 존은 메리와 결혼했다.
가'. John married Mary.
나. 시장이 청중에게 연설하였다.
나'. The mayor addressed an audience.
다. 나는 미국의 외교 정책에 반대했다.
다'. I opposed the foreign policies of the States.

위에서 보듯이 한국어는 서술어의 행위가 미치는 대상이 목적격으로만 실현되지 않고 의미격으로도 실현될 수 있는데, 그러한 대상이 목적격으로 실현될 때와 의미격으로 실현될 때는 일정한 의미 차이가 있다. 다음 [32]에서 서술어 '맞-'이 나타내는 행위가 미치는 대상은 'NP-에'로 실현될 수도 있고 'NP-을/를'로 실현될 수도 있지만, [32가', 나']에서 보듯이 주어의 자발성이 강조될 때는 'NP-에'로 실현되면 어색하다. 이때에는 'NP-을/를'이 쓰여야 자연스럽다.

[32] 가. 이삿짐이 비에 맞았다.
가'. ??철수는 일부러 비에 맞았다.
나. 이삿짐이 비를 맞았다.
나'. 철수는 일부러 비를 맞았다.

목적격 조사는 전형적인 타동사의 목적어 표시에만 쓰이지 않고 [33]에서 보듯이 '자다, 꾸다' 등 일부 자동사의 동족목적어(cognate object)를 표시할 때도 쓰이고, [34]에서 보듯이 시간적·공간적 영역이나 이동의 목표, 목적을 나타낼 때도 쓰인다. [34가, 나]는 목적격 조사가 서술어의 행위가 미치는 시간적·공간적 영역을 나타내고 [34다, 라]는 '가다, 걷다'와 같은 이동동사가 서술어로 쓰인 구문에서 목적격 조사가 이동의 목표나 목적을 나타낸다.

[33] 가. 잠을 자다, 꿈을 꾸다, 춤을 추다, 웃음을 웃다
나. 그는 만족한 웃음을 웃고 있었다.

[34] 가. 나는 어렸을 때 {한 시간을, 십 리를} 걸어서 학교에 다녔다.
나. 철수는 친구를 한 시간을 기다렸다.
다. 김 씨는 일요일마다 교회를 간다.
라. 나는 이번 주말에 낚시를 갈 예정이다.

한국어에는 주격 조사가 두 번 쓰이는 이중주어문 외에 목적격 조사가 두 번 쓰이는 이중목적어문도 있다. [35가]는 [35가']에서 '아내로'가 '아내를'로 바뀐 구문으로서 '아내를 삼-' 전체가 하나의 서술어처럼 역할을 한다.

[35나]는 첫 번째 목적어와 두 번째 목적어가 〈전체-부분〉의 관계에 있는 예로서 이때에는 첫 번째 목적어와 두 번째 목적어 사이에 휴지(pause)가 없으면 이중주어문과 달리 자연스럽지 않다. 요컨대 한국어에서 이중목적어문은 이중주어문에 비해 그 쓰임이 활발하지 않다고 볼 수 있다.

[35] 가. 철수는 영희를 아내를 삼았다.
가'. 철수는 영희를 아내로 삼았다.
나. 철수는 영희를 허리를 잡았다.

3) 관형격 조사

'친구의 집'에서 핵어는 '집'이다. '집'이 전체 구성의 성격을 결정하기 때문이다. 이러한 구성에서 의존어인 '친구'가 핵어인 '집'에 대해 지니는 관계는 수식 관계이다. '친구의'는 '집'에 대해 관형어 기능을 하는데, 이처럼 핵어가 명사인 구성에서 의존어 뒤에 붙어 선행어가 핵어에 대해 지니는 수식 관계를 표시하는 격을 관형격이라고 한다. 요컨대 관형격 조사 '의'는 선행어가 후행하는 핵어 명사를 수식하게 하여 명사구를 확장하는 기능을 한다. 그런데 '친구의 집'에서 '친구'는 '집'의 소유주이고 '집'은 '친구'에 소속되는 사물이므로 이러한 의미 관계를 중시하는 분류 체계에서는 관형격을 소유격이나 속격이라고 부르기도 한다.

명사와 명사가 '의'로 연결된 명사구는 선행 명사와 후행 명사의 의미 관계에 따라 여러 가지로 해석될 수 있다. 예컨대 [36가]는 문맥에 따라 [36나, 다, 라]로 해석될 수 있다. 그러나 이러한 의미 해석은 '의' 때문에 발생하는 것이 아니라 맥락상 두 명사 사이에 상정되는 의미 관계가 무엇이냐에 따라 발생하는 것이다.

[36] 가. 철수의 편지
나. 철수가 쓴 편지
다. 철수가 수신인인 편지
라. 철수가 소유하고 있는 편지

문장을 명사구로 전환할 때는 문장에서 주어나 목적어, 부사어로 쓰이던 명사구가 모두 '의'의 도움을 받아 핵어 명사를 수식하게 된다. [37]에서 보듯이 주격 조사, 목적격 조사는 관형격 조사와 동일하게 문법격 조사에 속하므로 명사구의 한 성분으로 바뀔 때 '이/가, 을/를'이 생략되지만 공동격 조사는 의미격 조사에 속하므로 그대로 유지되어 '와의' 형태로 바뀐다. 다만, [37나']에서 보듯이 목적어의 지시물이 동사의 행위로부터 강하게 영향을 받을 때에는 목적어가 '의' 없이 바로 명사구의 한 성분이 될 수 있다.

[37] 가. 철수가 영수와 동업을 추진한다.
가'. 철수의 영희와의 동업의 추진
나. 미국이 이라크를 침공했다.
나'. 미국의 이라크(의) 침공

이처럼 핵어 명사를 수식하는 다른 성분들에 '의'가 붙어 명사구가 확장되는 현상은 문장이 명사구로 전환될 때로 국한되지 않는다. [38가]에서 보듯이 영어에서는 전치사구가 바로 명사를 수식할 수 있지만, 한국어에서는 이 경우 [38나, 나']에서 보듯이 반드시 '의'가 부착되어야 한다([38나']은 번역투 표현으로서 꽤 어색한 문장이다).

[38] 가. She wanted an apology from the boss.
나. 그녀는 사장의 사과를 원했다.
나'. ??그녀는 사장으로부터의 사과를 원했다.

한편 인용절과 같이 문장 전체가 별다른 변환 없이 핵어 명사를 수식할 때는 종결어미로 끝난 문장 뒤에 '의' 대신 '는, 이라는/라는'이라는 조사가 붙는다. 즉 명사구 뒤에 붙는 관형격 조사로는 '의'가 있고, 문장 뒤에 붙는 관형격 조사로는 '는, 이라는/라는'이 있는 셈이다. 다음에서 보듯이 '는'은 간접 인용절 뒤에 붙고 '이라는/라는'은 직접 인용절 뒤에 붙는다.

[39] 가. 철수가 결혼했다는 소식이 들려오기 시작했다.
나. 나는 영희가 내뱉은 "철수가 결혼했어요."라는 말에 깜짝 놀랐다.

참고 대명사 '나, 저, 너'의 주격형과 관형격형

1인칭 대명사 '나'와 '나'의 겸양칭 '저', 그리고 2인칭 대명사 '너'는 그 주격형과 관형격형이 다소 특이하다. 이들의 주격형은 '내가, 제가, 네가'이며 관형격형은 '내/나의, 제/저의, 네/너의'이다. 중세국어에서 '나'의 주격형은 '내'이었고 관형격형은 '내'와 '나ᄋᆡ'이었다. '내'는 주격형과 관형격형으로 모두 쓰였으나 성조에 의해 구분되었다. 그러다가 성조가 사라진 뒤 주격형 '내' 뒤에는 새로 생긴 주격 조사 '가'가 덧붙게 되었다.

4) 처소격 조사

처소격이 표시하는 의미적 관계는 기본적으로 서술어의 행위, 상태와 연관되는 일정한 처소를 드러내는 것이다. 그런데 이러한 의미 관계는 다소 확장되어 시간적·공간적 범위, 목적지, 원인 등의 의미 관계를 표시하기도 한다. 범위는 어떤 일이 발생하거나 존재하는 장소나 시간을 가리키고, 목적지는 어떤 행위가 도달하는 지점을 가리키며, 원인은 어떤 행위를 유발하는 근원을 가리킨다.

[40] 가. 오후<u>에</u>는 거리<u>에</u> 사람들이 많다.
나. 동생은 방금 집<u>에</u> 갔다.
다. 그는 요란한 소리<u>에</u> 잠을 깼다.
라. 그것은 예의<u>에</u> 어긋나는 행동이다.
마. 쌀 한 말<u>에</u> 얼마지요?

[40가]의 '에'는 시간적·공간적 범위를 나타내며 [40나]의 '에'는 행위의 목적지를 나타낸다. [40다]의 '에'는 어떤 행위가 발생하게 되는 원인이나 그러한 행위를 일으키게 하는 대상을 나타낸다. 그리고 [40라, 마]의 '에'는 어떤 사건에서 기준이 되는 대상이나 단위를 표시한다.

처소격 조사 '에'는 선행 체언의 의미론적 특성에 따라 '에게'라는 변이형을 지닌다. 즉 선행 체언이 무정명사(無情名詞)일 때는 '에'가 쓰이고, 선행 체언이 유정명사(有情名詞)일 때는 '에게'가 쓰이는 것이다. [41가]에서 '회사'는 무정명사이므로 그 뒤에 '에'가 쓰였고 [41나]에서 '친구'는 유정명사이므로 그 뒤에 '에게'가 쓰였다. 유정명사, 무정명사의 구분은 한국어에서 찾아볼 수 있는 문법적 성(gender)이라고 할 수 있다. 이러한 구분이 조사의 차이를 유발하기 때문이다.

[41] 가. 회사에 합격 사실을 알렸다.
　　나. 친구에게 합격 사실을 알렸다.

그런데 유정명사 뒤에 쓰이는 '에게'는 문체나 구문에 따라 '한테'나 '더러'로 바뀌어 쓰일 수 있다. '한테'와 '더러'는 '에게'에 비해 구어적(口語的)이라고 할 수 있는데, '한테'는 [42가, 나]에서 보듯이 거의 모든 환경에서 '에게'를 대신할 수 있는 반면, '더러'는 [42다, 라]에서 보듯이 '묻다, 말하다' 등 발화 행위를 나타내는 동사 앞에서 묻거나 말하는 상대방을 가리킬 때만 쓰인다는 제약이 있다.

[42] 가. 친구한테 합격 사실을 알렸다.
　　나. 나한테 돈이 좀 있다.
　　다. 그것은 형더러 물어봐.
　　라. 형은 동생더러 금덩이를 가지라고 말했습니다.

처소격 조사에는 '에, 에게, 한테'뿐만 아니라 여기에 '서'가 덧붙은 '에서, 에게서, 한테서'도 있다. 이들은 [43]에서 보듯이 대체로 어떤 행위가 시작되는 출발점이나 출처를 표시한다. '에서'가 'A에서 B까지'의 구성으로 쓰여 어떤 행위나 범위의 시작을 표시할 때에는 '부터'로 대체될 수 있고, 때로는 [43나]에서 보듯이 '에서' 뒤에 '부터'가 덧붙어 '에서부터' 꼴로 쓰이기도 한다. '에서부터'가 쓰이면 출발점의 의미가 더 명확하게 표시된다.

[43] 가. 서울에서 몇 시에 출발할 예정이냐?
　　나. 서울에서(부터) 대전까지의 거리가 얼마나 될까?
　　다. 이 책은 그에게서 선물로 받은 것이다.
　　라. 이것은 친구한테서 들은 이야기이다.

'에서, 에게서, 한테서' 중에서 '에서'는 출발점이나 출처를 표시하는 용법

외에 '에'와 비슷하게 단순히 처소를 나타내는 용법도 있다. 그러나 '에'와 '에서'는 용법이 같지 않아 그 차이에 주의할 필요가 있다. '에'는 처소를 전체로서 가리키고, '에서'는 처소의 부분이나 내부를 가리킨다. 그래서 서술어가 행위를 나타낼 때 '에'는 [44]에서 보듯이 어떤 행위가 귀결되는 외부 공간, 즉 착점(着點)을 표시하는 경향이 있고, '에서'는 [45]에서 보듯이 어떤 행위가 이루어지는 내부 공간, 즉 배경(背景)을 표시하는 경향이 있다. '에'와 '에서'의 의미 차이는 후행 서술어와도 관련되어 있는데, 후행 서술어가 외부 공간과 관련되는 '남다, 숨다, 앉다' 등일 때는 '에'가 선택되고, 서술어가 활동 공간을 요구하는 '공부하다, 먹다, 죽다' 등일 때는 '에서'가 선택된다.

[44] 가. 우리는 교실<u>에</u> 남았다.
나. 쥐가 저 구멍<u>에</u> 숨었다.
다. 철수는 의자<u>에</u> 앉았다.

[45] 가. 우리는 교실<u>에서</u> 공부한다.
나. 우리는 밖<u>에서</u> 저녁을 먹었다.
다. 쥐가 저 구멍<u>에서</u> 죽었다.
라. 학생들이 운동장<u>에서</u> 달리기를 한다.

선행 명사구가 장소를 표시하고 후행 서술어가 이동을 표시할 경우 선행 명사구 뒤에는 처소격 조사 '에'뿐만 아니라 '으로/로'나 '을/를'도 올 수 있어 이들 사이의 의미 차이에 주의할 필요가 있다. [46가, 가′]에서 보듯이 '에'가 결합한 명사구는 이동의 목표, 즉 착점(着點)으로 해석되고, [46나, 나′]에서 보듯이 '으로/로'가 결합한 명사구는 이동 행위의 방향이나 경로, 즉 향점(向點)이나 경유지(經由地)로 해석된다. 그리고 [46다, 다′]에서 보듯이 '을/를'이 결합한 명사구는 이동 행위에 의해 영향을 입는 대상을 나타낸다. 그리하여 '에'가 쓰인 [46가, 가′]은 동작의 주체가 목표에 도달해 있지 않아도 되나 '을/를'이 쓰인 [46다, 다′]은 동작의 주체가 목표에 도달해 있어야 함이 보통이다.

[46] 가. 철수는 학교<u>에</u> 갔다.
가′. 산<u>에</u> 가다가 호랑이를 만났다.

나. 철수는 학교로 갔다.
나'. 산으로 가다가 호랑이를 만났다.
다. 철수는 학교를 갔다.
다'. 산을 가다가 호랑이를 만났다.

5) 도구격 조사

도구격 조사 '으로/로'는 크게 네 가지의 용법을 지닌다. 첫째는 [47]에서 보듯이 재료나 도구, 수단을 표시하는 용법이다. 이는 '으로/로'의 대표적 용법이어서 도구격 조사라는 명칭이 여기서 만들어졌다. 둘째는 [48]에서처럼 이유를 표시하는 용법인데, 이는 도구나 수단을 가리키는 첫째 용법이 추상적인 영역에 적용되면서 발생한 것으로 판단된다. '으로/로'가 이유를 표시할 때는 그 뒤에 '말미암아, 인하여, 하여' 등이 뒤따르기도 한다.

[47] 가. 콩으로 메주를 쑤었다.
나. 그는 붓으로 글씨를 쓰는 것을 좋아한다.
다. 그 문제는 대화로 해결합시다.

[48] 가. 갑작스러운 폭우로 농작물이 큰 피해를 입었다.
나. 그 사람은 암으로 죽었다.
다. 이 고장은 사과로 유명하다.

'으로/로'의 셋째 용법은 향점(向點)을 가리키는 것이다. 아래 [49]에서 '으로/로'는 움직임이나 변화의 방향 또는 향점을 표시한다. '으로/로'의 넷째 용법은 자격을 가리키는 것이다. [50]에서 '으로/로'는 지위나 신분 또는 자격을 표시한다.

[49] 가. 사장은 갑자기 간부들을 회의실로 불렀다.
나. 그는 미국으로 여행을 떠났다.
다. 세상이 암흑으로 변했다.

[50] 가. 그는 부잣집의 막내로 태어났다.

나. 우리는 그를 대표로 뽑았다.
다. 김 선생은 우리 학교 교사로 있다.

'으로/로'의 용법은 매우 다양하여 [51]과 같이 위의 네 가지에 포괄되기 어려운 것도 있다. 그러나 [51]의 용법도 위에서 제시한 네 용법과 아주 무관한 것은 아니어서 [51가]의 '으로/로'는 선택의 방향을 표시한다는 점에서 향점을 표시하는 [49]와 관련이 있고, [51나]의 '으로/로'는 이동 행위의 경로를 나타내어 도구나 수단을 나타내는 [47]과 관련이 있다.

[51] 가. 모임 날짜를 이달 중순으로 정했다.
나. 산길로 가면 더 빨리 갈 수 있다.

도구나 수단, 재료를 나타내는 '으로/로'와 자격이나 지위를 나타내는 '으로/로'는 그 뜻을 분명히 하고자 할 때 각각 '써', '서'가 더 붙은 '으로써/로써', '으로서/로서' 형식으로 대체가 가능하다. [52가, 나]는 '으로써/로써'가 재료나 수단을 표시하고, [53가, 나]는 '으로서/로서'가 자격이나 지위를 표시한다.

[52] 가. 쌀과 누룩으로써 막걸리를 빚는다.
나. 이제는 눈물로써 호소하는 수밖에 없다.
다. 그가 새로 사장이 됨으로써 회사가 다시 일어설 수 있었다.

[53] 가. 남대문시장은 우리나라의 명물로서 최근 들어 큰 인기를 얻고 있다.
나. 그 사람은 친구로서는 좋으나 남편감으로서는 조금 미덥지 못했다.
다. 우리는 그를 대표로 뽑았다.
라. 철수는 고향 친구인 영희를 아내로 맞았다.

그러나 의미상 똑같이 자격이나 지위를 나타낸다고 하더라도 '으로/로'와 '으로서/로서'의 문법적 성격은 다소 다르다. '으로/로'의 선행어가 서술어가 나타내는 행위의 주체와 동일한 인물을 가리킬 때는 '으로/로'가 '으로서/로서'로 대체될 수 있으나 [53다, 라]처럼 '으로/로'의 선행어가 서술어가 나타내는 행위의 주체와 동일한 인물을 가리키지 않을 때는 '으로/로'가 '으로서/로서'로 바뀌어 쓰이지 못한다. 수단을 나타내는 '으로/로'도 '으로써/로써'와 그 용법이 똑같지는 않아 [52다]에서 보듯이 그 앞에 명사형 어미 '-(으)ㅁ'이 이끄는 명사절이 올 때는 '으로/로'보다 '으로써/로써'가 훨씬 많이 쓰인다.

6) 공동격 조사

공동격 조사는 둘 이상의 참여자가 있어야 성립하는 동작이나 상태를 나타내는 서술어 앞에 쓰여 그러한 동작이나 상태를 성립시키는 상대를 표시하는 기능을 한다. 다음 예에서 '결혼하다'나 '다르다'는 둘 이상의 참여자가 있어야 그 의미가 실현되는 동사, 형용사이다. 이때 '와/과'는 이러한 동작이나 상태가 요구하는 공동 참여자를 표시해 준다. 그러나 공동 참여자를 요구하는 상황은 단일한 동사나 형용사로 표현되지 않고 [54다]에서 보듯이 '함께 청소하다'처럼 둘 이상의 단어로 나타날 수 있는데, 이때도 공동격 조사 '와/과'는 쓰일 수 있다.

[54] 가. 철수는 영희와 결혼했다.
나. 이론은 현실과 다르다.
다. 나는 오빠와 함께 청소했다.

공동격 조사는 '와/과'가 대표적이지만 구어체에서는 다음에서 보듯이 '와/과' 대신 '하고'나 '이랑/랑'도 널리 쓰인다.

[55] 가. 철수는 아내하고/랑 싸운 뒤 기분이 상해 있다.
나. 내 모자는 네 모자하고/랑 다르다.

공동격 조사를 요구하는 서술어는 둘 이상의 참여자를 요구하는데, 이때 둘 이상의 참여자는 [54]와 같이 그 문법적 지위가 다를 수도 있고(하나는 주어이고 다른 하나는 주어가 아님), [56]과 같이 복수 참여자의 문법적 지위가 모두 같을 수도 있다. 참여자들의 문법적 지위가 같을 때에는 두 참여자가 '와/과'로 연결되어 [54]의 구문은 [56]과 같이 바뀌어 쓰이게 된다.

[56] 가. [철수와 영희]는 결혼했다.
나. [이론과 현실]은 다르다.
다. [나와 오빠]는 함께 청소했다.

접속조사를 설명할 때 언급하였듯이 '와/과, 하고, 이랑/랑'은 공동격 조사 외에 접속조사로서의 용법도 지니고 있다. 두 참여자의 지위가 다른 [54]와 같은 예문에서는 '와/과, 하고, 이랑/랑'이 공동격 조사로 쓰이고, 두 참여자의 지위가 같은 [56]과 같은 예문에서는 '와/과, 하고, 이랑/랑'이 접속조사로 쓰인다. 후자는 대등한 지위의 명사를 병렬할 뿐이어서 핵어와 의존어의 관계가 존재하지 않기 때문이다.

[57] 가. [철수와 영희]가 왔다.
가'. 철수가 왔다. 그리고 영희가 왔다.
나. [철수와 영희]가 싸웠다.
다. 나는 [철수와 영희]를 좋아한다.

또 접속조사로 쓰일 때에는 [57가, 나]에서 보듯이 서술어에 제약이 없다. 접속조사는 두 명사구가 대등한 지위에 있으면 후행 서술어가 대칭 서술어이든 그렇지 않든 상관없이 쓰이기 때문이다. 그리고 서술어가 대칭 서술어가 아닐 때에는 [57가, 가']에서 보듯이 두 명사구 중에서 한 명사구를 제거해도 적격한 문장이 되며, [57다]에서 보듯이 주어 이외의 자리에도 나타날 수 있다.

7) 호격 조사

호격 조사는 청자를 가리키는 명사구에 결합하여 그 명사구를 독립어로 만들어 주는 기능을 한다. 호격 명사구는 후행하는 문장의 한 성분이 되지 못하는 것이다. 이런 이유로 호격은 다른 격과 달리 취급되거나 심지어는 격에서 제외되기도 한다. 그러나 형식면에서 다른 격조사와 비슷하고 기능면에서 선행 명사구를 독립어로 만드는 문법적 기능을 담당하므로 문법격 조사의 일종으로 처리할 수 있다.

대표적인 호격 조사로는 '아/야'가 있다. '아'와 '야'는 선행어가 자음으로 끝나느냐 모음으로 끝나느냐에 따라 구별되어 쓰이는데, 자음으로 끝날 때에는 '아'가 쓰이고 모음으로 끝날 때에는 '야'가 쓰인다. '아/야'는 [58가, 나]에서 보듯이 원칙적으로 사람의 이름 다음에 붙어 해라체나 해체를 쓸 정도의 사람을 부를 때 쓰인다. 그래서 [58마]에서 보듯이 하대하기 어려운 상대를 부를 때는 '아/야'를 쓰기 어렵다. '아/야'는 [58다, 다']이나 [58라]에서 보듯이 이름 대신 불리는 일부 명사나 의인화되어 인명처럼 쓰이는 명사 뒤에도 쓰일 수 있다.

[58] 가. 철수야, 이것 좀 아버지 갖다 드려라.
나. 영숙아, 나 좀 도와줘.
다. 꼬마야, 네 이름이 뭐니?
다'. 이 잔인한 놈아, 어찌 네가 나에게 이럴 수 있니?
라. 두껍아 두껍아 헌 집 줄게 새 집 다오.
마. 어이, 창호, 자네가 그럴 수 있나?

호격 조사에는 '아/야' 외에 '여/이여'도 있는데, 이 조사는 면전에 있는 상대방을 직접 부르지 않고 면전에 없는 상대방을 영탄(詠嘆)하는 어조로 간접적으로 부를 때 쓰인다. 그래서 '여/이여'는 [59가, 나]에서 보듯이 시적인 표현이나 기도문에 자주 쓰이고 [59다]에서 보듯이 상대가 사람이 아니라도 부름의 대상이 될 수 있으면 쓰일 수 있다.

[59] 가. 그대여, 나를 버리지 마오.
나. 주여, 이 죄인의 잘못을 용서하소서.
다. 하늘이여, 조국을 보살피소서.

8) 격조사의 비실현

한국어의 격조사는 의존어가 핵어와 맺는 문법적·의미적 관계가 문맥에서 쉽게 예측될 때 의존어에 표시되지 않을 수 있다. 어떨 때 격조사가 표시되지 않는지는 그리 분명하지 않으나 다음 세 가지의 경향은 발견할 수 있다.

첫째, 문법격 조사가 의미격 조사에 비해 쉽게 생략된다. 문법격 조사는 의존어와 핵어 사이의 문법적 관계를 표시하므로 문맥상 주어, 목적어 등의 문법적 관계가 분명할 때는 잘 생략된다. 반면에 의미격 조사는 [60다]처럼 선행어의 의미적 특징에 따라 처소, 방향 등의 의미적 관계가 쉽게 예측되는 경우가 아니면 표시됨이 일반적이다. [60가, 나]는 주격 조사와 목적격 조사가 안 나타난 예이고, [60라]는 공동격 조사 '랑'이 생략되지 못하는 예이다.

[60] 가. 사람들 다 모였나?
나. 누구 만나려고 가는 거니?
다. 철수 부산(에) 갔는데 왜 찾는 거니?
라. 누구*(랑) 헤어졌는데?

둘째, 격조사는 문어보다 구어적 상황에서 쉽게 생략된다. 화자가 발화 장면에 있는 구어적 상황에서는 화자가 맥락상의 정보를 바탕으로 격조사가 표시하는 문법적·의미적 관계를 쉽게 예측할 수 있기 때문이다. 이와 비슷하게 선행어가 청자에게 그 지시물이 식별되는 한정적(definite)인 것일 때에는 격조사의 생략이 용이하고 그렇지 않을 때에는 생략이 어렵다. 예컨대 '집'이 한정적이지 않을 때에는 "집*(이) 또 무너졌어요"에서 보듯이 조사 생략이 어려우나 한정적일 때에는 "그 집 또 무너졌어요"에서 보듯이 조사 생략이 용이하다.

셋째, 격조사는 정보 처리가 용이한 짧은 구성에서 잘 생략된다. 반대로 [61가]에서 보듯이 선행어가 길어서 선행어와 핵어의 관계가 쉽게 예측되기 어렵거나 [61나]처럼 선행어가 종속문의 한 성분일 때는 격조사가 잘 생략되지 않는다. 또 [61다]에서 보듯이 한 문장에서 둘 이상의 격조사가 동시에 생략되는 일은 드물다. 격조사가 둘 이상 생략되면 그만큼 정보 처리에 어려움이 발생하기 때문에 이 경우는 둘 중에서 하나만 생략되는 쪽이 자연스럽다.

[61] 가. 티토는 정권 초기부터 스탈린의 지배 정책*(을) 거부하였습니다.
나. 이 책이 [철수*(가) 가장 좋아하는] 책이다.
다. ?철수 영희 좋아한대./철수가 영희 좋아한대.

관형격 조사 '의'도 생략되는 경우가 흔한데, 이 경우도 선행 명사구와 후행 명사구 사이의 관계가 쉽게 예측될 수 있거나 구어적 상황이거나 정보 처리에 어려움이 없을 때 잘 일어난다. 즉 '소유주-소유물' 관계나 '전체-부분'의 관계 등과 같이 선후행 명사구 사이의 관계가 친숙한 경우이거나 또 상황이 구어적이어서 발화 맥락에 대한 정보가 쉽게 드러나 있을 때, 그리고 길이 등의 측면에서 정보 처리상 어려움이 없을 때 '의'가 잘 생략된다. [62가, 나, 다]는 선후행 명사구 사이의 관계가 친숙한 것이어서 '의'가 생략될 수 있으나 [62다']은 선후행 명사구 사이의 관계가 친숙하지 않아 '의'가 생략되기 어렵다. 또 [62라]는 후행 명사구의 길이가 길어 '의'가 없으면 정보 처리에 어려움을 초래하므로 '의'가 생략되기 어렵다.

[62] 가. 이건 누구(의) 신발이지?
나. 요즘 지방(의) 경제가 무척 안 좋다.
다. 철수(의) 아들이 명문대에 합격했대.
다'. 철수는 고등학교 때 이미 이별*(의) 슬픔을 맛보았다.
라. 시골 저녁*(의) 고즈넉한 풍경이 그립다.

3. 보조사의 의미와 기능

1) 도, 까지, 조차, 마저

'도, 까지, 조차, 마저'는 선행어가 대조되는 다른 요소들과 동일한 값을 지님을 표시한다. 즉 이 보조사는 대조되는 요소들에 더하여 선행어가 성립함을 표시하므로 첨가 보조사라고 할 수 있다. 첨가 보조사 중에서 '도'는 그 뒤에 다른 조사가 오지 못하는 첨사이고, '까지, 조차, 마저'는 그 뒤에 다른 조사가 올 수 있는 후치사이다. 그래서 첨가의 의미가 강조될 때에는 '까지도, 조차도, 마저도'의 형식으로 쓰일 수 있다.

'도'는 선행어와 대조되는 요소들이 이루는 집합의 성격에 따라 첨가의 의미가 다소의 변이를 보인다.

[63] 가. 동창회에 철수도 왔다. 영희가 오고, 숙희가 오고.
나. 동창회에 철수도 왔다. 이번 동창회에는 최대 인원이 모인 셈이지.

위 문장에서 '철수'와 대조되어 세로관계에 놓인 요소들은 일정한 순서에 따라 배열될 수도 있고 그러한 순서 없이 집합을 이룰 수도 있다. [63가]는 {철수, 영희, 숙희…}가 일정한 순서 없이 집합을 이룬 것이어서 동창회에 오는 사람들로서 '영희, 숙희' 위에 '철수'가 첨가됨을 뜻한다. 그러나 [63나]는 동창회에 참석할 가능성이란 순서가 가정되고 철수가 그 순서에서 거의 마지막에 있음을 의미한다. 즉 참석할 가능성이 가장 낮은 철수까지 왔다는 의미로 해석된다.

'도'는 세로관계에 놓인 요소들이 일정한 순서에 따라 배열되는 경우도 있고 그러한 순서가 없는 경우도 있지만, 동일하게 첨가의 보조사에 속하는 '까지, 조차, 마저'는 세로관계에 놓인 요소들이 일정한 순서에 따라 배열되는 경우만 존재한다. 이들 조사는 '도'에 비해 용법이 좁은 편이라고 할 수 있다. 그러나 '까지, 조차, 마저' 사이에도 차이가 존재하여 '까지'는 긍정적인 쪽이든 부정적인 쪽이든 다 쓰이고 '조차'는 부정적인 쪽에 쓰이며 '마저'는 '조차'와 의미가 비슷하나 흔히 그것이 순서상 마지막의 것임을 뜻한다.

예컨대 '까지'와 '조차'를 비교하면 '까지'는 [64가], [64다]에서 각각 보듯이 긍정적 속성이 강해지는 {초등 졸업>고등 졸업>대학원 졸업}의 순서나 부정적 속성이 강해지는 {친하지 않은 사람의 불신>조금 친한 사람의 불신>아주 친한 사람의 불신}의 순서를 모두 허용하나 '조차'는 [64나, 다]에서 보듯이 부정적 속성이 강해지는 {대학원 졸업 못함>고등학교 졸업 못함>초등학교 졸업 못함}, {친하지 않은 사람의 불신>조금 친한 사람의 불신>아주 친한 사람의 불신}의 순서만 허용한다는 특징이 있다.

[64] 가. 대학원까지 졸업을 했어요.
나. 초등학교조차 졸업을 못 했어요.
다. 너까지/조차 나를 못 믿니?
라. 그 장사꾼은 노름으로 밑천마저 잃고 말았다.

2) 만, 뿐, 밖에

'도, 까지, 조차, 마저'가 선행어가 대조되는 요소들과 동일한 값을 가짐을 표시하는 첨가 보조사라면 '만, 뿐, 밖에'는 선행어가 대조되는 요소들과 상이한 값을 가짐을 표시하는 배제의 보조사이다. 이들 조사는 세로관계에 있는 요소들을 배제하는 의미 관계를 표시한다. 배제의 의미 관계는 다시 적극적 배제와 소극적 배제로 나뉘는데, '만, 뿐, 밖에'는 대조 요소들을 적극적으로 배제하는 역할을 하고 '은/는, 이야/야'는 대조 요소들을 소극적으로 배제하는 역할을 한다. 이 점에서 '만, 뿐, 밖에'는 적극적 배제의 보조사라고 할 수 있다.

'만'은 '도'와 마찬가지로 선행어와 대조 요소들의 집합이 어떤 순서를 가정하고 있느냐 그렇지 않느냐에 따라 의미 변이를 보인다.

[65] 가. 운동회에는 철수만 왔다.
나. 철수는 사과를 한 개만 먹었다.

[65가]에서 '만'의 선행어와 대조 요소들이 구성하는 집합은 맥락상 어떤 순서가 상정되기 어렵다. 이럴 경우는 철수 외의 사람은 오지 않았다는 배제의 의미가 뚜렷하다. 그러나 [65나]에서는 {한 개, 두 개, 세 개…}와 같이 선행어와 대조 요소가 어떤 순서에 따라 배열되어 있다. 이럴 때에는 철수가 사과를 둘 이상을 먹지 않았다는 해석을 지닌다. [65가]의 '만'이 "오직"에 가까운 배제 의미라면 [65나]의 '만'은 "그 이상은 아님"이라는 배제 의미를 보인다고 할 수 있다.

'뿐'은 '만'과 비슷하게 배제의 의미를 표시하지만 의존명사에서 발달하여 아직 분포상의 제약이 있다. 즉 '뿐'은 분포 제약이 없는 '만'과 달리 'X-이다'나 이의 부정 표현인 'X-이 아니다'로 그 출현 환경이 제약되어 'X-뿐이다'나 'X-뿐이 아니다'로 쓰인다. '뿐'은 주로 명사구 뒤에 붙지만, [66다]에서 보듯이 '-다'로 끝나는 절 뒤에서 '-다뿐이지, -다뿐이겠습니까?' 등의 제한된 구성으로도 쓰인다. 그리고 'X-뿐이다' 구성이 종속절의 서술어 자리에 쓰일 때는 [66가']에서 보듯이 뒤의 '이다' 꼴이 생략되어 '뿐'이 부사적 기능을 발휘하기도 한다.

[66] 가. 이제 믿을 것은 오직 실력뿐이다.
가'. 주룩주룩 떨어지는 빗소리뿐(이고) 사방이 조용했다.
나. 그들의 역할은 자녀를 양육하는 것뿐이 아닙니다.
다. 입학만 했다뿐이지 대학생이라곤 할 수 없었다.

'밖에'는 '만, 뿐'과 마찬가지로 배제의 의미 관계를 표시하지만 다음에서 보듯이 뒤에 부정 서술어가 와야 한다는 제약이 있어 나머지 둘과 쉽게 구별된다.

[67] 가. 그 학생은 공부밖에 모른다.
나. 떡이 하나밖에 남지 않았다.
다. 그렇게밖에 할 수 없었다.

3) 은/는, 이야/야

'만, 뿐, 밖에'가 적극적 배제의 보조사라면 '은/는, 이야/야'는 소극적 배제의 보조사이다. 이들 조사는 세로관계에 있는 대조 요소들에 대해 정보가 부족하거나 관심이 적어 이들을 소극적으로 배제하는 의미 관계를 표시한다. 이들은 모두 조사 결합체에서 맨 뒤에 오므로 보조사 중에서 첨사에 해당한다.

위에서 언급하였듯이 '은/는'은 세로관계에 있는 대조 요소들을 소극적으로 배제하는 역할을 한다. 예컨대 [68가]에서 "축구는 좋아한다"라고 할 때는 '다른 운동 경기는 좋아하는지 싫어하는지 모르지만'이나 '대체로 다른 운동 경기는 싫어하지만' 등의 의미를 함축한다고 할 수 있다. 다만 [68다]처럼 세로관계에 있는 대조 요소들이 함께 문장에 실현될 때에는 병렬문으로 표현되기도 하고, [68라]처럼 선행어가 총칭 명사(generic noun)일 때에는 대조되는 요소들이 잘 부각되지 않기도 한다.

[68] 가. 철수가 축구는 좋아한다.
나. 이 열쇠로는 문이 안 열려요.
다. 인생은 짧고 예술은 길다.
라. 사람은 사회적 동물이다.

'은/는'은 보조사이므로 주어 자리, 목적어 자리, 부사어 자리, 서술어 자리를 가리지 않고 나타난다. 그러나 '은/는'이 주어 자리에 나타날 때에는 주격 조사 '이/가'와 비슷하게 인식되기도 한다. 여기서는 주어 자리에 쓰이는 '은/는'과 '이/가'가 어떤 용법의 차이를 보이는지 알아보기로 한다.

화자가 문장을 조직할 때에는 이전 담화나 청자의 지식 상태를 고려하게 마련이다. 문장에는 청자의 지식을 증가시키거나 수정하는 새로운 내용을 나타내는 부분이 있고, 이러한 내용이 저장되거나 연결되는 주소와 같은 성분이 있을 수 있다. 전자는 초점(focus)이라 부르고 후자는 주제(topic)라 부르는데, 초점은 모든 문장에 존재하고 주제는 문장 전체가 초점일 경우 없을 수도 있다. 초점에는 격조사 '이/가'나 보조사 '은/는'이 모두 나타날 수 있으나 주제는 소극적 배제를 나타내는 '은/는'이 주로 쓰인다.

[69] 가. A: 철수한테 무슨 일이 있었니?
B: (철수는) 늦잠을 잤어.
나. A: 누가 늦잠을 잤니?
B: 철수는 늦잠을 잤어. (다른 아이들은 잘 모르겠고.)
다. A: 누가 늦잠을 잤니?
B: 철수가 늦잠을 잤어.
라. A: 무슨 일 있니?
B: 철수가 늦잠을 잤어.

[69가]에서 '철수는'은 이전 문장과 연결되는 부분이면서 후행하는 서술부가 언급하는 대상이 된다는 점에서 주제가 되고 '늦잠을 잤어'는 청자의 지식을 증가시킨다는 점에서 초점이 된다. 반면에 [69나, 다]에서 '철수는', '철수가'는 의문사에 대응하는 부분이라는 점에서 초점이며 이때에는 높은 음조의 악센트를 동반한다. 초점에 '이/가' 대신 '은/는'이 쓰이면 대조되는 다른 요소가 도입되고 이들이 소극적으로 배제되는 의미 관계가 표시된다. [69라]는 문답 관계를 고려할 때 "철수가 늦잠을 잤어" 전체가 초점이 된다.

'은/는'과 '이/가'의 차이를 더 선명하게 알 수 있는 경우는 새로 이야기를 도입할 때이다.

[70] 옛날 어느 마을에 임금님이 살고 있었습니다. 그런데 이 임금님은 마

음씨가 아주 고약하였습니다.

[70]은 어떤 이야기를 시작하는 문장인데, 첫 문장은 전체가 새로운 정보로서 초점이 된다. 그리고 초점이되 이야기를 시작하는 자리이므로 대조되는 요소를 도입하는 맥락이 아니다. 그래서 '임금님' 뒤에는 격조사 '이/가'가 붙어 '임금님이'가 초점의 한 부분이 된다. 그러나 두 번째 문장에 등장하는 '임금님'은 이전 문장에 연결되는 부분이면서 후행하는 서술부의 언급 대상이 되므로 주제가 되어 '은/는'으로 표시된다.

'이야/야'는 '은/는'과 마찬가지로 소극적 배제의 의미 관계를 표시하나 화자가 선행어와 관련된 내용을 당연한 사실로 간주한다는 함축이 들어 있다. [71가, 나]에서 '이런 일이야', '얼굴이야'는 소극적 배제를 표시하므로 "다른 것이라면 몰라도 이런 일은/얼굴은" 정도의 의미를 전달한다. 그러면서 화자가 관련 상황을 당연한 것으로 여기므로 [71다]에서 보듯이 부사어 '당연히, 물론' 등과 잘 어울리며 종결어미로는 청자가 관련 사실에 대해 이의를 제기하지 않을 것이라고 믿을 때 주로 쓰이는'-지'가 자주 쓰인다.

[71] 가. 이런 일이야 어려울 게 없지요.
나. 우리 순희가 얼굴이야 곱지요.
다. 월급이야 당연히 주지.

4) 이나/나, 이나마/나마, 이라도/라도

'이나/나, 이나마/나마, 이라도/라도'는 배제됨의 의미 관계를 나타낸다. 이들은 대조되는 요소가 배제되어 선행어가 선택되었다는 점에서 차선의 보조사로 기술되기도 하나 선행어가 배제의 결과라는 점에서 차선보다는 잔여의 의미 관계를 나타낸다고 봄이 더 적절하다. 그런데 선택하지 못한 요소와 남겨진 요소는 동등한 지위에 있다고 볼 수 없으므로 세로관계에 있는 요소들의 집합은 일정한 순서를 지닌다고 간주된다.

'이나/나'는 배제됨의 의미 관계를 나타내기는 하나 그 안에서 두 가지의 의미를 표현한다. 첫째는 마음에 차지 않은 선택임을 표시하는 것이고, 둘째는 정확한 것이 아니라는 어림의 의미를 표시하는 것이다.

[72] 가. 돈도 없는데 어디 가서 자판기 커피나 한 잔 마시자.
나. 고3이 만날 인터넷 게임이나 하고 언제 공부할 거야?
다. 나도 복권이나 당첨되었으면 좋겠다.
라. 부모나 되는 듯이 말끝마다 참견이야?

[72가, 나]에서 '이나/나'는 선행어가 마음에 차지 않는 선택임을, 적어도 커피를 마시거나 인터넷 게임을 하는 것보다 더 나은 선택이 있음을 표시한다. 그러나 [72다, 라]는 이와 반대되는 선택처럼 보인다. 복권에 당첨되고 부모가 되고 하는 것은 마음에 차지 않는 선택이라고 하기 어렵기 때문이다. 그러나 [72다, 라]는 현실에서 허용되지 않는 상황을 가리키므로 현실과 부합되는 상황이 배제된 경우라고 할 수 있다. 이렇게 보면 '이나/나'의 용법은 [72가, 나]와 차이가 없다.

'이나/나'는 어림의 뜻을 나타내는 데 쓰이기도 한다. 이러한 '이나/나'는 접속조사가 쓰인 'A이나 B이나' 구성에서 뒷부분이 탈락하여 발달하면서 특정되지 않은 선택이라는 의미로부터 어림의 의미가 나온 것으로 판단된다. 이러한 용법은 [73다]에서 보듯이 정확하지 않은 비교를 나타낼 때에도 쓰인다.

[73] 가. 지금 몇 시나 되었니?
나. 그 사람이 언제나 올 것 같아?
다. 그 두 사람은 사귀는 것이나 다름없다.

'이나마/나마'는 '이나/나'와 마찬가지로 대조 요소들이 배제되어 선행어가 선택되었다는 의미를 표시하지만, 이때는 그러한 선택이 상황상 어쩔 수 없다는 의미가 깔려 있고 또 화자는 마음에 흡족하지는 않지만 그러한 선택을 어느 정도 긍정한다는 태도를 드러낸다.

[74] 가. 이렇게 전화로나마 목소리를 들으니 한결 마음이 놓인다.
나. 방에 고물 선풍기나마 있으니 참 다행이다.

'이라도/라도'는 '이나마/이나, 이나/나'와 마찬가지로 대조 요소들이 배제되어 선행어가 선택되었다는 의미를 표시하지만, 그러한 선택이 남겨진 거의 마지막의 것임을 가리킨다. 즉 선행어가 마지막으로 할 수 있는 선택항에 해당한다는 의미를 더 가진다.

[75] 가. 그때는 너무 배가 고파서 돌이라도 삼킬 지경이었다.
나. 네가 원한다면 외국이라도 데려다 주마.
다. 자주 찾아오지 못하면 소식이라도 자주 전해라.

[75가, 나]는 선행어가 가상적인 상황에서 이루어지는 마지막의 선택항임을 표시한다. [75다]도 선행어가 최소한의 요구를 담고 있으므로 화자가 생각하는 최선의 선택항들이 배제되고 남은 거의 마지막 선택항임을 가리킨다.

연습문제

1. 다음 중에서 한국어 격조사의 특징이 아닌 것은?
   ① 인접한 선행어의 음운론적 성격에 따라 변이형이 존재한다.
   ② 단어마다 격이 표시되지 않고 구 전체에 격이 표시된다.
   ③ 생략이 될 수도 있고 둘 이상이 나타날 수도 있다.
   ④ 문법적 기능을 표시한다.

2. 격조사를 문법격 조사와 의미격 조사, 보조사를 후치사와 첨사로 나눈다고 할 때, 다음 중에서 조사의 결합 순서가 맞지 않는 것은?
   ① 명사구+첨사+문법격 조사
   ② 명사구+후치사+첨사
   ③ 명사구+의미격 조사+첨사
   ④ 명사구+의미격 조사+후치사+문법격 조사

3. '이/가'와 '은/는'의 차이에 대해 서술하라.

풀이

1. [④]. 한국어의 격조사는 문법적 관계뿐만 아니라 의미적 관계도 표시한다. 또 문법적 관계를 표시하는 격조사라 하더라도 격과 문법적 기능이 일대일 대응을 보이지는 않는다.
2. [①]. 명사구 뒤에는 의미격 조사가 가장 가까이 결합하고 문법격 조사와 첨사가 맨 뒤에 결합한다. 그리고 후치사는 그 사이에 올 수 있다. 맨 뒤에 결합하는 문법격 조사와 첨사는 함께 쓰일 수 없다.
3. '이/가'는 격조사이고 '은/는'은 보조사이다. '이/가'는 주로 주어 기능을 하는 성분 뒤에만 결합하나, '은/는'은 주어 기능을 하는 성분뿐만 아니라 목적어 기능이나 부사어 기능을 하는 성분 뒤에도 결합할 수 있다. '이/가'는 명사구나 명사절 뒤에만 결합하나, '은/는'은 명사구, 명사절뿐만 아니라 부사어나 부사, 심지어는 일부 어근 뒤에도 결합할 수 있다.

참고문헌

남기심(1991), "국어의 격과 격조사에 대하여", 『겨레문화』 5.
이남순(1996), "특수조사의 통사 기능", 『진단학보』 82.
이익섭 · 채완(1999), 『국어문법론강의』, 학연사.
이희자 · 이종희(1998), 『사전식 텍스트 분석적 국어 조사의 연구』, 한국문화사.
임동훈(2004), "한국어 조사의 하위 부류와 결합 유형", 『국어학』 43.
______(2015), "보조사의 의미론", 『국어학』 73.
채완(1977), "현대국어 특수조사의 연구", 『국어연구』 39.
최재웅(1996), "'-만'의 작용역 중의성", 『언어』 21-1 · 2.
홍윤표(1978), "방향성 표시의 격", 『국어학』 6.
Blake, B. J. (1994), *Case*, Cambridge University Press.
O'Grady, W. (1991), *Categories and Case: The Sentence Structure of Korean*, John Benjamins Publishing Company.

제 10 장

한국어의 어미

임동훈

학습개요

한국어의 어미는 음운론적 특징에 따라 자음어미, 모음어미, 매개모음어미로 나뉘고, 분포상의 특징에 따라 선어말어미와 어말어미로 나뉜다. 선어말어미는 어말어미 앞에 와서 주체경어법, 시제, 양태를 나타내고, 어말어미는 용언 활용형의 맨 뒤에 와서 해당 용언이 서술어로 쓰이는 절의 성격을 표시한다. 용언의 활용에서 어말어미는 필수적이지만 선어말어미는 해당 절의 의미 내용에 따라 쓰일 수도, 안 쓰일 수도 있다. 어말어미는 다시 문장을 끝맺는 기능을 하는 종결어미와 선행절을 후행절과 이어 주는 연결어미로 나뉘는데, 종결어미는 문장의 종류를 표시하고 연결어미는 선행절이 후행절과 맺는 관계를 표시해 준다. 연결어미는 연결의 성격에 따라 병렬어미와 종속어미로 나뉘고, 종속어미는 다시 명사형 어미, 관형사형 어미, 부사형 어미로 나뉜다.

1. 어미의 분류

동사나 형용사가 꼴을 바꿔서 어떤 문법적 의미나 기능을 표시할 때 이를 활용(活用)이라고 한다. 한국어는 동사나 형용사에 서로 분할될 수 있고 대체로 형태가 일정한 요소들이 붙어 동사나 형용사의 꼴을 바꾸는데, 이때 여러 요소들이 붙는 근간이 되는 부분을 어간(語幹)이라 하고 어간에 붙는 요소들을 어미(語尾)라 하며, 이처럼 동사나 형용사의 어간에 어미가 붙어 여러 가지 문법적 의미나 기능을 표시하는 것을 활용이라고 한다. 예컨대 동사 '먹-'은 '먹다, 먹었다, 먹어, 먹겠어' 등으로 그 꼴을 바꾸며 활용을 하는데, 여기서 변치 않는 부분 '먹-'은 어간이 되고 어간에 붙어 그 전체의 꼴을 바꾸는 '-다, -어, -었-, -겠-'은 어미가 된다.

어미는 몇 가지의 기준에 따라 분류할 수 있는데, 가장 대표적인 분류 기준은 음운론적인 것과 분포상의 것이다. 다음에서는 이 두 가지 기준에 따른 어미의 하위 부류에 대해 알아보기로 한다.

1) 음운론적 속성에 따른 분류

한국어의 어미는 첫소리가 무엇이냐에 따라 자음어미, 모음어미, 매개모음어미로 나뉜다. 자음어미는 다음 [1가]에서와 같이 자음으로 시작하는 어미이고, 모음어미는 [1나]에서처럼 모음으로 시작하는 어미이며, 매개모음어미는 [1다]에서 보듯이 선행 어간의 음운론적 환경에 따라 쓰이기도 하고 안 쓰이기도 하는 매개모음 '으'로 시작하는 어미를 가리킨다.

[1] 가. 자음어미: -고, -게, -지, -겠-…
나. 모음어미: -어/아, -어서/아서, -었/았-…
다. 매개모음어미: -(으)면, -(으)ㄴ, -(으)ㅁ, -(으)시-…

자음어미는 아래 [2가]에서 보듯이 선행하는 어간의 음운론적 환경과 무관하게, 즉 자음으로 끝나든 모음으로 끝나든 양성모음이든 음성모음이든 그 형태가 똑같지만, 모음어미는 [2나]에서와 같이 선행 어간의 끝 음절이 양성모음이냐 음성모음이냐에 따라 '-아, -아서, -았-'류와 '-어, -어서, -었

-'류가 구별되어 쓰인다. 그리고 매개모음어미는 선행 어간이 자음으로 끝나느냐 모음으로 끝나느냐에 따라 '으'가 들어간 형태와 '으'가 빠진 형태가 구별되어 쓰인다. 즉 자음으로 끝나는 '잡-'은 '잡으니, 잡으면, 잡은, 잡으시다'처럼 활용하고, 모음으로 끝나는 '가-'는 '가니, 가면, 간, 가시다'와 같이 쓰인다. 다만, 자음 중에서 'ㄹ'은 [2다′]에서 보듯이 다른 자음과 달리 행동하므로 매개모음어미를 그 뒤에 붙일 때 특별히 주의할 필요가 있다. 'ㄹ'은 '울면'에서 보듯이 마치 모음처럼 행동하여 그 뒤에는 매개모음 '으'가 없는 어미가 오며, 또 '우니, 우시니'에서 보듯이 일부 어미 앞에서는 탈락한다.

[2] 가. 꼬집고/붙잡고, 죽겠다/좋겠다
　　나. 꼬집어/붙잡아, 뱉어서/같아서, 죽었다/좋았다
　　다. 먹으니/가니, 작은/큰(← 크+ㄴ)
　　다′. 울면(울+면), 우니(← 울+니), 우시니(← 울+시+니)

참고 양성모음과 음성모음

중세국어에서는 양성모음과 음성모음의 개수가 비슷하였으나 현대국어에서는 양성모음의 수가 줄고 음성모음의 수가 늘어 음성모음의 수가 훨씬 많다. 즉 현대국어에서는 'ㅏ, ㅑ, ㅗ, ㅛ'만 양성모음이고 그 밖의 모음은 모두 음성모음이다. 즉 자형상 'ㅏ, ㅑ, ㅗ'가 들어간 'ㅐ, ㅒ, ㅚ' 등도 음성모음이다. 그리하여 '뱉-' 뒤에는 '았'이 아니라 '었'이 붙어 '뱉았다'가 아니라 '뱉었다'로 활용한다.

동사, 형용사의 활용과 관련해서 위의 양성모음 중 'ㅛ'는 어간에 쓰이는 예가 없으므로 동사나 형용사의 어간이 'ㅏ, ㅑ, ㅗ'로 끝난 경우에만 그 뒤에 '-아, -았-' 등과 같은 양성모음 어미가 온다고 할 수 있다. 한편 현대 한국어의 구어(口語)에서는 'ㅏ'도 음성모음처럼 행동하는 모습을 보여 '알어, 앉어'와 같은 발음을 많이 들을 수 있으나 이러한 발음은 아직 표준 발음이 아니다.

2) 분포에 따른 분류

어미를 분포에 따라 분류하면 어미는 크게 어말어미와 선어말어미로 나뉜다. 어말어미는 동사나 형용사의 활용형에서 맨 뒤에 붙는 어미를 가리키고, 선어말어미는 어말어미 앞에 오는 여러 어미들을 가리킨다. [3]에서 보듯이 어말어미는 왼쪽에 의존적이어서 표기할 때 붙임표 '-'가 왼쪽에만 붙으나, 선어말어미는 왼쪽과 오른쪽이 모두 의존적이어서 붙임표가 양쪽에 다 붙는다는 차이가 있다.

[3] 가. 어말어미: -다, -고, -(으)며, -어서/아서
　　나. 선어말어미: -(으)시-, -었-, -겠-, -더-, -느-

이러한 분포의 차이는 문법적 기능의 차이와도 상관관계가 있다. 문법적 기능의 측면에서 선어말어미는 주체경어법, 시제(tense), 양태(modality) 등의 문법적 범주를 표시하고, 어말어미는 해당 용언이 서술어가 되는 절의 성격을 표시하거나 후행절과의 문법적 관계를 표시한다.

선어말어미와 어말어미의 더 본질적인 차이는 그것의 필수성 여부에 있다. 어말어미는 동사나 형용사의 활용에서 필수적이나, 선어말어미는 해당되는 문법적 기능이 필요한지의 여부에 따라 수의적으로 사용되기 때문이다(이 점에서 '어말어미'를 기준으로 삼아 '선어말어미'라는 용어가 채택되었다). 예컨대 선어말어미가 빠진 '잡다, 잡고'라는 활용형은 쓰일 수 있지만, '잡-'이나 '잡았-'처럼 어말어미가 빠진 활용형은 사용될 수 없다.

이처럼 필수성 여부와 관련된 어말어미와 선어말어미의 차이는 한국어에서 동사나 형용사의 어간에 어미가 결합되는 과정이 순전히 순차적이지만은 않을 가능성을 드러내 준다. 발화 순서의 측면에서는 순차적으로 어간에 어미가 하나씩 결합하는 것이 자연스러우나, 통사 구조의 측면에서는 어간에 어말어미가 결합되는 층위와 어간에 선어말어미가 결합되는 층위가 달라 일부 고빈도 활용형의 경우는 어간에 어말어미가 결합되고 그 사이에 선어말어미가 삽입되는 경우도 존재할 수 있다.

3) 어말어미의 분류 체계

동사와 형용사의 활용에서 맨 뒤에 와서 활용을 끝맺는 어말어미는 그 기능에 따라 다시 종결어미와 연결어미로 나뉜다. 종결어미는 문장을 종결짓는 기능을 하고 나아가 문장 전체의 성격, 즉 그것이 평서문인지, 의문문인지 등을 표시하는 역할을 하며, 연결어미는 선행절을 후행절과 연결하여 더 큰 단위의 문장을 만드는 기능을 한다. 연결어미는 절과 절을 연결하는 방식이 병렬적이냐 종속적이냐에 따라 다시 병렬어미와 종속어미로 나뉜다.

병렬(coordination)은 두 언어 단위가 서로 대등하게 연결되는 방식을 말한다. 예컨대 "날씨가 춥고 눈이 온다."에서 선행절 '날씨가 춥-'과 후행절 '비가 오-'를 대등하게 연결하는 어미 '-고' 등이 병렬어미에 속한다. 이와 달리 종속(subordination)은 한 절이 중심 역할을 하고 다른 절이 이에 의존적으로 연결되는 방식을 말한다. "날씨가 추우니까 눈이 온다."에서 선행절 '날씨가 춥-'을 중심이 되는 후행절 '눈이 오-'에 의존적으로 연결하는 어미 '-(으)니까' 등이 종속어미에 속한다.

종속어미는 자신이 결합한 절을 중심이 되는 주절에 어떤 방식으로 종속하느냐에 따라 분류된다. 종속어미가 붙은 종속절이 주절에 의존하는 방식에는 관형사의 역할을 하는 경우, 명사의 역할을 하는 경우, 부사의 역할을 하는 경우가 있을 수 있다. 종속절은 하나의 단어, 즉 관형사나 명사, 부사와 같은 기능을 하면서 중심이 되는 주절 속에 안기게 된다. 이 점에서 종속어미는 종속절을 명사처럼 쓰이게 하느냐, 관형사처럼 쓰이게 하느냐, 부사처럼 쓰이게 하느냐에 따라 다시 명사형 어미, 관형사형 어미, 부사형 어미로 나뉜다.

[4] 어말어미
- 종결어미: -다, -냐, -자, -라…
- 연결어미
  - 병렬어미: -고, -(으)며, -(으)나, -지만, -거나
  - 종속어미
    - 명사형 어미: -(으)ㅁ, -기
    - 관형사형 어미: -(으)ㄴ, -(으)ㄹ
    - 부사형 어미: -(으)니까, -(으)면, -(으)려고, -게…

2. 선어말어미

1) 선어말어미의 결합 순서

선어말어미는 어간과 어말어미 사이에 결합한다. 선어말어미는 어말어미와 달리 동사나 형용사의 활용형이 표현하고자 하는 문법적 의미에 따라 둘 이상이 결합할 수 있다. 선어말어미가 둘 이상 쓰일 때는 결합상의 제약과 순서가 있다. 다음 [5]는 선어말어미 간의 결합 순서를 개략적으로 나타낸 것이다. [5가]는 선어말어미가 여럿 올 때 주체경어법을 나타내는 '-시-', 과거 시제를 나타내는 어미 '-었-', 추측의 양태를 나타내는 '-겠-', 직접 증거를 나타내는 '-더-' 순서로 결합함을 보여 주고, [5나]는 {었} 자리에 현재를 나타내는 {는}이 결합하면 그 뒤에 {겠}, {더}가 오지 못함을 보여 준다.

[5] 가. 어간+{시}+{었}+{겠}+{더}+어말어미
　　나. 어간+{시}+{는}+어말어미

선어말어미는 그 기능이 어간의 의미에 관여하는 정도가 클수록 어간에 가까이 결합한다. 예컨대 주체경어법 '-시-'는 서술부에 결합하여 서술부가 나타내는 행위나 상태가 상위자로 간주되는 주체와 관련되어 있음을 표시하므로 어간 의미에 관여하는 정도가 크다. 주체경어법 뒤에는 문장이 나타내는 사건의 시간적 위치를 나타내는 시제(tense) 표지가 나타나고, 또 그 뒤에는 문장 내용의 사실적 지위에 대해 화자가 어떻게 인식하고 있는지를 나타내는 양태(modality) 표지와 문장이 전달하는 정보의 출처를 나타내는 표지가 순차적으로 나타난다.

2) 주체경어와 {시}

'-(으)시-'는 주어 자리에 오는 인물이 화자와의 관계에서 상위자로 판단되면 그와 관련된 행위나 상태를 나타내는 서술부(동사구나 형용사구)에 결합하여 그러한 서술부가 상위자와 관련된 것임을 표시해 준다. 아래 [6]에서 보듯이 '-(으)시-'는 상위자와 관련된 행위나 상태를 기술하는 동사구나 형

용사구에 결합한다. 그러나 [6다]와 같은 이중주어문에서는 주어와 서술어로 구성된 절 단위에 '-(으)시-'가 결합한다.

[6] 가. 아버지가 [신문을 보]신다.
나. 과장님이 [지리에 밝]으시다.
다. 선생님은 [책이 많]으시다.

'-(으)시-'는 전형적인 이중주어문이 아니더라도 어떤 사태가 상위자와 관련된다고 여겨지면 절 단위에도 결합할 수 있다. 특히 상위자가 발화 현장에 있을 때에는 이러한 경향이 강화된다. [7가, 나]는 '저 글자가 보이-'나 '버스 정류장이 멀-'이 상위자와 관련된 특정한 사태를 가리키는 것으로 보아 '-(으)시-'를 쓴 예이다. [7다]는 아직 바른 표현은 아니지만, 딱딱한 '합쇼체'를 피하되 청자에게 최대한 공손하게 말할 필요성이 있는 상업적 대화 맥락에서 듣게 되는 예이다. 이때 화자는 면전의 상위자가 관심을 둘 수 있는 정보라고 판단되면 최대한 상위자와 관련된 것으로 해석하여 절 단위의 표현에 '-(으)시-'를 사용한다.

[7] 가. 할머니는 [저 글자가 보이]세요?
나. 선생님은 [버스 정류장이 머]셔서 불편하시겠어요.
다. ?손님, [이것은 주문이 밀려 배송 시일이 소요되는 상품이]세요.

'-(으)시-'가 가리키는 주체경어는 상위자-비상위자 구분에 바탕을 둔다. 화자와 어떤 인물 사이의 사회적 관계는 매우 복잡하고 다양하나, 이 중에서 화자에게 중요하게 인식되는 관계는 상위자인지의 여부이다. 화자가 발화할 때는 무엇보다 상대방이 자신보다 상위자인지 그렇지 않은지가 중요하기 때문에 화자와 상대방 사이의 다양한 관계는 상위자냐 비상위자냐 하는 문제로 환원될 수 있다. 그래서 화자가 상위자나 그와 관련된 사물, 행위, 상태 등을 가리킬 때는 특별한 표시를 하게 된다. 예컨대 상위자에게 '-님'을 쓴다든지 그와 관련된 것을 가리킬 때에 '나이' 대신에 우세한 언어인 한자어 '연세(年歲)'를, 생일(生日)' 대신에 저빈도어인 '생신(生辰)'을 쓰는 것도 그 예이다.

이러한 관점에서 볼 때 '-(으)시-'는 화자가 어떤 행위나 상태가 상위자와 관련된다고 느낄 때 그 행위나 상태를 그렇지 않은 것과 구별지어 가리키는 기능을 한다고 할 수 있다. 그런데 이처럼 '-시-'가 어떤 행위나 상태에 대해 그것이 상위자에 관여적임을 유표적으로 가리키는 현상은 관련 인물에 대한 화자의 존대 행위로 해석될 수 있다. 인간 사회에서 상위자를 비상위자와 구별 지어 지시하는 것은 쉽게 존대 행위로 이해되기 때문이다.

사회적인 상위자라 하더라도 그 행위나 상태를 나타내는 서술부에 '-(으)시-'가 항상 쓰이는 것은 아니다. 이때의 상위자는 화자 관점에서의 상위자로 화자와 개인적 관계에 있다고 여겨져야 한다. 예컨대 아래 [8가]에서 '선생님'은 사회적 상위자이지만 화자와 개인적 관계를 맺고 있는 상위자는 아니므로 '-(으)시-'가 쓰이지 못한다. 또 [8나']은 개인적인 관계를 드러내기 어려운 인쇄물이나 공적인 발언에서 '-(으)시-'가 쓰이지 않는 예이다.

[8] 가. 선생님이 토론에서 밀리자/*밀리시자 제자들은 어쩔 줄을 몰라 했다.
나. 대통령이 공항에 도착하셨습니다.
나'. 대통령이 공항에 도착했습니다.

'-(으)시-'는 상위자와 관련된 행위나 상태를 유표적으로 가리키므로 일부 단어에서는 '-(으)시-'가 결합할 때 그 앞의 어간이 특별한 형태로 모습을 바꾸기도 한다. '먹-+-으시-', '자-+-시-', '있-+-으시-', '아프-+-시-'가 각각 '잡수-+-시-', '주무-+-시-', '계-+-시-', '편찮-+-으시-'로 바뀌는 것이 그 예이다.

[9] 가. 사장님이 사무실에 계신다.
나. 사장님께서 [말씀이 있]으시겠습니다.
다. 할아버지가 편찮으시다.
라. 할아버지가 [허리가 아프]시다.

[9가, 나]처럼 어간과 어미가 결합할 때 어간이 다른 단어에서 보충되는 방식으로 형성되는 경우를 보충법(suppletion)이라고 한다. 이 점에서 '잡수시-, 계시-, 주무시-, 편찮으시-'는 보충법의 예이다. 다만, 이들 보충법 형식은 [9나, 라]처럼 해당 어미가 주어와 서술어로 구성된 서술절에 결합할 때에는 쓰이지 않는다.

한편 '-(으)시-'는 상위자-비상위자 구분뿐만 아니라 비하위자-하위자 구분과 관련되어 쓰이기도 한다. '-(으)시-' 결합형이 상위자에 관여적인 행위나 상태를 가리킨다면 '-(으)시-'가 결합하지 않은 형식은 상대방을 하위자로 대우한다는 느낌을 줄 수 있어 '-(으)시-'는 다음 [10]에서 보듯이 상위자뿐만 아니라 비하위자에 관여적인 행위나 상태를 가리키는 데 쓰이기도 하는 것이다. 이런 까닭에 '-시-'는 상위자에게 쓰일 수 없는 '하게체'나 '하오체'에도 결합할 수 있다.

[10] (교장이 자신보다 나이가 어린 교사에게) 김 선생 오셨소/왔소?

3) 과거 시제와 {었}

'-었-'은 절 단위에 붙는 어미로서 과거 시제를 표시하는 기능을 한다. 때로 '-었-'은 과거(past) 외에 결과상태(resultative)나 완료(perfect), 또는 확실성 등을 나타내기도 하나, 이는 '-었-'의 역사적 발달 과정에서 이전 의미가 잔존해 있는 경우이거나 특정한 상황에서 발생하는 함축이라고 할 수 있다. 선어말어미 '-었-'은 '-어 잇-' 구성에서 발달하였는데 초기의 이 형식은 결과상태를 가리켰다. 그러다가 현재 관련성이 있는 과거 사건을 가리키는 완료의 용법을 거쳐서 과거 시제 어미로 발달하였다.

[11] 가. 철수는 외가를 닮았다.
나. 영희는 다리가 못생겼다고 걱정이다.
다. 야, 드디어 봄이 왔다.
라. 저기 꽃이 피었다.

[11가, 나]에서 '닮았다, 못생겼다'는 '매우, 얼마나'의 수식을 받아 현재의 상태를 표시할뿐더러 '아직도, 여전히'의 수식도 받을 수 있어 결과상태의 용법이 잔존한 예라고 할 수 있다. 이러한 예에는 '말랐다, 늙었다, 익었다' 등이 더 있다. [11다, 라]는 단순한 과거 사건을 표시하지 않고 현재와의 관련성을 아울러 표시한다는 점에서 완료의 예라고 할 수 있다.

그리고 아래 [12]의 '-었-'은 비록 비과거 상황에 쓰였지만 [12가]에서 보듯이 화자가 마치 과거 사건처럼 그 내용의 확실성을 믿을 때나 [12나]처럼 조건을 나타내는 어미 앞에 쓰여 주절의 상황을 기준으로 했을 때 이미 이루어져 있어야 할 가상적 상황을 가리킬 때 쓰이는데, 이 역시 과거를 나타내는 '-었-'이 특정한 문맥이나 구성에서 확실성이나 실현성을 표시하는 데 이용된 것이다.

[12] 가. (아버지가 아끼는 꽃병을 깨뜨렸으니) 너는 이제 죽었다.
나. 네가 나를 용서했으면 좋겠다.

한국어의 과거 시제 형식으로는 '-었-' 외에 이것이 중복된 '-었었-'도 있다. 위에서 언급하였듯이 '-었-'은 발달 단계에서 과거 사건과 현재 관련성을 아울러 표시하는 완료 의미를 지닌 바 있는데, 이러한 단계에서 현재와의 관련성이 없는 온전한 과거를 표시하기 위해 '-었-'에 다시 '-었-'이 부착되는 형식이 발생하였다. 그래서 현대국어의 '-었었-'은 과거의 과거나 대과거가 아니라 현재 관련성이 없음을 표시하는 과거의 한 형식이다.

[13] 가. (지난달에) 누나가 왔었다.
나. (지난달에/지금) 누나가 왔다.
다. 기차역에 도착했다. 그런데 벌써 기차가 *떠났었다/떠났다.
라. 올해는 초등학교 동창들을 만났다. 작년에는 중학교 동창들을 ?만났었고/만났고.

[13가]에서 보듯이 '-었었-'이 쓰이면 현재는 그렇지 않음을 의미한다. 반면에 [13나]처럼 '-었-'이 쓰이면 해당 상황이 현재 관련성을 지닐 수도, 그렇지 않을 수도 있다. '-었었-'은 과거의 과거나 대과거가 아니므로 [13다]에서 보듯이 과거 기준의 과거이더라도 현재 관련성의 의미가 있으면 '-었었-'이 사용되지 못한다. 그리고 [13라]에서처럼 먼 과거라도 '-었-'으로 충분하다.

한편 관형사절에서는 과거 시제의 표시가 대체로 '-었-' 외의 방식에 의해 이루어진다. 시간과 관련된 범주로는 시제(tense) 외에 상(aspect)이 있다. 시제가 상황의 시간상의 위치를 가리킨다면 상은 시간에 따라 전개되는 상황의 양상을 가리킨다. 상은 크게 두 가지로 나뉘는데, 특정 시점에서 상황의 전 국면을 한 덩어리로 가리키는 완결상(perfective)과 일정한 시간 폭 안에서 전개되는 상황의 내부 국면을 가리키는 비완결상(imperfective)이 그것이다.

현대국어는 시간 관련 개념이 시제 중심으로 표현되지만 중세국어에서는 시간 관련 개념이 상 중심으로 표현되어 있었다. 비완결상은 현재의 시간 폭 안에서 전개되는 상황의 내부 국면을 가리키는 현재 비완결상과 과거의 시간 폭 안에서 전개되는 상황의 내부 국면을 가리키는 과거 비완결상으로 나뉘는데, 이들은 각각 선어말어미 '-ᄂᆞ-'와 '-더-'로 표시되었다. 그리고 완결상은 이들과 대립되어 아무 표시가 없는 무표형으로 표시되었다.

동사 뒤에 특정 시점에서 상황의 전 국면을 한 덩어리로 가리키는 완결상이 표시되면 상황의 끝 경계를 포함하게 되므로 과거로 해석된다. 그리고 '-ᄂᆞ-'가 결합하면 현재의 내부 국면을 가리키고 '-더-'가 결합하면 과거의 내부 국면을 가리킨다. 반면에 형용사는 시간의 경과와 무관한 초시간적 속성을 띠므로 완결상이 결합해도 끝 경계에 대한 함축이 없어 현재로 해석되고 또 경계가 없으므로 내부 국면도 없어 '-ᄂᆞ-'와 결합하지 못한다. 그러나 상황이 과거에 놓여 시간적 한정을 받으면 경계에 대한 함축이 발생하므로 과거의 내부 국면을 가리키는 '-더-'는 결합할 수 있다. 이상의 내용은 [14가, 나]에서 확인할 수 있다. [14가', 나']은 이러한 체계가 관형사형에 남아있는 모습이다.

[14] 가. 동사의 경: 먹-Ø-다[과거], 먹-ᄂᆞ-다[현재 내부 국면], 먹-더-라[과거 내부 국면]
가'. 동사의 경우: 먹-ᄂᆞ-ㄴ, 먹-더-ㄴ
나. 형용사의 경우: 작-Ø-다[현재], 작-더-라[과거 내부 국면]
나'. 형용사의 영우: 작-더-ㄴ

근대국어에서 '-었-'이 등장하면서 무표의 완결상이 담당했던 과거 표시 기능을 대체하게 되자 무표의 완결상은 관형사형에서만 명맥을 유지하고 나머지 환경에서는 '-었-'이 과거 시제를 표시하게 되었다. 관형사형에서는 여전히 상 중심의 체계가 유지되었으나 관형사형 이외의 환경에서는 시제 중심의 체계가 형성된 것이다. 그 결과 현대국어에서 관형사형은 '-었던, -었을'을 제외하면 [15가]에서 보듯이 여전히 무표의 완결상이 동사 뒤에서 과거를 표시하고 있다. 그리고 형용사 뒤에서는 '-더-' 외에 과거를 표시할 수단이 없으므로 [15나]에서처럼 '-던'이 과거를 표시한다.

[15] 가. 진달래꽃이 활짝 핀(←피-Ø-ㄴ)/*피었은 4월의 어느 날이었다.
나. 얼굴이 무척 예쁘던 영희

4) 인식 양태와 {겠}

양태(modality)는 명제의 사실성이나 실현성에 대한 화자의 태도를 나타내는 범주이다. 예컨대 '철수가 지금 집에 있다.'라는 명제는 그 양태가 무엇이냐에 따라 다양하게 표현될 수 있다.

[16] 가. 철수가 지금 집에 있을 듯하다.
나. 철수가 지금 집에 있음에 틀림없다.
다. 철수가 지금 집에 있을 것이다.

[16]은 해당 명제에 '-(으)ㄹ 듯하다, -(으)ㅁ에 틀림없다, -(으)ㄹ 것이다'가 결합하여 화자가 막연히 가능한 결론임을 표시하는 짐작(speculative), 일정한 증거를 토대로 유일하게 가능한 결론임을 표시하는 연역(deductive), 일반적인 지식에 바탕을 두고 사리에 맞는 결론임을 뜻하는 추정(assumptive)을 표시한다. [16]에서 이와 같은 짐작, 연역, 추정은 해당 명제의 사실성에 대한 화자의 태도가 표시된 양태라고 할 수 있다.

그런데 양태는 명제의 사실성이 아니라 명제의 실현성에 대한 태도를 표현하기도 한다. [17]은 '철수가 지금 집에 가다.'라는 명제에 대해 '-어도 좋다, -어야 하다'라는 표현을 통해 화자의 태도가 표현되어 있다. [17가]는 허락의 태도가 표현되어 있고, [17나]는 의무의 태도가 표현되어 있다. 그런데 이때 표현된 화자의 태도는 명제의 사실성에 대한 것이 아니라 일정한 행위주가 하는 행위의 실현성에 대한 것이라고 할 수 있다. 즉 그러한 행위의 실현이 가능한 것인지 필연적인 것인지에 대한 태도가 표명된 것이다.

[17] 가. 철수가 지금 집에 가도 좋다.
나. 철수가 지금 집에 가야 한다.

이처럼 양태는 크게 두 부류로 나눌 수 있는데, 명제의 사실성에 대한 화자의 태도가 표명되는 부류를 인식 양태(epistemic modality)라고 하고 명제의 실현성에 대한 화자의 태도가 표명되는 부류를 의무 양태(deontic modality)라고 한다. 양태의 부류를 말과 세계의 관계라는 측면에서 고찰하면 인식 양태는 말이 나타내는 내용이 실제 세계와 어느 정도 부합되는지에 대한 화자의 태도가 표명된 것이라고 할 수 있다. 그리고 의무 양태는 반대 방향에서 세계가 말에 얼마나 부합되어야 하는지에 대한 화자의 태도가 표명된 것이라고 할 수 있다.

'-겠-'은 인식 양태 중에서 추측의 인식 양태를 나타냄이 일반적이다. 위 [16]의 예에 '-겠-'을 결합한 '철수가 지금 집에 있겠다.'는 추측의 의미를 표시하기 때문이다. 그러나 한국어에는 추측을 나타낼 때 '-겠-' 외에 '-(으)ㄹ 것이-'(구어체로는 '-(으)ㄹ 거-')도 사용하므로 이 둘의 용법 차이를 구분할 필요가 있다.

[18] 가. (흐린 하늘을 보고) 내일 비가 오<u>겠</u>다.
가′. 내일은 남부 지방에 걸쳐 있는 기압골의 영향으로 많은 비가 내리<u>겠</u>습니다.
나. (아침에 일기예보를 들은 사람이) 내일은 비가 <u>올 거야</u>/*<u>오겠다</u>.
다. (음식점에서 시킨 음식이 나오자) 야, <u>맛있겠다</u>/*<u>맛있을 거야</u>.
라. (음식이 어떠냐는 질문에 대해) 너도 <u>맛있을 거야</u>/*너도 <u>맛있겠다</u>.

[18가]와 [18나]는 '-겠-'과 '-(으)ㄹ 거-'에 의해 추측의 양태가 표시된 예인데, 전자는 내면화되지 않은 정보에 기반을 둔 추측을 나타내고 후자는 내면화된 정보에 기반을 둔 추측을 나타낸다는 차이가 있다. 즉 '-겠-'은 현장에서 화자 자신의 지각력을 바탕으로 한 추측을 나타내는 반면, '-(으)ㄹ 거-'는 이미 알고 있는 지식이나 믿음에 바탕을 둔 화자의 추측을 나타낸다. [18가]는 화자가 흐린 하늘을 보면서 하는 말이고 [18가′]은 기상 전문가가 구름 사진 등을 판독하면서 하는 말이거나 이를 전문가의 관점에서 보도하는 기자의 말이다. 그러나 [18나]는 일기예보에 관한 보도를 듣고 내일 날씨에 관한 지식을 획득한 뒤 이를 바탕으로 추측을 한 일반인의 말이다. 마찬가지로 [19다]는 현장에서 시킨 음식을 보고 추측하는 말이고, [19라]는

어떤 음식점의 음식에 대한 과거의 지식을 바탕으로 한 추측이다.

'-겠-'과 '-(으)ㄹ 것이-'의 차이는 이들이 공손성을 표시하는 데도 영향을 끼친다. 추측의 의미는 어떤 상황을 비단정적으로 표현하므로 단정적인 표현에 비해 공손함을 표시한다. 그래서 추측할 필요 없이 분명한 사실을 기술할 때에도 공손성을 드러내기 위해 추측 표현이 동원되기도 한다.

[19] 가. 가격은 2,500원 되겠습니다.
가'. *가격은 2,500원 될 것입니다.
나. 다음 주 월요일에 발표가 있겠습니다.
나'. 다음 주 월요일에 발표가 있습니다.

[19가, 나]는 이미 정해진 일이어서 추측의 대상이 되기 어렵다. 그럼에도 '-겠-'을 쓰는 것은 비단정적으로 진술하여 공손성을 표시하기 위함이다. 이때에는 [19나']에서 보듯이 '-겠-'을 생략해도 의미 차이가 없다. 그런데 이처럼 추측 표현이 공손성 표시에 이용될 때에는 '-겠-'은 쓰일 수 있지만 '-(으)ㄹ 것이-'는 쓰이기 어렵다. '-(으)ㄹ 것이-'가 쓰인 [19가']은 같은 의미로는 쓰이지 못하기 때문이다. 요컨대 내면화되지 않은 정보에 기반을 둔 '-겠-'과 달리 '-(으)ㄹ 것이-'의 추측은 내면화된 정보에 기반을 두므로 공손성 표시에 쓰이지 않는다.

'-겠-'은 추측의 의미 외에 의도의 의미를 표시하기도 한다. [20가, 가']은 주어가 인간이고 관련되는 행위가 인간 주어에 의해 통제 가능하다는 특징이 있다. 이럴 때에는 '-겠-'이나 '-(으)ㄹ 거-'가 의도를 표시한다고 할 수 있다. 특히 주어가 1인칭일 때에는 추측의 의미로 해석할 수 없어 의도의 의미가 뚜렷해진다. 반면에 [20나, 나']처럼 관련 사태가 통제 범위 밖에 있을 때에는 추측의 의미로만 해석되며 이때에는 과거를 나타내는 '-었-'과 결합할 수 있다.

[20] 가. 내가 도와주겠다.
가'. A: 언제 밥 먹을 거야?
B: 과제 다 하고 먹을 거야.
나. 그 사람도 고향을 그리워하겠다.
나'. 그 사람도 고향을 그리워했겠다.

'-(으)ㄹ 거-, -겠-'이 지니는 추측과 의도의 의미는 아래 [21가, 나]에서 보듯이 미래 사건을 지시할 때도 쓰일 수 있다. 그렇다고 이들을 미래 시제를 표시하는 문법 요소로 보기는 어렵다. 후술하겠지만 관형사형 외의 환경에서 과거는 '-었-'에 의해 표현되고 비과거(또는 현재)는 '-었-'의 부재형이나 '-느-'에 의해 표시된다. 양태 표지 '-겠-'은 시제 표지에 후행하는데, 과거 상황에 대한 추측을 표시할 때에는 '-었-'에 후행하고 비과거 상황에 대한 추측을 표시할 때에는 '-었-'의 부재형에 후행한다. [21가, 나]는 '-었-'의 부재형에 '-(으)ㄹ 거-, -겠-'이 후행하여 비과거 상황에 대한 추측을 표시하고 [21가', 나']은 '-었-'에 후행하여 과거 상황에 대한 추측을 표시하고 있다.

[21] 가. 택배가 지금/내일 도착할 거야. [Ø+'-(으)ㄹ 거-']
가'. 택배가 어제 도착했을 거야. ['-었-'+'-(으)ㄹ 거-']
나. 택배가 지금/내일 도착하겠어.[Ø+'-겠-']
나'. 택배가 어제 도착했겠어.['-었-'+'-겠-']
다. 택배가 지금/내일 도착해.
라. 택배가 지금/내일 도착할 것 같다.

'-겠-, -(으)ㄹ 거-'는 미래를 가리킬 수 있지만 추측, 의도를 가리키는 용법이 뚜렷하다. 그렇더라도 한국어에서 이들 없이는 미래 사건을 지시하기 어렵다면 이들을 미래 시제 요소로 간주할 수 있을 것이다. 그러나 이들은 확정되지 않은 미래만을 표시할 뿐이어서 확정된 미래는 [21다]처럼 이들 없이도 표현될 수 있다. 게다가 [21라]에서 보듯이 확정되지 않은 미래 사건의 지시도 '-ㄹ 것 같-'과 같은 다른 형식을 통해 표현될 수 있다. 이런 점들을 고려할 때 '-겠-, -(으)ㄹ 거-'가 미래 사건을 지시한다고 해도 이들에 시제 요소로서의 기능을 부여하기는 어렵다.

5) 증거성과 {-더-}

인식 양태는 명제의 사실성에 대한 화자의 태도를, 즉 명제가 나타내는 정보가 얼마나 확실한지에 대한 판단을 표시한다. 그런데 문법 요소 중에는 명제가 나타내는 정보를 어떻게 얻었는지를 표시하는 범주도 있다. 이는 증거성(evidentiality) 범주라고 불리는데, 인식 양태가 명제의 사실적 지위에 대한 화자의 판단을 표시하고 증거성이 그러한 사실적 지위에 대한 증거를 표시한다는 점에서 이 둘은 관련이 있다.

증거는 직접적인 지각에 바탕을 둔 직접 증거와 전해 들음이나 추론에 바탕을 둔 간접 증거로 크게 나뉘는데, 한국어의 '-더-'는 직접 증거를 표시하는 기능을 한다. 한국어에서 '-더-'는 정보의 출처가 화자 자신의 지각임을 표시하기 때문이다. 다만, '-더-'는 지각의 시점이 발화시(發話時) 이전임을 전제하므로 과거 지각의 직접 증거를 표시한다고 할 수 있다.

[22] 가. 영희가 밖에서 너를 기다리고 있더라.
나. 철수가 화가 많이 났더라.
다. 곧 추위가 오겠더라.

[22]에서 '-더-'가 결합하는 사태는 과거 시점에서 지각 대상이 된다는 공통점이 있다. [22가]는 과거 시점에서 지각되는 현재 상황이고, [22나]는 과거 시점에서 지각되는 과거 상황이며, [22다]는 과거 시점에서 지각되는 미래 상황이다.

'-더-'는 과거 지각이라는 직접 증거를 표시하므로 일정한 인칭 제약이 있다. 예컨대 [23가]에서 보듯이 화자에게 지각 대상이 되기 어려운 화자 자신의 행동에는 '-더-'가 쓰이지 못하고(물론 "꿈속에서 보니 내가 노래를 잘하더라."와 같이 자신의 행동이라도 지각 대상이 될 수 있는 상황에서는 '-더-'가 쓰일 수 있다), 반대로 [23나]에서 보듯이 화자 자신에게만 지각 대상이 되는 심리적 상태는 주어가 1인칭일 때만 '-더-'가 쓰인다.

[23] 가. 철수가/*내가 노래를 잘하더라.
나. *철수는/나는 몹시 배가 고프더라.

'-더-'는 과거 시점에서의 지각을 가리키므로 과거 시제를 나타내는 '-었-'과 비슷한 점이 있다. 그러나 이 둘은 차이점이 작지 않다. '-었-'은 어떤 사건이 발화시(utterance time) 이전에 일어났음을 표시하고, '-더-'는 화자가 어떤 사건을 발화시 이전에 지각했음을 표시하는 차이가 있기 때문이다. 즉 '-었-'은 지각을 통해서든 추론을 통해서든 전해 들어서든 어떤 사건이 발화시 이전에 발생한 것이라고 판단되면 쓰일 수 있으나, '-더-'는 과거 시점에서 지각을 통해서 인식한 사건에 대해서만 쓰일 수 있다. 이 점에서 다음 [24]에서 보듯이 직접 지각한 것이 아니면 '-었-'은 가능하나 '-더-'는 쓰일 수 없다.

[24] 가. (아침에 마당에 흥건히 고인 물을 보고) 어젯밤에 비가 왔네.
　　나. (아침에 마당에 흥건히 고인 물을 보고) *어젯밤에 비가 오더라.

앞서 언급하였듯이 '-더'는 원래 과거의 시간 폭 안에서 전개되는 상황의 내부 국면을 가리키는 과거 비완결상 표지로 쓰였다. 그러다가 과거를 표시하는 '-었-'이 생겨난 뒤 '-더-'와 대립하는 무표의 완결상이 관형사절에서만 명맥을 유지하게 되면서 '-더-'의 원래 용법 역시 관형사절로 그 영역이 축소되었다. 즉 관형사절 이외의 환경에서는 '-더-'가 직접 증거를 나타내는 요소로 변화하였지만 관형사절에서는 여전히 과거 비완결상의 기능을 유지하고 있다.

관형사절의 '-더-'는 과거 비완결상을 나타내기 때문에 과거 지각의 직접 증거를 나타내는 '-더-'와 달리 인칭 제약이 없다. 관형사형 외의 환경에 쓰인 과거 지각의 '-더-'는 [25가]에서 보듯이 인칭 제약을 보이나 관형사형에 쓰인 과거 비완결상의 '-더-'는 [25나]에서 보듯이 이러한 제약을 보이지 않는다.

[25] 가. *내가 책을 읽더라.
　　나. 내가 읽던 책이 어디 갔지?

6) 현재 시제와 {-느-}

'-느-'는 역사적 발달 과정에서 여러 변이형을 지니게 되었다. 평서문 어미 '-다' 앞에서는 '-ㄴ-/-는-'으로 실현되고 감탄형 어미 '-군, -구나' 앞에서는 '-는-'으로 실현되며, 의문문 어미 '-냐'와 관형사형 어미 '-ㄴ' 앞에서는 '-느-'로 실현된다.

[26] 가. 먹-는-다, 가-ㄴ-다

나. 먹-는-구나, 가-는-구나
다. 먹-느-냐, 가-느-냐
다′. 먹-느-ㄴ, 가-느-ㄴ

[26가]에서 보듯이 평서문 어미 '-다' 앞에서는 어간이 자음으로 끝나면 '-는-'으로, 모음으로 끝나면 '-ㄴ-'으로 실현된다. 반면에 [26나]에서 보듯이 감탄형 어미 '-구나' 앞에서는 어간이 자음으로 끝나든 모음으로 끝나든 '-는-' 형태로만 나타난다. 그리고 [26다]에서와 같이 의문형 어미 '-냐'나 관형사형 어미 '-ㄴ' 앞에서는 '-느-' 한 가지 형태로만 나타난다.

'-느-'는 '-더-'와 마찬가지로 관형사형 환경에서의 용법과 그 밖의 환경에서의 용법이 차이가 난다. 앞서 언급하였듯이 중세국어의 '-ᄂᆞ-'['-느-'의 선대형(先代形)]는 현재의 시간 폭 안에서 전개되는 상황의 내부 국면을 가리키는 현재 비완결상 표지였다. '-ᄂᆞ-'의 이런 기능은 현대국어에서도 관형사형에서는 그대로 유지되고 있다.

그러나 관형사형 이외의 환경에서는 '-느-'가 현재 비완결상 표지에서 현재 시제 표지로 변화하였다. 이러한 변화의 시작은 '-었-'의 등장과 관련되어 있다. '-었-'이 과거 시제 표지로 발달하면서 동사 뒤에서 과거를 표시하던 무표의 완결상 표지가 관형사형 환경으로 영역이 축소되자 관형사형 외의 환경에서는 '-느-'가 시제를 나타내는 '-었-'과 새로운 대립 관계를 형성하게 되었다. 그리고 과거를 표시할 때 '-었-'이 필수적으로 쓰이게 되자 '-었-'이 나타나지 않은 형태가 비과거로 해석되어 현재를 표시할 때에는 '-었-'의 부재형과 '-느-'가 그 영역을 나누게 되었다.

[27] 가. 어제도 피자를 먹었다.
가′. 지금도 피자를 먹는다.
나. 어제도 웃었어.
나′. 지금도 웃어.

[27가, 가′]은 '-었-'과 '-는-'('-다' 앞에 나타나는 '-느-'의 변이형)이 각각 과거 시제 표지와 현재 시제 표지로 쓰이면서 서로 대립하고 있음을 보여주고 있다. 반면에 [27나, 나′]에서는 '-었-'과 그 부재형인 영형(zero form)이 과거 시제 표지와 현재(또는 비과거) 시제 표지로 쓰이면서 서로 대립하고

있음을 보여 준다. '-어'는 반말체(또는 '해체')로서 19세기에 새로 등장한 종결어미이다. 평서문 어미 '-다'의 앞처럼 예전부터 쓰이던 환경에서는 '-느-'가 현재 시제를 표시하나 이처럼 새로 생겨난 어미 앞에서는 '-었-'과 대립하는 영형이 현재 시제를 표시하게 된 것이다.

관형사형 이외의 환경에서 '-느-'가 현재 시제를 표시하게 되자 '-느-'와 '-더-'의 대립 관계도 사라지게 되었다. 관형사형 환경에서는 여전히 '-느-'와 '-더-'가 각각 현재 비완결상과 과거 비완결상으로 서로 대립하고 있지만, 그 밖의 환경에서는 '-느-'와 '-더-'가 각각 현재 시제와 직접 증거를 표시하게 되었기 때문이다. 이러한 환경에서 '-느-'는 '-더-'가 아니라 '-었-'과 대립한다.

그런데 '-느-'는 현재 시제로 변하였지만 분포 측면에서는 현재 비완결상일 때의 모습을 유지하여 여전히 형용사와 결합하지 못한다. 이러한 분포 제약은 주격조사 '께서'나 '에서'가 의미격 조사에서 문법격 조사로 바뀌었지만 여전히 의미격 조사와 같은 분포를 유지하는 현상과 비슷하다. 또 형용사 어간 뒤에서는 무표형이 현재로 해석되었고 '-었-'의 부재형도 현재 표시의 역할을 할 수 있으므로 '-느-'가 현재 시제로 변하였어도 형용사 어간에까지 확대되지 못한 것이라고 할 수 있다.

'-느-'가 표시하는 현재 시제는 단순히 지금 진행되는 현재 동작만을 가리키지 않는다. 아래 [28나, 다, 라]에서 보듯이 현재에 지속되는 상태를 가리키기도 하고 현재 순간을 포함하는 시간 폭에 성립하는 습관을 가리키기도 하며 현재를 포함하는 모든 시간에 적용되는 초시간적 사실을 가리키기도 한다. 현재 순간에 벌어지는 사건이 아니더라도 현재 성립되는 상태나 현재 순간을 포함하는 시간 폭을 점유하는 사건이면 현재 시제로 표현된다.

[28] 가. (이제 옷을 벗고) 잠을 잔다.
나. (아이가 지금) 잠을 잔다.
다. (그 소설가는 항상 이때쯤) 잠을 잔다.
라. (동물은) 잠을 잔다.

3. 어말어미

1) 어말어미의 기능

어말어미는 문장을 종결짓는 기능을 하는 종결어미와 절과 절을 연결하여 더 큰 단위의 문장을 만드는 연결어미로 나뉜다. 종결어미는 문장을 종결짓는 기능 외에 문장의 종류, 즉 평서문인지, 의문문인지 등에 관한 정보를 표시하는 기능과 문장을 듣는 청자에 대한 경어를 표시하는 기능도 함께한다. 그리고 연결어미는 연결어미가 붙은 절의 성격 및 주절과의 의미 관계를 더불어 표시한다.

중세국어에서는 청자경어가 주로 선어말어미에 의해 표현되었다. 중세국어에서는 명령법 어미를 제외하면 종결어미가 문장의 종류만 표시할 뿐 청자경어는 선어말어미에 의해 표현되었다. 그러나 청자경어는 선행하는 동사(형용사 포함)의 의미에 관여하는 정도가 미약하여 동사 어간에서 가장 멀리, 즉 어말어미에 가장 가까이 결합한다는 특징이 있어서 차츰 어말어미에 융합되는 쪽으로 변화하였다. 그 결과 현대국어에서는 종결어미 '-ㅂ니다/습니다'에서 보듯이 종결어미가 문장의 종류와 청자경어를 모두 표시하게 되었다.

연결어미에는 두 절을 대등한 지위로 연결하는 병렬어미와 한 절을 중심으로 삼고 다른 절을 중심이 되는 주절에 의존적으로 연결하는 종속어미가 있다. 종속어미는 의존적인 절을 어떤 자격으로 주절에 종속하느냐에 따라 명사형 어미, 관형사형 어미, 부사형 어미로 나뉜다. 명사형 어미와 관형사형 어미는 각기 두 가지밖에 없으나 부사형 어미는 여러 가지 의미 관계를 함께 나타내므로 종속어미 중에서 어미의 수가 가장 많다.

2) 종결어미

한국어에서 종결어미의 주된 기능은 문장의 종류, 즉 문장의 유형을 표시하는 것이다. 우리는 말을 할 때 일정한 행위를 수행한다. 예컨대 질문, 약속, 명령 등의 행위는 말과 함께 이루어진다. 이처럼 말함으로써 이루어지는 행위를 화행(speech act)이라고 하는데, 문장의 유형은 이러한 화행과 일정한 문법적 형식이 관습적으로 연관되어 있는 문장 형식을 가리킨다. 예컨대 한국어에는 질문의 화행과 '-냐'와 같은 문법적 형식이 관습적으로 연관되어 있는데, 이러한 연관이 드러난 문장 형식을 의문문이라 한다.

그러나 화행과 문장 유형은 구분할 필요가 있다. 단일한 발화라 하더라도 맥락에 따라 여러 가지 화행을 수행할 수 있다. 예컨대 화자가 청자에게 '앉아!'라고 말을 할 때 이는 발화 장소나 화청자의 지위나 관계 등에 따라 권유가 될 수도 있고, 요청이나 명령이 될 수도 있다. 반면에 문장 유형은 서로 배타적이어서 어떤 발화가 의문문이면 그것이 명령문이 될 수 없다. 즉, 여러 화행을 표현하더라도 그것이 문법적인 차이로 반영되지 않으면 동일한 문장 유형인 것이다.

[29] 가. 음식이 왜 이리 늦게 나오죠?
나. 야, 눈이 온다!
다. 눈이 온다?

[29가]의 문장이 음식을 빨리 달라는 요청이나 질책의 화행을 수행한다고 해서 이것이 명령문이나 평서문이 될 수는 없다. 이 문장은 여전히 의문문인 것이다. 마찬가지로 [29나]는 평서문이 감탄의 화행을 수행하는 경우이고 [29다]는 평서문이 의문의 화행을 수행하는 경우라고 할 수 있다. 한국어에서는 억양이 문장 유형을 구분하는 데 기여하나 그것만으로는 문장 유형을 구분해 주지는 못한다.

한국어에서 문장 유형은 특정한 종결어미와 억양 패턴이 서로 도와 표시를 한다. 그런데 이 두 수단은 일대일 대응을 보이지 않으므로 하나의 종결어미가 복수의 억양을 지닐 수도 있고 하나의 억양이 복수의 종결어미에 실현될 수도 있다. 예컨대 앞의 [29다]처럼 평서문이더라도 끝이 올라가는 억양이 올 수도 있고, 반면에 평서문과 설명의문문, 명령문, 청유문은 그 종결어미가 다르지만 억양 패턴이 동일하다.

문장 유형은 이를 표시하는 표지가 일정한 체계를 이루고 서로 배타적이라는 특징이 있다. 따라서 문장 유형은 이러한 특징이 있는 전형적인 종결어미를 중심으로 분류함이 합리적이다. 전형적인 종결어미는 직접화법에서는 높임, 중간높임, 안높임의 청자경어법에 두루 나타나고 간접화법에서도 체계를 이루어 나타나는 어미라고 할 수 있다. 이 기준에 따르면 한국어의 문장 유형은 평서문, 의문문, 명령문, 청유문의 네 종류로 가를 수 있다.

[30] 문장 유형의 분류

유형	높임 등급	중간 등급	안높임 등급	간접화법
평서문	-습니다/ㅂ니다	-소/오, -네	-다	-다고
의문문	-습니까/ㅂ니까	-소/오, -(으)ㄴ가	-냐	-냐고
명령문	-(으)십시오	-소/오, -게	-아라/어라	-라고
청유문	-(으)십시다	-(으)ㅂ시다, -세	-자	-자고

한국어의 문장 유형에는 위의 네 종류 외에 아래 [31]에서 보듯이 '-구나, -군'으로 표시되는 감탄문, '-(으)ㄹ라'로 표시되는 경계문, '-(으)마'로 실현되는 약속문, '-(으)려무나'로 실현되는 허락문이 있다. 그러나 이들은 청자 경어법에 두루 나타나지 못하고 간접화법에서는 평서문 어미 '-다'나 명령형 어미 '-라'로 바뀔 수 있어 감탄문, 경계문, 약속문은 평서문의 일종으로, 허락문은 명령문의 일종으로 다룸이 합당하다.

[31] 가. 날씨가 참 좋<u>구나</u>.
가'. 날씨가 참 좋다고 하였다/감탄하였다.
나. 저러다 다<u>칠라</u>.
나'. 저러다 다치겠다고 하였다/염려하였다.
다. 오후에 들르<u>마</u>.
다'. 오후에 들르겠다고 하였다/약속하였다.
라. 더 놀다 가<u>려무나</u>.
라'. 더 놀다 가라고 하였다/권유하였다.

반말체에서 평서문 어미로 자주 쓰이는 어미로는 '-거든, -지, -네, -군, -어'가 있다. '-거든'은 이미 알고 있는 지식임을 표시하며 청자가 잘 모르고 있다는 함축을 동반한다. 특히 '-거든'이 끊어지는 억양과 함께 쓰이면 자랑하거나 반박하는 듯한 느낌을 준다. '-지'는 당연한 지식임을 표시하며 청자가 이견을 제시하지 않을 것이라고 믿을 때 쓰인다. '-지'는 억양에 따라 평서문 외에 의문문, 명령문/청유문으로도 쓰인다.

'-네, -군'은 '-거든, -지'와 달리 새로 알게 된 지식임을 표시한다는 특징이 있다. 그러나 '-네'는 발화 시점에서 지각을 통해 알게 된 명제를 표시하고 '-군'은 어떻게 알게 되었든 상관없이 그 명제에 대한 깨달음을 표시한다. '-네'가 감각 기관을 통하여 어떤 사물을 의식하고 이것을 일정한 대상으로 식별하는 기능을 한다면, '-군'은 외적 사물 자체가 아니라 그것에 대한 경험이나 인식을 자기의 의식 속으로 종합하는 내면화 기능을 한다고 할 수 있다.

반면에 '-어'는 의미상 무표적이어서 이미 알고 있거나 새로 알게 되었거나 가리지 않고 쓰일 수 있으며 청자의 특정한 지식이나 반응도 가정하지 않는다.

[32] 가. 오늘 처음으로 테니스를 배웠거든.
가'. 나도 그 정도는 알거든.
나. 그곳은 이미 아파트가 들어섰지.
나'. 부모님은 언제 오시지?
다. 밖에 눈이 오네.
라. 이번에 김 대리도 승진하는군.

의문문은 크게 의문사가 없는 판정의문문과 의문사가 있는 설명의문문으로 갈린다. 판정의문문은 화자가 답변에 대한 어떤 기대가 있는지의 여부에 따라 편향 의문문과 중립 의문문으로 나눌 수 있다. 편향 의문문은 화자의 기대가 긍정적 답변이든 부정적 답변이든 한쪽으로 기울어진 의문문을 말하고 중립 의문문은 이러한 기대 없이 이루어진 의문문을 말한다. [33]은 편향성의 정도에 따라 구분되는데, 긍정의문문인 [33가]보다 부정의문문인 [33나]가 화자가 월요일이라는 사실을 더 믿고 있으므로 편향성이 크며 또 긍정의문문이더라도 [33다]처럼 당연한 지식임을 표시할 때 주로 쓰이는 '-지'가 쓰이면 편향성이 증대된다.

[33] 가. 오늘이 월요일이니?
나. 오늘이 월요일 아니니?
다. 오늘이 월요일이지?

유형론적으로 볼 때 판정의문문에 대한 응답은 세 가지 방식이 있다. 첫째는 긍정/부정 형식으로 답하는 체계이고 둘째는 찬성/반대 형식으로 답하는 체계이며, 셋째는 내용을 반복하여 답하는 체계이다. 긍정/부정 체계의 예로는 영어의 'yes/no' 체계를 들 수 있고 찬성/반대 체계의 예로는 한국어의 '예/아니요' 체계를 들 수 있다. 이러한 차이는 두 언어에서 부정의문문에 대한 답이 달라지는 요인이 된다.

[34] 가. A: Aren't you hungry?
B: Yes, I am hungry.
나. A: 배 안 고파요?
B: 예, 안 고파요.

설명의문문은 의문사가 존재하기 때문에 의문문을 만들 때 억양의 역할이 크지 않다. 한국어에서도 설명의문문은 억양이 평서문이나 명령문, 청유문의 억양과 차이가 없으며 그 대신 다양한 의문사가 쓰인다. 의문사는 여러 품사에 걸쳐 존재하는데 의문 대명사 '누구, 무엇, 언제, 어디, 얼마, 몇', 의문 관형사 '어느, 어떤', 의문 부사 '왜, 어찌', 의문 동사 '어쩌다', 의문 형용사 '어떻다'로 나눌 수 있다.

한국어의 의문사는 정해지지 않은 대상을 가리키는 비한정사(indefinites)로 쓰이기도 한다. 의문사가 비한정사로 쓰일 때에는 그 형식 그대로 비한정사가 되기도 하고 '누군가, 무엇인가, 언젠가, 어딘가'처럼 의문사에 '-ㄴ가'가 결합한 형식이 이용되기도 한다. 다만 '왜'는 그 자체로 비한정사가 되지 못하고 '왠지'처럼 '-ㄴ가'가 아니라 '-ㄴ지'가 붙어 비한정사가 된다는 특징이 있다. 이러한 방식의 비한정사에는 '어쩌다'에 '-ㄴ지'가 붙은 '어쩐지'도 있다.

[35] 가. 어제 몇이 찾아왔다.
나. 얼마 있으면 봄이다.
다. 나도 어딘가 여행을 가고 싶다.
라. 가을이 되니 왠지 쓸쓸한 생각이 든다.

종결어미는 앞에서 말한 바와 같이 문장의 유형을 표시할뿐더러 청자경어를 함께 표시한다. 청자경어는 화자와 청자의 관계에 따라 여섯 등급의 말체가 존재한다. 청자가 상위자일 때 사용하는 '합쇼체', 청자가 하위자가 아닐 때 사용하는 '해요체'와 '하오체', 청자가 상위자가 아닐 때 사용하는

'하게체'와 '해체'(또는 '반말체'), 청자가 하위자일 때 사용하는 '해라체', 이렇게 여섯이다. 이 명칭은 '하다' 동사의 명령형을 기준으로 정해졌는데, 평서형을 기준으로 하면 '합니다체, 해요체, 하오체, 하네체, 해체, 한다체'로 부를 수도 있다. 여기서 '합쇼'라는 명령형은 현대국어에서 사라졌지만 '-시-'가 결합한 '하십시오'에 그 모습이 남아 있다.

'해요체'는 청자가 하위자가 아닐 때 사용하므로 청자가 상위자일 때 사용하는 '합쇼체'보다 사용 영역이 넓다. 그렇기에 선생님이나 할아버지처럼 청자가 상위자임이 뚜렷한 상황에서는 '해요체'가 다소 부적절하게 들린다. 또 '해라체'와 '해체'의 관계도 이와 비슷하다. '해라체'는 청자가 하위자일 때 사용하고 '해체'는 청자가 상위자가 아닐 때 사용하므로 '해체'가 '해라체'보다 사용 영역이 넓다. 그래서 '해라체'는 상대방을 하대한다는 느낌이 드나 '해체'는 '해라체'에 비해 상대방을 더 조심스러워하는 말투라고 할 수 있다.

'하게체'와 '하오체'는 화자와 청자가 모두 어느 정도 나이가 들어야 쓸 수 있는 말투여서 다소 격식을 차린 말로 들린다. '하게체'는 청자를 상위자가 아니라고 여길 때 쓰이고 '하오체'는 청자를 하위자가 아니라고 여길 때 쓰인다. 그렇기에 '하오체'는 상대방을 거의 자신과 대등할 정도로 높인다는 느낌을 주며 또 '하게체'와 달리 상대방을 낮춘다는 뉘앙스를 풍기지 않으면서 자신 역시 낮추기 싫을 때에는 낯선 사람에게도 쓸 수 있다.

[36] 가. 좀 지나가도 되겠소?
　　나. A: 거 누구요?
　　　　B: 나요.
　　다. 웬 행패요? 이게 무슨 짓들이오?

[36]은 낯선 사람에게 '하오체' 어미 '-소, -오'가 쓰인 예이다. [36나]에서 '누구요', '나요'는 '누구이-+-오', '나이-+-오'가 준 형식이다. 여기에 '하오체'가 아니라 '해체' 어미가 결합하면 '누구예요(← 누구이-+-어요)', '나예요(← 나이-+-어요)'가 된다.

청자경어의 각 등급을 종결어미를 중심으로 설명하면 다음과 같다.

[37] 가. **해라체**: 나이 어린 손아랫사람이나 가까운 친구, 그리고 허물이 없는 사람에게 쓴다. 어미로는 평서문의 '-다', 감탄문의 '-구

나', 의문문의 '-냐, -니', 명령문의 '-어라/아라', 청유문의 '-자' 등이 있다.

나. 용례: 아휴, 더워서 못 참겠다./철수야, 학교에 가니?/얘들아, 이 꽃 좀 보아라.

[38] 가. **해체**(반말체): 해라체와 교체되어 쓰이기도 하나 해라체보다 상대방을 더 조심스러워하는 말투이다. 어미로는 평서문과 의문문, 명령문에 모두 쓰이는 '-아/어, -지' 등이 있다.

나. 용례: 과장님은 벌써 퇴근하셨지./아직도 공원에 사람들이 많아?/철수야, 저기 밖을 봐. 눈이 오고 있어.

[39] 가. **하게체**: 아랫사람이나 친구에게 쓰되, 상대를 대접하여 말하는 말투이다. 화자와 청자가 서로 나이가 꽤 들어야 쓸 수 있다. 예를 들면 손위 동서가 손아래 동서에게 쓴다. 어미로는 평서문의 '-네', 감탄문의 '-구먼', 의문문의 '-(으)ㄴ가', 명령문의 '-게', 청유문의 '-세'가 있다.

나. 용례: 여기는 눈이 많이 왔네./자네 어디 아픈가? 이리 좀 와 보게./여보게, 우리 같이 일해 보세./날씨가 참 좋구먼.

[40] 가. **하오체**: 아랫사람이나 친구에게 쓰되, 상대를 거의 자신과 대등하게 대우하는 말투이다. 그래서 존대하기도 하대하기도 어려운 낯선 사람에게 쓰이기도 한다. 화자와 청자가 서로 나이가 꽤 들어야 쓸 수 있다. 어미로는 평서문과 의문문, 명령문에 모두 쓰이는 '-소/오'가 있다. 앞말이 자음으로 끝날 때에는 '-소'가, 모음으로 끝날 때에는 '-오'가 쓰이는데, '-소' 자리에는 '-으오' 형이 대신 쓰이기도 한다.

나. 용례: 형의 편지 잘 받았소. 요즈음 거기 날씨는 어떠하오? 나는 요즘 논어를 읽으오./어서 오시오. 이리 와서 내 술 한 잔 받으오./거기 누구요(← 이+-오)?

[41] 가. **해요체**: 상위의 사람이거나 상위에 있지는 않더라도 하위자로 간주하기 어려운 사람에게 쓰는 말투이다. 상점에서 점원과 손님

사이 등에 쓰인다. 격식을 덜 차리는 느낌을 준다. 어미로는 평서문과 의문문, 명령문에 모두 쓰이는 '-아요/어요, -지요' 등이 있다.

나. 용례: 지금 밥 먹어요./이것이 무엇이에요(← 이+-어요)?/저도 같이 가지요.

[42] 가. **합쇼체**: 상위의 인물에게 쓰는 말투이다. 가장 정중하고 격식적이며 방송에서 사용하는 말투이다. 어미로는 평서문의 '-습니다/ㅂ니다', 의문문의 '-습니까/ㅂ니까', 명령문의 '-(으)십시오'가 있다.

나. 용례: 뽑아만 주시면 열심히 일하겠습니다./어르신께서는 이리 앉으십시오.

그 밖에 화자와 청자 사이의 개인적 관계를 바탕으로 사용되지 않는 말투도 있다. 이들은 구체적인 청자를 대상으로 한 말이 아니므로 청자경어 등급에서 제외됨이 일반적이다. 이들은 신문 기사나 일반 서책의 글에서 주로 사용하는 말투인데, 구호나 시험문제 등에서도 더러 사용된다. 어미로는 [43]에서 보듯이 평서문에서는 '-다'가, 명령문에서는 '-(으)라'가, 의문문에서는 '-(으)ㄴ가'가 쓰인다.

[43] 가. 어제 서울에는 최악의 황사가 왔다.
나. 다음 중에서 알맞은 답을 고르라.
다. 인생이란 무엇인가?

3) 연결어미

앞서 언급한 바와 같이 둘 이상의 절을 연결하여 복문을 만드는 방식에는 병렬과 종속이 있다. 병렬이란 절과 절을 대등하게 연결하는 방식을 이르고, 종속이란 절과 절을 연결할 때 한 절을 중심으로 삼고 다른 절을 그에 의존적으로 만드는 방식을 이른다. 한국어에서는 이러한 병렬과 종속이 연결어미에 의해서 이루어지는데, 병렬에 쓰이는 연결어미를 병렬어미라 하고 종속에 쓰이는 연결어미를 종속어미라고 한다.

(1) 병렬어미

한국어의 병렬어미는 절과 절을 대등하게 연결하지만 병렬어미 자체는 종속어미와 마찬가지로 선행절에서 독립적이지 못하다. 예컨대 다음 [44]에서 병렬어미 '-고'는 선행절 '산은 높-'에 붙어 그 전체가 하나의 성분을 형성한다. 이는 영어의 대등접속사 'and, but' 등이 선행절과 후행절에서 독립적인 것과 대조된다.

[44] 가. 산은 높고 계곡은 깊다.
　　나. [산은 높]고 계곡은 깊다

그렇지만 병렬은 선행절과 후행절이 서로 의존적이지 않아 선후행절의 시제가 독립적이거나 선후행절이 수행하는 화행이 상이하기도 하다. 또 선후행절이 구조상 대등하다는 특징이 있다.

[45] 가. 딸들은 어제 갔고 우리는 내일 가.
　　나. 여기야 늘 춥지만 거기는 어떠니?
　　다. 콩 심으면 콩 나고 팥 심으면 팥 난다.
　　라. 우리는 떡도 먹었고 고기도 먹었다.

[45가]는 선행절이 과거 사건을 나타내나 후행절은 비과거 사건을 나타낸다. [45나]는 선행절이 진술의 화행을 나타내나 후행절은 질문의 화행을 나타낸다. 그리고 [45다]는 선후행절이 구조상 완벽히 대응하는 예이고, [45라]는 동일 술어가 반복되는 예이다.

병렬어미가 나타내는 의미 관계는 크게 순접, 역접, 이접으로 나뉜다. 순접의 관계는 상황의 나열을 의미하고, 역접은 상황의 대립을 의미한다. 그리고 이접은 상황의 선택을 의미한다. 나열을 표시하는 병렬어미에는 '-고, -(으)며'가 있다. 그러나 이러한 어미가 쓰였다고 해서 모두 병렬인 것은 아니다. 이들 어미는 병렬에 해당하지 않는 비대칭적 용법도 지니기 때문이다.

'-고'가 쓰인 문장이라 하더라도 선후행절이 항상 나열의 관계로 해석되지는 않는다. 예컨대 "나는 커피를 마시고 신문을 보았다."라는 문장에서 선행절과 후행절의 관계는 나열로 해석될 수도 있지만 맥락에 따라서는 시간상의 선후 관계에 해당하는 계기(繼起)로 해석될 수도 있다. 나열로 해석될 때에는 선행절에도 '-었-'이 결합할 수 있지만 계기로 해석될 때는 그렇지 못하다.

[46] 가. 아버지는 급히 아침을 드시고/드시고서 학교에 가셨다.
나. 철수는 상한 음식을 먹고/먹고서 배탈이 났다.
다. 처음 만나고/만나고도 그렇게 빨리 친해질 수 있니?
라. 요즘은 닭을 잡아먹고/잡아먹고도 오리발 내미는 사람들이 있다.

[46가]는 '-고'가 시간상의 선후 관계에 해당하는 계기를 나타내고 [46나]는 '-고'가 단순한 시간상의 선후 관계가 아닌 인과 관계를 나타낸다. 이처럼 '-고'가 계기나 인과의 관계를 표시할 때에는 '-고'가 '-고서'로 대치될 수 있다. 이와 달리 [46다, 라]의 '-고'는 후행절의 내용이 선행절에서 기대되는 것과 상반되는 양보 관계를 표시한다. '-고'가 양보의 관계를 표시할 때에는 '-고'가 '-고도'로 대치될 수 있다. [46]은 '-고'가 병렬어미가 아닌 용법으로 쓰인 예이다.

상황의 대립을 가리키는 역접의 의미 관계는 '-지만, -(으)나'에 의해 표현된다. 그러나 이들 역시 비대칭적 용법이 있다.

[47] 가. 철수는 돈이 많지만 영희는 돈이 없다.
나. 철수는 키가 작지만 힘이 세다.
나'. 철수는 키가 작아도 힘이 세다.

[47가]는 '-지만'이 의미적 대립을 표시하는 병렬어미로 쓰인 예이다. 그러나 [47나]에서는 '-지만'이 선행절의 의미에서 기대되는 내용을 후행절에서 부정하는 양보의 관계를 표시한다. '-지만'이 양보의 관계를 표시할 때에는 [47나']에서 보듯이 '-어도/아도'로 대치될 수 있다.

선택 관계를 가리키는 이접의 병렬어미로는 '-거나, -든지'가 있다. 이접의 병렬어미는 순접, 역접의 병렬어미와 달리 비대칭적 용법으로는 거의 쓰이지 않는다. 그래서 이접의 병렬어미는 [48나, 다]에서 보듯이 병렬되는 양쪽의 절에 다 나타나는 용법으로 자주 쓰인다.

[48] 가. 어른 앞에서는 술을 마시거나 담배를 피우면 안 된다.
나. 그는 시간이 나면 술을 마시거나 영화를 보거나 한다.
다. 집에서 숙제를 하든지 학교에서 농구를 하든지 해라.

(2) 종속어미

종속어미는 의존적인 절을 주절에 대해 명사의 자격으로 종속하느냐, 관형사의 자격으로 종속하느냐, 부사의 자격으로 종속하느냐에 따라 명사형 어미, 관형사형 어미, 부사형 어미로 다시 갈린다.

① 명사형 어미

한국어의 명사형 어미는 '-(으)ㅁ'과 '-기'로 분화되어 있다. 상황을 기술할 때에는 두 가지 방식이 있을 수 있다. 하나는 상황을 실제적인 것으로, 그리하여 직접 지각하여 알 수 있는 것으로 기술하는 방식이다. 또 하나는 상황을 순전히 사고의 영역에 있는 것으로, 그리하여 상상을 통해서만 알 수 있는 것으로 기술하는 방식이다. 전자는 서실법(敍實法, realis)이라고 하고 후자는 서상법(敍想法, irrealis)이라고 하는데, 명사형 어미 중에서 '-(으)ㅁ'은 상황을 실제적인 것으로 기술한다는 점에서 서실법 표지에 해당하고 '-기'는 상황을 사고의 영역에 있는 것으로 기술한다는 점에서 서상법 표지에 해당한다.

'-(으)ㅁ'은 서실법 표지에 해당하므로 '-(으)ㅁ'이 이끄는 종속절은 그 주절 동사로 '알다, 잊다'와 같은 사실성 동사가 옴이 일반적이다. '-(으)ㅁ' 종속절을 요구하는 서술어로는 그 밖에 '보다, 듣다, 깨닫다, 분명하다, 확실하다, 주장하다' 등이 있다.

[49] 가. 나는 그의 성격이 포악함을 잘 알고 있다.
나. 그래서 그가 범인임이 확실하다고 생각한다.
다. 그러나 그는 자신이 그 사건과 관련이 없음을 주장하였다.
다. 갑자기 나는 피로로 온몸이 무거워짐을 느꼈다.

반면에 '-기'는 서상법 표지에 해당하므로 '-기'가 이끄는 종속절은 그 주절 동사로 '바라다, 두렵다'와 같은 비사실성 동사가 옴이 일반적이다. '-기' 종속절을 요구하는 서술어로는 그 밖에 '쉽다, 좋아하다' 등이 있다.

[50] 가. 그는 사귀기가 쉽다.
나. 그는 사람들과 이야기하기를 좋아한다.
다. 나는 내일도 그와 만나기를 바란다.

그런데 구어에서는 관형사형 어미와 의존명사 '것'의 결합체인 '-(으)ㄴ 것, -(으)ㄹ 것, -다는 것' 등이 명사형 어미 '-(으)ㅁ, -기'를 대신하여 쓰이기도 한다. 그래서 [49]의 '포악함, 범인임, 없음, 무거워짐'은 각각 '포악한 것, 범인인 것, '없다는 것, 무거워지는 것'으로 바뀔 수 있고, [50]의 '사귀기, 이야기하기, 만나기'는 '사귀는 것, 이야기하는 것, '만날 것'으로 바뀔 수 있다.

② 관형사형 어미

관형사형 어미도 명사형 어미처럼 '-(으)ㄴ'과 '-(으)ㄹ'로 이원화되어 있다. '-(으)ㄴ' 앞에는 무표의 완결상 표지, 현재 비완결상 '-느-', 과거 비완결상 '-더-'가 올 수 있으나 '-(으)ㄹ' 앞에는 과거를 나타내는 '-었-'과 비과거를 나타내는 '-었-'의 부재형이 올 수 있다.

[51] 가. 철수가 만난(←만나+Ø+ㄴ) 사람
나. 철수가 만나는(←만나+느+ㄴ) 사람
다. 철수가 만나던(←만나+더+ㄴ) 사람
라. 철수가 만났을(←만나+았+을) 사람
마. 철수가 만날(←만나+Ø+ㄹ) 사람

관형사형 어미도 명사형 어미와 마찬가지로 '-(으)ㄴ'은 상황을 실제적인 것으로 기술하는 서실법 표지에 해당하고 '-(으)ㄹ'은 상황을 사고의 영역에 있는 것으로 기술하는 서상법 표지에 해당한다. 그래서 '-(으)ㄴ'와 '-(으)ㅁ'이 관련되고 '-(으)ㄹ'과 '-기'가 관련되어 있다. 예컨대 "전장에서 죽기를 각오하다."는 "전장에서 죽을 각오를 하다."로 바뀔 수 있는데, 이는 명사형 어미 '-기'가 관형사형 어미 '-(으)ㄹ'과 동일하게 서상법을 표시하기 때문이다.

관형사형 어미가 붙은 관형사절은 후행하는 명사와의 관계에 따라 관계 관형사절과 보문 관형사절로 나뉜다. 관계 관형사절(줄여서, 관계절)은 [52가]

에서 보듯이 꾸밈을 받는 명사가 관형사절 내의 생략된 성분과 일치하는 구문이고, 보문 관형사절(또는 명사구 보문)은 [52나]에서처럼 이러한 관계가 없이 관형사절이 꾸밈을 받는 명사의 의미를 보충하는 구문이다. 보문 관형사절은 관형사절의 내용이 후행하는 명사의 의미와 동일하기 때문에 동격 관형사절이라고도 불린다.

[52] 가. [어제 내가 ( )$_i$ 읽은] 책$_i$
나. [어제 비가 온] 사실

③ 부사형 어미

부사형 어미는 의존적인 절을 부사의 자격으로 주절에 연결하는 종속어미이다. 그런데 부사는 무엇을 수식하느냐에 따라 세 부류로 나뉘므로 부사형 어미가 붙은 부사절 역시 세 부류로 나눌 수 있다. 부사는 그 수식 영역에 따라 동사(형용사 포함) 수식 부사, 동사구 수식 부사, 문장 수식 부사로 나눌 수 있다. [53가]의 '잘'은 '키우-'를 수식하는 동사 수식 부사이고, [53나]의 '재빨리'는 '방문을 닫-'을 수식하는 동사구 수식 부사이며, [53다]의 '오히려'는 '상대방이 큰소리를 치-'를 수식하는 문장 수식 부사이다.

[53] 가. 그는 자식을 잘 키웠다.
나. 그는 재빨리 방문을 닫았다.
다. 오히려 상대방이 큰소리를 쳤다.

부사형 어미가 붙은 부사절도 부사와 마찬가지로 수식 영역에 따라 분류된다. [54가]에서 부사형 어미 '-게'가 결합한 부사절은 '생기-'라는 동사를 수식하고 있고, [54나]에서 '-려고' 부사절은 '기차를 타-'라는 동사구를 수식하고 있으며, [54다]의 '-어서' 부사절은 '벼농사가 흉작이-'라는 문장을 수식하고 있다.

[54] 가. 그 사람은 성격이 까다롭게 생겼다.
나. 김 선생은 고향에 가려고 기차를 탔다.
다. 극심한 가뭄이 들어서 벼농사가 흉작이다.

부사절이 동사를 수식할 때에는 [54가]의 '생기다'처럼 동사가 의미상 보충을 요구하는 것일 경우가 일반적이다. 그런데 보조동사나 보조형용사는 의미상 보충을 요구하는 전형적인 용언이다. 이런 점에서 [55]와 같은 보조용언 구성도 부사절이 동사를 수식하는 복문으로 볼 수 있으며, 이때 사용되는 어미 '-아/어, -게, -지, -고'도 부사형 어미라고 할 수 있다.

[55] 가. 철수가 빵을 다 먹어 버렸다.
나. 철수가 오늘부터 직장에 나가게 되었다.
다. 아이들이 책을 읽지 않는다.
라. 나는 고향에 가고 싶다.

부사형 어미는 그 수도 많을뿐더러 다양한 의미 관계를 표시한다. 부사형 어미가 나타내는 의미 관계는 크게 시간 관계, 인과 관계, 조건 관계, 양보 관계, 목적 관계로 나뉜다. 이에 따라 어미를 분류하면 다음과 같다.

[56] 가. 시간: -(으)며, -(으)면서, -아서/어서, -고서, -자마자, -다가
나. 인과: -어서/아서, -(으)니까, -(으)므로, -기에
다. 조건: -(으)면, -거든, -어야/아야, -던들
라. 양보: -지만, -어도/아도, -더라도, -(으)ㄴ들, -(으)ㄹ망정
마. 목적: -(으)러, -(으)려고, -고자, -게, -도록

시간 관계는 다시 동시 관계와 선후 관계로 나뉘는데, '-(으)며, -(으)면서'가 시간적 동시 관계를 나타내고 '-아서/어서, -고서, -자마자, -다가'가 시간적 선후 관계를 나타낸다. "우리는 커피를 마시며 대화를 하였다."가 전자의 예라면 "철수가 종이배를 접어서 강물에 띄웠다."는 후자의 예이다.

인과 관계는 종속절이 주절에 대해 원인이나 이유의 의미를 표시하는 경우이다. 원인은 특정한 결과에 책임이 있는 사건이나 상황을 가리키고 이유는 어떤 행위나 결정의 바탕이 되는 근거나 사실을 가리킨다. 예컨대 "올해는 극심한 가뭄이 들어서 산불이 자주 일어난다."에서 '-어서'는 원인의 의미 관계를 나타내고, "너는 형이니까 동생한테 양보해라."에서 '-(으)니까'는 이유의 의미 관계를 나타낸다. '-어서'는 원인을 표시하므로 가리키는 관계가 객관적인 것으로 간주됨이 일반적이나 '-(으)니까'는 이유를 표시하므로

가리키는 관계가 화자 나름의 주관적인 것으로 간주됨이 일반적이다.

조건 관계는 인과 관계가 약화된 경우라고 할 수 있다. 종속절과 주절 사이에 인과 관계가 단언되지 않고 가정될 뿐이기 때문이다. 그리고 양보 관계는 더 나아가 이러한 인과 관계가 부정되는 경우를 가리킨다. 예컨대 "비가 와서 길이 질다."가 인과 관계의 존재를 표시한다면, "비가 오면 길이 질다."는 그러한 인과 관계가 가정된 것임을 표시하고, "비가 와도 길이 질지 않다."는 그러한 인과 관계가 부정됨을 표시한다. 양보는 일반적으로 기대되는 관계가 부정됨을 의미한다.

조건과 양보는 또 다른 차이가 있다. 조건은 종속절과 주절이 모두 단언되지 않으나 양보는 최소한 주절이 단언되어야 한다. 예컨대 조건문 "날이 맑으면 소풍을 간다."는 '날이 맑음'과 '소풍을 감'을 모두 단언하지 않는다. 반면에 가상적 양보문 "날이 맑아도 소풍을 가지 않는다."는 주절인 '소풍을 가지 않음'을 단언하며, 사실적 양보문 "날이 맑지만 소풍을 가지 않는다."는 '날이 맑음'과 '소풍을 가지 않음'을 모두 단언한다.

목적의 관계는 이유의 관계와 비슷하되 그 방향이 반대이다. 즉 "철수가 열심히 공부하니까 시험에 합격했다."는 '-(으)니까'가 이유의 의미 관계를 표시하는데, 여기서 주절과 종속절이 바뀐 "철수가 시험에 합격하려고 열심히 공부했다."는 '-(으)려고'가 목적의 의미 관계를 표시한다. 이런 이유로 상당수 언어에서 동일한 문법 요소가 목적을 나타내기도 하고 이유를 나타내기도 한다.

목적의 의미는 결과의 의미와 밀접한 관련이 있다. 목적이란 의도한 결과라고 할 수 있기 때문이다. 다만, 목적은 종속절의 행위를 실현시킬 의도로 주절의 행위를 수행하는 의미 관계를 가리키므로 주절과 종속절의 서술어로 동사만 올 수 있으며 주절의 행위주와 종속절의 행위주가 동일하다는 특징이 있다. 반면에 결과는 의도한 사건과 상태를 포괄하므로 종속절의 서술어로 동사뿐만 아니라 형용사도 올 수 있고 주절의 주어와 종속절의 주어가 상이함이 일반적이다. 아래 [57]에서 '-(으)러, -(으)려고, -고자'는 목적을 표시하고 '-게, -도록'은 결과를 표시한다.

[57] 가. 그는 항상 점심을 먹으러 집에 간다.
나. 철수는 살을 빼려고 열심히 운동을 한다.
다. 학생들이 선생님의 말씀을 듣고자 찾아왔다.

라. 마을 사람들은 소방차가 지나가게 재빨리 길을 비켰다.
마. 선생님은 학생들이 이해하기 쉽도록 자세하게 강의하였다.

부사형 어미가 붙은 부사절은 병렬어미가 붙은 경우와 달리 여러 가지 통사적 제약이 있다. 이러한 제약은 수식 영역과도 관계가 있어 대체로 부사절의 수식 영역이 좁을수록 제약이 심하다. 부사절과 관련된 제약은 크게 주어와 관련된 제약, 시제와 관련된 제약, 문장 유형과 관련된 제약으로 나눌 수 있다.

앞서 언급한 바와 같이 일부 부사형 어미는 부사절의 주어와 주절의 주어가 항상 같아야 하는 제약이 있다. 예컨대 '-(으)려고'는 [58가]에서 보듯이 '만나-'의 주어와 '나가-'의 주어가 같아야 한다. 그런데 이러한 제약은 동일한 어미라 하더라도 그 의미 관계가 무엇이냐에 따라 다르다. [58나, 다]는 모두 어미 '-어서'가 쓰인 구성인데, 시간적 선후 관계를 나타낼 때는 [58나]처럼 종속절과 주절의 주어가 같아야 하나, [58다]처럼 인과의 의미 관계를 나타낼 때는 이러한 제약이 존재하지 않는다.

[58] 가. 철수는 애인을 만나려고 다방에 나갔다.
나. 인부들이 짐을 덜어서 다른 차에 실었다.
다. 내가 하도 전화를 걸어서 집주인이 내 목소리를 안다.

또 부사형 어미 중에서는 시제나 양태 어미에 제약이 있어 '-었-, -겠-'과 모두 결합하지 못하거나 '-겠-'과 결합하지 못하는 경우가 적지 않다. [59가]의 '-고서'는 '-었-, -겠-'과 결합하지 못하고, [59나, 나']의 '-다가'는 '-겠-'과 결합하지 못한다. 전자에 속하는 어미로는 목적의 '-(으)려고, -(으)러'와 시간의 '-자마자, -어서/아서' 등이 있고, 후자에 속하는 어미로는 결과의 '-게, 도록'과 양보의 '-(으)ㄴ들' 등이 있다.

[59] 가. 그는 장가를 가고서 사람이 달라졌다.
나. 철수는 10년 동안 과장이었다가 부장이 되었다.
나'. 아이는 공부를 하다가 잠이 들었다.

부사형 어미 중에는 주절의 문장 유형에 제약이 있는 경우가 있다. [60가]

의 '-거든'은 주절이 명령문이나 청유문이어야 하고, [60나, 다]의 '-어야, -려고'는 주절이 평서문이나 의문문이어야 한다.

[60] 가. 서울에 오거든 꼭 *연락한다/*연락하니?/연락하자/연락해라.
나. 겨울이 되어야 스키를 탄다/타니?/*타라/*타자.
다. 철수는 집을 마련하려고 열심히 저축을 한다/하니?/*해라/*하자.

앞서 명사절에 관해 설명하면서 명사형 어미 '-(으)-ㅁ, -기'가 관형사형 어미와 의존명사의 구성체인 '-(으)ㄴ 것, -(으)ㄹ 것, -다는 것'에 의해 대체되기도 함을 보았는데, 부사절의 경우도 사정이 비슷하다. 다음 [61]에서 '-기 때문에, -기 전에, -(으)ㄴ 후에, -(으)ㄹ 때'와 같이 일부 굳어진 의존명사 구성은 부사형 어미의 빈자리를 메우면서 자연스레 부사형 어미처럼 쓰이는 경향이 있다.

[61] 가. 철수는 일이 많기 때문에 시간을 낼 수 없었다.
나. 방학이 끝나기 전에 숙제를 다 끝내자.
다. 철수는 졸업한 후에 바로 취직을 하였다.
라. 한국에 여행 갔을 때 우연히 월드컵 경기를 보았다.

연습문제

1. 다음 중에서 매개모음어미가 아닌 것은?
   ① -면　　② -시-
   ③ -어　　④ -ㄴ

2. 연결어미를 병렬어미와 종속어미로 나눈다고 할 때 다음 중에서 밑줄 친 부분이 종속어미에 속하지 않는 것은?
   ① 농부들이 비가 오기를 기다린다.
   ② 바람이 불고 비가 온다.
   ③ 꽃 피는 봄이 왔다.
   ④ 비와 와서 길이 질다.

3. 한국어 종결어미의 기능에 대해 서술하라.

풀이

1. [③]. '-어'는 모음어미이다. '잡으면/오면', '잡으시다/오시다', '잡은/온'에서 보듯이 '-면, -시-, -ㄴ'은 모두 매개모음어미이다.
2. [②]. 연결어미는 병렬어미와 종속어미로 나뉘고, 종속어미는 다시 명사형 어미, 관형사형 어미, 부사형 어미로 나뉜다. '-기'는 명사형 어미, '-(으)ㄴ'은 관형사형 어미, '-아서'는 부사형 어미이다. ②의 '-고'는 선후행절이 대등한 지위에 있고 의미 차이 없이 서로 위치를 바꿀 수 있으므로 병렬어미에 해당한다.
3. 종결어미는 첫째, 문장의 끝을 표시하고 둘째, 문장의 종류를 표시하며 셋째, 청자에 대한 경어를 표시한다.

참고문헌

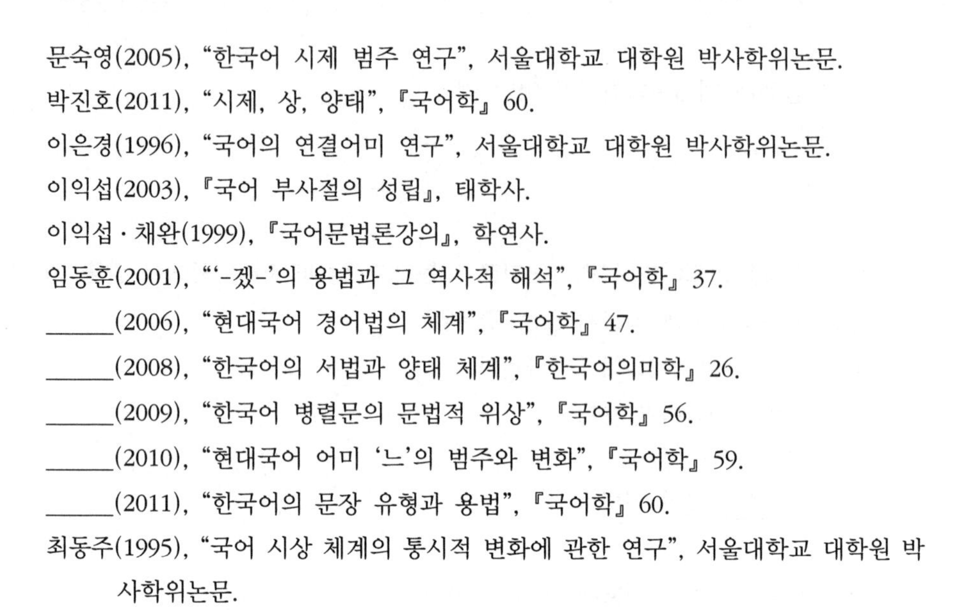

문숙영(2005), “한국어 시제 범주 연구”, 서울대학교 대학원 박사학위논문.

박진호(2011), “시제, 상, 양태”, 『국어학』 60.

이은경(1996), “국어의 연결어미 연구”, 서울대학교 대학원 박사학위논문.

이익섭(2003), 『국어 부사절의 성립』, 태학사.

이익섭 · 채완(1999), 『국어문법론강의』, 학연사.

임동훈(2001), “‘-겠-’의 용법과 그 역사적 해석”, 『국어학』 37.

_____(2006), “현대국어 경어법의 체계”, 『국어학』 47.

_____(2008), “한국어의 서법과 양태 체계”, 『한국어의미학』 26.

_____(2009), “한국어 병렬문의 문법적 위상”, 『국어학』 56.

_____(2010), “현대국어 어미 ‘느’의 범주와 변화”, 『국어학』 59.

_____(2011), “한국어의 문장 유형과 용법”, 『국어학』 60.

최동주(1995), “국어 시상 체계의 통시적 변화에 관한 연구”, 서울대학교 대학원 박사학위논문.

한동완(1991), “국어의 시제 연구”, 서강대학교 대학원 박사학위논문.

제 11 장

한국어 문장의 기본 구조와 확대

박동호

학습개요

이 장의 목적은 한국어 문장의 기본 구조와 확대에 대해 살펴보는 것이다. 보다 구체적으로 한국어 문장의 기본 어순과 기본 문형을 살펴보고, 나아가 이들이 어떻게 확대되는지를 알아보고자 한다. 문장은 주어와 서술어의 관계가 한 번만 이루어지는지, 두 번 이상 이루어지는지에 따라 각각 단문, 복문으로 나뉜다. 단문이 둘 이상 모여서 복문이 만들어지는데, 이를 확대라고 하며 확대의 방식에는 접속과 내포가 있다. 접속은 한 문장이 다른 문장과 대등하게 이어지는 것을 말하며, 이의 결과로 형성된 접속문은 나열, 동시, 대조, 순차, 이유 등의 다양한 관계를 나타낸다. 내포란 한 문장이 일정한 문장 성분의 구실을 하면서 다른 문장 속에 안기는 것을 말하는데, 내포절에는 명사절, 관형사절, 인용절, 서술절 등이 있다. 복문의 문장 구조를 이해하는 것은 한국어를 유창하게 구사하는 데 필수적이다.

한국어의 문장은 서술어를 중심으로 주어, 목적어, 보어 등이 모여서 이루어진다. 의사소통이 보통 문장 단위로 이루어지기 때문에 한국어의 문장이 어떻게 구성되는지, 가능한 문장의 유형이 무엇인지를 아는 것은 한국어교육에 있어 매우 중요하다.

1. 문장의 구조

1) 어순

한국어의 문장은 최소한 하나의 주어와 하나의 서술어로 구성되는데, 한국어에서는 일반적으로 주어가 서술어 앞에 온다. 다음 [1]의 예를 살펴보도록 하자.

[1] 가. 아이들이 운동장에서 논다.
나. 비가 아주 많이 온다.

[1가]에서는 주어 '아이들이'가 서술어 '논다' 앞에 왔다. [1나]의 경우도 마찬가지이다.

한국어의 목적어는 보통 주어 뒤에, 서술어 앞에 온다. 다음 예문 [2]를 보도록 하자.

[2] 가. 철수가 영희를 사랑한다.
나. 마쓰이가 한국어 교재를 샀다.

[2가]에서 목적어 '영희를'은 주어 '철수가' 뒤에, 서술어 '사랑한다'의 앞에 왔다. [2나]의 경우도 마찬가지이다.

한국어에는 격조사가 발달되어 있다. 격조사는 명사 구실을 하는 요소 뒤에 붙어 그 요소가 문장 내에서 하는 기능을 나타낸다. 다음 [3]의 예문을 살펴보도록 하자.

[3] 영희가 새 차를 샀다.

[3]에서 주격 조사 '가'는 '영희'가 주어임을, 목적격 조사 '를'은 '차'가 목적어임을 나타낸다. 이와 같이 한국어에서는 격조사를 통하여 명사가 문장 내에서 하는 기능이 드러난다. 따라서 주어나 목적어와 같은 문장 성분

은 그 위치가 바뀌어도 격조사를 통해 그 기능을 알 수 있으므로 비교적 그 위치 이동이 자유롭다. 이와 같은 점에서 볼 때, 한국어는 상대적으로 어순이 자유로운 언어이다.

[3]과 다음의 [4]를 비교해 보면 주어와 목적어의 어순이 바뀐 것을 알 수 있다.

[4] 새 차를 영희가 샀다.

[4]에서는 [3]에서와 달리 목적어가 문장의 맨 앞으로 이동했다. 이처럼 목적어와 주어의 위치가 바뀌어도 [3]과 [4]가 전달하는 기본적 의미에는 변함이 없다. 다만, [4]에는 [3]과 달리 목적어를 강조하는 문체적 의미가 첨가될 뿐이다. 이러한 방법 외에도 주어와 목적어는 강조의 효과를 나타내기 위해 다양한 위치로 이동될 수 있다.

한국어에서 서술어는 주어나 목적어와는 다르게 문장의 마지막에 놓이는 것이 보통이다.

[5] 가. 철수가 영화를 좋아한다.
나. 영화를 철수가 좋아한다.

[5]에서 서술어 '좋아한다'는 문장의 끝에 놓였다.

한국어는 어순상 다른 언어들과 비교해 볼 때 다음과 같은 특징들을 갖는다.

(1) 한국어에서는 수식어가 피수식어의 앞에 온다.

우선, 관형어의 기능을 하는 수식어가 피수식어 앞에서 수식하는 예를 보도록 하자. 다음 [6]의 예문들을 살펴보자.

[6] 가. 헌 옷
나. 내가 사랑한 스파이
다. 철수의 희망

[6]에서 수식어 '헌, 내가 사랑한, 철수의'가 각각 피수식어 '옷, 스파이,

희망' 앞에 왔다.

다음은 부사어의 기능을 하는 피수식어가 다른 성분을 수식하는 예들을 살펴보자. 다음 예문 [7]을 보도록 하자.

[7] 가. 밥을 빨리 먹어라.
나. 날씨가 무척 춥다.

[7]에서 수식어 '빨리'와 '무척'은 각각 피수식어 '먹어라'와 '춥다' 앞에 놓여 이들을 수식한다.

(2) 한국어에서는 영어나 프랑스어에서와는 달리 격을 나타내는 조사가 명사 뒤에 온다.

다음 예문 [8]을 보도록 하자.

[8] 예브게니아가 철수와 함께 도서관에서 공부한다.

[8]에서 확인할 수 있듯이 조사는 모두 명사 뒤에 왔다. 주격 조사 '가'는 '예브게니아' 뒤에, 영어의 'with'에 해당하는 조사인 '와'는 '철수' 뒤에, 장소와 함께 쓰이는 조사 '에서'는 '도서관' 뒤에 왔다.

(3) 한국어에서는 일반적으로 보조용언이 본용언 뒤에 온다.

다음 [9]의 예들을 살펴보도록 하자.

[9] 가. 파이잘은 설렁탕을 먹어 보았다.
나. 좀 천천히 읽어 주세요.

[9가]에서는 보조동사 '보다'가 본동사 '먹다' 뒤에, [9나]에서는 보조동사 '주다'가 본동사 '읽다' 뒤에 왔다.

2) 기본 문형

(1) 기본 문형의 구성

한국어의 기본 문형을 구성하는 주요 성분으로는 서술어, 주어, 목적어, 보어, 필수적 부사어가 있다. 가장 기본적인 문형은 '주어+서술어'인데, 어떤 서술어는 주어 외에 목적어, 보어, 필수적 부사어 등을 요구하기도 한다. 서술어는 기본적으로 문장의 마지막에 놓이므로 목적어와 보어, 필수적 부사어는 주어와 서술어 사이에 놓인다.

(2) 기본 문형의 유형

한국어의 기본 문형에는 다음 [10]과 같은 다섯 가지 유형이 있다.

[10] 가. 주어+서술어: 비가 온다.
나. 주어+필수적 부사어+서술어: 철수는 학교에 갔다.
다. 주어+목적어+서술어: 한국 사람은 축구를 좋아한다.
라. 주어+보어+서술어: 토시에는 한국어 교원이 되었다.
마. 주어+목적어+필수적 부사어+서술어: 그들은 나를 바보로 본다.

[10가]는 주어와 서술어로 이루어진 구성이며, [10나]는 [10가]의 구성에 필수적 부사어가 추가된 것이고, [10다]는 [10가]에 목적어가 추가된 것이다. [10라]는 [10가]에 보어가, [10마]는 [10가]에 목적어와 필수적 부사어가 추가된 것이다.

2. 문장의 확대

문장에는 주어와 서술어의 관계가 한 번만 이루어지는 단문(홑문장)과 두 번 이상 이루어지는 복문(겹문장)이 있다. 다음 [11]과 [12]의 예들을 살펴보기로 하자.

[11] 가. 철수는 영화를 좋아해요.
나. 영미는 예뻐요.

[12] 가. 철수는 놀고 영희는 공부한다.
나. 철수는 자기가 실수했음을 깨달았다.

[11]의 예문들은 주어와 서술어가 각각 하나인 단문이며, [12]의 예문들은 서술어가 두 개 사용된 복문이다. [12]와 같은 문장이 만들어지는 과정, 다시 말해 단문이 둘 이상 모여서 복문을 구성하는 것을 문장의 확대라고 한다.

문장의 확대는 두 가지 방식을 통해 이루어진다. 첫째는 [12가]에서와 같이 한 문장이 다른 문장과 나란히 이어지는 것이며, 둘째는 [12나]에서와 같이 한 문장이 다른 문장을 안는 것이다. 첫째 방식을 접속(이어짐, conjoining), 둘째 방식을 내포(안음, embedding)라고 한다.

1) 접속

접속이란 한 문장이 다른 문장과 대등하게 이어지는 것을 말한다.

(1) 접속문을 만드는 방법

영어나 프랑스어에서는 두 문장 이상을 연결하여 더 큰 문장을 만들 때 'and'나 'because'와 같은 접속사를 사용하나 한국어에서는 보통 연결어미를 사용한다. 다음 [13]의 예문을 살펴보도록 하자.

[13] 가. 비가 오고 바람이 분다.
나. 철수가 집에 돌아오지 않아서 우리는 걱정을 많이 했다.

[13가]에서는 연결어미 '-고'에 의해, [13나]에서는 '-아서/-어서'에 의해 두 문장이 연결되었는데, '-고'가 두 문장을 단순히 나열하는 반면 '-아서/-어서'는 앞뒤 문장을 '이유/원인'과 '결과'의 관계로 연결한다.

학자에 따라 [13나]의 '철수가 집에 돌아오지 않아서'(부사절)를 내포문으로 분석하기도 한다. 그러나 우리는 접속의 방법을 대등 접속과 종속 접속으로 나누는 학교문법의 입장을 받아들여 [13가]의 '비가 오고'를 대등 접속문,

[13나]의 '철수가 집에 돌아오지 않아서'를 종속 접속문으로 분석한다.

한국어에서 문장과 문장을 연결어미로 연결할 때 다음과 같은 유의할 점들이 있는데, 이들은 외국인에게 한국어를 교육하는 교사들이 잘 알아 두어야 한다.

① 문장을 연결하는 어미 중에는 시제를 나타내는 어미 뒤에 쓸 수 있는 것과 그렇지 못한 것이 있다.

다음 [14]의 예문들을 살펴보자.

[14] 가. 열심히 공부했지만 시험에 떨어졌어요.
나. *배가 고팠어서 밥을 많이 먹었어요.

[14가]에서는 '공부했지만'에서 확인할 수 있듯이 연결어미 '-지만' 앞에 과거를 나타내는 어미가 사용되었다. 반면, [14나]는 올바른 문장이 아닌데, 이는 '-아서/-어서' 앞에 과거를 나타내는 어미를 사용하여 만들어진 '고팠어서'가 비문법적인 형태이기 때문이다.

② 문장을 연결하는 어미 중에는 앞뒤 문장의 주어가 일치해야 하는 것과 그렇지 않은 것이 있다.

다음 [15]의 예문들을 살펴보도록 하자.

[15] 가. 철수는 야구를 좋아하지만 나는 축구를 좋아한다.
나. *나는 차를 마시면서 철수는 이야기를 했어요.

[15가]에서 확인할 수 있듯이 '-지만'과 같은 연결어미는 앞뒤 문장의 주어가 다를 때도 사용할 수 있다. 반면, '-으면서/-면서'와 같은 연결어미는 [15나]에서 확인할 수 있듯이 앞뒤 문장의 주어가 다르면 사용할 수 없다.

③ 문장을 연결하는 어미 중에는 동사, 형용사, '이다' 뒤에 다 사용될 수 있는 것과 그렇지 못한 것이 있다.

다음 [16]과 [17]의 예문들을 살펴보자.

[16] 가. 열심히 노력하면 성공할 수 있다.
나. 날씨가 좋으면 산책을 할 것이다.
다. 오늘이 노는 날이면 좋겠다.

[17] 가. 집에 가려고 기차표를 예약했어요.
나. *기분이 좋으려고 음악을 들어요.
다. *능력 있는 아버지이려고 노력했어요.

[16]에서 확인할 수 있듯이 '-으면/-면'과 같은 연결어미는 동사, 형용사, '이다' 뒤에 다 쓰일 수 있는 반면, '-으려고/-려고'는 [17]에서 볼 수 있듯이 동사 뒤에만 쓴다.

④ 문장을 연결하는 어미 중에는 모든 종류의 문장에 다 쓸 수 있는 것과 명령문이나 청유문 등에 쓸 수 없는 것이 있다.

다음 [18]을 보도록 하자.

[18] 가. 더우니까 창문을 열자/열어라.
나. *더워서 창문을 열자/열어라.

[18가]에서 '-으니까/-니까'는 명령문이나 청유문에 사용되었다. 반면, '-아서/-어서'는 [18나]에서 확인할 수 있듯이 명령문이나 청유문에 사용될 수 없다.

(2) 접속문의 종류

문장을 연결하는 어미에는 '-고, -아서/-어서, -으니까/-니까, -으며/-며, -으나/-나, -지만, -거나, -든지' 등이 있는데, 이들은 앞 문장의 서술어 어간 뒤에 붙어 다양한 종류의 접속문을 만든다.

① 나열문

'-고, -으며/-며' 등의 연결어미는 '나열'의 관계로 연결되는 문장을 만든다. '나열'이란 두 문장을 단순히 연결하는 것을 말한다. 다음 [19]의 예를 살펴보자.

[19] 가. 민호는 노래를 부르고 나는 춤을 췄다.
나. 나는 차를 마셨으며 영희는 커피를 마셨다.

[19]에서 사용된 연결어미들은 앞뒤의 문장을 동등하게 연결한다. 즉, 앞뒤 문장을 나열하는 구실을 한다. 이때 앞뒤 문장은 순서를 바꾸어도 그 기본적인 뜻이 변하지 않는다.

② 동시문

'-으며/-며, -으면서/-면서' 등의 연결어미는 '동시'의 관계로 연결되는 문장을 만든다. '동시'란 앞뒤 문장의 내용들이 같은 시간에 일어나는 것을 말한다. 다음 [20]의 예를 살펴보자.

[20] 가. 철수는 음악을 들으며 공부를 한다.
나. 우리는 텔레비전을 보면서 저녁을 먹었다.

[20가]에서는 '음악을 듣는 행위'와 '공부를 하는 행위'가 동시에 일어나며, [20나]에서도 '텔레비전을 보는 행위'와 '저녁을 먹는 행위'가 동시에 이루어진다.

③ 대립문

'-으나/-나, -지만' 등의 연결어미는 '대립'의 관계로 이어지는 문장을 만든다. '대립'이란 앞뒤 문장의 내용이 서로 대조되는 것을 말한다. 다음 [21]의 예들을 보도록 하자.

[21] 가. 청중은 많지 않았으나 토론은 진지하게 진행되었다.
나. 내가 사과했지만 철수는 받아들이지 않았다.

[21]에서 사용된 '-으나/-나, -지만'은 앞뒤 문장을 서로 대립적으로 연결한다. [21가]에서는 '청중이 많지 않았다.'는 사실과 '토론이 진지하게 진행되었다.'는 사실이 대립하고 있으며, [21나]에서는 '내가 사과했다.'는 사실과 '철수가 받아들이지 않았다.'는 사실이 대립하고 있다.

④ 순차문

'-고, -아서/-어서' 등의 연결어미는 '순차'의 관계로 이어지는 문장을 만든다. '순차'란 앞뒤 문장의 내용이 순서대로 일어나는 것을 말한다. 다음 [22]의 예들을 보도록 하자.

[22] 가. 손을 씻고 밥을 먹어라.
나. 철수는 옷을 벗어서 영희에게 주었다.

[22가]에서는 '손을 씻는 행위'가 '밥을 먹는 행위'보다 시간적으로 앞선다. [22나]에서도 '옷을 벗는 행위'가 '주는 행위'보다 시간적으로 앞선다.

⑤ 이유문/원인문

'-아서/-어서, -으니까/-니까, -으므로/-므로, -느라고' 등의 연결어미는 '이유/원인'과 '결과'의 관계로 이어지는 문장을 만든다. 다음 [23]의 예들을 살펴보도록 하자.

[23] 가. 너무 추워서 문을 닫았다.
나. 힘드니까 하소연을 하지.

[23가]에서는 '추운 것'이 '문을 닫는 것'의 이유가 되며, [23나]에서는 '힘든 것'이 '하소연을 하는 것'의 이유가 된다.

⑥ 가정문

'-아도/-어도, -더라도' 등의 연결어미는 '가정'의 관계로 연결되는 문장을 만든다. '가정'이란 앞으로 일어날 수 있는 일을 앞서서 추측하는 것을 말한다. 다음 [24]의 예들을 살펴보도록 하자.

[24] 가. 점수가 나빠도 실망하지 않을 거예요.
나. 비가 오더라도 떠납니다.

[24]에서 앞 문장은 모두 현재 일어나지 않은 일을 가정한 내용이며, 뒤 문장은 이 가정을 바탕으로 한 다음의 행위에 대한 것이다. [24가]에서 '점

수가 나쁜 것'은 현재의 사실이 아니라 앞으로 있을 수 있는 일이다. '실망하지 않는 것'은 앞의 가정을 바탕으로 하여 자신의 마음을 나타낸 것이다. [24나]에서도 '비가 오는 것'은 가정이며 '떠나는 것'은 가정에 바탕을 둔 계획이다.

⑦ 선택문

'-거나, -든지' 등의 연결어미는 '선택'의 관계로 이어지는 문장을 만든다. 다음 [25]의 예들을 살펴보도록 하자.

[25] 가. 어젯밤에 비가 오거나 눈이 온 것 같다.
나. 그곳에는 내가 가든지 네가 가야 한다.

[25가]는 '비 또는 눈이 온 것 같다.'는 뜻이며, [25나]는 '내가 가는 것과 네가 가는 것 중에서 선택하라.'는 뜻이다.

⑧ 조건문

'-으면/-면, -거든' 등의 연결어미는 '조건'의 관계로 이어지는 문장을 만든다. 다음 [26]의 예문을 살펴보도록 하자.

[26] 가. 철수가 오면 내게 전화해라.
나. 집에 일찍 들어오거든 청소 좀 해라.

[26]에서는 앞 문장의 내용이 이루어지지 않으면 뒤 문장의 내용도 이루어지지 않는다. [26가]는 '철수가 오지 않으면 나에게 전화하지 않아도 된다.'는 뜻이다. [26나]에서는 '집에 일찍 들어오는 것'이 '청소하는 것'의 조건이 된다.

⑨ 목적문

'-으러/-러, -으려고/-려고' 등의 연결어미는 '목적'의 관계로 이어지는 문장을 만든다. 다음 [27]의 예들을 살펴보도록 하자.

[27] 가. 철수는 공부를 하러 도서관에 갔다.

나. 살을 빼려고 식이요법을 하고 있어요.

[27]에서 앞 문장은 목적을 나타내고, 뒤 문장은 이 목적을 이루기 위한 행위를 나타낸다. [27가]에서는 '공부를 하는 것'이 목적이며 '도서관에 가는 것'은 이 목적을 이루기 위한 행위이다. [27나]에서는 '살을 빼는 것'이 목적이며 '식이요법을 하는 것'은 이를 이루기 위한 행위이다.

⑩ 상황 제시문

'-ㄴ데/-는데/-은데, -으니/-니' 등의 연결어미는 '상황 제시'의 관계로 이어지는 문장을 만든다. '상황 제시'란 뒤 문장의 내용을 설명하거나 묻거나 시키거나 제안하기 위해 관련되는 상황을 앞 문장에서 미리 제시하는 것을 말한다. 다음 [28]의 예들을 살펴보도록 하자.

[28] 가. 눈이 온다는데 어떻게 하지요?
나. 집에 와 보니 아무도 없었어.

[28]에서 앞 문장들은 뒤 문장들의 상황을 제시하고 있다. [28가]에서는 '어떻게 하지요?'라고 물어야 하는 상황이 앞 문장 '눈이 오는 것'으로 제시되어 있다. [28나]에서 '-으니/-니'는 앞 문장의 내용이 진행된 결과, 뒤 문장의 내용도 그러하다는 것을 나타낸다. 즉, '집에 온' 결과로 '아무도 없다'는 사실을 알게 되었다는 것이다.

2) 내포

내포란 한 문장이 일정한 문장 성분의 구실을 하면서 다른 문장 속에 안기는 것을 말한다. 다음 [29]의 예문을 살펴보도록 하자.

[29] 가. 우리는 민우가 시험에 합격하기를 바란다.
나. 우리는 합격을 바란다.
다. 민우가 시험에 합격한다.

예문 [29가]는 [29다]의 문장이 [29나]의 문장 속에 '합격'을 대신하여 내포된 문장이다. [29가]의 '민우가 시험에 합격하기'와 같은 문장을 내포문이라고 하는데, 이 내포문은 문장 속에서 절(clause)을 구성하며 그 절은 통사적 특징에 따라 명사절, 관형사절, 인용절, 서술절로 나뉜다.

예문 [29가]에서 '우리는 바란다'를 상위문, '민우가 시험에 합격하기'를 하위문이라고 한다. 상위문 대신에 '안은 문장', 하위문 대신에 '안긴 문장'이란 용어를 쓰기도 한다.

(1) 명사절 내포

① 명사절

명사절이란 명사의 역할을 하는 절을 말하는데, 이 절이 상위문에 안기는 것을 명사절 내포라고 한다. 다음 예들을 살펴보도록 하자.

[30] 가. 철수의 진술이 사실임이 밝혀졌다.
나. 우리는 날씨가 좋아지기를 기다렸다.
다. 우리는 그가 우리에게 친절하게 대해 준 것에 감사했다.
라. 우리가 놀란 것은 그가 일등을 했다는 것이다.

[30가]의 '철수의 진술이 사실임'과 [30나]의 '날씨가 좋아지기'는 명사절인데, 전체 문장에 안겨 각각 주어와 목적어로 쓰였다. [30다]의 '그가 우리에게 친절하게 대해 준 것'도 명사절인데, 전체 문장에 안겨 필수적 부사어로 사용되었다. [30라]의 '우리가 놀란 것'과 '그가 일등을 했다는 것' 역시 명사절인데, 전자는 전체 문장의 주어로, 후자는 '명사절+이다' 연쇄를 구성하여 전체 문장의 서술어로 쓰였다.

② 명사절의 표지

'-ㅁ/-음'과 '-기'가 명사절을 만드는 대표적 표지이다. 이 밖에 의존명사 '것'이 쓰인 '-는 것'과 '것' 등이 있다.

가. '-ㅁ/-음'과 '-기'

상위문 서술어가 '-ㅁ/-음'과 '-기' 중에서 어떤 것을 선택하느냐를 결정한다. 다음 예문을 살펴보도록 하자.

[31] 가. 철수는 {자신이 실수했음을/*자신이 실수했기를} 깨달았다.
나. {영희가 귀가했음이/*영희가 귀가했기가} 확실하다.

[32] 가. 나는 {민우가 성공하기를/*민우가 성공함을} 바란다.
나. 나는 {한국어 공부하기가/*한국어 공부함이} 쉽다.

[31가]와 [31나]는 '깨닫다'와 '확실하다'가 각각 '-ㅁ/-음'은 취하나 '-기'는 취하지 못함을 보여 준다. 반면, [32가]와 [32나]는 '바라다'와 '쉽다'가 각각 '-기'는 취하나 '-ㅁ/-음'은 취하지 못함을 보여 준다.

'-ㅁ/-음' 형태의 명사절을 취하는 용언에는 '알다, 모르다, 깨닫다, 느끼다, 기억하다, 드러나다, 확실하다' 등이 있으며, '-기' 형태의 명사절을 취하는 용언에는 '바라다, 원하다, 희망하다, 쉽다' 등이 있다.

나. '것'

'것'으로 구성되는 명사절 형태에는 '-는 것'과 '것'이 있다. 다음 [33]의 예문들을 살펴보도록 하자.

[33] 가. 우리는 영희가 거짓말을 했다는 것을 알고 있다.
나. 민우는 영희가 그를 도와줄 것을 기대했다.

[33가]의 명사절 '영희가 거짓말을 했다는 것'은 서술어가 종결어미 '-다'로 끝난 문장 '영희가 거짓말을 했다' 뒤에 '-는 것'이 붙어 이루어진 것이며, [33나]의 명사절 '영희가 그를 도와줄 것'은 서술어가 관형사형으로 끝난 문장 '영희가 그를 도와줄' 뒤에 '것'이 붙어 이루어진 것이다.

서술어 중에는 두 유형의 '것' 명사절을 모두 취하는 것과 그렇지 못한 것이 있다. 다음 예문 [34]를 보도록 하자.

[34] 가. 영희는 {자신이 실수했다는 것을/자신이 실수한 것을} 깨달았다.
나. 나는 {철수가 *성공한다는 것을/철수가 성공하는 것을} 바란다.

[34가]에서 확인할 수 있듯이 '깨닫다'는 두 유형의 '것' 명사절을 모두 취하나, [34나]의 '바라다'는 하나의 유형만을 취한다.

한편, '-ㅁ/-음'이나 '-기' 명사절은 대부분 '것' 명사절로 바꿔 쓸 수 있다. 다음 예문을 보도록 하자.

[35] 가. 철수는 {자신이 실수했다는 것을/자신이 실수한 것을} 깨달았다.
나. 영희가 {귀가했다는 것이/귀가한 것이} 확실하다.

[36] 가. 나는 민우가 성공하는 것을 바란다.
나. 나는 한국어 공부하는 것이 쉽다.

[35]와 [36]은 각각 [31]과 [32]의 '-ㅁ/-음'이나 '-기' 명사절을 '것' 명사절로 바꿔 쓴 것이다.

(2) 관형사절 내포

① 관형사절

관형사절이란 관형사와 같이 체언 앞에서 체언을 꾸미는 역할을 하는 절을 말한다. 관형사절 내포란 하위문인 관형사절이 상위문에 안기는 것을 말한다. 다음 [37]의 예들을 살펴보도록 하자.

[37] 가. 마쓰이는 한국어를 열심히 배우는 학생이다.
나. 영희는 자기가 실수했다는 생각이 들었다.

[37가]의 '한국어를 열심히 배우는'과 [37나]의 '자기가 실수했다는'은 각각 뒤에 오는 명사 '학생'과 '생각'을 수식하는데, 이들을 관형사절이라고 부른다. 이와 같이 관형사절이 상위문에 안기는 것을 관형사절 내포라고 한다.

② 관형사절의 표지

관형사절의 표지에는 문장의 서술어 어간 뒤에 붙는 '-는, -은/-ㄴ, -을/-ㄹ, -던'과 문장의 서술어 종결어미 '-다' 뒤에 붙는 '-는'이 있다. 다음 [38]~[42]의 예들을 보도록 하자.

[38] 가. 네가 지금 만나는 사람은 누구냐?
나. 방 안에 있는 사람이 누구냐?

다. 우리 집에는 없는 물건이 없다.

[39] 가. 네가 어제 만난 사람은 누구냐?
나. 오늘은 산책하기에 좋은 날씨다.
다. 부자인 사람이 왜 저렇게 인색한지 모르겠다.

[40] 가. 네가 내일 만날 사람은 누구냐?
나. 오늘은 무척 더울 것이다.
다. 그는 오늘 집에 있을 계획이다.
라. 시간이 없을 때를 대비해서 미리 준비하렴.
마. 그의 직업은 아마 의사일 것이다.

[41] 가. 네가 만나던 사람이 누구냐?
나. 그렇게 예쁘던 영희가 이렇게 늙었어?
다. 그 집에 있던 사람이 바로 나다.
라. 영희에게 전혀 관심이 없던 철수가 웬 일이니?
마. 부자이던 철수가 사업에 실패해서 거지가 되었다.

[42] 가. 철수가 합격했다는 사실은 분명하다.
나. 철수는 지금 서울이 무척 춥다는 말을 들었다.
다. 기영이가 사기꾼이라는 소문이 사실이냐?
라. 영수가 미국에 있다는 사실을 너는 아니?

[38]에서 확인할 수 있듯이 '-는'은 동사의 어간이나 '있-, 없-' 뒤에 붙어 현재를 나타내는 관형사형 어미이다. 한편, [39]에서 알 수 있듯이 '-은/-ㄴ'은 동사의 어간 뒤에 붙어 과거를 나타내거나 형용사의 어간이나 '이-' 뒤에 붙어 현재를 나타내는 관형사형 어미이다. [40]의 '-을/-ㄹ'은 동사나 형용사의 어간이나 '있-, 없-', '이-' 뒤에 붙어 미래를 나타내는 관형사형 어미인데 [40나]와 [40마]에서 확인할 수 있듯이 추측을 나타내기도 한다. [41]의 '-던'은 동사나 형용사의 어간이나 '있-, 없-', '이-' 뒤에 붙어 과거를 나타내는 관형사형 어미이다. [42]의 '-는'은 문장의 서술어 종결어미 '-다' 뒤에 붙는 관형사형 어미이다.

③ 관형사절의 종류

가. 관계 관형사절과 동격 관형사절

관형사절에는 관계 관형사절과 동격 관형사절이 있다. 후자가 문장의 모든 성분을 다 갖추고 있는 반면 전자는 그렇지 못하다는 점에서 두 관형사절은 구별된다. 다음 [43]의 예를 살펴보도록 하자.

[43] 가. [철수가 어제 만난] 영희는 철수의 어릴 적 친구다.
나. 우리는 [철수가 어제 영희를 만난] 사실을 안다.

[43가]의 괄호 친 부분이 관계 관형사절이고 [43나]의 괄호 친 부분이 동격 관형사절인데, 이들은 문장 성분의 실현 방식에서 차이를 보인다. [43가]의 관형사절 [철수가 어제 만난]에는 목적어 [영희를]이 빠져 있는데, 그 이유는 '영희'가 수식을 받는 명사와 동일하기 때문이다. 반면, [43나]의 관형사절 [철수가 어제 영희를 만난]에서는 목적어 '영희를'이 쓰였는데, 그 이유는 '영희'가 수식을 받는 명사인 '사실'과 동일하지 않기 때문이다.

한편, 관계 관형사절을 취하는 명사에는 제약이 없으나 동격 관형사절을 취하는 명사에는 제약이 있다.

나. 긴 관형사절과 짧은 관형사절

관형사절은 종결어미의 유무에 따라 긴 관형사절과 짧은 관형사절로 나뉜다. 다음 [44]와 [45]의 예를 살펴보도록 하자.

[44] 가. [네가 만날] 사람이 누구냐?
나. 나는 [그를 만난] 기억이 없다.

[45] 가. [네가 만났다는] 사람이 누구냐?
나. 철수는 [영희가 귀국했다는] 소문을 들었다.

[44]의 관형사절은 동사의 어간 뒤에 각각 관형사형 어미 '-ㄹ'과 '-ㄴ'이 붙어 만들어진 반면, [45]의 관형사절은 종결어미 뒤에 '-는'이 붙어 만들어졌다. 우리는 전자를 짧은 관형사절, 후자를 긴 관형사절이라고 한다. 긴 관형사절인 [45가]의 '네가 만났다는'은 '네가 만났다고 하는'에서 '-고 하'가

빠진 것으로 분석된다. 이는 [45나]의 경우에도 마찬가지이다.

관계 관형사절은 수식받는 명사의 종류에 관계 없이 긴 관형사절과 짧은 관형사절 형태 모두를 띨 수 있다. 반면, 동격 관형사절이 긴 관형사절이 되느냐 짧은 관형사절이 되느냐는 수식을 받는 명사가 결정한다. 예를 들어 '사실'과 같은 명사는 긴 관형사절과 짧은 관형사절을 다 취하는 반면, '가능성, 까닭' 등과 의존명사 '줄, 바' 등은 짧은 관형사절만을, '소문, 소식' 등은 긴 관형사절만을 취한다.

(3) 인용절 내포

① 인용절

인용절이란 남의 말이나 글, 생각, 판단 등을 나타내는 절이다. 인용절 내포란 하위문인 인용절이 상위문에 안기는 것을 말한다. 다음 [46]의 예들을 살펴보도록 하자.

[46] 가. 마쓰이가 "아, 오늘은 날씨가 좋구나."라고 말했다.
나. 철수는 나에게 어제 영희를 만났다고 말했다.

[46가]의 '아, 오늘은 날씨가 좋구나.'와 [46나]의 '어제 영희를 만났다.'는 다른 사람의 말을 따온 것인데, 우리는 이들을 인용절이라고 부른다. 이와 같이 인용절이 상위문에 안기는 것을 인용절 내포라고 한다.

② 인용절의 표지

인용절을 만드는 표지에는 '라고'와 '고'가 있다. 다음 [47]의 예들을 보도록 하자.

[47] 가. 철수가 "비가 오는구나."라고 말했다.
나. 영수는 나에게 내일 돌아오겠다고 말했다.

[47가]의 '비가 오는구나.'는 직접 인용절인데, 직접 인용절 뒤에는 '라고'가 쓰인다. [47나]의 '내일 돌아오겠다.'는 간접 인용절인데 이 뒤에는 '고'가 쓰인다.

③ 인용절의 종류

인용절은 남의 말이나 글, 생각, 판단 등을 그대로 따오느냐, 말하는 사람의 관점에 따라 옮기느냐에 따라 직접 인용절과 간접 인용절로 나뉜다.

가. 직접 인용절

직접 인용절이란 남의 말이나 글, 생각, 판단 등을 그대로 따온 절을 말한다. 다음 [48]의 예를 살펴보기로 하자.

[48] 가. 영희가 "아, 가을이 왔구나."라고 말했다.
　　나. 철수는 "이해할 수 없어."라고 말했다.

[48]의 따옴표 안의 부분이 직접 인용절인데, 확인할 수 있듯이 직접 인용절 뒤에는 '라고'가 붙는다.

직접 인용절의 상위문 서술어로는 '말하다' 외에 다양한 동사들이 쓰인다. 다음 [49]의 예를 살펴보기로 하자.

[49] 가. 선생님께서 나에게 "한국어가 어려워요?"라고 물었다.
　　나. 영희는 벽에 "철수는 바보다."라고 썼다.
　　다. 영미가 "오늘은 정말 피곤해."라고 했다.
　　라. 나는 '곧 수업이 끝나겠지.'라고 생각했다.

[49가]에는 직접 인용절의 상위문 동사로 '묻다'가, [49나]에는 '쓰다'가 사용되었다. [49다]에서와 같이 '하다'가 사용되기도 하며, [49라]에서와 같이 자신의 생각이나 판단을 인용할 때는 '생각하다'와 같은 동사가 사용되기도 한다.

한편, 직접 인용절 뒤에는 '하고'가 쓰이기도 한다. 다음 [50]의 예를 살펴보자.

[50] 가. 철수가 "모두 조용히 해." 하고 외쳤다.
　　나. 모든 사람들이 "살려 주세요." 하고 애원했다.

[50]의 '하고'는 동사의 어간 '하-'뒤에 어미 '-고'가 붙은 형태로 아직 조

사의 지위를 완전히 확보하지 못해서 '라고'와는 달리 직접 인용절과 띄어 쓴다. '하고'와 함께 쓰인 직접 인용절은 억양까지 그대로 인용되는 특징을 갖는다.

나. 간접 인용절

간접 인용절이란 남의 말이나 글, 생각이나 판단 등을 말하는 사람의 관점에서 옮긴 절을 말한다. 다음 [51]의 예를 살펴보기로 하자.

[51] 가. 나는 영희로부터 [철수의 아버님이 돌아가셨다]고 들었다.
　　나. 그는 나에게 [도와주겠다]고 말했다.

[51]의 괄호 친 부분이 간접 인용절인데, 간접 인용절 뒤에는 '고'가 붙는다.

한편, 간접 인용절에서는 상대존대법이 실현되지 않는다. 다음 [52]의 예를 보도록 하자.

[52] 가. 영희는 선생님께 "제가 잘못했습니다."라고 말했다.
　　나. 영희는 선생님께 자기가 잘못했다고 말했다.

[52가]와 [52나]를 비교해 보면 알 수 있듯이 [52나]에서는 상대존대법이 실현되지 않아 종결어미가 중립적인 '-다'가 쓰였다.

간접 인용절에서는 인칭대명사가 바뀌는데, 이는 간접 인용절이 말하는 사람의 관점에서 기술되기 때문이다. 다음 [53]의 예를 보도록 하자.

[53] 가. 나는 영미에게 "너를 사랑해."라고 말했다.
　　나. 나는 영미에게 그녀를 사랑한다고 말했다.

[53가]의 '너'가 [53나]에서는 '그녀'로 바뀌었다.

간접 인용절은 문의 종류에 따라 다음과 같이 나눌 수 있는데, 문의 종류는 종결어미의 차이에 의해 드러난다.

가) 평서문: 평서문 간접 인용절에는 평서형 종결어미 '-다'나 '-라'가 나타난다. 다음 [54]의 예를 살펴보도록 하자.

[54] 가. 나는 미연이에게 사랑한다고 말했다.
나. 철수는 나에게 영희가 예쁘다고 말했다.
다. 철수는 영희에게 자기가 선생이라고 말했다.

[54]에서 확인할 수 있듯이 동사나 형용사의 어간 뒤에는 '-다'가 나타나고, '이-' 뒤에는 '-라'가 나타난다.

나) 의문문: 의문문 간접 인용절에는 종결어미 '-느냐, -으냐/-냐'가 나타난다. 다음 [55]의 예를 살펴보도록 하자.

[55] 가. 철수는 영희에게 민우를 사랑하느냐고 물었다.
나. 민우는 나에게 아프냐고 물었다.
다. 철수는 나에게 미국 사람이냐고 물었다.

[55]에서 확인할 수 있듯이 동사 어간 뒤에는 '-느냐', 형용사 어간 뒤에는 -으냐/-냐'가 나타난다. '이-' 뒤에는 '-냐'가 나타난다.

다) 명령문: 명령문 간접 인용절에는 명령형 종결어미 '-으라/-라'가 나타난다. 다음 [56]의 예를 살펴보도록 하자.

[56] 가. 철수는 나에게 창문을 닫으라고 말했다.
나. 선생님께서는 우리들에게 집에 가라고 말씀하셨다.
다. 철수는 영희에게 떠들지 말라고 말했다.

[56가]와 [56나]에서 확인할 수 있듯이 '-으라'는 자음으로 끝나는 동사의 어간 뒤에, '-라'는 모음으로 끝나는 동사의 어간 뒤에 쓰인다. 한편, [56다]에서와 같이 부정 명령문에서는 '-지 말라'가 쓰인다.

라) 청유문: 청유문 간접 인용절에는 청유형 종결어미 '-자'가 나타난다.

다음 [57]의 예를 살펴보도록 하자.

[57] 철수는 나에게 같이 가자고 말했다.

(4) 서술절 내포

서술절이란 서술어처럼 쓰이는 절을 말하는데, 이 절이 서술어의 역할을 하면서 상위문에 안기는 것을 서술절 내포라고 한다. 다음 [58]의 예들을 살펴보도록 하자.

[58] 가. 철수가 [키가 크다].
나. 이 집이 [음식이 맛있다].

[58]의 괄호 친 부분이 서술절인데, 이 서술절은 하나의 문장이다. 서술절을 포함하는 전체 문장에는 주어가 두 개 존재하는데, 따라서 이 전체 문장을 이중주어문이라고 부르기도 한다.

이 전체 문장의 두 주어는 일정한 의미 관계를 맺는 경우가 많다. 즉 [58]의 예문은 다음 [59]의 예문과 의미 해석상 밀접한 연관을 갖는다.

[59] 가. 철수의 키가 크다.
나. 이 집의 음식이 맛있다.

연습문제

1. 한국어의 어순상의 특징을 설명하라.

2. 한국어의 기본 문형을 제시하고 그 예를 들어 보라.

3. 문장의 확대 방식을 설명하라.

4. 종속 접속문을 예를 들면서 설명하라.

5. 접속문이 포함되지 않은 것은?
   ① 민호는 도서관에 남고 나는 집으로 돌아갔다.
   ② 나는 차를 마셨으며 영희는 커피를 마셨다.
   ③ 청중은 많지 않았으나 토론은 진지하게 진행되었다.
   ④ 나는 철수가 성공하기를 바란다.

6. 잘못된 문장은?
   ① 열심히 공부했지만 시험에 떨어졌어요.
   ② 철수는 야구를 좋아하지만 나는 축구를 좋아한다.
   ③ 날씨가 좋으면 산책을 하려고 한다.
   ④ 더워서 창문을 열어라.

7. 명사절 내포문이 포함되지 않은 것은?
   ① 철수의 진술이 사실임이 밝혀졌다.
   ② 우리는 날씨가 좋아지기를 기다렸다.
   ③ 마쓰이는 한국어를 열심히 배우는 학생이다.
   ④ 영희는 자신이 실수했음을 깨달았다.

풀이

1. 한국어의 어순상의 특징은 다음과 같다. 1) 수식어가 피수식어의 앞에 온다. 2) 격을 나타내는 조사가 명사 뒤에 온다. 3) 보조용언이 본용언 뒤에 온다.
2. 한국어의 기본 문형 다섯 개와 각각에 해당하는 예들은 다음과 같다.
   1) 주어+서술어: 비가 온다.
   2) 주어+필수적 부사어+서술어: 철수는 학교에 갔다.
   3) 주어+목적어+서술어: 한국 사람은 축구를 좋아한다.
   4) 주어+보어+서술어: 토시에는 한국어 교원이 되었다.
   5) 주어+목적어+필수적 부사어+서술어: 그들은 나를 바보로 본다.
3. 문장의 확대는 두 가지 방식을 통해 이루어진다. 첫째는 한 문장이 다른 문장과 나란히 이어지는 것이며, 둘째는 한 문장이 다른 문장을 안는 것이다. 첫째 방식을 접속(이어짐, conjoining), 둘째 방식을 내포(안음, embedding)라고 한다.
4. 앞 문장과 뒤 문장이 단순히 연결된 것이 아니라 앞 문장이 뒤 문장의 '원인/이유', '조건' 등을 구성할 때 이 앞 문장을 종속 접속문이라고 한다. 다음 문장에서 '철수가 집에 돌아오지 않아서'가 종속 접속문이다.

철수가 집에 돌아오지 않아서 우리는 걱정을 많이 했다.

   위의 문장에서 앞 문장이 뒤 문장의 '원인/이유'가 된다. 학자에 따라 이 앞 문장을 (부사절) 내포문으로 분석하기도 한다.
5. [④]. ①, ②, ③의 앞 문장은 뒤 문장과 대등한 지위를 가지고 연결된 접속문이다. 반면 ④는 내포문을 포함하고 있다. 즉 ④의 경우, '철수가 성공하기'라는 문장이 더 큰 문장인 '나는 바란다'의 한 성분으로 들어간 것이다.
6. [④]. ④ 아서/-어서'의 경우에는 '-으니까/-니까'와 달리 명령문이 뒤 문장에 올 수 없다.
7. [③]. ①의 '철수의 진술이 사실임', ②의 '날씨가 좋아지기', ④의 '자신이 실수했음'은 명사절 내포문으로 전체 문장에 안겨 주어나 목적어로 쓰였다. 반면, ③의 '한국어를 열심히 배우는'은 관형사절로 뒤에 오는 '학생'을 수식한다.

참고문헌

국립국어원(2005), 『외국인을 위한 한국어문법 1』, 커뮤니케이션북스.
권재일(1985), 『국어의 복합문 구성 연구』, 집문당.
______(1988), “국어의 내포문”, 『국어생활』 12, 국어연구소.
김영희(1987), “국어의 접속문”, 『국어생활』 11, 국어연구소.
남기심(1986), “서술절의 설정은 타당한가?”, 『국어학신연구』 1, 탑출판사.
남기심 · 고영근(1985), 『표준국어 문법론』, 탑출판사.
남기심 · 이상억 · 홍재성 외(1999), 『외국인을 위한 한국어교육의 방법과 실제』, 한국방송통신대학교출판부.
민현식(1990), “명사화”, 『국어 연구 어디까지 왔나』, 동아출판사.
우형식(1996a), “국어에서의 보충어 범위”, 『배달말』 21, 배달말학회.
______(1996b), 『국어 타동구문 연구』, 박이정.
______(2003), 『학습 활동을 겸한 한국어 문법론』, PUFS.
유현경(1986), “국어 접속문의 통사적 특질에 대하여”, 『한글』 191, 한글학회.
______(1994), “논항과 부가어”, 『우리말연구』 1, 우리말학회.
이은경(1991), 『국어의 접속문 구성 연구』, 탑출판사.
______(2000), 『국어의 연결 어미 연구』, 태학사.
이익섭 · 이상억 · 채완(1997), 『한국의 언어』, 신구문화사.
이현희(1990), “보문화”, 『국어 연구 어디까지 왔나』, 동아출판사.
이홍식(2000), 『국어 문장의 주성분 연구』, 월인.
최호철(1995), “국어의 보어에 대하여”, 『한국어학』 2, 한국어학회.
허용 · 강현화 · 고명균 외(2005), 『외국어로서의 한국어교육학 개론』, 박이정.
홍재성(1987), 『현대 한국어 동사구문 연구』, 탑출판사.

제12장

한국어의 역사

이호권

학습개요

한국어는 그 계통이 분명히 밝혀져 있지 않으나, 알타이어족에 속할 개연성이 가장 크다. 알타이어족에 속하는 다른 언어들이 분화되기 이전에 한국어의 조상이 되는 언어가 먼저 갈라져 나왔을 것으로 추정된다. 한국어의 역사는 삼국시대 이후 지금까지 네 개의 시대로 구분된다. 고대 한국어는 언어 자료의 부족으로 그 모습을 정확히 알기 어렵다. 음운, 문법, 어휘 등의 온전한 모습이 잘 드러나는 것은 중세 한국어 시기의 한글 창제 이후이다. 이 시기의 한국어는 크게 보면 현대 한국어와 같은 틀이지만, 일부 언어 현상에 있어서 다른 모습도 많이 보여 준다. 근대 한국어 시기에 들어와 음운, 문법, 어휘에 걸쳐 여러 가지 변화가 일어나 현대 한국어의 모습에 보다 가까워졌다.

1. 한국어사 지식의 필요성

언어는 시간의 흐름에 따라 변화한다. 한국어도 예외일 수 없다. 현재 한민족이 사용하고 있는 한국어는 과거의 한국어가 변화한 결과이기도 하지만, 앞으로 또 끊임없이 변화할 미래의 한국어의 모태이기도 하다. 한국어가 지금까지 변천해 온 역사를 한국어의 역사, 곧 한국어사라고 부른다.

한국어를 외국어로서 배우려고 하는 학생이나 가르치고자 하는 교사에게 있어 한국어의 역사에 대한 것은 별로 소용이 없다고 생각할 수도 있다. 현재 사용되고 있는 한국어의 음운, 문법, 어휘에 대한 학습이 급선무이기 때문일 것이다. 그러나 외국인에게 한국어를 가르치는 한국어 교사로서는 한국어의 역사를 가르칠 필요는 없다손 치더라도, 한국어사에 대한 기초적 지식은 매우 유용할 것이다.

한국어의 뿌리를 밝히는 한국어 계통론에 대한 지식은 한국어와 유사한 계통의 언어를 모어(母語)로 하는 외국인과 그렇지 않은 외국인에게 각기 적합한 효과적인 학습 방법을 적용할 수 있을 것이고, 특히 한국어의 역사에 대한 이해는 현대 한국어에 대한 정확한 이해와 교육에 큰 도움이 될 수 있다. 한 예로, 현재의 한국어에 존재하는 수많은 불규칙적인 언어 현상들에 대하여 한국어사를 전혀 모르는 교사는 무조건 암기만을 강조하겠지만, 한국어사를 학습한 교사는 그러한 불규칙적 현상이 한국어에서 과거에 일어난 역사적 변화의 결과임을 알 것이므로, 그에 따른 적절한 교육 방법을 찾을 수 있을 것이다. 한국어를 배우고자 하는 외국인이 한국어의 역사를 모두 알 필요는 없겠지만, 유능한 한국어 교사라면 한국어의 역사에 대하여 어느 정도의 지식을 갖출 필요가 있다.

여기에서는 한국어의 뿌리와 역사와 관련된 모든 사실들을 다 다루지는 않는다. 세세한 사항의 나열은 오히려 혼란만 일으킬 수도 있다. 따라서 과거의 한국어와 관련된 사실 가운데 현재의 한국어를 이해하고 가르치는 데 도움이 될 만한 사항들을 중심으로 살펴보기로 한다.

2. 한국어의 계통

1) 언어의 계통적 분류와 한국어

현재 지구상에는 수천 종의 언어가 사용되고 있다. 이들 여러 언어 가운데는 서로 비슷한 것도 있고 전혀 다른 것도 있다. 우리가 외국어를 배울 때 어떤 언어는 비교적 쉽게 배울 수 있는 데 비해, 어떤 언어는 많은 노력을 기울이고도 쉽사리 익숙해지지 않는 경우가 있다. 이는 자신이 사용하는 모어와 배우고자 하는 언어가 얼마만큼의 유사성을 가지느냐 하는 데서 비롯되는 문제라고 할 수 있다.

언어 간의 유사성을 바탕으로 지구상의 언어는 몇 개의 그룹으로 나뉠 수 있다. 언어를 분류하는 방법에는 여러 가지가 있지만, 그 가운데 대표적인 것이 '유형적 분류'와 '계통적 분류'이다. 유형적 분류는 언어의 공시적인 형태에 따라 '교착어, 굴절어, 고립어' 등으로 나누는 것이다. 한국어의 유형론적인 특징에 대해서는 이미 앞에서 다루었으므로 여기서는 계통적 분류에 대하여 살펴보고자 한다.

계통적 분류는 언어를 조상(祖上)에 따라서 분류하는 방법이다. 여기서의 '조상'이란 혈연적 조상이 아니라 언어적인 조상을 말하는 것이다. 현재 사용되고 있는 모든 언어가 동일한 조상을 갖는 것은 아니다. 인류가 여러 종족으로 나뉘어져 있는 것과 마찬가지로, 언어도 계통을 달리하는 몇몇 부류로 나뉜다. 계통상 하나로 묶이는 언어의 종족을 어족(語族, language family)이라고 부르고, 같은 어족에 속하는 언어들끼리는 서로 '친족관계'에 있다고 말한다. 그러므로 한국어의 계통을 밝히는 것은 한국어가 어떤 언어들과 친족관계에 있는가, 즉 어떤 어족에 속하는가를 밝히는 것이다.

그런데 불행히도 한국어의 친족관계는 아직까지 명확히 밝혀져 있지 않다. 비교언어학이 본격적으로 발전한 19세기 이래, 언어의 계통적 분류는 상당한 진척을 보여 인구어족(Indo-European)이 확립되었고, '셈·햄어족, 우랄어족, 알타이어족, 중국티베트어족' 등 적지 않은 어족이 수립되었으나 지구상에는 아직 계통이 밝혀지지 않은 고립된 언어도 많이 있다. 동아시아에서는 한국어와 일본어가 특히 그러하다. 이는 이들 언어의 계통에 대한 최근까지의 많은 연구에도 불구하고 그 계통을 밝힐 수 있을 만큼의 확증이 없기 때문이다. 서양에서 간행된 많은 수의 『언어학 개설』류 서적에서 한국어를 계통이 불분명한 언어로 취급하고 있는 것도 그러한 연유에서이다. 이는 지금까지의 한국어에 대한 계통론적 연구가 만족할 만한 성과를 거두지 못한 데도 이유가 있다고 할 수 있다.

한국어의 계통이 불분명하다고 해서 한국어의 조상이 되는 언어가 어느 날 갑자기 하늘에서 뚝 떨어지듯이 단독으로 생겨났다고는 볼 수 없다. 다만, 한국어의 계통을 입증할 확증이 없다는 것뿐이다. 이는 한국어가 공통 조어(共通祖語)로부터 다른 언어가 분리되어 나오기 이전에 먼저 갈라져 나왔기 때문이기도 하지만, 계통론 연구를 뒷받침해 줄 만한 고대 한국어의 언어 자료가 지극히 빈약하기 때문이기도 하다.

2) 알타이어족과 한국어

그동안 제기된 한국어의 계통설 가운데 가장 널리 알려진 것은 한국어가 알타이어족(Altaic family)에 속한다는 가설이다. 알타이어족은 전통적으로 터키어파, 몽골어파, 퉁구스어파의 세 어파로 나누어지는데, 여기에 한국어가 제4어파로서 알타이어족의 일원이 된다는 것이다.

한국어가 알타이 공통 조어로부터 갈라져 나왔다고 본 학자로는 핀란드의 람스테트(G. J. Ramstedt)가 대표적이다. 람스테트는 알타이 조어에서 퉁구스어, 몽골어, 터키어, 한국어의 네 어파가 분화되어 나왔는데, 한국어는 퉁구스어와 터키어에 가깝고 몽골어와는 상대적으로 먼 관계에 있다고 추정하였다. 그 이후 한국어와 알타이어의 친족관계를 좀 더 정밀하게 수립한 학자는 람스테트의 제자 포페(N. Poppe)였다. 포페는 이들 어파가 동시에 분화된 것이 아니고 몇 번의 단계를 거친 것으로 추정하였다. 즉, 알타이 조어에서 가장 먼저 한국어가 떨어져 나왔고, 그 뒤에 터키어가 분화되고 마지막 단계에 몽골어와 퉁구스어가 분화된 것으로 보았다. 이것은 한국어와 나머지 알타이어들과의 관계가 나머지 알타이어들 상호 간의 관계보다 멀다는 것을 뜻하는 것이다.

한국어가 알타이어족에 속한다는 견해를 한국에서 가장 발전시킨 것은 이기문(1972/1998, 1981)이다. 그는 람스테트와 포페가 제시한 음운 대응의 예들 가운데 믿음직한 음운 대응만을 가려내고, 현대 한국어가 아닌 중세 한국어의 예로써 알타이 제어(諸語)와의 음운 대응을 고찰하는 등 한국어 알타이어족설의 정밀화를 꾀하였다. 한국어의 여러 가지 계통설 가운데 알타이어족설이 일반적인 정설로 잡을 수 있었던 것은 전적으로 그의 연구에 바탕을 두고 있다.

어떤 언어들이 친족관계가 있는지 없는지를 밝히는 기준의 하나로 흔히 공통특질(共通特質)을 든다. 몇몇 언어들이 음운, 어휘, 문법 등 언어 체계 전반에 걸쳐 서로 공통되는 특징이 많이 있다면 이들은 친족관계에 있을 가능성이 그만큼 높다. 같은 조상언어로부터 공통된 특질을 물려받았을 것이기 때문이다. 알타이어와 한국어의 공통 특질 가운데 자주 언급되는 예를 들면 다음과 같다.

[1] 한국어와 알타이어의 공통 특질
가. 모음조화가 있다.
나. 어두에 'r'와 같은 유음이나 자음군(子音群)이 오지 못하는 등 자음 조직상의 제약을 받는다.
다. 어간과 접미사의 연결이 기계적으로 이루어지는 교착어(膠着語)적 특징을 갖는다.
라. 영어의 'sing/sang/sung'과 같이 문법적 기능을 하는 모음교체 및 자음교체가 없다.
마. 관계대명사 및 접속사가 없다.
바. 접속사가 없는 대신 부동사(副動詞)가 있다.

이는 한국어와 다른 알타이어들 사이에서 발견되는 공통된 특징임에는 틀림없다. 그러나 이러한 특징이 한국어가 알타이어족에 속한다는 충분조건은 되지 못한다. 친족관계가 없는 언어 사이에서도 외형상의 공통 특징은 나타날 수 있기 때문이다. 다만, 한국어가 알타이 제어와 친족관계에 있을 수 있는 가능성을 보여 주는 단서가 될 수 있다.

언어 간의 친족관계를 가장 신빙성 있게 증명하여 주는 현상은 '규칙적인 음운 대응'이다. 두 언어가 어원이 같은 단어들을 쓰고 있고, 그 단어들 사이에 일정한 음운 대응의 규칙을 세울 수 있다면 두 언어는 친족관계인 것으로 볼 수 있다. 알타이어와 한국어 사이에도 상당수의 음운 대응이 이루어진다. 중세 한국어 '아래(下)'는 에벤키어 'alas(脚)', 몽골어 'ala(사타구니)', 고대 터키어 'al(下面)' 등과 비교되고, 중세 한국어 '불-(吹)'과 만주어

'fulgiye-', 중세 몽골어 'hüli'e-'의 비교는 알타이어족 수립에 결정적 공헌을 한 'p~f~h'의 음운 대응 규칙에 부합된다.

문법적인 일치도 언어의 친족관계 증명에서 매우 중요하다. 문법 체계는 차용이 거의 없고 보수적이기 때문이다. 가령 영어의 'good, better, best'에 나타나는 문법적 불규칙성은 독일어의 'gut, besser, best'와 일치하는데, 이런 예는 차용이나 우연성이 개재할 여지가 거의 없고, 공통 조상언어의 특질을 물려받은 것이라고밖에는 볼 수 없다. 그런데 알타이 제어와 한국어는 형태론적으로 매우 규칙적인 언어라서 이런 특수한 사실을 발견하기가 어렵다. 이것이 알타이 제어와 한국어의 친족관계 증명에 있어 어려운 점 가운데 하나이다. 그러나 규칙적인 사실에서도 특수한 일치가 없는 것은 아니다. 알타이 제어에는 동명사의 어미로 '-r, -m, -n' 등이 있는데, 한국어의 관형사형 어미 '-ㄹ, -ㄴ'(이들도 중세 한국어 이전에는 명사적 용법을 가지고 있었다), 명사형 어미 '-ㅁ'이 여기에 대응된다. 특히 이들 어미는 시상(時相)과 관련이 있는데, 한국어의 '-r(미래), -m(현재), -n(과거)'도 같은 기능을 함이 주목된다. 이러한 예는 그 개별적 일치와 함께 그들이 이루고 있는 구조의 일치가 있으며, 여기에는 우연성이 개재할 여지가 거의 없다고 볼 수 있다. 많은 예는 아니지만 이러한 음운, 문법의 대응은 한국어가 지구상에 존재하는 많은 언어 가운데 적어도 알타이어와 친족관계에 있을 개연성이 가장 높다는 것을 말해 준다.

3. 한국어의 형성과 시대 구분

1) 한국어의 형성

한국어가 어떤 어족의 공통 조어에서 갈라져 나왔든지 간에 처음에 분리되어 나온 한국어를 원시 한국어라고 부를 수 있다. 그 원시 한국어가 어떠한 과정을 겪으면서 기록에 의해 그 모습을 드러내기 시작한 단계의 한국어로 발전해 왔는가에 대해서는 크게 두 가지의 견해가 있다. 하나는, 한국어가 단일 언어로서 계속 한 줄기로 내려왔다는 견해이다. 다른 하나는 한국어가 기원 전후의 시기에 고구려와 부여를 중심으로 하는 부여계 언어와,

삼한(나중의 백제, 신라, 가야)을 중심으로 하는 한계 언어로 갈라져 꽤 다른 모습을 하고 있었다가 7세기 신라의 삼국통일과 그 이후의 고려의 건국으로 언어적인 통일이 이룩됨으로써 비로소 단일어가 되었다는 견해이다.

후자의 견해는 우리가 흔히 한국어는 고대로부터 단일어였을 것이라는 단순한 고정관념에서 벗어나게 해 주는 계기가 된 점에 큰 의의가 있다. 과연 고구려 사람과 신라 사람이 만나면 서로 말이 통하였을까, 아니면 통하지 않았을까? 같은 언어의 방언인지, 아니면 서로 다른 언어인지를 판단하는 일반적인 기준은 의사소통 여부이다. 현존하는 언어들 간에도 언어와 방언의 구별이 어려운 경우가 많이 있다. 더구나 고구려어는 신라어와 달리 언어 자료를 별로 남기지 않아 이들 언어 사이에 판이하게 다른 점이 있더라도 그것이 방언적 차이인지 언어적 차이인지를 판단하기는 무척 어려울 수밖에 없다.

그러나 한국어의 역사가 국가의 분화나 통일과 같은 정치적인 현상에 영향을 받으면서 형성되어 왔을 것임에는 의심의 여지가 없다. 따라서 신라의 삼국통일이나 개성을 중심으로 한 고려의 건립은 여러모로 한국어를 더 통일된 언어로 만드는 데 큰 영향을 주었을 것이므로 한국어의 역사에 있어 중대한 의미를 가진다고 할 수 있다.

2) 한국어사의 시대 구분

한국어가 문자로 기록되기 시작한 것은 삼국시대부터이다. 그 이전 시기를 한국어의 선사시대라고 한다면, 삼국시대 이후를 한국어의 역사시대라고 부를 수 있을 것이다. 이 시기부터 현대 한국어까지의 한국어 역사는 다음과 같이 네 시기로 구분된다.[1)]

[2] 한국어의 시대 구분

고대 한국어: 삼국시대~통일신라(기원 전후~10세기 초, 약 1,000년)

중세 한국어: 이전(10세기 초~16세기 말, 약 700년)

전기 중세 한국어: 고려시대 한국어(약 500년)

1) 한국어사 시대 구분은 학자에 따라 상당히 다르다. 여기서는 대체로 이기문(1972/1998)의 시대 구분과 명칭을 따랐다.

후기 중세 한국어: 15, 16세기 한국어(약 200년)
근대 한국어: 17~19세기 한국어(약 300년)
현대 한국어: 20세기 이후의 한국어(약 100년)

위의 시대 구분은 정치·사회적 사실과 같은 언어 외적인 요소도 반영되어 있지만, 그보다는 언어 내적인 요소의 변화를 반영한 것이다. 고대 한국어의 시작을 삼국시대로 잡은 것은 문자 기록의 시작과 관련된다. 고구려, 백제, 신라 삼국의 언어를 고대 한국어라고 하였지만, 앞에서 말한 바와 같이 부여계 언어와 한계 언어를 구분하는 입장에서는 고대 한국어를 신라어에 한정시키기도 한다. 신라어가 중세 한국어의 직접적 조상이 되기 때문이다. 중세 한국어의 시발점은 고려의 건국에 있다. 이때 개성을 중심으로 한 새로운 중앙어가 형성되었고, 이것이 오늘날까지도 계속되고 있으므로 한국어사에서 하나의 새로운 단계의 시작으로 볼 수 있는 것이다. 중세와 근대의 경계는 정확히 말해서 16세기와 17세기의 교체기이다. 이 시기에 임진왜란이 일어났으므로 흔히 이 전란을 중시하여 근대 한국어에서의 많은 변화를 여기에 결부시키는 경우도 있으나, 근대 한국어로의 변화는 전란 이전에 이미 시작된 것이었다. 현대 한국어의 시기를 언제부터로 잡을지에 대해서는 깊이 논의되지 않은 상태이나, 대체로 20세기 초를 그 경계로 잡고 있다.

4. 고대 한국어

1) 고대 한국어의 언어 자료

삼국 중 백제와 고구려는 언어 자료를 거의 남기지 않았다. 특히 백제어는 고구려어보다 현전하는 자료가 더 드물다. 고대 한국어의 모습은 『삼국사기』의 「지리지(地理志)」 등에 단편적 기록이 남아 있는데, 거기에 나오는 고구려 지명(地名)의 한 예를 보자.

[3] 買忽 一云 水城(권 37)

이는 오늘날의 경기도 '수원'에 해당하는 지명을 한자로 적은 것이다. '買忽'은 한자의 음(音)을 빌려 적은 것이고, '水城'은 한자의 뜻[훈(訓), 석(釋)]을 빌려 적은 것이다. 이러한 것을 한자차용표기법 또는 줄여서 차자표기법(借字表記法)이라고 한다. 현대의 한자 독법으로 보면 [매홀](정확히는 '買'와 '忽'의 고구려 한자음으로 읽어야겠지만, 여기서는 편의상 현대 한자음에 따른다)과 [수성]으로 달리 읽히겠지만, 이 둘은 같은 발음의 고구려 지명을 달리 표기한 것일 뿐이다. 즉 둘 다 [매홀]인 셈이다. 여기에서 우리는 {水}를 뜻하는 고구려어가 [매]이고,[2] {城}을 뜻하는 고구려어가 [홀]임을 알 수 있다.[3] 얼마 남아 있지 않은 소중한 고구려어의 모습을 볼 수 있는 것이다.

고대 한국어의 대표격인 신라어는 백제나 고구려어에 비해 상대적으로 자료가 풍부한 편이다. 『삼국사기』나 『삼국유사』에 실린 고유명사에서 얻는 자료 이외에 이두(吏讀)와 향찰(鄕札)로 표기된 자료들이 남아 있다. 두 가지 모두 한자의 음과 뜻을 빌려 표기하는 방식이다. 이두는 문법 형태의 파악에 큰 구실을 하고, 향찰은 문장의 모습을 보여 준다는 점에서 귀중한 가치를 지닌다. 이제 신라어를 바탕으로 고대 한국어의 모습 몇 가지를 간추려 보기로 한다.

2) 신라어의 특징

신라어의 음운 체계를 정확히 재구(再構)하기는 어려우나 대개 다음과 같은 추정은 가능하다. 우선, 자음 체계에 있어 평음과 유기음의 대립은 있었던 것으로 보이나, 된소리 계열은 아직 나타나지 않았던 것으로 추정된다.[4] 이러한 추정은 한국 한자음(東音, Sino-Korean)에 된소리 계열이 없는 사실과 밀접하게 관련된다.

2) 이 고구려어 단어는 에벤키어 'mū', 만주어 'muke', 중세 몽고어 'mören(江, 海)', 중세 한국어 '믈', 고대 일본어 'midu' 등과 비교된다.

3) 사람들이 모여 사는 거주지의 이름은 고구려어에서는 '忽(홀)', 백제어에서는 '夫里(부리)', 신라어에서는 '伐(벌)'로 각각 다르게 나타난다.

4) 한국어의 자음 체계가 현대 한국어와 같이 '평음, 유기음, 된소리'의 3계열로 정립된 것은 훨씬 후대의 일이다.

[4] 중국 한자음과 한국 한자음의 대응

[중국 中古音(7세기 초 『切韻』의 음)] → [한국 한자음(東音)]

전청음(全淸音): k, t, p, ts → 평음(ㄱ, ㄷ, ㅂ, ㅈ)

차청음(次淸音): k^h, t^h, p^h, ts^h → 평음(ㄱ, ㄷ, ㅂ, ㅈ), ⇢ 유기음(ㅋ, ㅌ, ㅍ, ㅊ)

전탁음(全濁音): d, b, dz → 평음(ㄱ, ㄷ, ㅂ, ㅈ)

된소리(ㄲ, ㄸ, ㅃ, ㅉ)

고대 한국에서 중국으로부터 한자를 받아들일 때 그 음(音) 또한 중국의 것을 받아들였을 것임은 추측하기 어렵지 않다. 당시의 중국어 자음은 '전청, 차청, 전탁'의 3계열 체계였다. 만약 한국의 자음 체계도 현대와 같이 3계열 체계였다면 중국어의 전탁음을 된소리에 대응시켰을 터인데, 이상하게도 한국 한자음에는 된소리가 없다.[5] 또한 중국어의 차청음에 속하는 한자들 가운데 상당수는 한국 한자음에서 평음으로 나타난다. 이는 당시의 한국어 자음 체계에서 된소리 계열이 없었다는 것을 말해 주며, 유기음 또한 완전히 정립된 것이 아니었음을 말해 준다. 그 외에도 유성마찰음 계열인 /ㅸ/, /ㅿ/은 /ㅂ/, /ㅅ/과 각각 구별되는 음운으로 존재했을 것으로 추정되고, /ㄹ/도 /l/과 /r/로 구별되었을 것으로 추정되고 있다.

모음 체계는 자음 체계보다 훨씬 더 밝혀내기 어렵다. 아마도 중립모음 /i/를 포함하여, 전설·후설의 대립을 보이는 /ü, u; ö, o; ä, a/의 7모음 체계였던 것으로 추정되며, 이중모음은 중세 한국어보다 많았던 것으로 생각된다.

신라어의 문법적인 특징은 이두와 향찰 자료에서 단편적으로밖에 드러나지 않는데, 자주 보이는 문법 형태의 몇 예를 들면 다음과 같다.

[5] 고대 한국어의 문법 형태(괄호 속은 한자차용표기)

가. 조사류

주격 조사: -이(伊, 是)

속격 조사: -의/ᄋᆡ(衣, 矣), -ㅅ(叱)

대격 조사: -ㄹ(乙), -ᄋᆞᆯ(肹)

처격 조사: -에/애(中), -아희(良中)

구격 조사: -루(留)

5) 현대 한국 한자음에서 '氏(씨), 雙(쌍), 喫(끽)'만이 된소리로 발음되는데, 이는 근대 한국어 이후에 변화한 결과이다. 중세 한국어에서는 '시, 솽, 긱'이었다.

특수 조사: -ㄴ(隱), -두(置)

나. 활용어미

동명사 어미(전성어미): -ㄴ(隱), -ㄹ(尸)

부동사 어미(연결어미): -고(古, 遣), -며(旀), -다가(如可), -매(米)

정동사 어미(종결어미): -다(如), -라(羅), -고(古), -져(齊)

비록 적은 양의 자료지만 위의 신라어 자료를 중심으로 보면 고대 한국어가 이미 중세 한국어가 보여 주는 일반적 특징들을 대부분 갖추고 있었음을 알 수 있다. 이는 중세 한국어가 고대 한국어, 특히 신라어를 근간으로 이루어졌음을 뜻한다. 현대 한국어가 중세 한국어를 그대로 이어받은 만큼, 현대 한국어의 중요한 문법적 틀은 이미 고대 한국어에서 완성되어 있었다고도 말할 수 있다. 한국어를 단일 언어라고 하는 말은 적어도 신라어 이후를 기준으로 본다면 조금도 어김없는 진술이 되는 것이기도 하다.

5. 중세 한국어

중세 한국어는 고려왕조가 성립된 시기(918년)로부터 시작된다. 이 시기는 수도가 신라의 경주에서 개성(당시의 개경)으로 옮겨진 때이기도 하다. 한국어의 중심 무대가 한반도의 동남부에서 중앙 지대로 옮겨진 것이다. 고려왕조가 끝나고 조선이 건국되면서(1392년) 수도는 다시 서울(당시의 한양)로 옮겨졌다. 그러나 개성과 서울은 같은 방언권이었을 것이므로 이 천도는 한국어의 역사에 큰 영향을 끼쳤을 것으로 생각되지 않는다. 결국 중세 한국어 시기는 언어의 중심 무대가 한반도의 중앙으로 옮겨진 시기라고 특징지을 수 있다.

중세 한국어를 전기와 후기로 다시 나누기도 한다. 그 경계를 조선왕조의 성립이나 한글의 창제에 두는 경우도 있지만, 엄격히는 커다란 음운 변화가 일어났을 것으로 추정되는 14세기경이 그 경계가 된다. 한글이라는 새로운 문자의 창제는 한국어를 전면적으로 표기할 수 있게 해 주었고, 그 결과 한글로 기록된 많은 언어 자료들을 남겨 놓았지만, 문자의 창제가 한국어 자체의 변화와 관련되는 것은 아니다.

전기 중세 한국어는 고대 한국어와 마찬가지로 단편적인 자료밖에 남기지 않았다.[6] 그에 비해 후기 중세 한국어는 『용비어천가』(1446년), 『석보상절』(1447년), 『두시언해』(1481년) 등 온전한 문장을 한글로 표기한 자료가 풍부하게 남아 있다. 그에 따라 이 시기 한국어의 연구는 15세기 한국어에 집중되어 왔다. 흔히 중세 한국어라고 하면 15세기 한국어를 가리키는 말이 될 정도로 15세기 한국어는 지난 시대의 한국어 모습을 가장 명확히 보여 준다. 여기에서도 이 시기의 한국어를 중심으로 설명하기로 한다.

1) 한글의 창제

한글은 1443년(세종 25년)에 창제되었다. 한글의 원래 이름은 '훈민정음(訓民正音)'인데, 이는 "백성을 가르치는 바른 소리"라는 뜻이다. 이때 한글이 만들어진 사실은 그해 12월의 『세종실록』 기사(記事)에 나온다. 한글이 반포된 것은 그로부터 3년 뒤인 1446년(세종 28년)의 일이다. 이는 같은 해 9월 상순에 문자 '훈민정음'에 대한 해설서인 『훈민정음』(일명, 해례본)이 간행된 것을 근거로 한다.[7] 세종이 한글을 만든 동기는 『훈민정음』의 서문에 잘 나타나 있다.

[6] 『훈민정음』 서문

가. 國之語音 異乎中國 與文字 不相流通 故愚民 有所欲言 而終不得伸其情者多矣 予爲此憫然 新制二十八字 欲使人人易習 便於日用耳(원문)

나. 우리나라의 말소리가 중국과 달라서 한자와 서로 잘 통하지 아니하므로 이런 까닭에 어리석은 백성이 말하고자 할 바가 있어도 마침내 제 뜻을 능히 펴지 못하는 자가 많으니라. 내가 이를 불쌍히

---

6) 전기 중세 한국어의 모습을 보여 주는 자료로는 『계림유사』(1103~1104년경)와 『향약구급방』(13세기 중엽)이 널리 알려져 있다. 이들은 모두 한자를 빌려 한국어를 표기한 자료이다. 최근에는 이 시기 한국어의 모습을 반영한 석독구결(釋讀口訣) 자료도 많이 발견되어 깊은 연구가 이루어지고 있다.

7) 현재의 '한글날'이 10월 9일로 정해진 것은 반포 일자와 관련된다. 해례본의 정인지(鄭麟趾) 서문 날짜인 9월 상순(마지막 날인 9월 10일)을 양력으로 환산한 결과이다. 한편, 북한에서는 창제 일자인 12월을 양력으로 환산한 1월 15일을 기념일로 정하고 있다. '한글'이란 명칭도 현재 북한에서는 사용하지 않고 '훈민정음, 조선글' 등으로 부른다.

여겨 새로 28자를 만드니 사람마다 쉽게 익혀 날마다 사용함에 편안하게 하고자 할 따름이니라(현대어 번역).

글자의 창제 연대와 창제자가 분명한 것은 수많은 글자 중에 한글밖에 없다. 한글 28자의 창제 원리는 당시 최고의 철학인 성리학과 중국 음운학의 이론을 바탕으로 한 것이나, 세종의 독창적인 이론도 상당하다. 특히 한 음절을 삼분(三分)하고 초성과 종성의 동일성을 파악하여 따로 종성 글자를 만들지 않은 것은 창제자의 대단한 식견이라고 할 수 있다. 이제 한글 낱글자들이 만들어진 원리에 대해 간략히 살펴보기로 한다.

(1) 자음자의 제자 원리

한글 자음(초성) 17자는 일차적으로 상형(象形)의 원리, 즉 발음기관의 모양을 본떠 만들어졌다. 각각의 자음 소리가 발음될 때 발음기관의 모양을 관찰하고 그것을 문자로 형상화한 것이다. 이렇게 해서 만들어진 다섯 글자(ㄱ, ㄴ, ㅁ, ㅅ, ㅇ)를 기본자라고 부른다.

[7] 가. 어금닛소리(牙音): 혀뿌리가 목구멍을 막은 모양을 본뜸 → ㄱ
나. 혓소리(舌音): 윗잇몸에 닿은 모양을 본뜸 → ㄴ
다. 입술소리(脣音): 입의 (네모진) 모양을 본뜸 → ㅁ
라. 잇소리(齒音): 이의 (뾰족한) 모양을 본뜸 → ㅅ
마. 목소리(喉音): 목구멍의 (둥근) 모양을 본뜸 → ㅇ

이들 기본자에 획을 하나씩 더해 가는 방식으로 나머지 자음 글자들이 만들어졌다. 이를 가획(加劃)의 원리라고 부른다.

[8]

음성 분류	기본자	가획자	이체자
어금닛소리	ㄱ →	ㅋ	ㆁ
혓소리	ㄴ →	ㄷ → ㅌ	ㄹ
입술소리	ㅁ →	ㅂ → ㅍ	
잇소리	ㅅ →	ㅈ → ㅊ	ㅿ
목소리	ㅇ →	ㆆ → ㅎ	

'ㄱ'에 획을 더하여 'ㅋ'이 되고, 'ㄴ'에 획을 더하여 'ㄷ, ㅌ'이 나온 것임을 알 수 있다. 이와 같은 제자 원리는 동일한 조음 위치에서 발음되지만 조음 방식에 있어 좀 더 센(강한) 소리를 글자꼴에 반영한 것이다. 다만, 입술소리의 경우는 획을 더하는 방식이 똑같지 않다. 그 이유는 현재로서는 알기 어렵다. 그런데 가획의 원리에 예외를 두어 모양이 다른 글자를 만들기도 하였다. 이것을 이체자(異體字)라고 하는데, 'ㆁ, ㄹ, ㅿ'이 여기에 속한다. 이들 이체자도 획을 더하여 만들어진 것이기는 하지만 소리가 거세지는 것은 아니다.

(2) 모음자의 제자 원리

모음(중성) 11자의 제자 원리도 기본적으로는 상형의 원리이다. 'ㆍ, ㅡ, ㅣ' 세 글자를 기본자로 하였는데, 'ㆍ'는 하늘이 둥근 모양을, 'ㅡ'는 땅이 평평한 모양을, 'ㅣ'는 사람이 서 있는 모양을 각각 본떠서 만들었다. 발음기관의 모양을 본뜬 것이 아니라 우주를 구성하는 '하늘[天], 땅[地], 사람[人]'의 삼재(三才)를 형상화한 것이다. 그리고 나머지 글자는 기본자인 'ㆍ'와 'ㅡ, ㅣ'를 결합시켜 만들었다.

[9] 기본자: ㆍ, ㅡ, ㅣ
초출자: ㅗ, ㅏ, ㅜ, ㅓ
재출자: ㅛ, ㅑ, ㅠ, ㅕ

지금은 'ㅗ, ㅏ, ㅛ, ㅑ'처럼 쓰이지만, 창제 당시에는 짧은 획이 'ㆍ'로 된 글꼴이었다. 'ㅗ'를 예로 들자면 이 글꼴은 'ㆍ'와 'ㅡ'의 결합이지만, 그 음가는 'ㅗ'를 구성하는 요소인 'ㆍ'와 'ㅡ'의 합은 아니다. 'ㆍ'가 하나 있는 초출자는 단모음이고, 'ㆍ'가 둘인 재출자는 이중모음이었다. 'ㅛ'는 음가로 보면 'ㅣ'와 'ㅗ'의 결합이지만, 'ㅣ→ㆍ'로 바뀌어 'ㅗ'와 결합된 글꼴이다.

(3) 자모의 이름과 순서

한글이 창제될 당시에는 각 낱글자, 즉 자모(字母)의 명칭이 없었다. 모음 글자는 단독으로 발음되므로 그대로 읽으면 되겠지만, 자음 글자들은 'ㄱ[기], ㄴ[니]…'와 같이 'ㅣ'모음을 붙여서 읽었던 것으로 추정된다. 현재와 같이 '기역, 니은…'으로 읽는 전통은 한글 창제 이후의 한글 학습 방법과 관련된다. 16세기 최세진(崔世珍)이 지은 『훈몽자회』(1527년) 「범례」에 '언문자모(諺文字母)'라는 이름으로 실려 있는 예가 널리 알려져 있다.

[10] 가. 초성과 종성에 두루 쓰는 8글자

ㄱ其役, ㄴ尼隱, ㄷ池㊔, ㄹ梨乙, ㅁ眉音, ㅂ非邑, ㅅ時㊋, ㆁ異凝

나. 초성에만 쓰는 8글자

ㅋ㊊, ㅌ治, ㅍ皮, ㅈ之, ㅊ齒, ㅿ而, ㅇ伊, ㅎ屎

다. 중성에만 쓰는 11글자

ㅏ阿, ㅑ也, ㅓ於, ㅕ余, ㅗ吾, ㅛ要, ㅜ牛, ㅠ由, ㅡ應(종성 제외), ㅣ伊(중성만 사용), ㆍ思(초성 제외)

한글을 처음 익히는 어린이들에게 한글 자모의 음가를 설명한 것이다. 음가는 한자를 빌려 표기하였다. 예를 들어, [10가]의 'ㄱ'은 '其(기)'자의 초성 발음이고, '役(역)'자의 종성 발음이라는 뜻이다. 한자에 ○를 친 것은 음으로 읽지 말고 뜻으로 읽으라는 것이다. 'ㄷ'의 경우, '池(중세 한국어 음 '디')'의 초성과 '㊔[중세 한국어 '귿'(끝)]'의 종성을 보인 것이다. 여기서 자음 글자의 음가를 보여 주는 방식에는 일정한 규칙이 있다. 즉 초성 뒤에는 'ㅣ' 모음을 붙이고, 종성 앞에는 'ㅡ' 모음을 붙이는 것이다. 다만 '윽, 읃, 읏'과 같이 한자로 적을 수 없는 경우에는 그에 가장 가까운 발음을 선택하였다.[8] [10나]의 글자는 중세 한국어에서 받침(종성)으로 사용되지 않았으므로 초성의 음가만을 보인 것이다. 처음에는 음가를 표시한 것이었지만, 이들이 그 뒤로 자연스럽게 각 자모의 명칭으로 굳어지게 되었을 것임은 이해하기 어렵지 않다.

[10]에서 각 자모들의 순서를 보면 창제 당시와는 상당히 달라져 있음을 알 수 있다. 창제 당시에는 중국 음운학의 이론과 글자를 만든 순서가 고려되었지만, 여기서의 순서는 학습자의 편의와 효율성을 고려한 순서로 바뀌어 있다. 초성과 종성에 두루 쓰는 글자가 초성에만 쓰는 글자보다 먼저 배

---

8) 「한글 맞춤법」에서 이 사정을 감안하여 '기윽, 니은, 디읃…'과 같이 규칙적인 명칭으로 바꾸려 했으나, 역사적인 관습을 존중하여 '기역, 니은, 디귿…'과 같이 그대로 쓰기로 한 것이다. 한편 북한에서는 '기윽, 니은, 디읃…'으로 명칭을 바꾸어서 쓰고 있다.

열된 것은 그런 연유에서이다. 중성 글자도 개구도(開口度)가 큰 순서대로 배열이 바뀌었다.

2) 음운의 특징

중세 한국어의 음운 체계는 현대어의 그것과 비교하여 상당히 다른 특징을 많이 가지고 있었다. 문법에서의 차이보다 음운에서의 차이가 훨씬 크다. 우선, 한글 창제 때 만들어졌으나 오늘날 사용되지 않는 문자로 'ㅸ, ㆆ, ㅿ, ㆁ, ㆍ'가 있었는데,[9] 이 가운데 'ㅸ, ㅿ, ㆍ'는 이 자모들이 나타내던 음소 /β/, /z/, /ʌ/가 당시에 존재했던 것으로 이해된다. 'ㆆ'은 일부 한자음 표기와 관형사형 어미 '-ㅭ'에 사용되었으나 음소로 보기는 어렵다. 'ㆁ[ŋ]'은 'ㅇ[zero]'과 구별되어 쓰이다가 나중에 'ㅇ'으로 표기가 통일되었을 뿐 오늘날까지도 /ŋ/은 음소로서 존재한다.

(1) 음운 체계

중세 한국어의 자음 체계는 된소리 계열의 발달을 그 한 특징으로 한다. 전기 중세 한국어에서부터 음소로 자리잡았을 것으로 추정되는 된소리는 15세기에 'ㅺ, ㅼ, ㅽ' 등으로 표기되었다. 드물게 'ㄲ, ㄸ, ㅃ'과 같은 표기도 있으나 매우 제한적으로만 사용되었다. 이에 비하여 'ㅆ, ㅉ, ㆅ'의 표기는 일반적으로 사용되었다.

특히 현대어에 없는 'ㅎ'의 된소리가 있는 점이 특징적이다[예: ᅘᅧ다(引), 니르ᅘᅧ다(起)]. 유기음(ㅍ,ㅌ,ㅊ,ㅋ)은 고대 한국어에서도 일부 확인되는 것이지만, 후기 중세 한국어에 이르러서도 평음(ㅂ,ㄷ,ㅈ,ㄱ)에 비해서 기능 부담량이 그다지 많지 않았다. 더욱이 어두에서는 평음과 비교도 안 될 만큼 적었다. 16세기 후반에 가서야 '고ㅎ(鼻)'가 '코'로, '갈ㅎ(刀)'이 '칼'로 변하는 등 일부 어휘에 유기음화 현상이 일어나 오늘날 어두에 유기음을 가진 단어가 어느 정도 존재하게 된 것이다.

이상의 설명을 바탕으로 중세 한국어, 특히 15세기 한국어의 자음 체계를 보이면 다음과 같다.

---

9) ㅸ은 'ㅂ순경음', ㆆ은 '여린히읗', ㅿ은 '반치음', ㆁ은 '옛이응', ㆍ는 '아래아'로 부르는 것이 관례이다.

[11] 중세 한국어의 자음 체계(22음소)

ㅂ	ㄷ	ㅅ	ㅈ	ㄱ	ㅎ
ㅍ	ㅌ		ㅊ	ㅋ	
ㅽ	ㅼ	ㅆ	ㅉ	ㅺ	ㆅ
ㅸ		ㅿ			
ㅁ	ㄴ			ㆁ	
	ㄹ				

중세 한국어의 단모음 중 가장 특징적인 것은 'ㆍ'이다. 'ㆍ'는 'ㅏ'와 'ㅗ'의 사이 소리로서 대개 [ʌ]의 음가를 가졌던 것으로 추정된다. 중세 한국어의 단모음은 'ㆍ'를 포함하여 다음과 같은 7모음 체계였다. 'ㆍ'를 제외한 나머지 여섯 모음은 현대 한국어와 같은 발음이었을 것으로 추정된다.

[12] 중세 한국어의 단모음 체계

ㅣ	ㅡ	ㅜ
	ㅓ	ㅗ
	ㅏ	ㆍ

현대 한국어에서 단모음인 'ㅐ, ㅔ, ㅚ, ㅟ'는 글자 모양대로 'ㅣ'를 따로 발음하는 이중모음이었으므로 위에서 제외되었다. 중세 한국어에서는 단모음의 수효가 적었던 만큼 이중모음의 수효는 현대 한국어에 비해 많았다. 특히 [13다]와 같은 이중모음이 있었던 것이 큰 특징이다.

[13] 중세 한국어의 이중모음
가. ㅑ(ya), ㅕ(yə), ㅛ(yo), ㅠ(yu)
나. ㅘ(wa), ㅝ(wə)
다. ㆎ(ʌy), ㅐ(ay), ㅔ(əy), ㅚ(oy), ㅟ(uy), ㅢ(ɨy)

중세 한국어는 성조(聲調)도 음소로 가지고 있었다. 이는 성조에 따라 단어의 뜻이 달라졌다는 말이다[(예) 손(客), ·손(手); 솔(松), :솔(刷)]. 성조는 중국 음운학에 따라 사성(四聲)으로 구분되었다. 당시 문헌은 표기법에 성조를 반영하여 거성(去聲, 높은 소리)에는 점 하나를, 상성(上聲, 처음이 낮고 나중이 높은 소리)에는 점 두 개를 각각 찍었다. 평성(平聲, 낮은 소리)은 아무 표시도 하지 않았다. 입성(入聲, 빨리 끝나는 소리)은 말음이 ‘ㅂ,ㄷ,ㄱ’으로 끝나는 소리인데, 여기에도 각각 평성 · 상성 · 거성이 있었다. 중세 한국어의 성조는 중국어의 그것에 비해 비교적 간단한 체계였다. 16세기 이후 성조는 소멸의 길을 걷기 시작하는데, 중세 한국어에서 상성이었던 것은 현대 한국어에 장음(長音)으로 남아 있다.

(2) 음운 현상

중세 한국어, 특히 15세기 한국어에서는 어두에 두 개의 자음이 겹쳐 나타날 수 있었다. 이를 어두자음군(語頭子音群)이라고 한다. 이것은 근대 및 현대 한국어에서는 볼 수 없는 음운 현상이다. 특히 ‘ㅂ’으로 시작되는 자음군이 활발히 쓰였다.

[14] 가. ᄠᅳᆮ(意), ᄡᆞᆯ(米), ᄡᅵ(種), ᄠᅳ다(浮), ᄡᅳ다(用)
나. ᄢᅮᆯ(蜜), ᄢᅳ(時), ᄣᅢ(時), ᄢᅦ다(貫), ᄣᅵ르다(刺)

‘ㅺ, ㅼ’은 단순한 된소리였어도 ‘ㅂ’은 따로 발음되었던 것으로 추정된다. 현대어의 합성어에서 ‘좁쌀, 입쌀, 햅쌀’이나 ‘볍씨, 욉씨’, ‘입때, 접때’, ‘부릅뜨다’ 등에 들어 있는 ‘ㅂ’이 그 증거이다. 한 예로 ‘좁쌀’은 ‘조(粟)+ᄡᆞᆯ(米)’의 합성으로 만들어진 말일 텐데, 15세기 한국어에서 ‘ᄡᆞᆯ’의 ‘ㅂ’이 발음되었다고 보지 않고서는 이 합성어에서 ‘ㅂ’ 소리가 덧나는 것을 공시적으로는 도저히 설명할 수 없기 때문이다. 그러나 어두자음군은 한국어의 역사에서 일시적인 현상이었고 17세기에는 된소리로 바뀌었다.

음절말 위치에 올 수 있는 자음의 수효도 한국어 음운사에서 매우 주목할 만하다. 15세기의 표기법은 받침으로 ‘ㄱ, ㄴ, ㄷ, ㄹ, ㅁ, ㅂ, ㅅ, ㆁ’의 8자만이 사용되었는데(이를 흔히 ‘8종성법’이라고 부른다), 이는 당시 언어의 음절말에서 8개의 자음이 대립하고 있었다는 것을 말해 준다. 현대 한국어와 비교하면 ‘ㅅ’이 하나 더 많은데, 이것은 ‘ㅅ’이 아직 ‘ㄷ’과 중화(中和)되지 않았음을 뜻한다. 예를 들어 ‘못(池)’과 ‘몯(不能)’, ‘갓(妻)’과 ‘갇(笠)’에서 ‘ㅅ’과 ‘ㄷ’의 혼용이 없다는 것은 이 두 소리가 발음상으로 달랐음을 보여 주는 것이다. 고대 한국어의 단계에 있어서는 모든 자음이 음절말에서 발음되었을 것으로 추정되고 있다. 전기 중세 한국어 시기만 하더라도 음절말에서

'ㅅ'과 'ㅈ'의 중화는 일어나지 않았고 'ㅎ'도 발음되었던 것으로 알려져 있다. 그러나 15세기에는 이미 음절말 자음의 불파화(不破化)가 거의 완료된 상태였다. 16세기에 들어서 음절말의 'ㅅ', 'ㄷ'이 마저 중화되어 근대 한국어로 이어지게 된다. 오늘날의 한국어의 큰 특징의 하나를 이루는 음절말 자음 불파화는 중세 한국어 시기에 거의 완성된 것이다.

중세 한국어는 모음조화가 꽤 철저히 지켜졌다. 모음조화는 앞에서도 말했듯이 알타이어 공통 특질 가운데 하나이기도 하다. 고대 한국어에서의 모음조화는 전설모음과 후설모음의 두 계열로 된 이른바 '구개적(口蓋的) 조화'였던 것으로 추정된다. 그러나 중세 한국어의 모음조화는 양성모음과 음성모음의 두 계열로 나뉘어 양성모음은 양성모음끼리, 음성모음은 음성모음끼리 결합하는 방식이었다. 중성모음은 어느 쪽과도 결합할 수 있었다.

[15] 양성모음: ㆍ, ㅗ, ㅏ(ㅛ, ㅑ; ㆎ, ㅚ, ㅐ)
음성모음: ㅡ, ㅜ, ㅓ(ㅠ, ㅕ; ㅢ, ㅟ, ㅔ)
중성모음: ㅣ

모음조화는 한 단어 안에서도 지켜지고, 명사와 조사, 어간과 어미, 어기와 접미사의 결합에서도 지켜졌다. 중세 한국어에서 대부분의 조사, 어미, 접미사들은 모음조화를 이루기 위한 짝을 가지고 있었다. 'ᄋᆞᆯ/을, ᄋᆞ로/으로, ᄋᆞᆫ/은, ᄂᆞᆫ/는, ᄋᆡ/의, 애/에' 등의 조사나, '-아/어, -아라/어라, -ᄋᆞ니/으니, -ᄋᆞ면/으면, -ᄋᆞ시/으시-' 등의 어미, '-ᄋᆞᆷ/음, -개/게, -ᄇᆞ/브-, -압/업-' 등의 접미사가 그러하다. 이들은 모음조화 규칙에 따라, 선행하는 명사, 용언 어간, 어기에 선택적으로 결합되었다. 그러나 이 규칙은 이미 중세 한국어 시기부터 조금씩 허물어지기 시작한다. 특히 후대에 'ㆍ'가 소실되면서 모음조화를 이루던 문법형태소들의 짝이 없어지게 되어 모음조화 현상은 급속도로 붕괴되었다. 현대 한국어에서는 일부 문법형태소와 의성어, 의태어 등에서만 일부 명맥이 유지되고 있을 뿐이다.

3) 문법의 특징

중세 한국어의 문법은 전체적인 체계에 있어서는 현대 한국어와 크게 다르지 않았다. 그러나 일부 형태나 기능 면에서는 현대 한국어에서 볼 수 없는 몇 가지 특징도 가지고 있었다. 여기에서는 조사와 활용어미를 중심으로 몇 가지만 살펴보기로 한다.

(1) 조사

주격 조사에는 '-이'만 쓰이다가 16세기 후반에 와서 '-가'가 처음으로 문헌에 나타난다. '-이/가'가 완전히 음운론적 이형태로 정립된 것은 현대 한국어에서의 일이다. 원래 한국어의 주격 조사에는 존칭이 없었다. 존칭의 '-ᄭᅴ셔(>께서)'가 등장한 것은 근대 한국어에서의 일이다. '-ᄭᅴ셔'는 원래 존칭의 여격 '-ᄭᅴ(>께)'에 '잇-/이시-(有)'의 부사형 '이셔'가 통합되어 만들어진 어형이다.

속격 조사는 현대 한국어와 형태와 기능 면에서 상당히 달랐다. 현대 한국어에 쓰이는 '-의'는 모음조화의 짝으로 '-ᄋᆡ'가 있어 선행 체언의 모음에 따라 선택되어 사용되었다. 이 외에도 속격 조사로 '-ㅅ'이 있었는데, '-ᄋᆡ/의'는 유정물의 평칭에 사용되고[예: 사ᄅᆞᆷ+ᄋᆡ, 거붑(龜)+의], '-ㅅ'은 유정물의 존칭과(예: 부텨+ㅅ, 님금+ㅅ, 世尊+ㅅ) 무정물에 사용되었다[예: 나모(木) +ㅅ]. 이 존칭의 속격 조사 '-ㅅ'은 근대국어 이후 그 기능을 잃고 현대 한국어에 사이시옷으로 남아 있다.[10]

여격 조사는 속격 조사 '-ᄋᆡ/의', '-ㅅ'에 '그에>긔>게'가 결합된 복합조사이다. 속격 조사와 마찬가지로 선행 체언에 따라 평칭에는 '-ᄋᆡ/의그에>-ᄋᆡ/의게'가 통합되고, 존칭에는 '-ㅅ그에>ㅅ긔>ᄭᅴ'가 사용되었다. 현대 한국어에서 존칭 여부에 따라 구별되는 '-에게'와 '께'는 각각 여기에서 기원한 것이다.

호격 조사도 평칭과 존칭의 구별이 있었다. '-아'는 평칭에(예: 阿逸多아, 得大勢야), '-하'는 존칭에(예: 님금하, 世尊하) 각각 사용되었다.[11]

현대 한국어에서 보조사라고 불리는 문법 형태의 상당수는 중세 한국어 이전 단계에 실사(실질 형태)가 문법화한 것이다. 비교를 나타내는 '-보다가(현대어 '-보다')'는 '보-(見)'에 '-다가'가 통합된 것이 문법 형태로 굳어진 것이고, 시발을 뜻하는 '-브터(현대어 '-부터')'는 '븥-(附)'의 활용형이, 역동

10) 현대어에서 '나뭇가지, 콧등, 눈엣가시' 등 사이시옷이 나타나는 환경이 모두 관형 구성인 것은 이 사이시옷이 기원적으로 속격 조사 '-ㅅ'에서 온 것이기 때문이다.

11) 현대어에서도 문어체에서는 간혹 '-하'가 사용되는 경우가 있다. 삼일절 노래 가사의 일절인 "선열하 이 나라를 보소서"의 '-하'가 그 한 예이다.

을 뜻하는 '조차'는 '좇-(從)'의 활용형이 굳어져서 만들어진 것이다. 'ᄃᆞ리-(率)'의 부사형인 'ᄃᆞ려'는 '데리고, 더불어'란 뜻이지만, 이것이 문법화하여 '너ᄃᆞ려(현대어 '너더러')'와 같이 여격 형태로 사용되기도 하였다.

(2) 활용어미

동사의 활용에서 특징적인 것으로는 가장 먼저 선어말어미 '-오-'를 들 수 있다. '-오-'는 선행 어간과의 모음조화에 따라 '-오/우-'로 교체한다. 이 문법 범주는 중세 한국어에서부터 소멸하기 시작하여 근대 한국어 이후로는 완전히 자취를 감추었다. 그러나 중세 한국어의 문법 현상을 온전히 이해하기 위해서는 '-오-'의 기능이 매우 중요하다. 우선 예문을 제시한다.

[16] 가. 내 이제 分明히 너ᄃᆞ려 닐오리라[니ᄅᆞ+오+리+라]
　　나. 나혼[낳+오+ㄴ] 子息　　*cf.* 子息 나ᄒᆞᆫ[낳+ᄋᆞᆫ] 겨집

종결형과 연결형에 사용되는 '-오-'는 주어가 1인칭 화자('나')임을 말해주는 '화자표지(話者標識)'이다. 그래서 이 선어말어미를 '인칭어미'라고 부르기도 하는데, 학자에 따라서는 주어의 의도를 나타내는 것이라 하여 '의도법'이라고 칭하기도 한다. [16가]에서 주어가 1인칭 '나'(또는 '우리')가 아니고 2·3인칭이라면 서술어의 형태는 '니ᄅᆞ리라(←니ᄅᆞ+리+라)'가 된다. '니ᄅᆞ리라'에는 선어말어미 '-오-'가 들어 있지 않다. 예를 들어, 중세 한국어에서 "롱담ᄒᆞ더라"와 "롱담ᄒᆞ다(←더+오)라"의 문법적 의미는 전혀 다르다. 전자는 주어가 2·3인칭이고, 후자는 주어가 1인칭인 것이다.[12)]

관형사형에 나타나는 '-오-'의 기능은 종결형이나 연결형의 '-오-'와 다르다. 이때의 '-오-'는 후행하는 피수식어(표제 명사)가 관형사형으로 쓰인 서술어에 대해 목적어나 부사어의 자격을 가지는 경우에 사용된다. 이를 흔히 '대상 활용'이라고 부른다. [16나]의 '나혼 子息'에서 '子息'은 '낳-'의 의미상의 목적어가 되고, '나ᄒᆞᆫ 겨집'에서 '겨집(女)'은 '낳-'의 의미상의 주어가 된다. 현대어에서는 이 두 가지 관형사형이 형태적으로 구별되지 않지만(예: 낳은 자식, 낳은 여자), 중세 한국어에서는 문법적 관계에 따라 '-오-'의 사용

12) 현대어의 문어체에 쓰이는 '-노라'는 중세 한국어 'ᄂᆞ(현재 시제)+오+라(←다)'가 굳어진 것이다. "나 이제 가노라."나 "베르테르의 편지를 읽노라.", "하노라고 한 것이" 등이 그 예인데, 중세국어와 용법이 똑같은 것은 아니지만, 주어가 1인칭 화자인 경우에만 한정되어 쓰이는 점에서는 일치한다.

여부가 결정되었던 것이다.

중세 한국어에서 특이한 활용을 보였던 것 중의 하나로 서술격조사 '이-'를 들 수 있다. 현대어에서는 '(학생)이다, 이더니, 이고, 이거든'과 같이 후행 활용어미가 일반 동사의 활용어미(예: 먹다, 먹더니, 먹고, 먹거든)와 똑같이 나타나지만, 중세 한국어에서의 '이-'는 '이라(← 이+다), 이러니(← 이+더+니), 이오(← 이+고), 이어든(← 이+거든)'과 같이 후행 어미의 두음(頭音)이 달라졌다. 근대 한국어 이후에 이 '이-'의 활용도 다른 용언의 활용과 동일한 방식으로 통일되기 시작하지만, 현대 한국어에 몇 가지 흔적을 남겼다. 인용의 '-고' 앞에서 '이다'가 '이라'로 바뀌는 현상이나(예: 철수는 학생이라고 한다), 연결형에서 사용되는 '이요'(예: 이것은 책이요, 저것은 붓이요)는 중세 '이-'의 활용형이 화석(化石)으로 남아 있는 것이다. 서술격조사 '이-'에 감동법 선어말어미 '-도-'가 통합되면 '이로-'가 되었는데, 오늘날에도 이 활용형은 그대로 남아 있다[예: 과연 훌륭한 학생이로다(← 이도다)]. '이-'에 앞에서 본 선어말어미 '-오-'가 통합되어도 '이로-'가 되었지만, 이때의 '이로-'는 종결어미 '-다'와 결합하면 '이로다'가 아니라 '이로라'가 되었다. '-오-' 뒤에서 '-다'는 '-라'로 바뀌기 때문이다.13)

문법 체계에서의 특징으로는 단연 경어법 체계를 들 수 있다. 중세 한국어의 경어법(높임법)은 존경법(주체높임법), 겸양법(객체높임법), 공손법(상대높임법)의 세 가지가 정립된 체계였다. 이들 경어법 체계는 이미 고대 한국어에서부터 존재했던 것으로 추정된다. 존경법은 '-시-', 겸양법은 '-숩-', 공손법은 '-이-'로 각각 실현되었다. 존경법 '-시-'는 현대 한국어와 문법적 기능에서 큰 차이가 없다. 다음의 [17]은 겸양법, [18]은 공손법이 사용된 예이다.

[17] 가. ᄒᆞᆫ ᄆᆞᅀᆞᄆᆞ로 뎌 부텨를 보ᅀᆞᄫᆞ라(한 마음으로 저 부처를 뵈어라)
나. 벼슬 노ᄑᆞᆫ 臣下ㅣ 님그믈 돕ᄉᆞ바(벼슬 높은 신하가 임금을 도와)

[18] 가. 甚히 크이다 世尊하(매우 큽니다. 세존이시여)

13) '내 부텻 弟子ㅣ로라(나는 부처의 제자이다)'가 그러한데, '이로라'는 '-오-'의 소멸과 함께 '이로라>이라>이다'의 변화를 겪지만, 현대 한국어에 매우 희귀한 화석형(化石形)을 남겼다. "장안에서 내로라 하는 부자들이"의 '내로라'가 그 예이다. 현대 한국어에서 공시적으로 분석할 수 없는 '내로라'는 '나(我)+이+오+다'의 중세어형이다. "나(我)다." 하는 뜻이다.

나. 國王ᄋᆞᆫ 오쇼셔 龍王ᄋᆞᆫ 겨쇼셔[(부처께) 국왕은 "오십시오", 용왕은 "계십시오"]

겸양법 '-ᄉᆞᆸ-'은 환경에 따라 'ᄉᆞᆸ, ᄌᆞᆸ, ᅀᆞᆸ, ᄉᆞᄫ, ᄌᆞᄫ, ᅀᆞᄫ'의 여러 이형태로 나타나는데, 객체 곧 목적어나 부사어로 실현된 인물이 화자와 주어 인물보다 상위자일 때 사용된다. [17가]의 '보ᅀᆞᄫᆞ라[보+ᅀᆞᄫ+(ᄋᆞ)라]'는 '부텨'를, [17나]의 '돕ᄉᆞᄫᅡ(돕+ᄉᆞᄫ+아)'는 '님금'을 각각 높인 것이다. 현대 한국어에서는 '보-, 주-, 묻-' 등에 대해 '뵙(뵈)-, 드리-, 여쭙-' 같은 일부 어휘가 있어 겸양법이 표현될 수 있지만, 중세 한국어에서는 선어말어미에 의해 실현되었다. 근대 한국어 이후 이 문법 범주는 소멸하였지만, 현대어의 '먹삽고, 하옵고' 등 특수한 문체에 그 흔적이 남아 있다.[14]

공손법은 말을 듣는 상대방을 높이는 것이다. 현대 한국어 평서문에서는 어말어미 '-습니다/ㅂ니다'에 의해 이 문법 범주가 실현되지만, 중세 한국어에서는 [18가]와 같이 선어말어미 '-이-'가 사용되었다.[15] 상대방에 따른 공손법의 등급은 현대 한국어보다 단순하여 'ᄒᆞ쇼셔'체, 'ᄒᆞ야'체, 'ᄒᆞ라'체의 셋으로 나뉜다. 이 가운데 'ᄒᆞ야'체는 완전히 소멸하였지만, 'ᄒᆞ쇼셔'체[18나]는 의고적인 표현에서 '하쇼셔>하소서'로 남아 있다.

의문법 어미에서 설명의문과 판정의문의 구별이 있었던 사실도 특기할 만하다. 설명의문은 의문사가 있는 의문문이고, 판정의문은 의문사가 없는 의문문이다. 중세 한국어에서는 설명의문에 '-고, -뇨(←니+오)', 판정의문에 '-가, -녀(←니+어)' 등의 어미가 사용되어 이 두 가지 의문문이 형태상으로 구별되었다.

[19] 가. 어느 님긊 宮殿고(어느 임금의 궁전인가?)
나. 이는 賞가 罰아(이것은 賞인가? 罰인가?)

[19가]는 설명의문이고, [19나]는 판정의문이다. 설명의문의 어미는 현대어에서 "무엇에 쓰는 물건인고?"와 같은 의고적 표현에 일부 남아 있으나,

---

14) 근대 한국어 이후에는 그 기능도 '주체겸양(객체높임)'이 아니라 '화자겸양(상대높임)'으로 바뀌었다.

15) '-이-'가 통합되었던 어형 가운데 일부는 현대어에도 '(천지신명께) 비나이다[비ᄂᆞ이다←빌(祈)+ᄂᆞ+이+다]'와 같은 어형에 남아 있다.

대부분 판정의문과 형태상으로 구별되지 않게 되었다. 한국어의 동남 방언에서는 아직 "지금 몇 시고?", "벌써 다섯 시가?"와 같이 두 가지 의문문이 형태적으로 구별된다.

4) 어휘의 특징

중세 한국어의 어휘 가운데 가장 이른 시기의 것은 『계림유사』에 기록된 어휘들이다. 이 책에는 12세기 초 한국어 단어 또는 어구 350여 항이 한자로 실려 있는데, 그 가운데는 '天曰 漢㮈(하ᄂᆞᆯ), 犬曰 家豨(가히), 刀子曰 割(갈)'과 같이 15세기 한국어의 단어와 일치하는 것도 있으나, '龍曰 稱, 兄曰 長官, 女子曰 漢吟' 등과 같이 알 수 없는 단어도 상당수 존재한다. 어휘의 변화는 문법의 변화와는 비교할 수 없을 정도로 빠른 것이다.

중세 한국어 어휘는 근대나 현대에 비해 고유어가 훨씬 많았던 것으로 추정된다. 고대 한국어 단계에서부터 모음 하나를 바꿈으로써 미묘한 의미 차이를 나타내는 단어를 만드는 방법이 있었다. 중세 한국어에서 확인되는 'ᄑᆞᄅᆞ다 : 프르다', '보ᄃᆞ랍다 : 드럽다', '아ᄃᆞᆨᄒᆞ다 : 어득하다' 등이 그러한데, 이렇게 만들어진 대립형들이 완전한 단어의 분화를 가져오기도 하였다. '남다(餘) : 넘다(越)', '븕다(赤) : ᄇᆞᆰ다(明)', '늙다(老) : ᄂᆞᆰ다(古)' 등은 현대 한국어에서는 전혀 다른 별개의 단어로 인식되는 것들이다. 경어법에 따른 어휘의 차이도 현대 한국어의 그것과 약간 차이가 있었다. 존경법으로 '잇다(在)'에 대한 '겨시다', '먹다(食)'에 대한 '좌시다(16세기에는 '자시다')'가 있었으나 '자다(寢)'에 대한 '주무시다'에 해당하는 것은 없었다.

상당수의 고유어는 한자어에 밀려 자취를 감추게 된다. 15세기에 한글로 적힌 '슈룹, 온, 즈믄, ᄀᆞᄅᆞᆷ, 뫼, ᄒᆞ다가' 등이 그 이후 '우산(雨傘), 백(百), 천(千), 강(江), 산(山), 만일(萬一)'과 같은 한자어로 바뀐 것 등이 그 단적인 예이다. 한자어는 고대 한국어 이래로 한국어 어휘의 주된 공급원이었다고 할 수 있다. 한자어뿐만 아니라 중국어로부터 직접 들어온 차용어도 상당히 많았다. '붇(筆)'이나 '먹(墨)' 같은 단어의 차용은 고대 이전으로 소급되지만, '비단(匹緞), 보배(寶貝), 무명(木棉), 투구(頭盔), 피리(觱篥), 사탕(砂糖), ᄇᆡᆨᄎᆡ(>배추, 白菜), 다홍(大紅)' 등 이 시기 또는 이후에 차용되었을 것으로 추정되는 중국어 어휘들은 현대 한국어 어휘로 완전히 자리 잡은 것들이다.

중세 한국어에서 외래적 요소는 중국어뿐만이 아니다. 전기 중세 한국어 시기에는 몽고와의 접촉을 통해 상당수의 몽고어 단어가 들어왔다. 특히 말(馬)과 매(鷹), 군사(軍事)에 관한 단어들이 주를 이루었는데, 대부분은 근대 한국어 이후 사용되지 않게 되었으나, 현대 한국어에까지 명맥을 유지하고 있는 단어도 있다. '보라매(秋鷹)'의 '보라', '송골매(海靑)'의 '송골(<숑골)'은 몽고어 'bora'와 'šongqor'를 차용한 것이다.

6. 근대 한국어에서의 변화

근대 한국어는 앞에서 말한 대로 17세기 초에서 19세기 말까지 3세기 동안의 한국어이다. 이 시기에 오면 음운, 문법 체계가 현대 한국어의 그것에 훨씬 가까워진다. 중세 한국어와 다른 현대 한국어의 여러 특징들은 이 시기에 일어난 변화의 결과이다.

1) 음운의 변화

근대 한국어의 자음 음소의 수는 중세 한국어의 그것보다 적다. /ㅸ, ㅿ/은 중세 단계에서 이미 소멸되었고, 'ㅎ'의 된소리('ㆅ'으로 표기)는 17세기 후반에 'ㅋ'에 합류되었다. 이로써 근대 한국어의 자음 체계는 현대 한국어와 같아진 셈이다. 또한 17세기 초에 어두자음군이 모두 된소리에 합류되고, 그 이후로도 평음이 유기음이나 된소리로 바뀐 것(예: 고키리>코끼리, 긇다>ᄭᅳᆶ다)이 많아서 어두에 유기음과 된소리를 가진 단어가 상당히 늘어났다.[16]

모음의 변화 가운데 가장 큰 것은 모음 음소 /ㆍ/의 소실이다. 'ㆍ'는 이미 16세기에 1단계 소실을 겪었는데(비어두 음절에서의 소실), 18세기 중엽에 와서 2단계 소실(어두 음절에서의 소실)을 겪음으로써 완전히 자취를 감추게 되었다.[17] 1단계 소실에서 'ㆍ'는 'ㅡ'로 바뀌었고(예: ᄀᆞᄅᆞ치다>ᄀᆞ르치다, ᄒᆞᄆᆞᆯ며>ᄒᆞ믈며), 2단계 소실에서는 주로 'ㅏ'로 바뀌었다(예: ᄃᆞ래>다래, ᄀᆞ

16) 평음의 된소리화는 현대 한국어에서도 계속 확대되는 추세에 있다.
17) 다만, 문자로서는 발음과 상관없이 계속 쓰여 1933년 「한글맞춤법통일안」 이전까지 사용되었다.

래>가래; ᄉᆞ매>소매). '·'의 소실로 제1음절의 이중모음 '·ㅣ(<y)'도 'ㅐ(ay)'로 변했는데, 그 얼마 뒤에 'ㅐ(ay)'와 'ㅔ(əy)'는 각각 [ɛ], [e]로 단모음화하였다. 이 변화는 대개 18세기 말엽에 일어난 것으로 추정된다. 19세기로 넘어오면서 '머기다>메기다(食)', '지팡이>지팽이'와 같은 움라우트(Umlaut, 'ㅣ' 모음 역행동화) 현상이 많이 나타나는데, 이는 'ㅐ, ㅔ'가 단모음화되었기 때문에 가능했던 것으로 풀이된다. 그리하여 중세 한국어의 7모음 체계는 '·'의 소실과 'ㅐ,ㅔ'의 단모음화로 근대 한국어 후기에 8모음 체계로 바뀌었다.[18]

[20] 근대 한국어(19세기)의 단모음 체계

ㅣ	ㅡ	ㅜ
ㅔ	ㅓ	ㅗ
ㅐ	ㅏ	

근대 한국어가 겪은 또 하나의 음운 변화는 17세기 말에서 18세기 초에 걸쳐 일어난 'ㄷ' 구개음화 현상이다. 'ㄷ' 구개음화란 'ㄷ, ㅌ, ㄸ'이 바로 뒤에 모음 'ㅣ'나 반모음 'y'가 올 때 각각 'ㅈ, ㅊ, ㅉ'으로 변동되는 현상이다[예: 디새(瓦)>지새, 뎔(寺)>졀, 티다(打)>치다, 둏다(好)>죻타].[19] 구개음화와 관련하여 18세기 후반부터는 '님금>임금, 니르다>이르다'와 같은 구개음화된 'ㄴ(ɲ)' 탈락 현상이 일어났다.

또 하나의 주목할 만한 음운 변화는 순음 'ㅁ, ㅂ, ㅍ, ㅄ' 아래의 모음 'ㅡ'가 원순모음 'ㅜ'로 바뀐 현상이다(예: 믈>물, 블>불, 플>풀, ᄲᅳᆯ>ᄲᅮᆯ, 븕다>붉다). 이를 '원순모음화'라고 부르는데, 이 변화는 18세기 전후에 활발히 일어났던 것으로 보인다. 또한 19세기에는 'ㅅ, ㅈ, ㅊ' 아래에서 'ㅡ'가 'ㅣ'로 변하는 현상(전설모음화)이 일어났다. 이러한 변화의 결과 근대 한국어는 현대 한국어에 훨씬 가까운 모습으로 바뀌었다고 할 수 있다.

---

18) 'ㅚ, ㅟ'의 단모음화는 아직 일어나지 않았던 것으로 보인다. 'ㅚ(oy)', 'ㅟ(uy)'는 20세기에 들어서야 비로소 [ö], [ü]로 단모음화한다. 그러나 이들 단모음은 그 뒤로 얼마가지 않아 각각 [we], [wi]의 이중모음으로 변화한다.

19) '굳+이'의 발음이 [구디]에서 [구지]로 바뀐 것도 이 변화의 결과이다. 다만, 현대의 맞춤법에서 어원을 밝혀 '굳이'로 적는 것뿐임을 인식할 필요가 있다.

2) 문법의 변화

이미 앞의 '문법의 특징'에서 중세 한국어의 문법적 특징을 말하면서 근대 한국어에서의 변화까지를 함께 설명한 바 있다. 그 대부분의 문법 범주들은 이미 중세 한국어에서부터 붕괴되기 시작하여 근대 한국어 시기에는 전혀 찾아볼 수 없게 된다. 속격 조사 '-ㅅ' 선어말어미 '-오-', 겸양법 '-ᄉᆞᆸ-' 등 중세 한국어의 문법적 특징을 대표하던 것들의 소멸이 그러하다. 여기에서는 앞에서 다루지 않았던 것에 한정하여 한두 가지를 살펴보기로 한다.

중세 한국어에는 말음(末音)에 'ㅎ'을 가진 명사들이 있었는데(예: 하ᄂᆞᆶ, 돓, 나랗), 이들은 중세 후기에 이미 말음 'ㅎ'이 탈락하였다. 그런데 근대국어에서는 특이하게도 일부의 단어들에서 'ㅎ'이 'ㅇ[ŋ]'으로 변화한 것을 보여 주기도 한다[ᄯᅡᇂ(地)>ᄯᅡᆼ, 집웋(堂上)>지붕]. 대명사에서는 1인칭과 2인칭의 주격형 '내가, 네가'가 사용되기 시작하였다. 이것은 중세의 주격형 '내, 네'에 다시 주격 조사 '-가'가 연결된 것이다. 중세에 미지칭 대명사는 '누(誰)'였는데, 여기에 의문보조사 '-고'가 붙은 '누고(>누구)'가 또 하나의 어간으로 형성되었다.

이미 중세 시기에 /ㅸ/의 변화[β>w]로 인하여 이 말음을 가졌던 용언 어간들이 '곱다/고ᄫᅡ, 덥다/더ᄫᅥ'에서 '곱다/고와, 덥다/더워'로 활용하게 되어 이른바 'ㅂ' 불규칙활용이 생겨났었다. 그 뒤를 이어 /ㅿ/이 소실됨에 따라 이 말음을 가진 용언 어간들은 '짓다/지ᅀᅥ(← 지ᇫ+어), 낫다/나ᅀᅡ'에서 '짓다/지어, 낫다/나아'로 활용하게 됨에 따라 'ㅅ' 불규칙활용이 등장하게 되었다. 중세 한국어에서 '-ᄂᆞ-(예: 가ᄂᆞ다, 먹ᄂᆞ다)' 한 가지로 통일되어 있던 현재 시제의 선어말어미가 17세기에 들어와 선행 어간 말음이 자음이냐 모음이냐에 따라 '-ㄴ-'과 '-는/ᄂᆞᆫ-'으로 나뉘어 실현되었다. 현대 한국어의 현재 종결형 '-ㄴ다/-는다(예: 간다, 먹는다)'의 형태가 성립된 것이다. 과거 시제의 선어말어미 '-엇/앗-'이 문법 체계에 자리 잡은 것도 이 시기였다. 중세의 과거 시제는 '-더-, -거-'에 의해서 표현되었었다(예: 하더라, 하거다). '-앗/엇-'은 중세 한국어에서 부사형어미 '-아/어'에 '잇-'이 결합된 것이다. 즉 '-아/어#잇-'이 '-앳/엣-'의 단계를 거쳐 '-앗/엇-'으로 변화하였는데, 근대 시기에 들어와 이들은 과거 시제를 나타내게 되었다. 이 어미는 현대 한국어에서 '-았/었-'으로 바뀌었다.

3) 어휘의 변화

중세어에서 근대어로 내려오는 동안, 그리고 근대어 초기에서 후기로 내려오는 동안에 예전의 고유어 단어들이 많이 사라졌다. 그 대부분은 한자어로 대체되었다. 이는 고대국어 이래 계속적인 한자어의 침투 결과이다. 중세 한국어에서 사용되던 '입다(迷), 외다(鑿), 혁다(小)' 등의 고유어는 이미 근대 사람들도 그 의미를 알지 못하는 폐어(廢語)가 되었다.

시간의 흐름에 따라 단어의 의미가 바뀌기도 하였다. 중세 한국어에서 '어엿브다'는 "불쌍하다"는 뜻이었으나 이것이 근대어에서는 "예쁘다"의 의미로 바뀌었다. '어리다'는 "어리석다"의 뜻에서 "나이가 적다"는 뜻으로, '얼굴'은 "형체"의 뜻에서 "얼굴"의 뜻으로 의미가 축소되었다. 근대 한국어 시기에 사용되었던 한자어 가운데도 오늘날은 아주 쓰지 않게 되었거나 그런 뜻으로는 쓰지 않게 된 것이 많이 있다. '原情[진정(陳情)], 人情[뇌물], 放送[석방], 發明[변명]' 등의 한자어가 그러하다.

중국어 차용어에 대한 것은 앞의 '어휘의 특징'에서 이미 말한 바 있는데, 그 대부분은 중세 시기에 차용된 것인지 근대 시기에 차용된 것인지 그 차용 연대를 정확히 알 수는 없다. 특히 이 시기에는 서양 문물이 중국을 통해 유입되면서 '自鳴鐘(자명종), 千里鏡(천리경)' 같은 단어가 새로 쓰이게 되었다. '담배(<담ᄇᆡ)'도 이 시기에 실물과 함께 들어왔다.

이러한 차용어는 19세기 개화기 이후로부터 현대에 이르기까지 폭발적으로 늘어난다. 그 대부분은 중국과 일본에서 새로 만들어진 한자어들이었는데, '火輪車(화륜거), 汽車(기차), 汽船(기선), 新聞(신문), 電氣(전기)' 등 서양의 문물과 관련된 단어와 함께 서양 학문의 새로운 개념들이 한자어로 번역되어 대량 유입된다[예: 科學(과학, 영어 science), 幾何(기하, 영어 geometry), 止揚(지양, 독일어 Aufhebung)]. 특히 현대 한국어에서 어휘의 면모는 그 이전 시기와 비교할 때 전혀 새롭게 바뀌었다고 할 수 있다.

연습문제

1. 한국어의 계통과 역사에 대한 다음 설명 중 잘못된 것은?
   ① 람스테트(G. J. Ramstedt)는 한국어를 알타이어족에 포함시켰다.
   ② 고대 한국어 시기에는 한자의 음(音)만을 빌려서 한국어를 표기하였다.
   ③ 신라어는 고구려어나 백제어에 비해 자료가 많이 남아 있는 편이다
   ④ 현대 한국어는 고대 삼국의 언어 가운데 신라어를 근간으로 한다.

2. 훈민정음(한글)에 대한 다음 설명 중 올바른 것은?
   ① 초성 17자의 제자 원리는 상형(象形)과 가획(加劃)의 원리이다.
   ② 중성 11자는 발음기관의 모양을 본떠서 만들어졌다.
   ③ 한글 자모의 이름과 순서는 창제 당시부터 지금까지 똑같다.
   ④ 한글날을 10월 9일로 정한 것은 훈민정음 창제 일자에 따른 것이다.

3. 다음 중 중세(특히 15세기) 한국어의 특징이 아닌 것은?
   ① 7 단모음 체계 ② 성조(聲調) 언어
   ③ 'ㅐ, ㅔ'의 단모음화 ④ 음절말 자음 8개

4. 근대 한국어 시기에서의 음운 변화로 보기 어려운 것은?
   ① 'ㄷ' 구개음화 ② 원순모음화
   ③ 전설모음화 ④ 'ㅚ, ㅟ'의 단모음화

풀이

1. [②]. 고대의 한자차용표기는 한자의 '음'과 '뜻'을 빌려 적은 것이다.
2. [①]. 한글의 중성 11자 가운데 'ㆍ, ㅡ, ㅣ'는 '천(天), 지(地), 인(人)' 삼재(三才)를 본떠서 만들어졌고, 나머지 글자들은 이들 간의 조합으로 만들어졌다. 한글 자모의 이름과 순서는 창제 이후 많은 변천을 겪었다. 한글날은 훈민정음 반포 일자를 기준으로 한 것이다.
3. [③]. 이중모음 'ㅐ,ㅔ'의 단모음화는 근대 한국어 시기에 일어난 변화이다.
4. [④]. 'ㅚ, ㅟ'의 단모음화는 현대 한국어 시기인 20세기 초에 일어났다.

참고문헌

고영근(1997), 『표준중세국어문법론』, 집문당.
안병희(1992), 『국어사 연구』, 문학과지성사.
안병희 · 이광호(1990), 『중세국어문법론』, 학연사.
이기문(1972/1998), 『국어사개설(개정판)』, 민중서관, [신정판, 태학사, 1998].
_____(1972), 『국어음운사연구』, 탑출판사.
_____(1981), 『한국어형성사』, 삼성문화문고 160, 삼성미술문화재단.
이익섭(1986), 『국어학개설』, 학연사.
이익섭 · 이상억 · 채완(1997), 『한국의 언어』, 신구문화사.
허 웅(1975), 『우리 옛말본』, 샘문화사.
홍윤표(1994), 『근대국어연구 I 』, 태학사.

제13장

한글 맞춤법

고성환

학습개요

한글 맞춤법의 두 가지 주요 원리인 '소리대로 적는다'와 '어법에 맞도록 한다'에 대해 이해하고, 이러한 원리가 구체적인 예들에서 어떻게 적용되는지를 알아본다. 또한 우리말의 띄어쓰기가 특히 일반 사람들에게 어렵게 느껴지는 이유가 무엇인지를 이해하고 구체적인 예들에서 문법적인 지식이 어떻게 적용되는지를 알아본다. 그리고 「한글 맞춤법」과 「표준어 규정」의 관계, 표준어는 어떠한 기준으로 정해지는지에 대해 알아본다. 외래어의 개념과 외래어 표기에 적용되는 여러 가지 원칙과 기준에 대해 이해한다.

1. 한글 맞춤법의 원리

우리말을 한글로 표기할 때 어떻게 적는지에 대해 「한글 맞춤법」 총칙 제1항에서 다음과 같이 밝히고 있다.

> "한글 맞춤법은 표준어를 소리대로 적되, 어법에 맞도록 함을 원칙으로 한다."

총칙 제1항에 따르면 우리말을 한글로 적는 데는 두 가지 원칙이 있다. 하나는 '소리대로 적는 것'이고, 다른 하나는 '어법에 맞도록 적는다'는 것이다. '소리대로 적는 것'은 말 그대로 소리 나는 대로 표기한다는 뜻이다. [돌]로 소리 나는 것을 '돌'로 적고, [바다]로 소리 나는 것을 '바다'로 적는다는 것이다.

그런데 소리 나는 대로만 적을 경우 뜻을 이해하기 어려워지는 문제가 생긴다. 가령 '꽃'의 경우를 보면 환경에 따라 [꼬치 예쁘다], [꼳또 예쁘다], [꼰만 예쁘다]와 같이 발음되는데, 표기도 이러한 발음대로 하면 똑같은 '꽃'이 쓰였다는 것을 알기 어려워지기 때문에 그만큼 뜻을 파악하기 어려워진다. 발음이 어떻게 나더라도 '꽃'으로 표기를 고정하여 '꽃이 예쁘다', '꽃도 예쁘다', '꽃만 예쁘다'로 적었을 때에는 의미를 파악하는 데 아무런 문제가 발생하지 않는 것과 대비된다. 위의 총칙 제1항에서 '어법에 맞도록 적는다'고 한 것은 바로 이러한 것을 가리키는 것이다.

결국 '어법에 맞도록 적는다.'는 것은 '원형(原形)을 밝혀 적는다.'는 의미로 이해할 수 있는데, 이 말은 한번 정해진 철자는 혹시 다르게 소리 나는 경우가 있더라도 언제나 일정하게 적는다는 것이다. 어법에 맞도록 적는 것보다 소리 나는 대로 적는 것이 '쓰는 사람'의 입장에서는 보다 용이한 방법이지만 '읽는 사람'의 입장에서는 불편할 수 있다. 또한 '소리 나는 대로 적는 것'도 발음 형태가 고정된 경우에 한정되는 것이고 발음 형태가 바뀌는 경우에는 '어법에 맞도록 적는 것'이 우선되는 원칙이기 때문에 한글 맞춤법의 원칙은 '쓰는 사람'보다는 '읽는 사람'에 더 큰 비중을 둔 것이다.

그렇다고 해서 모든 형태를 다 원형을 밝혀 적는 것은 아니다. '아름답다'와 같은 불규칙용언의 경우 그 활용형이 '아름다운, 아름다워'와 같이 되는

데, 이때 어간의 원형을 밝혀서 '아름답-'으로 고정하여 적지는 않는다. 만약 원형을 밝혀 적는다면 '아름답은, 아름답어'가 되어 현실 발음과 너무 멀어지기 때문이다.

2. 한글 맞춤법의 실제

「한글 맞춤법」 총칙 제1항에서 "어법에 맞도록 함을 원칙으로 한다."고 한 것은 어떻게 표기할 것인가를 정할 때 뜻을 파악하기 쉽게 하는 데 초점이 놓인다는 것을 의미하는 것이다. 표기가 이렇게 되기 위해서는 환경에 따라 발음 형태가 바뀌더라도 어떤 하나의 표기 형태가 유지되어야 한다. 이러한 원칙이 구체적인 용례들에서 어떻게 나타나며, 또한 이러한 원칙에 벗어나는 것들은 어떤 이유에서 그렇게 되는지 살펴보도록 하겠다.

우리말에는 본말과 준말의 관계에 있는 단어들이 있다. 그런데 줄어든 말에는 줄어들기 전에 있던 표기 형태가 남게 된다.

[1] 가. 금세(○)/금새(×) (← 금시에)
나. 오랜만에(○)/오랫만에(×) (← 오래간만에)
다. 떴다(○)/뗫다(×) 철가방 (← 뜨-+-었-+다)
라. 게 섰거라(○)/섯거라(×) (← 서 있거라)
마. 밭다리(○)/밧다리(×), 밭사돈(○)/밧사돈(×) (← 바깥 다리/사돈)

본말이 줄어들 경우에 본말에 없는 표기 형태가 새롭게 생겨난다면 본말과의 연관성은 그만큼 없어지게 되기 때문에 뜻을 이해하는 데 불리할 수밖에 없다.

'오이소박이'는 '오이에 소를 박은 음식'을 말한다. 흔히 [오이소배기]로 발음하고 표기도 '오이소배기'로 하는 경향이 있지만 '박다'의 의미가 살아 있기 때문에 '오이소박이'로 적는 것이다. '흰 차돌이 박혀 있는 듯한 고기의 부위'를 '차돌박이'로 적는 것이나 아래 예들의 표기도 '박다'의 의미가 살아 있기 때문이다.

[2] 붙박이, 덧니박이, 판박이

접사 '-배기'가 결합한 다음의 예들은 '박다'의 의미와는 관련이 없는 말들이다.

[3] 한 살배기, 알배기, 공짜배기, 진짜배기

이러한 원리는 다음의 밑줄 친 예에도 그대로 적용된다.

[4] 가. 다음 날 새벽 일찍이 다음 목적지로 출발했다.
나. 그 아이는 나이도 어리고, 더욱이 몸도 약했다.

합성어나 파생어가 만들어질 때 본래의 의미가 살아 있느냐 그렇지 않느냐에 따라 표기가 달라지는데, 전자의 경우에는 원래의 표기 형태를 그대로 유지하지만 후자의 경우에는 발음대로 표기한다. '더욱+이'나 '일찍+이'를 '더욱이, 일찍이'로 적는 것은 이들 단어에 '더욱, 일찍'의 의미가 그대로 반영되어 있기 때문이다.

아래의 '반듯이'와 '지긋이'도 '반듯하다, 지긋하다'와 의미상 관련되기 때문에 이들 형태를 그대로 유지하는 것이 의미를 이해하는 데 유리하다는 판단에 근거한 것이다. '반듯하다, 지긋하다'와 의미상 관계가 없는 경우에 '반드시'와 '지그시'로 적는 것과 대비된다.

[5] 가. 원주댁은 몸을 반듯이 하고 천장을 향해 누워 있었다.
나. 그 사람은 나이가 지긋이 들어 보인다.

[6] 가. 이 일은 반드시 끝내야 한다.
나. 눈을 지그시 감고 생각에 잠겼다.

'눈곱'과 '눈살'이 각각 [눈꼽], [눈쌀]로 소리 나지만 이들을 소리 나는 대로 적지 않고 '눈곱'과 '눈살'로 적는 것 역시 독자적으로 쓰이는 '곱'과 '살'의 의미가 이들 단어에 그대로 살아 있기 때문이다.

한글 맞춤법에서는 소리와 관련되는 현상들을 규정하고 있는데, 대표적인 것으로 두음법칙을 들 수 있다. 두음법칙은 단어의 첫머리에 'ㄴ, ㄹ' 소리가 오는 것을 꺼리는 현상을 말하는데, 원칙적으로 한자어에만 적용된다. 자립적인 명사에서도 나타나지만 복합어와 고유명사에서도 나타난다. 두음법칙은 단어별로 적용되기 때문에 복합어에서는 이를 구성하는 각각의 단어 또는 접두사를 제외한 단어의 첫머리에 적용된다.

[7] 가. 여자(女子), 역사(歷史)
나. 신여성(新女性), 해외여행(海外旅行)

두음법칙은 단어의 첫머리에 적용되기 때문에 제2음절 이하에서는 본음대로 적는다. 그러나 모음이나, 'ㄴ' 받침 뒤에 이어지는 '렬, 률'은 '열, 율'로 적고 나머지 받침 뒤에서는 본음대로 적는다.

[8] 가. 남녀(男女), 혼례(婚禮)
나. 비열(卑劣), 나열(羅列), 비율(比率), 규율(規律)
다. 진열(陳列), 분열(分裂), 선율(旋律), 백분율(百分率)
라. 합격률, 성공률

'란/난(欄), 량/양(量)'의 경우 한자어 다음에는 두음법칙이 적용되지 않기 때문에 '란, 량'이 되고, 고유어나 외래어 다음에는 두음법칙이 적용되어 '난, 양'이 된다.

[9] 가. 가정란(家庭欄), 투고란(投稿欄), 독자란(讀者欄)
나. 어린이난, 펜팔난

[10] 가. 노동량(勞動量), 작업량(作業量)
나. 구름양, 알칼리양(alkali量)

한편, '고랭지', '신년도'의 경우 그 구조가 '고랭-지', '신년-도'이기 때문에 두음법칙이 적용되지 않는 것이다.

사이시옷 규정 또한 소리와 관계가 매우 깊다. 즉 발음이 어떻게 되느냐에 따라 사이시옷의 반영 여부가 결정되기 때문이다. 사이시옷은 명사와 명사가 결합하여 합성명사가 될 때 두 명사 사이에서 쓰이는데, 둘 다 고유어이거나 적어도 둘 중 하나는 고유어이어야 한다. 한자어의 경우 '곳간(庫間), 셋방(貰房), 숫자(數字), 찻간(車間), 툇간(退間), 횟수(回數)' 등 6개의 2음절 한자어에만 사이시옷이 쓰인다.

사이시옷이 쓰이는 가장 전형적인 경우는 뒷말의 첫소리가 된소리로 나는 때이다. '바닷가'나 '나룻배'와 같은 단어에 사이시옷을 쓰는 것은 바로 이러한 이유 때문이다. '갈비+집, 회+집'의 경우에 사이시옷이 들어가는 것이나 다음 단어들에 사이시옷이 쓰인 이유도 마찬가지이다.

[11] 최댓값, 절댓값, 대푯값, 등굣길, 장맛비, 맥줏집, 만둣국, 순댓국

'고갯길'이나 '갓길'에 사이시옷이 쓰이는 것도 '길'의 'ㄱ'이 된소리로 발음되기 때문이다. 그러나 '소나무길, 가로수길, 배호길'과 같은 대부분의 길 이름에는 사이시옷이 쓰이지 않는다. 이들 길 이름은 고유명사적인 성격이 강하기 때문에 사이시옷을 쓰는 것이 자연스럽지 않기 때문이다.

'기차간(汽車間), 전세방(傳貰房)'의 경우에도 뒷말인 '간'과 '방'의 첫소리 'ㄱ'과 'ㅂ'이 된소리로 발음되지만 이들은 한자어로만 이루어져 있기 때문에 사이시옷이 쓰이지 않는다. '전세방(傳貰房)'과 달리 '전셋집(傳貰-)'에 사이시옷이 쓰이는 것은 '한자어+고유어'의 구성이기 때문이다. '핑크+빛'이나 '피자+집'의 경우에 뒷말의 첫소리 'ㅂ'과 'ㅈ'이 된소리로 발음되지만 사이시옷이 쓰이지 않는 것은 '(서구) 외래어+고유어'의 구성이기 때문이다.

'아랫니, 잇몸' 등과 같이 뒷말의 첫소리 'ㄴ, ㅁ' 앞에서 'ㄴ' 소리가 덧나는 경우에도 사이시옷이 쓰이는데 다음의 예는 주의해야 한다.

[12] 머리말(○)/머릿말, 인사말(○)/인삿말, 혼자말/혼잣말(○)

이들 단어는 '머리, 인사, 혼자'에 '말'이 결합한 것으로 표준발음이 어떻게 되느냐에 따라, 즉 'ㄴ'이 추가되는 발음이 표준발음이냐 그렇지 않느냐에 따라 사이시옷의 반영 여부가 결정되는데, 동일한 구성이기 때문에 사이시옷 표기에 있어서도 동일해야 할 것으로 생각된다. 그러나 이들 단어의 표준발음은 각각 '[머리말], [인사말], [혼잔말]'이기 때문에 '머리말'과 '인

사말'에는 사이시옷이 쓰이지 않지만 '혼잣말'에는 사이시옷이 쓰인다는 차이점이 있다.

표기를 올바르게 하는 데 문법적인 이해가 필요한 경우도 적지 않은데, 대표적인 몇 가지 경우만 보기로 하겠다.

[13] 가. 이번 송년회에 많이 참석하여 **주십시오**/주십시요.
나. 질문에 '예-**아니요**/아니오'로 대답해 주세요.

[13가]의 경우 실제 발음은 [주십시요]로 발음되지만 상대높임법상 합쇼체에 해당하는 것이기 때문에 항상 '-오'의 형태로 표기해야 한다. [13나]의 경우 '예'에 상대되는 대답의 형태는 '아니요'가 적절하기 때문이다. '아니오'는 상대높임법상 하오체에 해당하는 것이다.

어미가 결합하여 줄어든 형태가 될 때 발음상의 차이가 없어서 혼란이 생기는 경우가 있다.

[14] 가. 요즘은 일이 잘 **돼**/되 간다.
나. 지난 추석에는 고향에 가서 집안 어른들을 **찾아뵀다**/찾아뵜다.

'되'와 '돼', '뵈'와 '봬'가 발음상으로는 차이가 없지만 '되-'나 '뵈-'에 '어'로 시작하는 어미가 결합하면 각각 '돼', '봬'가 된다. 물론 이러한 어미가 결합하지 않으면 '되-'와 '뵈-'의 형태로 실현된다. '10시가 되면 자도록 하자.', '이번 추석에는 초등학교 때 선생님을 찾아뵐 생각이다.'와 같은 경우가 그 예가 된다.

다음의 예는 어미가 결합한 형태를 줄일 수 없는데 잘못 줄여서 쓰는 경우이다.

[15] 가. 우리 둘이 본격적으로 사겨 봤으면 좋겠다.
나. 둘이 서로 바꼈어.

'사귀-+-어 → 사귀어'이고, '바뀌-+-었-+-어 → 바뀌었어'이다. '사귀어'와 '바뀌었어'는 더 이상 줄어들 수 없는 형태이다.

다음의 '-대'와 '-데'도 문법적인 기준에 따라 구별해서 써야 하는 말이다.

'-대'는 '-다고 해'가 줄어든 말로서 다른 사람이 말한 내용을 전달하는 의미를 가지고, '-데'는 말하는 사람이 과거에 직접 경험한 것을 나중에 회상하여 말할 때 쓰이는 것으로 '-더라'와 같은 의미를 가진다.

[16] 가. 철수가 그러는데 이 집 냉면이 정말 맛있대.
나. 내가 여러 번 먹어 봤는데, 이 집 냉면은 정말 맛있데.

물론 '-대'는 다음과 같이 놀라거나 못마땅하다는 뜻으로 쓰이기도 한다.

[17] 가. 왜 이렇게 일이 많대?
나. 신랑이 어쩜 이렇게 잘 생겼대?

3. 띄어쓰기

띄어쓰기를 어떻게 할 것인가에 대해서는 「한글 맞춤법」 총칙 제2항에 "문장의 각 단어를 띄어 씀을 원칙으로 한다."로 명시되어 있다. 이 원칙에 따르면 '단어'가 무엇인지를 알기만 하면 띄어쓰기 문제는 거의 해결될 것으로 보인다. 그러나 실제로 우리말의 띄어쓰기는 매우 까다로워서 띄어쓰기를 정확하게 하는 것이 여간 어려운 일이 아니다. 띄어쓰기의 기준으로 제시한 '단어'의 성격이 분명하지 않아서 단어의 경계를 알기 어려운 경우가 적지 않기 때문이다.

단어의 경계가 분명하지 않다는 것은, 특히 단어와 구의 경계가 분명하지 않다는 문제와 관련성이 깊다. 가령 '우리나라, 우리 동네, 우리 학교, 우리 가족'의 경우를 보면 이들은 모두 '우리'에 '나라, 동네, 학교, 가족'이 연결된 구성이기 때문에 똑같이 띄어 써야 할 것으로 생각되지만, '우리나라'는 하나의 단어로서 붙여 쓰도록 하고 있다. '새해, 새순, 새집, 새 책, 새 자동차'의 경우에도 마찬가지인데, 이들 중 '새해, 새순, 새집'만 하나의 단어이다. 이처럼 표면적으로 보면 아무런 구성상의 차이를 발견할 수 없음에도 불구하고 어떤 경우에는 하나의 단어로 간주하여 붙여 쓰고 어떤 경우에는 단어가 아닌 구로 간주하여 반드시 띄어 쓰도록 하고 있기 때문에 일반 사용자들의 입장에서는 어려울 수밖에 없다.

물론 합성어와 구를 구분하는 기준이 있다. 예컨대 합성어는 구와는 달리 그 구성 성분이 본래의 성질을 잃어버린 것, 또는 새로운 의미가 추가되거나 다른 의미로 바뀐 것 등을 들 수 있다. '큰코다치다'의 경우 구성상으로 보면 관형어 '큰'이 명사 '코'를 수식하고, '큰 코'는 동사 '다치다'의 목적어가 된다. 그러나 '*매우 큰 코 다치다.'와 같은 구성이 성립하지 않기 때문에 본래의 성질을 잃어버렸을 뿐만 아니라 그 의미도 '크게 봉변을 당하거나 무안을 당하다.'라는 것을 나타내기 때문에 '코를 다치는' 것과는 직접적인 관련성이 없다. 그래서 이것 전체를 하나의 단어로 간주하여 붙여 쓰는 것이다. 그러나 일반 사람들이 합성어와 구를 구분하기란 여간 어려운 일이 아니다.

국어 문법에 대한 지식이 많지 않은 대부분의 사람들은 사전을 찾아서 확인하는 것이 매우 중요하며, 또한 하나의 단어인지 아닌지를 확인하는 손쉬운 방법이기도 하다. 사전의 표제어는 대체로 단어를 최대 단위로 하고 있기 때문에 사전에 표제어로 등재되어 있는지를 확인함으로써 단어인지 구인지를 알 수 있다. 가령 '큰코다치다'의 경우 사전에 표제어로 등재되어 있기 때문에 이것은 하나의 단어임을 알 수 있는 것이다. 만약 이것이 사전에 등재되어 있지 않다면 그것은 구임을 말해 주는 것이라고 할 수 있다.

단어인지 구인지를 구별하는 것이 결코 쉬운 일이 아니지만 몇몇 예들을 살펴보면 우리말 띄어쓰기의 원리를 어느 정도 이해할 수 있다.

1) 조사와 의존명사

우리말에는 동일한 형태가 조사로 쓰이기도 하고 의존명사로 쓰이기도 하는 경우가 있다. '대로, 만큼, 뿐' 등이 대표적인 예이다.

[18] 가. 있는 <u>대로</u> 가져와라.
　　나. 동생은 동생<u>대로</u> 계획이 있어.

[18가]의 '대로'는 의존명사이기 때문에 앞말과 띄어 쓴 것이고, [18나]의 '대로'는 조사이기 때문에 앞말에 붙여 쓴 것이다. '대로'가 의존명사인지 조사인지는 앞에 오는 말을 기준으로 판단한다. 즉 앞에 오는 말이 동사나 형

용사와 같은 용언의 관형사형일 경우에는 의존명사이고, 명사와 같은 체언일 경우에는 조사인 것이다.

'만큼'과 '뿐'의 경우에도 동일한 기준으로 판단하면 된다.

[19] 가. 먹을 만큼만 집어라.
나. 저 친구만큼만 할 수 있었으면 좋겠다.

[20] 가. 공부를 잘할 뿐만 아니라 운동도 잘한다.
나. 철수뿐만 아니라 영수도 집에 간대.

[19가]와 [20가]의 '만큼'과 '뿐'은 모두 의존명사로 쓰인 것인데, 이들 앞에는 용언의 관형사형인 '먹을, 잘할'이 쓰였다. [19나]와 [20나]의 '만큼'과 '뿐'은 조사로 쓰였는데, 이들 앞에는 모두 체언이 쓰였다.

2) 어미와 의존명사

동일한 형태가 어미와 의존명사로 쓰여서 구분하기 어려운 경우가 있다.

[21] 가. 밥을 먹는데 조그만 돌이 씹혔다.
나. 이 일을 하는 데 3일은 걸리겠다.

[21가]의 '-는데'는 하나의 어미이기 때문에 앞말에 붙여 쓰고, [21나]의 '데'는 의존명사이기 때문에 앞말과 띄어 쓴다. 이들을 정확하게 구분해서 사용하기 위해서는 상당한 문법 지식이 필요하지만, 격조사의 결합 여부로 손쉽게 따져 볼 수 있다. 의존명사는 명사의 일종이기 때문에 격조사가 결합할 수 있지만 어미는 격조사가 결합할 수 없기 때문이다. 가령 부사격 조사 '에'를 결합시켜 보면 [21나]에만 결합할 수 있음을 알 수 있다. 즉 '에'와 같은 격조사가 결합할 수 있으면 의존명사이고 그렇지 않으면 어미인 것이다.

의존명사 '바'와 어미 '-ㄴ바'도 동일한 기준으로 구별할 수 있다.

[22] 가. 서류를 검토한바 몇 가지 미비한 점을 발견했다.
나. 그는 세계대회에 여러 번 출전한 바 있다.

[22가]의 '한바' 뒤에는 조사가 결합할 수 없지만 [22나]는 '그는 세계대회에 여러 번 출전한 바가 있다.'와 같이 조사가 결합할 수 있다. "각자 맡은 바(의) 책임을 다해라."와 같은 예에서도 마찬가지다.

[23] 가. 그렇게 하다가는 나중에 후회할걸.
나. 후회할 걸 왜 그랬니?

[23가]와 [23나]에는 표면상 동일한 '후회할걸'이 쓰였지만 [23가]에서는 어미 '-ㄹ걸'이 쓰였고, [23나]에서는 의존명사가 포함되어 쓰였기 때문에 띄어쓰기에 차이가 있다. '걸'을 '것을'로 바꾸어 쓸 수 있느냐 없느냐에 따라 의존명사로 쓰였는지 어미로 쓰였는지를 판단할 수 있다. 즉 [23나]는 '후회할 것을 왜 그랬니?'와 같이 바꾸어 쓸 수 있지만 [23가]는 이렇게 바꾸어 쓸 수 없다.

3) 접미사와 의존명사, 접두사와 관형사

동일한 형태가 접미사와 의존명사로 쓰이는 경우가 있다. '간(間)'이 대표적인데, 다음 [24가]와 같이 '동안'의 뜻을 나타낼 때에는 접미사이기 때문에 앞에 오는 말에 붙여 써야 하고, [24나]와 같이 '한 대상에서 다른 대상까지의 사이' 또는 '관계'의 뜻을 나타내는 경우에는 의존명사이기 때문에 띄어 써야 한다.

[24] 가. 이틀간, 한 달간, 삼십 일간
나. 서울 부산 간 야간열차, 부모와 자식 간

'수(數)'는 때에 따라 접두사로 쓰이기도 하고 관형사로 쓰이기도 한다. [25가]와 [25나]에 쓰인 '수'는 모두 '몇, 여러, 약간'의 뜻을 가지지만 [25가]의 '수'는 접두사로 쓰인 것이고, [25나]의 '수'는 관형사로 쓰인 것이기 때문에 띄어쓰기에서 차이를 보인다.

[25] 가. 수십 년간, 수천, 수만,
나. 수 킬로미터의 거리

4) 기타

우리는 흔히 "나도 한번 해 보자.", "언제 한번 만나자."와 같은 말을 하곤 한다. 이때의 '한번'은 '어떤 일을 시험 삼아 시도함' 또는 '기회가 있는 어떤 때'를 뜻하는 하나의 단어이다. 그러나 "한 번 해서 안 되면 두 번, 세 번 계속 해 보자."와 같은 경우에는 관형사 '한'과 횟수의 의미를 가지는 의존명사 '번'이 연결된 구성이기 때문에 하나의 단어가 아니다. 즉 횟수의 의미가 살아 있느냐 그렇지 않느냐에 따라 의존명사인지 아닌지가 결정되는 것이다.

한편, '만'과 '하다'가 연결된 구성은 두 가지로 쓰인다.

[26] 가. 집채만 한 파도가 몰려온다.
나. 형만 한 아우 없다더니.

[27] 가. 음식이 먹을 만하다.
나. 이런 것쯤은 참을 만하다.

[26가, 나]는 조사 '만'과 동사 '하다'가 연결된 구성이기 때문에 '만'과 '하다'를 반드시 띄어 써야 하고, [27가, 나]의 '만하다'는 용언의 관형사형 뒤에 쓰인 보조용언이기 때문에 띄어 쓰는 것이 원칙이지만 붙여 쓰는 것도 허용된다.

4. 표준어

1) 한글 맞춤법과 표준어

우리말을 사용하는 일반 사람들 입장에서는 「한글 맞춤법」에서 규정한 것과 「표준어 규정」에서 규정한 것은 모두 다 올바른 것이고 지켜야 할 것이라는 점에서 동일하게 생각된다고 할 수 있다. 그럼에도 불구하고 어문 규정에서 이들 두 부분을 나누어 놓은 것은 성격상 다른 면이 있기 때문이다.

「한글 맞춤법」 총칙 제1항에 "한글 맞춤법은 표준어를 소리대로 적되, 어법에 맞도록 함을 원칙으로 한다."로 명시되어 있듯이 「한글 맞춤법」 규정의 대상은 표준어이다. 즉 표준어를 어떻게 적을 것인지를 규정하는 것이 「한글 맞춤법」이기 때문에 순서상 표준어를 먼저 정해야만 「한글 맞춤법」 규정이 만들어질 수 있게 되는 것이다.

표준어 규정은 한 언어에서 같은 의미로 쓰이는 여러 단어 중 가장 표준적인 단어를 하나 혹은 둘로 제한하는 내용으로 되어 있는데, 이는 음성언어의 문제이다. 가령 '윗사람'을 뜻하는 말을 [위더른]이라고 하는 사람도 있고 [우더른]이라고 하는 사람도 있는데, 이때 표준어 규정에서는 [우더른]이 올바른 것임을 가르쳐 준다. 이를 '우더른, 운어른' 등으로 적지 않고 '웃어른'으로 적을 수 있게 하는 기준을 제시하는 것은 맞춤법 규정의 일이다.

2) 표준어 규정의 실제

표준어 규정은 간단한 설명과 약간의 예로 이루어져 있어서 실제로 어떤 단어가 표준어인지 나와 있지 않은 경우가 많다. 그렇기 때문에 표준어인지를 확인하기 위해서는 국어사전을 찾아보아야 한다. 국어사전에는 어떤 단어가 표준어인지 아닌지, 올바른 말인지 아닌지가 분명하게 나와 있다. 표준어이거나 올바른 말인 경우에는 풀이와 용례 등이 제시되지만 방언이거나 잘못된 말인 경우에는 해당 표준어나 올바른 단어를 제시해 준다. 가령, '정구지'를 찾아보면 이것이 '부추'의 방언이라는 설명이 제시되어 있고, '알아맞추다'를 찾아보면 이는 잘못된 단어이고 '알아맞히다'가 올바른 단어임을 명시해 주고 있는 것이다.

몇몇 예들을 통해 어떤 기준으로 표준어가 정해졌는지를 보고자 한다.

(1) 강남콩 / **강낭콩**

'강남콩'은 원래 중국 양쯔 강 남쪽 지역을 가리키는 '강남(江南)' 지방에서 들여온 콩이기 때문에 붙여진 이름이다. 어원이 분명한 경우에는 발음이 변하더라도 어원을 살려 적는 것이 의미를 파악하는 데 유리하다. 그런데 '강남콩'의 경우 발음이 이미 [강낭콩]으로 변했을 뿐만 아니라 언중들이 어원에 대한 지식도 없기 때문에 발음과 다르게 '강남콩'으로 적는 것은 아무런 이점이 없다. 이럴 때에는 변화된 발음을 표기에 그대로 받아들이는 것이 표기라도 보다 쉽게 할 수 있게 되어 합리적이다.

'미루나무'도 '강낭콩'과 유사한 예이다. '미루나무'는 원래 '미류나무(美柳--)'였다. 북아메리카를 원산지로 하는 버드나무의 일종이기 때문이다. 이것 역시 발음이 먼저 [미루나무]로 바뀌었고, 언중들 또한 '버드나무의 일종'이라는 의미를 인식하지 못하는 상태이기 때문에 발음에 맞추어 표기를 '미루나무'로 정한 것이다.

(2) **부조(扶助)** / 부주, **삼촌(三寸)** / 삼춘

'부조'는 실제 생활에서는 [부주]로 발음하는 경향이 매우 강하다. '부조로 내는 돈'을 가리키는 '부좃돈'도 '부줏돈'으로 쓰는 경우가 적지 않다. 현실적인 발음이 표기와 다르게 변했다는 점에서는 '강낭콩'의 경우와 같다. 그러나 '부조'는 한자가 가지는 '돕는다'는 의미를 언중들이 의식하고 있다는 점에서 '강낭콩'과는 차이가 있다. 그래서 발음이 변했다고 하더라도 원래의 형태를 유지하는 것이 의미를 파악하는 데 유리하기 때문에 원래의 형태인 '부조'를 표준어로 정한 것이다. '삼촌(三寸)'의 경우에도 [삼춘]으로 발음하는 경향이 있으나 이 역시 촌수의 의미가 살아 있기 때문에 '삼촌'을 표준어로 하고 있다.

(3) 쌍동이 / **쌍둥이**

'쌍둥이'에 쓰인 접미사 '-둥이'는 원래 '-동이'였다. 접미사 '-동이'의 '동'은 한자 '아이 동(童)'이지만, 발음을 [둥]으로 하는 것이 일반적이고 또한 일반 언중들이 이러한 의미를 의식하지 못하기 때문에 '-동이' 대신 '-둥이'를 표준형으로 정한 것이다. '특별히 귀염을 받는 아이'를 가리키는 단어 '귀둥이'가 표준어인 것도 이러한 이유 때문이다.

(4) **나무라다** / 나무래다, **바라다** / 바래다

'나무라다'의 경우 실제 생활에서는 '나무래다' 형태로 발음하는 것이 일반적이다. '바라다'의 경우에도, 특히 이것의 파생명사가 쓰이는 "네가 잘됐으면 하는 □□이다."와 같은 문맥에서 [바람] 대신 [바램]으로 발음하는 것이 일반적인 경향이다. 그러나 표준어에서는 이러한 발음 변화를 인정하지 않고 있다. '나무라다, 바라다'가 표준어이고, '바라다'의 파생명사 역시

'바람'이 된다.

(5) 아지랑이 / 아지랭이

표준어에서는 'ㅣ' 모음 역행동화된 형태를 인정하지 않는 것이 원칙이다. '아지랑이'의 경우 [아지랭이]로 발음하는 경향이 많이 나타나지만 '아지랑이'를 표준어로 정한 것은 이러한 원칙에 따른 것이다. 그러나 '풋내기, 신출내기' 등에 쓰이는 접미사 '-내기'와 '냄비, 동댕이치다' 등은 이러한 원칙에 대한 예외이다. 발음 변화를 표준어에서 그대로 받아들인 결과이다.

(6) '숫양, 숫염소, 숫쥐'와 '수소, 수놈'

'수컷'을 이르는 접두사는 '수-'와 '숫-'이 있는데, '양, 염소, 쥐'에 대해서만 '숫-'을 쓰고, 나머지는 모두 '수-'로 통일하도록 하고 있다. 따라서 '소'나 '놈'의 경우에도 '수-'가 결합한 '수소, 수놈'이 표준어이고, 이들의 발음은 표기대로 [수소], [수놈]이 된다.

접두사 '수-' 다음에 거센소리를 어느 정도 인정하느냐의 문제가 있는데, 거센소리를 인정하여 표기에 반영하는 것은 '수캉아지, 수캐, 수컷, 수키와, 수탉, 수탕나귀, 수톨쩌귀, 수퇘지, 수평아리'에만 한정된다.

(7) 우레 / 우뢰

'천둥'과 같은 뜻을 가지는 '우레'는 '울다'의 어근 '울-'에 명사파생 접미사 '-에'가 결합하여 만들어진 고유어이다. 고유어 '우레'의 짝이 되는 한자어는 '천둥[← 천동(天動)]'인데 다른 '고유어 : 한자어'의 짝처럼 고유어 '우레'가 점차 세력을 잃는 과정에 있어서 '우레와 같은 박수를 치다'와 같은 매우 한정된 경우에만 사용된다. 이러한 '우레'를 일반 사람들이 한자와 잘못 연관 지어 '우뢰(雨雷)'로 오해하는 것이다.

5. 외래어 표기

외국에서 들어와 일상적으로 쓰이는 외래어도 우리말의 일부이기 때문에 아무렇게나 적을 수는 없으며 고유어나 한자어와 마찬가지로 규정에 따라 적도록 하는 것은 매우 당연하다. 이러한 외래어를 일관되게 적도록 규정해 놓은 것이 「외래어 표기법」이다. 외래어는 한 국가에서만 차용되어 들어오지 않기 때문에 고유어나 한자어에 대한 표기만큼 정밀하게 규정화하기가 매우 어렵다. 그러나 외래어를 표기하는 데 있어 공통적으로 적용되는 몇 가지 원칙과 기준들이 있으며 이러한 원칙과 기준들을 이해하는 것이 외래어 표기를 하는 데 도움이 된다.

첫 번째 원칙은 원어 발음을 중시한다는 것이다. 외래어는 외국어에서 기원한 것이기 때문에 가능하면 본래 언어의 발음에 가깝게 적도록 하고 있다. 중국 인명인 '모택동(毛澤東), 등소평(鄧小平)'을 각각 '마오쩌둥', '덩샤오핑'이라 하는 것이나 '튜브, 블라우스, 뷔페' 등의 '튜, 블, 뷔'와 같이 고유어나 한자어에는 쓰이지 않는 음절이 외래어에 많이 쓰이는 것은 이러한 원칙 때문이다.

두 번째 원칙은 우리말의 특성을 중시한다는 것이다. 외래어도 우리말의 일부이기 때문에 우리말의 일반적인 특성을 따라야 한다. 영어의 'strike, film'을 한글로 표기할 때 'ㅡ' 모음을 적절히 첨가하여 '스트라이크, 필름'으로 적는 것은 우리말의 음절 구조 제약을 따라야 하기 때문이고, 파찰음 'ㅈ, ㅊ' 다음에 이중모음을 쓰지 않도록 한 것 또한 우리말의 특성을 따른 것이다. 외래어를 적을 때 '쥬스, 챤스'처럼 'ㅈ, ㅊ' 뒤에 이중모음을 쓰는 경우가 많지만 우리말에서는 'ㅈ, ㅊ' 다음에서 이중모음과 단모음의 발음이 구분되지 않기 때문에 이중모음을 쓰지 않고 단모음으로 적도록 하고 있는데, 이 원칙이 외래어에도 그대로 적용되어 '주스, 찬스'로 적도록 하는 것이다.

세 번째 원칙은 외래어에서는 'ㄱ, ㄴ, ㄹ, ㅁ, ㅂ, ㅅ, ㅇ' 7개의 받침만 사용한다는 것이다. 고유어나 한자어의 경우 이러한 제한이 없는 것은 받침의 'ㄷ, ㅈ, ㅊ, ㅋ, ㅌ, ㅍ, ㅎ'이 모음 앞에 올 때에 그 음가대로 발음되기 때문이다. 가령 '잎'의 경우 모음으로 시작되는 조사가 연결되면 '잎이[이피], 잎을[이플]'과 같이 'ㅍ'이 발음되는 것이다. 그러나 외래어의 경우에는 '[커피쇼비], [커피쇼베서]'와 같이 모음으로 시작되는 조사가 결합해도 이들 7개의 자음 중 하나로 발음되기 때문에 '커피숖'으로 적지 않고 '커피숍'으로 적어야 하는 것이다.

네 번째는 파열음 표기에 된소리를 쓰지 않는 것을 원칙으로 한다는 것이다. 우리말의 파열음은 평음, 격음, 경음의 세 가지로 구분되지만 대부분의 외래어, 특히 서구 외래어는 유성음과 무성음 두 가지로만 구분된다. 그래서 유성·무성의 대립이 있는 외래어의 파열음을 한글로 표기할 때 유성파열음은 평음으로, 무성파열음은 격음으로 적도록 한다는 것이다. 'Paris, Mozart, café'를 '빠리, 모짜르트, 까페'로 적어야 하는 것처럼 생각되기도 하지만, 이렇게 적지 않고 '파리, 모차르트, 카페'로 적는 것은 바로 이러한 원칙에 의한 것이다.

그러나 타이어와 베트남어는 우리말과 마찬가지로 '평음-격음-경음'의 3항 대립을 보이기 때문에 된소리 표기를 허용하도록 하고 있다. 베트남어인 '호찌민(Ho Chi Minh), 호안끼엠(Hoan Kiêm) 호', 태국어인 '푸껫(Pucket)' 등이 그러한 예이다. 이 밖에 일본어에서는 'ㅆ' 표기, 중국어에서는 'ㅉ' 표기가 허용되는데, 이는 원어 발음을 존중한다는 원칙에 따른 것이라 할 수 있다. '쓰시마 섬(對馬島), 마오쩌둥(毛澤東), 장쩌민(江澤民), 장쯔이(章子怡)' 등을 예로 들 수 있다.

이 외에 외래어 표기에 적용되는 기준을 몇 가지로 나누어서 살펴보도록 하겠다.

1) 파열음의 표기

외래어의 무성파열음 [p, t, k]는 우리말에서 격음 'ㅍ, ㅌ, ㅋ'으로, 유성파열음 [b, d, g]는 평음 'ㅂ, ㄷ, ㄱ'으로 적도록 하고 있다. 그러나 이는 이들 자음이 모음 앞에 오는 경우에만 그렇고 자음 앞이나 어말에서는 달리 적는다.

무성파열음으로 끝나는 외래어를 우리말로 옮길 때 두 가지 방법이 가능하다. 하나는 무성파열음을 받침으로 적는 것이고, 다른 하나는 '으'를 받쳐서 적는 것이다. 가령 'robot[rɔbɔt]'의 경우 '로봇' 또는 '로보트'로 적는 것이다. 그런데 영어에서 들어온 외래어의 무성파열음을 받침으로 적는 것은 다음의 두 가지 경우로 제한되어 있다.

① 짧은 모음 다음의 어말 무성파열음은 받침으로 적는다. 예를 들어 'snap[snæp], robot[rɔbɔt], book[buk]' 등을 '스내프, 로보트, 부크'가 아니라 '스냅, 로봇, 북'으로 적는 것이다. 단어의 끝소리인 [p, t, k] 앞의 모음이 짧은 소리이기 때문이다.

② 짧은 모음과, 유음([l, r])이나 비음([m, n, ŋ]) 이외의 자음 사이에 오는 무성파열음은 받침으로 적는다. 예를 들어 'act[ækt]'의 [k]는 비록 짧은 모음 [æ] 뒤에 왔지만 자음 [t] 앞이기 때문에 받침으로 적어 '액트'가 되어야 한다. 'action[ækʃən], lipstick[lipstik]' 등도 '애크션, 리프스틱'이 아니라 '액션, 립스틱'이 된다.

이 외의 경우에는 어말과 자음 앞의 무성파열음은 '으'를 붙여 적는다. 'tape[teip], cake[keik], flute[flu:t]' 등을 '테입, 케익, 플룻'으로 적지 않고 '테이프, 케이크, 플루트'로 적는 것이 그 예라 할 수 있다.

유성파열음([b, d, g])의 표기는 무성파열음에 비해 간단한 편이다. 어말이나 자음 앞에서 항상 '으'를 붙여 적는 것이 원칙이다. 따라서 'head[hed], herb[hə:b], bug[bʌg], gag[gæg]'는 각각 '헤드, 허브, 버그, 개그'로 적는다. 그러나 외래어 표기에도 예외가 있다. 이미 굳어진 말은 관용을 존중한다는 원칙에 따라 예외를 인정하는 것이다. 가령, 'bag, lab, web' 등은 '백, 랩, 웹'으로 굳어진 것으로 보아 어말의 유성파열음을 받침으로 적는 것을 그대로 인정한다. 그런데 이러한 예외는 일일이 국어사전을 찾아서 확인하는 수밖에 없다.

2) 마찰음과 파찰음의 표기

국어에는 마찰음이 잘 발달되어 있지 않지만 영어나 프랑스어 등 외국어에서는 마찰음이 많이 쓰인다. [f]는 'ㅍ'으로 [v]는 'ㅂ'으로 적는다. [f]를 'ㅎ'으로 적는 경우도 적지 않으나 이는 잘못된 표기이다. '훼밀리, 후라이팬'이 아니라 '패밀리, 프라이팬'으로 적어야 한다.

[ʃ]를 '쉬'로 적는 경우가 많은데 이는 잘못된 것이다. 영어의 경우 자음 앞에서는 '슈'로, 어말에서는 '시'로 적는다. 모음 앞에서는 뒤따르는 모음에 따라 '샤, 섀, 셔, 셰, 쇼, 슈, 시'로 적는다. 이에 따라 'shrimp[ʃrimp], shrub[ʃrʌb]'는 각각 '슈림프, 슈러브'로 적고 'dash[dæʃ], English[iŋgliʃ], leadership[lidə:rʃip]' 등은 '대쉬, 잉글리쉬, 리더쉽'이 아니라 '대시, 잉글리시, 리더십'으로 적어야 한다.

파열음 표기에서 된소리를 쓰지 않는다는 것은 마찰음이나 파찰음의 표기에도 그대로 적용되어 'ㅆ'이나 'ㅉ' 표기를 쓰지 않는다. 그래서 [s] 음은

'ㅅ'으로, 독일어 등에서 많이 쓰이는 [ts]도 'ㅊ'으로 옮겨야 한다. '써비스, 씨스템'이 아니라 '서비스, 시스템'으로, 'Mozart, Zürich'는 '모짜르트, 쮜리히'가 아니라 '모차르트, 취리히'로 적어야 한다는 것이다.

3) 유음과 비음의 표기

유음과 비음의 표기에는 별다른 어려움이 없다. 비음 [m]은 'ㅁ'으로, [n]은 'ㄴ'으로, [ŋ]은 'ㅇ'으로 적는다. 유음 [l]과 [r]은 모두 'ㄹ'에 대응시킨다. 다만 [l]의 경우 어중의 [l]이 모음 앞에 오거나 모음이 따르지 않는 비음 앞에 올 때에는 'ㄹ'을 겹쳐 'ㄹㄹ'로 적는다. 따라서 'slide, Clinton' 등은 '스라이드, 크린턴'이 아니라 '슬라이드, 클린턴'으로 적어야 한다.

4) 모음의 표기

모음 중에서 우리나라 사람들이 가장 많이 혼동하는 것은 [ə]와 [ʌ]의 표기이다. [ə]는 영어에서 강세가 없는 음절에 오는 모음으로, 우리말의 '어'와 '으'의 중간 소리처럼 들리는데, 「외래어 표기법」에서는 이를 '어'로 옮기도록 규정하고 있다. 'digital[didʒitəl]'을 '디지털'로 적는 것은 바로 이러한 규정에 의한 것이다.

[ʌ]는 흔히 '아'와 '어'의 중간 소리로 인식하고 있기 때문에 이 둘 사이에서 많은 혼란을 겪고 있는데, 이 역시 '어'로 표기하도록 하고 있다. 'color[kʌlə*r*]'를 '컬러'로 적고 'honey[hʌni]'를 '허니'로 적는 것은 이 규정에 의한 것이다.

[ɔ]와 [o]는 모두 '오'로 적는다. [ɔ]를 '어'로 적는 경향이 있어 'concert [kɔnsəː*rt*], concept[kɔnsept]' 등을 '컨서트, 컨셉트' 등으로 적기도 하나 이는 잘못이다. '콘서트, 콘셉트'로 적어야 한다.

중모음은 이론적으로 두 개의 단모음이 결합한 것이기 때문에 각각의 단모음의 음가를 살려서 적는다. [ai], [au], [ei], [ɔi]를 각각 '아이, 아우, 에이, 오이'로 적는다는 것이다. 따라서 'time[taim]'은 '타임'으로, 'skate[skeit]'는 '스케이트'로 적는다.

그러나 [ou]는 '오'로, [auə]는 '아워'로 적도록 하고 있다. [ou]와 [auə]의 [u]는 일종의 과도음이기 때문이다. 그래서 'boat[bout]'와 'bowling[bouliŋ]'

은 '보우트, 보울링'으로 적지 않고 '보트, 볼링'으로 적어야 한다. 'power [pauə*r*], tower[tauə*r*]' 등도 '파우어, 타우어'가 아니라 '파워, 타워'로 적는다. 'window, snow, yellow' 등을 '윈도, 스노, 옐로' 등으로 적는 것도 이 규정에 의한 것이다.

연습문제

1. '꽃'은 '꽃이 핀다, 꽃도 핀다, 꽃만 핀다'와 같이 환경에 따라 [꽃], [꼳], [꼰] 등으로 발음이 바뀌어 실현된다. 그럼에도 불구하고 항상 '꽃'으로 표기를 고정하는 이유는 무엇인가?

2. '여자, 예식장'과 같이 「한글 맞춤법」에서 두음법칙을 적용한다거나, '잇고, 이으니'와 같은, 이른바 불규칙활용의 경우 '어법에 맞도록 한다'는 원칙에 대해 일종의 예외가 되는데, 이러한 예외는 왜 인정하고 있는가?

3. "너희 둘이 사귀어 봤으면 좋겠다.", "둘이 서로 바뀌었어"와 같은 예에서 '사귀어'와 '바뀌었어'는 현실적으로 '사겨, 바꼈어'와 같이 줄여서 발음하는 것이 일반적이라 할 수 있는데, 이렇게 줄어든 발음을 표기에 반영하지 않는 이유는 무엇인가?

4. 아래 문장의 띄어쓰기가 잘못된 이유에 대해 설명하시오.

   1) 밥을 먹는 데 조그만 돌이 씹혔다.

   2) 서류를 검토한 바 몇 가지 미비한 점을 발견했다.

   3) 그렇게 하다가는 나중에 후회할 걸.

   4) 집채만한 파도가 몰려온다.

5. 'Paris, café'는 어감상 '빠리, 까페'로 적어야 하는 것처럼 생각되지만, 이렇게 적지 않고 '파리, 카페'로 적는 이유는 무엇인가?

풀이

1. '꽃'이 환경에 따라 발음 형태가 달라질 때 달라진 발음 형태대로 표기하게 되면 표기하기는 수월해지는 이점이 있지만, 동일한 뜻을 나타내는 단어가 여러 가지로 표기되기 때문에 뜻을 이해하는 데에는 불편한 점이 있다. 한편, 환경에 따라 발음 형태가 바뀌더라도 하나의 형태로 표기를 고정시키게 되면 발음과 표기가 일치하지 않아 쓰는 데에는 불편한 점이 있지만 뜻을 이해하기는 쉬워지는 이점이 있다. 현대의 언어생활은 쓰는 것보다 읽는 것의 비중이 크기 때문에 읽기 쉽게, 다시 말하면 뜻을 파악하기 쉽게 만드는 것이 보다 더 경제적이라 할 수 있다. 그렇기 때문에 한글 맞춤법 총칙 제1항에서 '어법에 맞도록 함을 원칙으로 한다.'고 규정하고 있는 것이다.
2. 하나의 형태가 환경에 따라 발음 모양이 바뀌더라도 하나의 형태로 표기를 고정시키는 것이 우리말 표기의 원칙이다. 이러한 원칙에 따르면 '여자, 예식장'의 '여'와 '예'는 '녀, 례'로 표기해야 한다. 또한 '잇고, 이으니'와 같은 불규칙활용의 경우에도 '잇고, 잇으니'와 같이 표기해야 한다. 그러나 두음법칙을 표기에 반영하지 않으면 표기가 실제 발음과 너무 달라지고, 불규칙활용의 경우에도 실제 발음과 너무 달라질 뿐 아니라 이러한 발음 형태 변화가 불규칙하기 때문에 그러한 변화를 표기에 반영해 주는 것이 더 합리적인 방법이 되는 것이다.
3. '사귀어'와 '바뀌었어'가 현실적으로 '사겨, 바꼈어'와 같이 줄어든 발음 형태로 쓰이지만 형태가 줄어드는 것은 국어 문법에서(음운론적으로) 허용하는 범위 내에서 가능한 것이다. 현실적인 발음이 아무리 바뀌었다 하더라도 문법에서 용인할 수 없는 것이면 표기에 반영하는 것은 거의 가능하지 않으며, 또한 합리적이라 할 수도 없다.
4. 1) '먹-'에 연결된 '-는데'는 하나의 어미이기 때문에 붙여 써야 한다. '데'가 의존명사로 쓰인 "이 일을 하는 데 3일은 걸리겠다."와 같은 예의 '-는 데'와 표면적으로는 구별되지 않기 때문에 혼란이 생기는 것이다. '데'가 의존명사로 쓰였는지, 어미의 일부로 쓰였는지는 격조사의 결합 여부로 따져 보면 된다. 즉 격조사가 결합할 수 있으면 의존명사로 쓰인 것이고 격조사가 결합할 수 없으면 어미의 일부로 쓰인 것인데, 예문 1)의 '데'에는 격조사 '에'가 결합할 수 없기 때문에 어미의 일부로 사용된 것이고, 따라서 붙여 써야 하는 것이다.
   2) '바'는 '데'와 마찬가지로 의존명사로 쓰이기도 하고 어미의 일부로 쓰이기도 한다. 즉 어미 '-ㄴ바'가 있고, 의존명사 '바'가 있는 것이다. 2)의 '바'는 어미의 일부로 쓰인 것이기 때문에 앞말에 붙여 써야 한다. '바'가

어미의 일부로 쓰인 것인지 의존명사로 쓰인 것인지는 '데'와 마찬가지로 격조사의 결합 여부로 따져 볼 수 있는데, 예문 2)의 '바' 뒤에는 조사가 결합할 수 없다. "그는 세계대회에 여러 번 출전한 바 있다."와 같은 경우에는 주격조사 '가'가 '바'에 결합하여 쓰일 수 있는 것과 대비된다.

3) '걸'은 어미의 일부로 쓰이는 경우가 있고, 의존명사 '것'에 목적격조사 '을'이 결합하여 구어형으로 쓰이는 경우가 있다. 그렇기 때문에 '걸'이 의존명사를 포함한 형태인지 아닌지는 '것을'로 바꾸어서 쓸 수 있는지 없는지를 기준으로 판단할 수 있다. 예문 3)의 '후회할걸'은 '후회할 것을'로 바꿀 수 없기 때문에 '걸'이 어미의 일부로 쓰인 것이다.

4) '만'과 '하다'가 연결된 구성은 두 가지로 쓰인다. 하나는 보조사 '만'과 동사 '하다'가 연결되어 쓰이는 것이고, 다른 하나는 '만하다' 전체가 보조용언으로 쓰이는 것이다. 예문 4)의 경우에는 전자의 예인데, 이때 '만'은 "('하다, 못하다'와 함께 쓰여) 앞말이 나타내는 대상이나 내용 정도에 달함을 나타내는 보조사"로 쓰인 것이기 때문에 뒤에 오는 '하다'와 띄어 써야 한다. "음식이 먹을 만하다."와 같은 경우에 '만하다' 전체가 보조용언으로 쓰인 것과 대비된다.

5. 외래어의 무성파열음은 된소리로 적지 않는다는 원칙 때문이다. 영어나 독일어의 무성파열음과 달리 프랑스어나 이탈리아어의 무성파열음은 경음에 가까운 것이 사실이다. 그러나 만약 어떤 서양 언어인지에 따라 경음으로 적을지 격음으로 적을지를 구분하는 것은 현실적으로 매우 어려운 일일 뿐만 아니라 비경제적이기도 하기 때문에 서양어의 무성파열음은 된소리로 표기하지 않기로 한 것이다.

참고문헌

민현식(2001), 『국어 정서법 연구(수정판)』, 태학사.

박용찬(2005), 『우리말이 아파요』, 해냄출판사.

이선웅 · 정희창(2002), 『우리말 우리글 묻고 답하기』, 태학사.

이익섭(1992), 『국어 표기법 연구』 서울대학교 출판부.

이호권 · 고성환(2007), 『맞춤법과 표준어』, 한국방송통신대학교출판부.

이희승 · 안병희(2001), 『(새로 고친) 한글 맞춤법 강의』, 신구문화사.